北京科技大学“课程思政”案例选编

（第2辑）

杨仁树　薛庆国　于成文　主编
宋　波　彭庆红　副主编

北　京
冶 金 工 业 出 版 社
2021

内 容 提 要

高校思想政治工作，既是我国高校的特色，又是办好中国大学的优势。北京科技大学按照“全校统筹、全员参与，抓住重点、有机融合，突出优势、彰显特色”的建设思路和原则重点推进“课程思政”教学改革。本书选取北京科技大学近期有代表性的26个教学案例，结合学校作为“钢铁摇篮”的行业特色和作为新型工业化教育科研基地的工程教育特色，深入挖掘工、理、管、文、经、法等不同学科在传授知识与育人树人方面的实践特点。

本书可供广大教育工作者阅读参考。

图书在版编目(CIP)数据

北京科技大学“课程思政”案例选编．第2辑／杨仁树，薛庆国，于成文主编．—北京：冶金工业出版社，2021.12

ISBN 978-7-5024-9008-9

Ⅰ.①北… Ⅱ.①杨… ②薛… ③于… Ⅲ.①大学生—思想政治教育—研究—北京 Ⅳ.①G641

中国版本图书馆CIP数据核字(2021)第254290号

北京科技大学“课程思政”案例选编（第2辑）

出版发行	冶金工业出版社	**电　话**	(010)64027926
地　址	北京市东城区嵩祝院北巷39号	**邮　编**	100009
网　址	www.mip1953.com	**电子信箱**	service@mip1953.com

责任编辑　刘小峰　美术编辑　郑小利　版式设计　孙跃红

责任校对　李　娜　责任印制　李玉山

北京博海升彩色印刷有限公司印刷

2021年12月第1版，2021年12月第1次印刷

710mm×1000mm　1/16；22印张；429千字；337页

定价99.00元

投稿电话　(010)64027932　投稿信箱　tougao@cnmip.com.cn

营销中心电话　(010)64044283

冶金工业出版社天猫旗舰店　yjgycbs.tmall.com

（本书如有印装质量问题，本社营销中心负责退换）

本书主要编写人员

顾　问　武贵龙

主　编　杨仁树　薛庆国　于成文

副主编　宋　波　彭庆红

编写组成员

毛新平　强文江　陈　冷　余永宁　王　琦

曹文斌　周　恒　王广伟　尹升华　陈月芳

常雁红　冯　瑞　袁蓉芳　段小丽　郑莉芳

周晓敏　肖会芳　尤　佳　宁焕生　杨　春

谢永红　罗　熊　刘　宇　孙长艳　袁文霞

樊红霞　韦美菊　柴成文　顾　聪　王霁霞

章东辉　刘　凌　李　怡　李晓静　刘应文

崔文娟　邓立治　武　森　魏桂英　梁晓晖

王书玮　秦晓惠　盛佳伟　王小宁　郭　南

李　洁　魏增产　刘丽敏　王晓晓　袁建美

毛建军

深化“课程思政”改革创新
绘好“三全育人”综合改革“点睛之作”
（代序）

北京科技大学党委书记　武贵龙

高校思想政治工作，既是我国高校的特色，又是办好中国大学的优势。党的十八大以来，以习近平同志为核心的党中央高度重视高校思想政治工作。习近平总书记多次到高校视察，同师生座谈，给师生回信，作出重要指示批示，特别是亲自出席全国教育大会、全国高校思想政治工作会议、学校思想政治理论课教师座谈会并发表重要讲话，明确了党在新时代坚持中国特色高等教育发展道路、加强和改进高校思想政治工作的重大方针原则和基本实践要求，深化了对高校思想政治工作的规律性认识，为高校坚持为党育人、为国育才，落实好立德树人根本任务指明了前进方向、提供了根本遵循。

近年来，教育部会同中组部、中宣部，以开展“三全育人”综合改革为突破口，推动高校着力构建“大思政”工作体系，切实提高思想政治教育的亲和力和针对性。北京科技大学作为首批入选“三全育人”综合改革试点高校，精心策划、统筹设计，清单化、系统化、持续化推进“三全育人”综合改革落实见效。随着工作的逐步深入，我们越发认识到，课堂教学作为思想政治教育的主渠道，必须坚持用习近平新时代中国特色社会主义思想铸魂育人，通过持续改革创新，有效增进广大师生对党的创新理论的政治认同、思想认同、情感认同。这其中，思政课是基础、是龙头，所有课程都有思政属性，“课程思政”与“思政课程”同等重要。专业课在课堂教学中所占的比重较大，推动所有课程承担起育人功能，构建全面覆盖、类型丰富、相互支撑的课程体系，是确保思想政治工作贯穿人才培养全过程的必然要求。我们要按照教育部党组关于写好新时代高等教育改革发展“奋进之笔”的总体要求，以改革创新精神提高“课程思政”建设质量，推动各门课守好一段渠、种好责任田，使各类课程与思想政治理论课同向同行，形成协同效应，为培养社会主义建设者和接班人打牢课程基础。

一、关于“课程思政”教学改革内涵的认识

1. 深化“课程思政”改革创新，要在转变理念观念上下功夫。课程是学科知识的整合，是学科和专业发展的支撑。学术界一般认为，“课程思政”就是将思想政治教育渗透到课程中，在传授课程知识的基础上引导学生将所学的知识转化为内在德性，转化为精神系统的有机构成，转化为一种素质或能力，成为个体认识世界与改造世界的基本能力和方法。在教育现代化过程中，受科技工具主义思潮的影响，我国高等教育一度呈现出工具理性的倾向，专业和学科的划分不断细化，知识、技能的传授备受推崇，思想引领弱化。课程思政既强调知识传播中的价值引领，又强调价值传播中的知识底蕴，有利于实现价值理性和工具理性的统一。推进课程思政，核心不在于增设活动、增开课程，而在于转变观念，要扭转偏重传授知识与能力而忽视价值传播的倾向。专业课程的教师不能只做传授书本知识的“教书匠”，更要成为塑造学生品格、品行、品位的“大先生”。

2. 深化“课程思政”改革创新，要在改进方式方法上下功夫。课程思政的效果取决于教师的育德意识和育德能力。首先，教师必须自觉树立牢固的立德树人意识，坚持教书和育人相统一，既做“经师”又做“人师”，把知识传授、能力培养、思想引领教育融入每一门课程的教学之中，在每一门课程中体现育人的功能。其次，教师要提升立德树人的能力和艺术，要从文化素质教育、中华优秀传统文化教育、通识教育、价值观教育等视角，将课程建设与思想育人有效结合。既不能生搬硬套，也不能喧宾夺主，要以学生喜闻乐见的方式融入，寓道于教，寓教于乐，要坚持言传与身教相统一，春风化雨，润物无声。最后，坚持学术自由和学术规范相统一。不能把探索性的学术问题等同于严肃的政治问题，同样也不能把严肃的政治问题当作一般的学术问题。

3. 深化“课程思政”改革创新，要在彰显深度精度上下功夫。所有课程都蕴含着丰富的育人资源。教师首先要依据德才兼备的专业人才培养目标，

深挖自己课程中的思想政治教育资源。比如，哲学社会科学课程要注重政治导向，挖掘政治文化的育人价值；自然科学课程要挖掘其人文精神和科学精神，重点强化创新意识、科学素养、生态文明和工匠精神教育；应用技能型工科课程实践环节较多，可以通过整合教育实践资源，探讨有效的实践活动形式来挖掘或融入思想政治教育元素。其次，课程思政建设要与学科体系建设相结合，明确学科育人资源，建立学科育人共同体。多学科的熏陶有利于学生树立正确的价值导向，发展出多种能力，有效培养其理性平和的心态、富于人文关怀的情感、高尚的审美情操等。最后，要着力形成课程思政的教学指南和规范，明确课程的思想政治教育元素，在教学目标、教学内容、教学方法、教学平台和教学评价等环节明确育人要求，全面提高课程思政的教育教学质量。

二、学校开展“课程思政”教学改革的实践及成效

北京科技大学课程思政建设始于2017年12月，学校按照“全校统筹、全员参与，抓住重点、有机融合，突出优势、彰显特色”的建设思路和原则重点推进“课程思政”教学改革。全校统筹，即建立课程思政建设工作领导小组和课程思政研究中心，统筹谋划和组织全校课程思政建设工作；全员参与，即通过理论学习、专题研讨、教师培训、专家督查等多种方式，鼓励和引导教师将思想政治教育功能贯穿在教育教学全过程，形成全员育人、全程育人、全方位育人格局。抓住重点，即聚焦课程思政最为关键的四大问题——课程视角下的课程思政设计问题、思想政治教育视角下的专业课教师思想政治素养和思想政治教育能力问题、制度建设视角下的专业课程思政评价问题、课程思政中的专业课程思政与思想政治理论课的关系问题；有机融合，即深入挖掘专业课程所蕴涵的思政元素，做到课程思政与培养目标相吻合、课程思政与专业特色相契合、课程思政与课程内容相融合。突出优势，即在推动各专业各学科全面探索课程思政建设的过程中，集中学校学科优势打造一批深受学生喜爱的课程思政示范专业、示范课程、示范课堂；彰显特色，即学校作为“钢铁摇篮”的行业特色和作为新型工业化教育科研基地的工程教育特色，发挥示范引领和辐射作用。

两年多来，在全校师生的积极参与和共同努力下，学校课程思政建设工作取得了重要进展和成效。

1. **初步构建起了以“大国钢铁”公开选修课、学科思政讲坛、课堂思政为主的三个层次课程思政育人体系。**“大国钢铁”公开选修课自2020年春季学期开课，面向全校所有专业学生增设选修课，讲授内容包括中国冶炼技术发展历程、钢铁行业在国民经济发展的重要地位以及学校和校友的突出贡献等，目的是让更多的学生“知钢懂铁”，培养学生自豪感和荣誉感，提升学生“科技报国”意识和情怀。“学科思政讲坛”经过数年的建设和积累，已形成了以“材料名师讲坛”“理学之美”“星期四人文讲座”等为代表的众多学术论坛品牌，在引领科学研究前沿、培养学生科学精神、提升学生综合素质等方面发挥了重要作用。“课堂思政”从战略高度构建思想政治理论课、综合素养课程、专业教育课程“三位一体”的课程思政教育体系，不断推动各专业教育教学深入挖掘思政元素，善于将马克思主义的立场、观点和方法融入课堂教学，实现各类课程与思想政治理论课同向同行、同频共振。

2. **激发了教师积极投入课程思政改革的热情和动力。**按照学校总体要求，不同学科和专业的教师，将思想政治教育作为课程改革的“泉眼”，将课程作为思想政治教育创新的“活水”，系统挖掘专业知识背后的逻辑、精神、价值、思想、艺术和哲学等思想政治教育元素，在此基础上进行课程设计、教材开发和课程实施与评价，实现了思想政治教育与大学生成长成才需求的深度融合，涌现了许多优秀教师和课程案例。例如，能源与环境工程学院深入挖掘专业课程内容中蕴含的思政元素，提出把习近平生态文明思想和关于能源革命的重要论述有机融入到各门专业课程中。外国语学院的大学英语团队持续加强教师思想政治建设，精准挖掘和整合思政资源，将思想政治之“盐”融入大学英语教育之“汤”，将正确的价值追求和理想信念传授给学生。科技史与文化遗产教学团队李延祥教授开设的《古代冶金与中华文明》，以中华民族在钢铁冶金技术方面的发明创造激发青年学生的爱国主义情怀和民族自豪感，入选国家级视频公开课，在线学习观看量已超过10万人次。北京市师德榜样刘应书教授秉持“礼、信、勤、洁”要求培养学生，并用实际行动“以身示范”，培养了一批又一批德才兼备的优秀学子。北京市师德先锋张英华教授，从教30多年来，坚持在课堂教学中用多种方式、多种渠道引导学生思考“怎么做人、怎么做事、怎么学习”，将专业知识与德育元素相融合，实现“知识传授”和“价值引领”有机统一，等等。这些为学校实施课程思政教学改革树立了标杆，起到了很好的示范作用。

3. **有力提升了学生在课堂学习中的获得感。**课程思政的出发点和落脚点是立德树人，学校教师在实施课程思政教学改革中，贴近学生实际、贴近学生生活、贴近学生心理设计教学内容和授课方式，在提升学生抬头率、参与度和获得感的同时，有效促进了学生在知识、情感、能力、价值上的提升。如青年教师石章智主讲的“材料加工概论”课程，遵循寓道于教、寓德于教和寓教于乐的课程思政指导思想，采用画龙点睛式、专题嵌入式、元素化合式、隐性渗透式等多种教学方式，恰到好处地将中国梦、健康中国、美丽中国、科学素养、创新思维、为人处事准则等融入专业知识教学过程，让学生充分体会到中华优秀传统文化和社会主义核心价值观的魅力，进而引导学生做到爱国、爱校、爱专业。部分学院则利用学科专业优势和各种竞赛平台，构建蕴含思政元素的实践教学和创新创业体系，将课程思政融入到专业实践教育中，使思政教育不再是纯理论的枯燥学习，而是变成了可以体验、可以交互的实践活动，进而增强学生用专业报效国家、服务社会的担当意识和为民情怀。

三、持续推进课程思政建设的努力方向

课程思政是一项长期性综合性改革创新工程。北京科技大学经过两年的探索和实践，积累了一些工作经验，取得了一些工作成绩，但是对照党中央和上级教育部门的要求、对比师生的期待还有很大的差距和不足，需要我们在今后的工作中持续努力、久久为功。

一要加强课程思政的顶层设计和整体规划。要进一步整合课程资源，优化课程设置，扩大课程思政覆盖面，一体化构建课程思政育人体系。要进一步调动专业课教师积极性和主动性，积极参与课程改革和教材建设，不断创新新时代专业课程育人的新思路、新方法，重点在“融入”与“贯通”上下功夫、做文章、出成效，切实提升课程育人效果，让各专业课与思政课同向

同行、同频共振。

二要完善课程思政的评价标准和激励机制。学校教务等部门要建立完善的管理机制和运行机制，健全领导听课、教学督导等机制，统筹教育资源，拟定课程建设的规范和评价标准，建立课堂教学效果“双评估”体系标准，将落实课程思政工作的情况和效果作为评价学院及教师教学工作的重要观测点。人事部门要制定相应的激励机制，在师资培养、职称评定、评奖评优等环节将课程思政教学改革作为重要考查内容。

三要加强课程思政的选树培育和典型宣传。持续加强试点课程和培育课程建设，推出一批具有一定影响力的课程思政示范课程。学校课程思政研究中心要进一步加强课程思政建设研究，注重理论提升和实践成果总结，定期汇编课程思政优秀案例集，建立课程思政资料库。要搭建平台加强对教师尤其是青年教师的培养培训，在更大范围内促进课程思政成果交流和共建共享。要加大对优秀教师代表和典型示范课程的宣传力度，让教师在课程思政教学改革中同样具有获得感和荣誉感。

总之，课程思政教学改革离不开每一位教师的积极参与，学校选编这本“课程思政”案例，也是希望能够为老师们深化课程思政改革提供理念引领和方法借鉴，从而带动形成更多具有标志性、示范性、实践性的工作成果，汇聚起新时代学校思想政治工作质量提升的蓬勃力量。相信，依靠广大教师的绵源智慧和群策群力，秉承学校“学风严谨，崇尚实践”的优良传统和“求实鼎新”的校训精神，我们驰而不息、勇于创新，必将开创学校课程思政和“三全育人”综合改革的崭新局面。

前言

近年来，北京科技大学全面贯彻落实《高等学校课程思政建设指导纲要》，坚持知识传授与价值引领相统一，用好课堂“主渠道”，发挥教学“主引擎”，扎实推进课程思政建设，已初步构建思想政治理论课、综合素质课程、专业教育课程“三位一体”的课程思政教学体系，实现了教师和课程“两个全覆盖”。

学校以每年设立教改项目为依托，引导教师持续挖掘专业知识和学科背后的逻辑、精神、价值、思想、艺术和哲学等思想政治教育元素，在此基础上进行大纲研制、课程设计、教材（教辅）开发和课程实施与评价，倾力打造一大批具有典型示范作用的金课。大国钢铁、宏观经济学等4门课程荣获教育部首批课程思政示范课程。截至目前，学校已培育了108个（共三期）校级课程思政示范课程项目，形成了很多可复制可推广的经验做法。

学校于2020年精选21个案例，汇编出版了《北京科技大学“课程思政”案例选编》。此书一经出版，就获得教育界同仁的广泛认可和一致好评。2021年，在学校党委的指导下，广大一线教师积极参与课程案例的设计和编写，择优收录26个案例，形成《北京科技大学“课程思政”案例选编（第2辑）》，较之前一辑，课程内容更为丰富、语言文字更为鲜活、教学方法更为创新，以期对高等院校开展全员课程思政提供良好示范。

感谢所有参与编写课程思政案例的老师们，感谢所有专家评审的细致审读和精彩点评！希望系列案例集的出版，能给广大一线专业课程教师提供有益借鉴与参考。

编　者

2021年12月

目　录

钢铁强国之梦

毛新平

课程名称 大国钢铁

课程性质 公共课

专　　业 所有专业

授课对象 全体学生

课程简介：

课程重点体现出在习近平新时代中国特色社会主义思想指引下，钢铁工业可以实现既大又强，继续成为新时代发展不可替代的基础原材料产业，继续保持国民经济重要的支撑产业地位，可以与社会、城市、生态环境共融共存，并有基础、有条件、有能力通过转型升级提前5～10年率先实现既大又强的钢铁现代化，以支撑2035年基本实现中国特色社会主义现代化的总目标。

“大国钢铁”课程由中国工程院院士毛新平教授领衔主讲，汇集产业界、教育界一流学者专家。通过中国钢铁强国之路、“钢铁摇篮”之钢铁栋梁和科技贡献、钢铁是怎样炼成的以及钢铁绿色发展和未来梦工厂等系列章节，引领学生纵观我国钢铁工业强国之路，体察现代钢铁产业新发展，展望未来钢铁梦工厂。

领衔教师简介：毛新平，中国工程院院士，北京科技大学终身教授，国家“2011计划”钢铁共性技术协同创新中心主任。中国海洋材料产业技术创新联盟理事长，中国金属学会近终形制造技术分会主任委员。

课程蕴含的思政元素分析

2019 年 5 月，党中央出台《关于进一步弘扬科学家精神加强作风和学风建设的意见》。2020 年 9 月 11 日，习近平总书记在科学家座谈会上进一步明确指出要“大力弘扬科学家精神”。如何在人才培养中凸显科学家精神，将其真正融入课程思政，对高校构建“大思政”工作格局、落实立德树人根本任务具有重要意义。

2019 年，为了更好地落实“专业成才”与“精神成人”的多维育人路径，探索“大思政”模式下“固本培元、凝心铸魂”的多元课程模式，课程团队紧密结合北京科技大学办学传统和特色，立足钢铁工业这个中国新型工业化进程中的支柱性产业开展教学建设。在 2010 年始开设的“现代钢铁生产导论”“钢铁生产全流程专题课”等课程基础上，创新设计“大国钢铁”课程，创新课程思政建设模式，努力建设以“北科办学传统+钢铁强国使命+传承科学家精神”为特色的公开课程。该课程面向全校学生开设，不分年级、不分专业，为学生讲述钢铁行业如何实现“钢铁强国梦”，钢铁人如何为共筑中华民族伟大复兴中国梦而砥砺前行的故事。

钢铁号称“工业的粮食”，是人类使用最多的金属材料，是国家建设不可或缺的战略性工业品。钢铁产业是承担国家产业责任的主要载体。本课程立足学校学科优势、面向行业发展趋势，着力打造彰显“钢铁摇篮”行业特色的工程教育特色课程。通过“钢铁思政”，传承“钢铁精神”，培养“合金钢”学生。课程目标是使更多的青年学生“知钢懂钢”，培养学生行业自豪感和荣誉感，增强学生在“钢铁大国”向“钢铁强国”迈进过程中的使命担当，提升学生“科技报国”意识和家国情怀。

课程团队通过开设示范性课程、建设校内外多元教学队伍、优化融合教学内容，形成一个具有我校行业特色的示范性课程思政教育平台。平台包涵课堂教学、专家走访、企业参观、讲座互动、网络宣传、教师队伍培养等多个方面。

一、小细节、大世界，自觉用新思想指引教育新发展

工匠精神传递：在新一轮科技产业变革下，弘扬科学家精神加强作风和学风建设需要广大科技工作者瞄准世界科技前沿，引领科技发展方向，勇做新时代科技创新的排头兵。百余年来，特别是新中国成立以来，在科学文明与中华传统文

化交流激荡中，一代代中国科技工作者投身创新报国实践，成为科学家精神的塑造者、传承者和践行者。在改革开放和创新型国家建设中，科学家精神以其强大感召力薪火相传并焕发出勃勃生机。课程建设集中北京科技大学的学科和专家优势，将科学精神和工匠精神深度融入讲授中，推进协同创新、彰显工匠细节，向广大青年学子传递新思想、新教育、新发展。

二、小事例、大情怀，努力培养新时代“四有”好老师

榜样力量建设：“大国钢铁”课程建设中，通过对几代“钢铁人”的爱国、励志、奉献精神的讲授，大力弘扬胸怀祖国、服务人民的爱国精神，勇攀高峰、敢为人先的创新精神，追求真理、严谨治学的求实精神，淡泊名利、潜心研究的奉献精神，集智攻关、团结协作的协同精神，甘为人梯、奖掖后学的育人精神。引导广大教师以德立身、以德立学、以德施教、以德育德，自觉践行、大力弘扬新时代科学家精神。

三、小现象、大哲理，提升学生“科技报国”意识和情怀

价值理念塑造：“大国钢铁”课程中充分融入“三观”教育，激励和引导广大青年学生追求真理、勇攀高峰，树立科技界广泛认可、共同遵循的价值理念，加快培育促进科技事业健康发展的强大精神动力，营造尊重科学、尊重人才的良好氛围。在广大青年学子中形成尊重知识、崇尚创新、尊重人才、热爱科学、献身科学的浓厚氛围，为建设世界科技强国汇聚磅礴力量。

教案设计

一、教学目标

通过面向青年学生、科技工作者开展具有学科专业特色、体现行业发展历史脉络、彰显优良学风的“大国钢铁”课程建设，丰富高校思政课内容，壮大课程思政教师队伍。培养造就“有理想信念、有专业知识、有道德风范、有仁爱之心”的四有科技人才队伍。自觉践行、大力弘扬新时代科学家精神：胸怀祖国、服务人民的爱国精神，勇攀高峰、敢为人先的创新精神，追求真理、严谨治学的求实精神，淡泊名利、潜心研究的奉献精神，集智攻关、团结协作的协同精神，甘为人梯、奖掖后学的育人精神。通过课程实施，将科学家在为国家富强、民族振兴、人民幸福的奋斗中形成的中国科技工作者独有之精神品质——“爱国、创新、求实、奉献、协同、育人”传递给更多的青年学生。

首先，项目课程强化政治引领，以习近平新时代中国特色社会主义思想为指导，以塑形铸魂科学家精神为抓手，以毛新平院士为领衔，甄选具有代表性的行业大咖、技术专家作为教学团队。积极弘扬科学家精神，倡导爱国情怀、责任使命，凝聚起建设世界科技强国的强大动力。以专家科研工作的创造精神、奋斗精神、团结精神、梦想精神，生动展示科技人才的新实践、新业绩、新作为。

其次，开展钢铁冶金行业国情教育，帮助学生了解我国发展新的历史方位、社会经济技术变化和历史沿革，引导青年学生深刻认识把握基本国情，既不落后于时代，也不脱离实际、超越阶段。要深入开展形势政策教育，帮助人们树立正确的历史观、大局观、角色观，了解世界正经历百年未有之大变局，我国仍处于发展的重要战略机遇期，引导人们清醒认识国际国内形势发展变化，做好我们自己的事情。课程项目坚持古为今用、推陈出新，不忘本来、辩证取舍，深入实施中华优秀传统文化传承发展工程，推动中华文化创造性转化、创新性发展。

同时，整体课程实施着眼固本培元、凝心铸魂，突出思想内涵，强化思想引领，做到润物无声。把国家技术发展、科学家自身素养和具体实际结合起来，把全面覆盖和突出重点结合起来，遵循规律、创新发展，注重落细落小落实、日常经常平常，强化教育引导、实践养成、制度保障，推动爱国主义教育融入贯穿国民教育和精神文明建设全过程。课程实施坚守正道、弘扬大道，以科学家的切身体会，引导人们树立和坚持正确的历史观、民族观、国家观、文化观，不断增强中华民族的归属感、认同感、尊严感、荣誉感。聚焦培养担当民族复兴大任的时代新人，培育和践行社会主义核心价值观，广泛开展爱国主义、集体主义、社会主义教育，提高人们的思想觉悟、道德水准和文明素养。

使更多的青年学生“知钢懂钢”，培养学生行业自豪感和荣誉感，增强学生在“钢铁大国”向“钢铁强国”迈进过程中的使命担当，提升学生“科技报国”意识和家国情怀。

二、教学内容分析

（1）钢铁强国之梦：中国已经是钢铁大国，但还不是钢铁强国。如何成为世界钢铁强国，在生产经营、结构调整、创新能力等方面如何转变，才能加速中国钢铁工业由大变强的进程，实现成为世界钢铁强国的目标，是钢铁行业青年人需要深入思考的问题。通过建设钢铁强国，支撑 2035 年基本实现中国特色社会主义现代化的总目标和强国梦，激发爱国情，弘扬科学家精神。

（2）中国古代近代钢铁技术史：从技术史与产业史的角度，追溯以生铁与生铁制钢技术为核心的中国古代钢铁技术体系的形成及其社会影响，讲授以汉冶萍公司为代表的中国近代钢铁工业兴起和衰落历程。让我们认识到生铁技术是中华文明连绵五千年不断的重要物质基础，是中国对人类文明的重要贡献；同时也了解中国近代钢铁工业发展的艰难曲折历程，激发钢铁强国梦的美好愿望。

主要内容

第1部分	钢铁在人类文明和社会发展中的作用
第2部分	钢铁材料的特性
第3部分	钢铁材料未来发展的方向
第4部分	我国钢铁工业的发展和面临的问题
第5部分	钢铁工业未来发展的方向

授课视频 1

（3）钢铁大国的历程及规划：回顾 1949 年以来钢铁工业的发展，大体经历了四个过程：一是从 1949 年中华人民共和国成立伊始到“文化大革命”结束，处于“探索”过程，呈现波动发展态势；二是从改革开放之初到 20 世纪末期，处

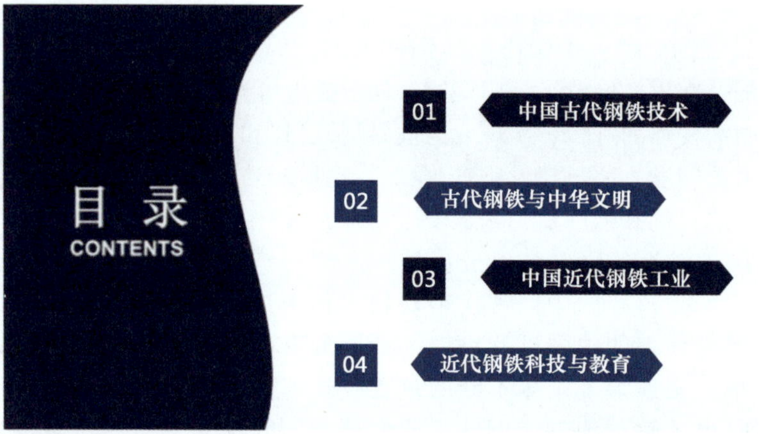

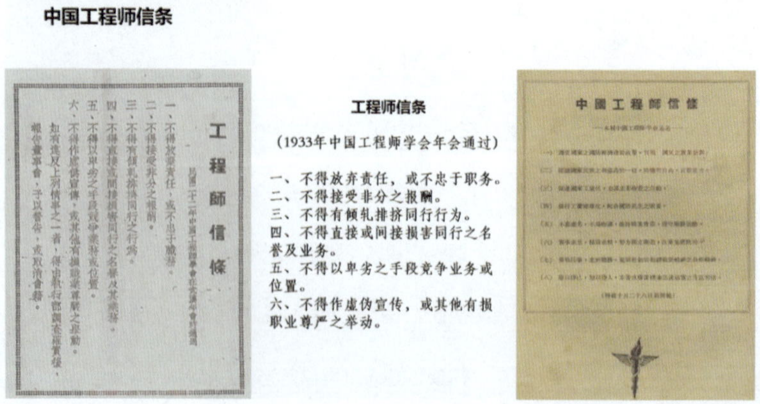

授课视频 2

于“起步”过程，呈现稳定发展态势；三是从 21 世纪初到 2014 年，处于“加速”过程，呈现跨越发展态势；四是 2015 年起至今，处于“减能”过程，呈现创新发展态势。中国钢铁工业未来发展将呈现质量提升、技术升级、绿色发展、布局优化、产业延伸、流程演变、兼并重组等特点。认识国家发展，展望未来规划。

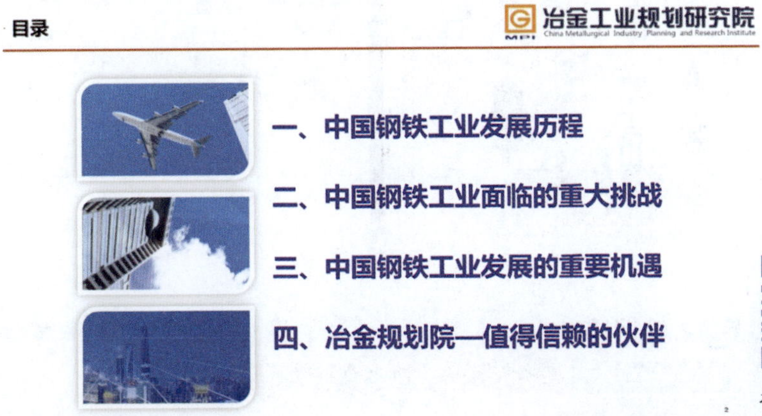

授课视频 3

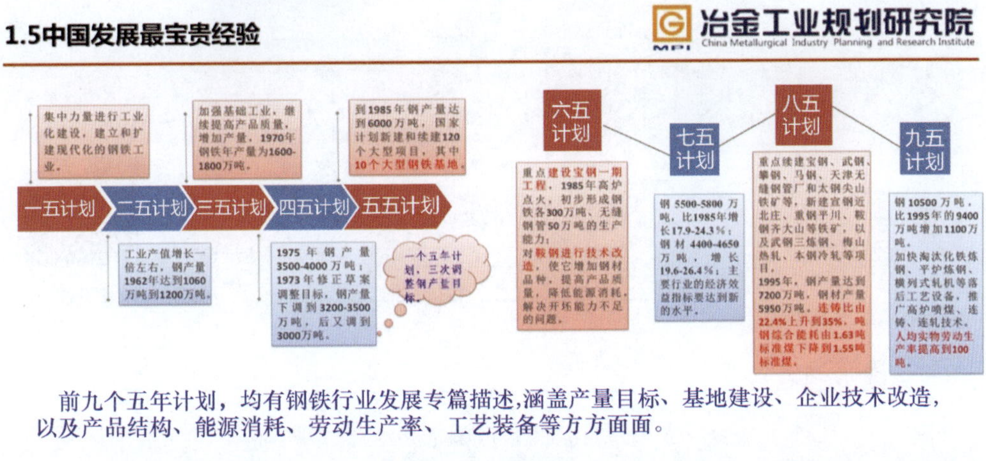

（4）钢铁是怎样炼成的：“钢铁是怎样炼成的”“钢铁是怎样炼好的”“钢铁是怎样炼得更好的”。我国的钢铁技术已经极大发展，赶上了世界先进水平，但想要继续将钢铁炼得更好，需要实践基础上理论的突破、技术与管理的加强、效率与规模的提高。从钢铁冶炼工艺体会成才之路。

（5）“钢铁摇篮”之钢铁栋梁：北京科技大学被誉为“钢铁摇篮”，培养了20 余万校友。秉承“学风严谨，崇尚实践”优良办学传统，介绍学校以及在国家政治、经济、科技、教育等领域，尤其是冶金、材料行业的校友为我国钢铁行业发展做出的突出贡献。激励学生传承学校“学风严谨，崇尚实践”的优良传统和“求实鼎新”的校训精神，以广大校友为榜样，立足岗位、追求卓越，为国

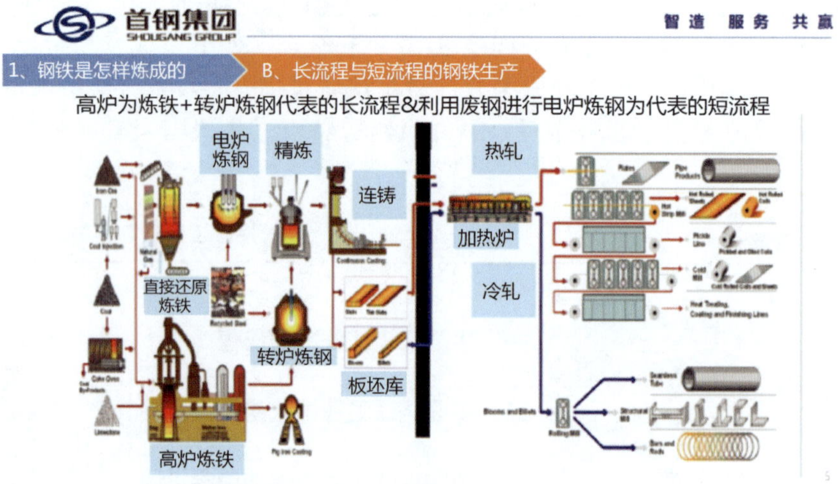
首钢集团
SHOUGANG GROUP
智造 服务 共赢
1、钢铁是怎样炼成的
B、长流程与短流程的钢铁生产
高炉为炼铁+转炉炼钢代表的长流程&利用废钢进行电炉炼钢为代表的短流程
电炉炼钢
精炼
连铸
热轧
加热炉
冷轧
直接还原炼铁
转炉炼钢
板坯库
高炉炼铁

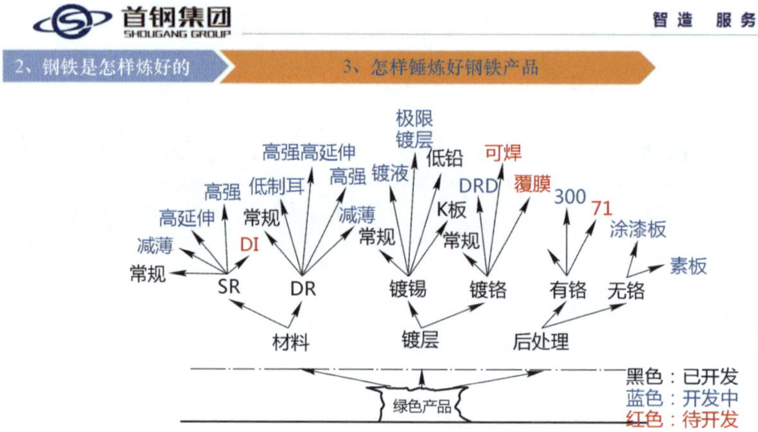
首钢集团
SHOUGANG GROUP
智造 服务 共赢
2、钢铁是怎样炼好的
3、怎样锤炼好钢铁产品
极限镀层
高强高延伸
低铅
可焊
高强
低制耳
高强
镀液
DRD
覆膜
300
71
高延伸
常规
减薄
K板
涂漆板
减薄
DI
常规
常规
素板
常规
SR
DR
镀锡
镀铬
有铬
无铬
材料
镀层
后处理
绿色产品
黑色：已开发
蓝色：开发中
红色：待开发

授课视频 4

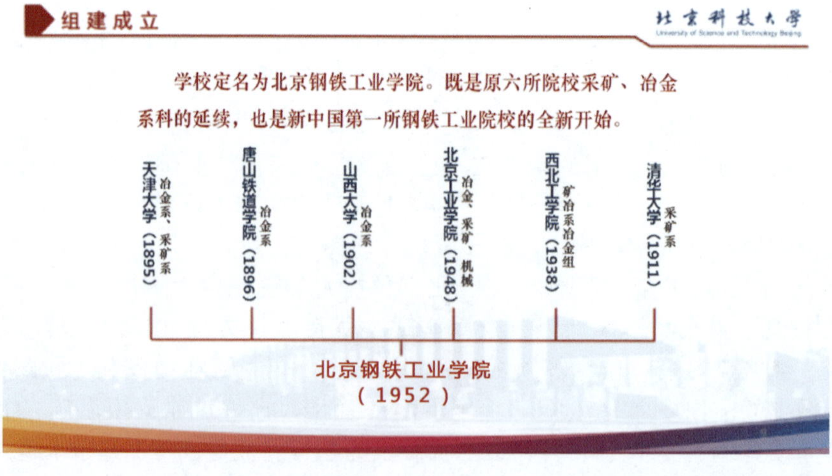
组建成立
北京科技大学
University of Science and Technology Beijing
学校定名为北京钢铁工业学院。既是原六所院校采矿、冶金系科的延续，也是新中国第一所钢铁工业院校的全新开始。
天津大学（1895）冶金系、采矿系
唐山铁道学院（1896）冶金系
山西大学（1902）冶金系
北京工业学院（1948）冶金、采矿、机械
西北工学院（1938）矿冶系冶金组
清华大学（1911）采矿系
北京钢铁工业学院
（1952）

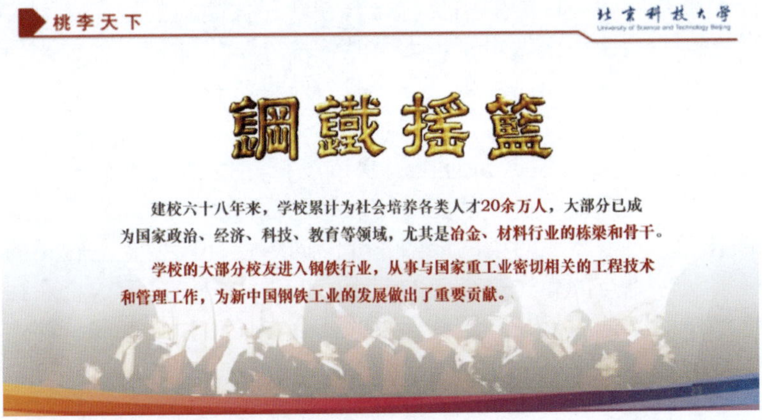

授课视频 5

家经济建设、行业发展和民生改善做出贡献。

（6）“钢铁摇篮”之科技贡献：学校的科研实力十分雄厚。从建校之初发明的世界上第一台弧形连铸机、研制的中国第一颗卫星和第一枚洲际运载导弹用高

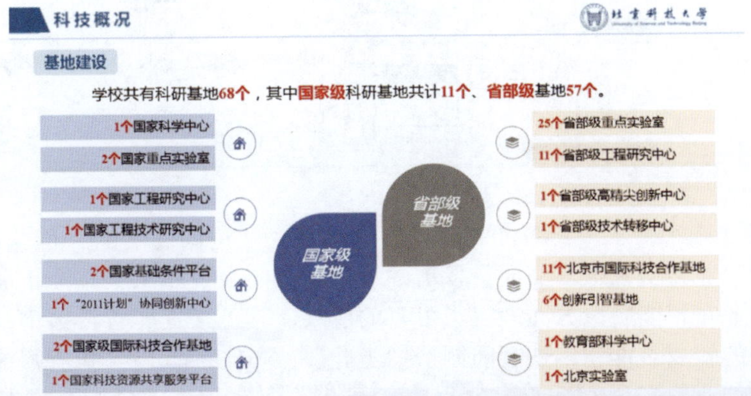

授课视频 6

强度钢，到近年来开发的高性能铜铝复合材料和新一代超高强钢，北京科技大学为中国成为世界第一钢铁大国做出了重大贡献。培养学生知校、爱校之情，了解学校各类科研成果在神舟飞船、嫦娥工程、载人航天工程、核电、高铁、战略武器和航母等领域的建设中发挥的重要作用。

（7）钢铁绿色可持续发展：如何在钢铁市场低迷的情况下，解决钢铁行业的污染问题，实现整个钢铁产业链节能减排、绿色环保和可持续发展，成为钢铁人共同面对的问题。揭示环境污染的成因，介绍向绿色环保型企业转化的技术路线。对比我国钢铁行业与世界先进企业的差距，展现我国先进钢铁企业在环境保护、节能减排工作上取得的成绩。培养学生的社会责任感和主人翁精神，塑造人类命运共同体的情感体系。

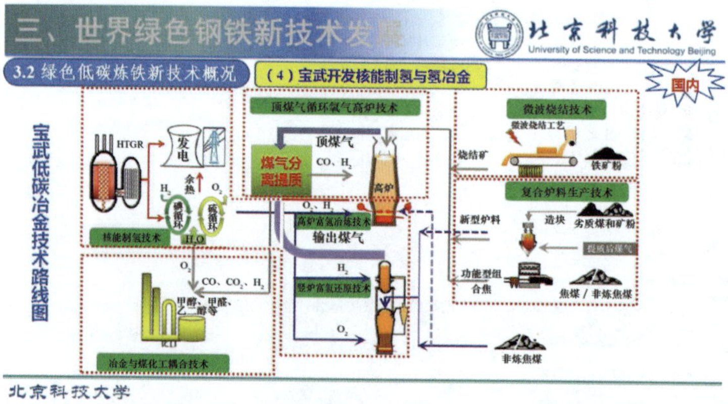

授课视频 7

（8）钢铁未来梦工厂：智能制造是中国钢铁企业迈向高端的“催化剂”，同时也是整个产业转型升级、高质量发展的一个新方向。近年来，以宝钢股份为代表的钢铁企业在智能制造方面取得了可喜的成果。其迅猛发展必将给钢铁产业带来翻天覆地的转变，推动钢铁智能制造“五化”（环保智慧化、制造智能化、产品绿色化、产业生态化、企业人本化）发展和智能“钢铁未来梦工厂”的逐步实现。培养学生面向未来、挑战未来、冲刺未来的勇闯精神。

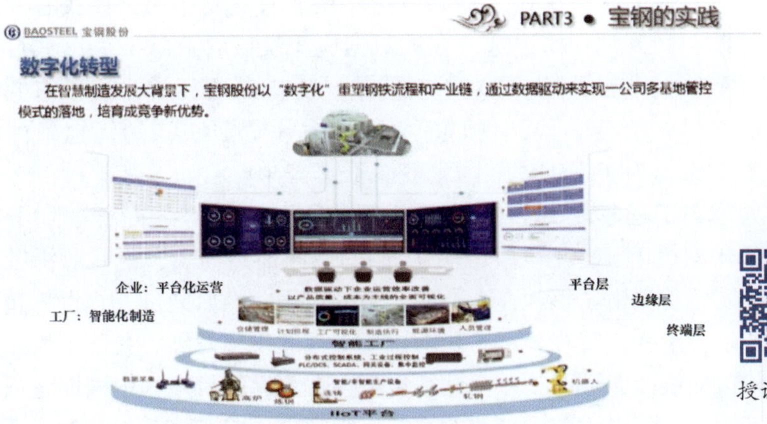

授课视频 8

三、教学对象分析

课程注重发挥课堂教学主渠道作用，挖掘课程思政育人内容，将爱国主义精神贯穿于学校教育全过程，推动爱国主义教育进课堂、进教材、进头脑。以国家重点学科冶金科技史的丰富史料以及现代钢铁技术优化课程资源，目前授课覆盖了 41 个专业（107 个班级），师生反响热烈，很多未选上课程的同学都表示希望能够旁听。课程于 2020 秋季学期选课学生已拓展到 54 个专业（150 个班级），加强校内推广，强化师生引领。

在微信、抖音、微博、B 站等学生关注度高的新媒体互动平台上，开发微视频等教育资源和在线课程，得到师生校友的广泛关注，收到大批留言希望观看完整版课程资源，激发起广大师生校友和钢铁行业从业者“科技报国”情怀。

高工 1703 班郭若城：我有幸听了毛新平院士讲授的课程“大国钢铁”，使我受益匪浅。毛新平院士从新中国成立以来的钢铁工业发展史讲起，深入浅出地描绘了一幅未来中国钢铁工业的蓝图。毛院士以科技强国为己任，承担数项国家重大科技项目，研制出的新型钢材在国际领先，他对于钢铁的热情深深打动了我。我觉得，作为北京科技大学的一名学生，我们要以科技报国为己任，向前辈们学习，努力学习科学专业知识，争取成为未来祖国的脊梁。

高工1704班孙鑫：在毛新平院士的自我介绍中，我们知道毛新平院士是钢铁世家，其父亲也是北京钢铁学院毕业的钢铁人。这节课让我印象最深的就是：毛院士向我们展示的中国超千米的大桥总里程发展史。通过视频对比其他国家超千米大桥的发展，我们不禁感慨中国21世纪以来基础建设的快速进度，这一切的背后离不开中国桥梁建造钢的进步发展，使得桥梁的建设始终有充足的材料储备、产能支持、成本控制。

冶金学院2018级本科生谭宇博：毛院士总结历史、分析当下、展望未来，讲述了钢铁行业在中华民族伟大复兴历史征程上的重要作用，让我心潮澎湃，既感到万分骄傲，又深觉任重道远。在大数据应用发展的背景下，钢铁行业迎来了新机遇，“绿色、智能冶金”迎来了新前景。历史需要传承，技术需要革新。作为新时代的北科大冶金学子，我们有“师从大师学钢铁”的优越条件，将踏实学习、上下求索，为实现钢铁强国之梦而不懈奋斗！

材料科学与工程学院2017级本科生严如玉：在学习了毛新平院士的第一讲后，我的心中对毛院士这样的大国工匠们的钦佩油然而生，更有对祖国非凡成就的骄傲。毛院士首先讲了钢铁在人类文明中的作用，然后通过一个世界桥梁公里数对比变化的视频给我们直观显示了我国桥梁工程的飞速发展。我国钢铁工业发展历程的四个阶段曲线图，证明了在全球视野下，在不远的将来，中国即将成为全球钢铁技术创新中心。经过毛院士细致的讲解，我拓展了自己在钢铁材料方面的相关知识，为自己是一名北科大的材料学子而自豪，更为中国的钢铁产业飞速发展而自豪！

文法学院2018级本科生田涵：在第一堂“大国钢铁”的课程学习中，我有幸聆听了毛新平院士为我们讲述中国的钢铁强国之梦。钢铁材料是人类文明所依赖的重要物质基础，北京科技大学的前身为北京钢铁学院，钢铁工业更是与每位北科学子密不可分。作为一名文科生，我对中国的钢铁工业了解甚少，通过毛新平院士的详细讲述，我更深层次地了解到我国钢铁工业的发展历程，并从中提升了荣誉感和自豪感。我国桥梁建设和钢铁产能的发展从最初的落后到如今的远超他国，体现出我国的科技进步与国家富强。我相信，中国必将为全球钢铁业的发展做出更加卓越的贡献。

外国语学院2019级本科生郭涵：听了毛新平院士的讲座，我深受震撼。毛新平院士既有着科学家的风采，四十载，与钢铁相伴，一辈子，为钢铁奉献；又有着良好的教学功底，概念剖析鞭辟入里，循循善诱，娓娓道来。师者传道授业解惑，更以从教之名行报国之志。我国钢铁工业的发展里，必然少不了北科人的身影。时代在变，不变的是“举矿冶之星火，抚百年之国殇”的初心，是“钢铁强国，科教兴邦”的使命。我们只有踏着坚定的步伐，在“为中华之崛起，奉科技以强国”的指引下，以强国为己任，视报国为信仰，为北科梦，为钢铁强国之梦，更为中国梦添砖加瓦。

四、教学手段与方法

第一，教学内容上，注重“价值引领”，实现“知识内化”，充分发挥课堂育人的主渠道作用。

“大国钢铁”课程讲授平台，集中学校学科优势，彰显行业特色，着力打造深受学生喜爱的课程思政示范课和工程教育特色课。课程内容包括“中国钢铁强国之路”“钢铁摇篮之钢铁栋梁、科技贡献”“钢铁是怎样炼成的”“钢铁绿色发展”和“钢铁未来梦工厂”等8个章节，将国家技术发展、科学家自身素养和对学生的价值引领相结合，聚焦培养担当民族复兴大任的时代新人，增强学生科技报国意识和家国情怀。

第二，教学路径上，注重“协同效应”、优化顶层设计、立足行业发展，激发社会各界人士的教育热情，实现校内外联动育人。

“大国钢铁”课程作为学校“三全育人”综合改革的重要举措，在教学模式上充分发挥校友育人作用，强化校企联合，形成育人合力。本项教学改革实施中坚持“信任、尊重、团结、引导”的顶层设计，充分调动社会各界人士的爱国热情和社会担当，校外专家负责课程8个章节中的3节，在前沿科技知识的讲述中融入自身成长历程，具有较强的引领示范效应。课程深入开展“弘扬爱国奋斗精神、建功立业新时代”案例教学，将科学家在为国家富强、民族振兴、人民幸福的奋斗中形成的中国科技工作者独有的“爱国、创新、求实、奉献、协同、育人”精神品质传递给更多的青年学生。

第三，教学队伍上，注重“四有”科技人才培养，以科学家精神为主线，注重优势互补，搭建高水平专家教学队伍。

课程以培养“有理想信念、有专业知识、有道德风范、有仁爱之心”的四有科技人才为目标，以塑形铸魂科学家精神为抓手，由中国工程院毛新平院士领衔，邀请国务院政府特殊津贴专家等具有代表性的专家学者、行业大咖，打造高水平教学团队。教学队伍的建设充分考虑专家科研工作中的创造精神和奋斗精神，展示科技人才的新实践、新业绩、新作为，注重专家年龄层次和专业互补，形成具有鲜明行业特色的专家教学团队，不断壮大协同育人教师队伍。

第四，教学形式上，注重先进教学手段的应用，打造全媒体传播矩阵，拓展校内育人辐射度的新形式。

课程实施过程中，采用在线教学、直播教学等多种教学手段，利用微信、抖音等新媒体传播技术宣传预热适应分众化、差异化传播趋势，注重情感共鸣和价值引领，积极营造“钢铁强国”的精神激励和舆论氛围。梳理专业知识技术发展沿革，把“四有”科技人才培养主题贯穿宣传始末。秉承融媒体理念，推出网站专题、报刊专栏、新媒体产品等多种传播模式，生动讲好榜样故事、大力传播核心价值观。制作“大国钢铁”课程视频集，全媒体发布，拓展宣传覆盖面。线上媒体有：

（1）中国大学 MOOChttps：//www. icourse163. org/course/USTB-1461976166；

（2）人民网公开课 http：//mooc. people. cn/publicCourse/index. html#/index/hotCourse？topic=daguogangtie；

（3）新华网新华思政 http：//xhsz. news. cn/school/feature/6。

五、教学过程

（1）探索“政治性和学理性”相统一的教学内容设置，建设符合高校教育理念的“大思政”教育模式，解决自然科学、社会科学与人文科学协同模式单一的问题，以钢铁工业强国之路，培养担当民族复兴大任的时代新人。

（2）探索“价值性和知识性”相统一的教学路径实施，注重价值引领、实现知识内化，以科学家精神引领凝神，解决“专业成才”与“精神成人”教育路径中专业课与思政课相互割裂的问题。

（3）探索“标准性和多样性”相统一的教学队伍建设，形成“四有”科技人才培养队伍，搭建具有我校特色的“辨识度高、引领性强、传播性广”的通识教育授课团队，弥补校内及行业空白。

（4）探索“专业性和传播性”相统一的教学形式构筑，坚持“小切口、凝精神、大贡献”整体思路，通过“打动人心的科学家”加“打动人心的故事”解决专业知识大众传播性差的问题，将钢铁行业先进技术在青年群体中作广泛传播。

六、教学效果分析

（1）考核机制科学：采用“多维评定”的模式进行综合考核。

过程维度：不唯试卷成绩、不唯单次成绩，重点考察学习过程中的感受体会。课程考核评定采用百分制，其中综合报告考核占60%，过程心得笔记考核占40%。

研讨维度：全部课程分8个阶段，每个阶段围绕一个主题开展参观或研讨，重点拓展学生的视野开阔度、互动参与度。

（2）授课成效明显：课程开展以来，目前授课覆盖了54个专业（150个班级），学生开展了丰富的课内互动，参观足迹不仅在学校校史馆、新金属国家重点实验室、钢铁冶金国家重点实验室等校内平台，还拓展至首钢AI园、宝钢、武钢、攀钢等校外平台，为同学们留下了深刻的学习体会，对行业技术、发展概貌有了更加深入的了解。

（3）示范作用突出：以“大国钢铁”课程为引领，对全校的课程思政建设起到了良好的示范带动作用，经过建设已形成了“大国钢铁”全校思政公开课、学科思政讲坛、课堂思政三个层次、全面覆盖、层次递进、相互支撑的课程思政教学体系。学科思政讲坛方面，统筹开设了“材料名师讲坛”“理学之美”“星期四人文讲座”等学术论坛。其中，“材料名师讲坛”主要聘请国内外材料科学与工程领域取得重大成就的科学家和工程技术专家、有重要影响的学术大师、著名学者讲授学科前沿发展动态、研究成果，倡导学术民主、崇尚科学和工匠精神。课堂思政方面，深入挖掘课程思政元素，实现课程思政全覆盖等，已培育40余门学校“课堂思政”优秀案例。

（4）社会影响广泛：

1）登录“人民网公开课大国钢铁专栏”，面向全国进行课程传播。

2）登录“中国大学 MOOC”网，开展线上授课。

3）登录“新华网新华思政”，面向全国进行课程传播。

4）依托北科大校史馆，每年为科大附小五年级、六年级的同学们讲述钢铁技术的发展和进步，让“钢铁筑梦”传承下一代，大国钢铁课程走进中小学校。

5）与中国钢铁工业协会、冶金工业出版社、行业相关企业（宝武、首钢、包钢等）和行业高校开展交流，“大国钢铁”课程得到广泛关注，激发起北科大校友和钢铁行业从业者“科技报国”情怀。

6）2020 年 4 月，中国科协、教育部、共青团中央、中国科学院、中国工程院联合开展 2020 年“共和国的脊梁——科学大师名校宣传工程”，因学科特色鲜明、育人效果明显，获得该活动“学风传承资助计划”资助。

7）光明网、北京日报、中国冶金报、海外网、学习强国等媒体纷纷报道，认为这一课程设计，将思想政治教育融入“大国钢铁”课程教学的各个环节，把“隐性思政”的功用充分发挥出来，构建起全课程育人格局。

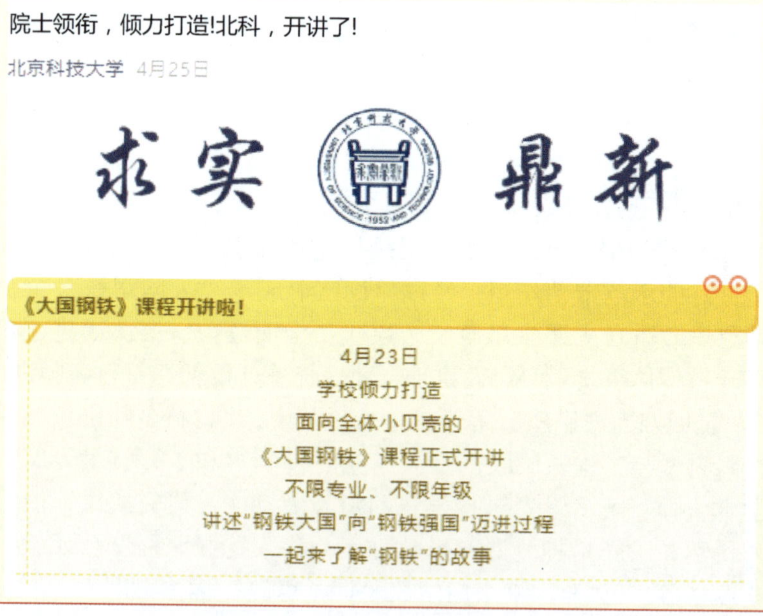

课程第一讲《钢铁强国之梦》由我校毛新平院士主讲

光明教育 edu.gmw.cn　时政　国际　时评　理论　文化　科技　教育

首页 > 教育频道 > 高校 > 正文

北京科技大学开设《大国钢铁》专属课 增强学生“科技报国”意识和情怀

来源：光明网 2020-04-24 15:58

“今后钢厂的产品、装备、生产走智能化路线，达到生产的最优化、流程的最简化和效率的最大化，使传统工厂升级为智能工厂。”“钢铁工业也有生态化的发展战略。”在北京科技大学《大国钢铁》这门课上，主讲人毛新平院士给网络另一端的学生，展示出一幅钢铁产业的宏伟蓝图。

习近平总书记在全国高校思想政治工作会议上指出，要用好课堂教学这个主渠道，使各类课程与思想政治理论课同向同行，形成协同效应。北京科技大学在扎实推进以“课程思政”为目标的课堂教学改革基础上，4月23日，全新打造的《大国钢铁》课程正式开讲。

钢铁号称“工业的粮食”，钢铁工业是中国新型工业化进程中的基础产业和重要的支撑产业，是承担国家产业责任的主要载体。在习近平总书记提出“以‘鼎新’带动‘革故’，以增量带动存量，促进我国产业迈向全球价值链中高端。”重要精神指导下，面向全校学生开设“大国钢铁”课程，旨在为学生讲述新时代背景下钢铁行业如何实现“钢铁强国梦”，钢铁人如何为共筑中华民族伟大复兴中国梦而砥砺前行。

视觉焦点

西藏交通设施建设实现历史性跨越

院士领衔，北科大面向全校学生开讲《大国钢铁》

北京日报客户端
发布时间：04-24 21:49　北京日报报业集团

北京科技大学开设《大国钢铁》选修课

新京报
04-30 22:06　新京报社官方帐号　关注

当前位置：首页 > 媒体聚焦

毛新平院士：青年一代要树立“科技报国”的远大理想

单位（作者）：李依环 邢华超 孟婍 | 来源：人民网 | 更新时间：2020-04-29 | 点击数：1959

人民网北京4月29日电 “今后钢厂的产品、装备、生产走智能化路线，达到生产的最优化、流程的最简化和效率的最大化，使传统工厂升级为智能工厂。”日前，在**北京科技大学**《大国钢铁》这门课堂上，主讲人中国工程院院士毛新平给网络另一端的学生，展示出一幅钢铁产业的宏伟蓝图。

让我们整体认识自己的专业

强文江　陈冷　余永宁

课程名称　材料科学与工程导论
课程性质　专业选修课
专　　业　材料科学与工程
授课对象　本科二年级学生
课程简介：

本课程整体教学目标是使二年级的本科学生比较全面地认识了解所学的材料科学与工程专业，认识和理解自己在本科阶段的学习任务以及能力要求，了解未来的职业发展和应当承担的社会责任。促使学生热爱专业、积极投身学习之中，并且树立远大的志向、为科技强国做出突出贡献。为了实现上述课程教学目标，课程教学内容从两个方面展开。

第一，围绕着本专业核心知识体系展开教学。在持续一年的教学过程中，本课程首先介绍材料整体概况，然后将材料学科关于材料“成分与结构、合成与加工、性质、服役效能”的核心四要素及其关系作为主体内容，帮助学生搭建起粗线条的、但具备完整性和系统性特征的专业核心知识体系架构。

第二，开展专业知识相关的向外拓展教学。结合本专业基础理论知识总体架构的内容，适时向外延伸，由此拓宽学生视野。从当代社会以材料、信息、能源作为三大支柱出发，通过具体事例说明材料与国家安全、社会进步、人民生产与生活息息相关。由此，帮助学生充分认识材料的重要性、社会分工中的位置、未来职业发展方向等。同时，引导学生关心国家大事，理解应承担的社会责任。带领学生了解我国钢铁材料的发展历史，了解学校在人才培养和科研成果方面对国家钢铁发展做出的贡献，激发学生的自豪感和专业热情。

教师简介：强文江，北京科技大学材料科学与工程学院教授。从事教学工作 28 年，获第五届北京市教学名师奖，材料科学与工程专业带头人，国家级教学团队带头人，国家级教学成果奖励 2 项、多项北京市教学成果奖励。

陈冷，北京科技大学材料科学与工程学院教授，“材料科学基础”课程负责人。

余永宁，北京科技大学材料科学与工程学院教授。从 1957 年开始从事教学工作 64 年，获第一届国家教学名师奖。编著《材料科学基础》《金属学原理》等教材、教学参考书。

课程蕴含的思政元素分析

本课程面向低年级学生开展专业启蒙教育，担负着培养学生专业热情的任务。一方面，在专业知识的教学过程中，本课程会广泛引用材料实例增强学生的真实感，使学生积累一定的材料研发及其工程应用的知识和例证，为后面专业课的学习形成一定的基础铺垫，以提升后续专业课程的教学效果。另一方面，促使学生树立远大志向，树立科技报国目标，并联系自身实际，比较全面认识和理解本科阶段的学习任务以及能力要求，将其落实到日常学习之中，为未来取得优异职业成就奠定坚实基础。因此，在课程教学中，利用丰富的专业资料，讲事实、摆道理，使学生真正认识材料的重要性，以及材料领域科技工作者对于国家和社会的巨大贡献，来说明本专业责任和任务的重要性、艰巨性以及光荣性，从而将专业热情的培养落到实处。

关于材料的重要性，在专业整体框架知识的介绍中自然地穿插具体材料实例来加以说明。一个典型的例子是钢铁材料——与北京科技大学的历史贡献密切地联系在一起。今天，我国已经成为世界第一钢铁大国，并且也是钢铁强国，为成为基建强国、第一制造业大国奠定了坚实的基础。这种地位是钢铁行业的劳动者长期艰苦奋斗的结果，凝结着钢铁企业和研究院所、高校的众多科技工作者的心血。作为钢铁行业处于国内领头地位的高等院校，北京科技大学、东北大学等原冶金部属的高等院校在人才培养及科研成果方面的贡献是决定性的。作为本校材料专业的学生，为自己的专业感到自豪。回想我国的钢铁发展历史，特别是抗日战争时期我国因为缺少钢铁材料、武器装备极端落后而在战场上付出的生命代价，使学生能够深深感受钢铁等工程材料对于国家强大的重要性。

专业的必要性和任务的艰巨性：在全面满足国家安全、经济建设和人民生活对于材料的需求方面，我们还有很多材料的问题需要解决——我国在关键技术、装备等方面目前还有众多卡脖子的关键材料问题亟待解决。在国际关系风云变化、国际竞争日益加剧的形势下，实现民族伟大复兴的关键点之一是国家需要具备强大的科技竞争力。其中，材料及其制品的加工制备技术所发挥的巨大作用已经明明白白地摆在了台面上——芯片的制造、航空发动机关键材料、半导体技术中的关键材料等，也充分说明了材料专业科技人员研发新材料、新工艺的必要性，以及所面对的艰巨任务。

此外，本课程教学中，我们有意识地将教学内容适当向外拓展，以开阔学生的视野。材料、信息、能源被视作当代社会的三大支柱。由此出发，我们不仅介绍材料，也对于能源、信息领域中的一些问题进行介绍。比如，能源方面，引领学生了解我国的能源结构现状以及战略安全问题，大量燃煤所存在的污染问题，特别是碳排放相关的碳达峰、碳中和问题，认识新能源尤其是绿色能源发展途径、国家战略布局，最后引导到与之密切相关的储能材料等问题。由此启发、引领学生关心国家大政方针和战略问题，并树立起科技报国的远大志向。

最后，本课程的教学注重联系实际，从学生实际出发、努力解答学生的实际关切。比如，我们从科学、技术、工程、高等工程教育等高度概括性的基本内容入手，在讲解基本释义和特征之后，立即将其与学生在本课程阶段的学习要求，以及未来的就业选择联系起来，帮助学生明确自己的努力目标和要求，追求学以致用、取得实效。

教案设计

一、教学目标与教学内容

教学目标：使学生对于科学、技术、工程形成基本认识。了解材料科学与工程专业学生对于科学、技术与工程知识和应用能力的要求。理解本专业的工科属性，培养目标是材料领域的工程技术人员。了解北京科技大学材料科学与工程专业的历史、地位与社会期望，知晓本专业的培养目标与毕业要求。确定自己的目标，并付诸实施。

教学内容：介绍科学、技术、工程、高等工程教育的基本知识。包括它们的基本释义和特征，通过举例加以解释说明，使之具体化、形象化，并与学生的在校学习要求和未来就业领域联系起来。

二、教学重点、难点与解决方法

教学重点：说明本专业的工科专业属性、明确专业培养目标为优秀的材料工程师；借助于工程教育认证的通用毕业要求，说明工程技术人员对于科学、技术与工程知识和能力的需求；借助于科学、技术与工程的基本释义和特征，说明本课程阶段的学习任务，帮助学生明确自己的目标，说明一些具体要求和可能出现的偏差。

难点问题1：将高度概括的科学、技术、工程与学生在本课程阶段的学习密切联系起来，形成一些具有实际指导意义的行为规范和具体要求。

解决方法：（1）借用清华大学王孙禺教授关于高等工程教育认证的培训资料中提供的科学、技术、工程及高等工程教育的概括总结，给出科学、技术、工程的基本释义和主要特征。（2）借用高等工程教育的认证工作中的毕业要求通用标准，来规划本科阶段的知识能力培养要求；并借助于培养目标的制订依据，结合本专业的历史、地位及社会期望，来确定培养目标。介绍本专业的工程教育认证情况，要求学生课后查找并全面认识本专业的培养目标和毕业要求，明确个人发展目标，对照毕业要求不断检查自己在本科阶段的学业进展情况。（3）综合分析上述两个方面的内容，从未来成长为优秀工程师出发，同学们在本科阶段学习中应当注意的一些具体问题：科学基础理论的重要性、对待数理化之类的基础科学知识课程的正确学习态度、应当具备的科学素养等；技术的实用性特征、技术发明的重要性、如何做好技术工作等；工程问题的目的性、复杂性和综合性等，与科学、技术的相互依赖性，成为合格的工程技术人员所必备的综合素养，以及如何为之进行准备等。（4）从当代社会的三大支柱观点出发，说明材料与其他工程领域的广泛关联性，使学生了解认识社会对于本专业工程技术人员的广泛需求——本专业毕业生具有广泛的就业领域，需要具有宽阔的视野、良好的沟通能力。

难点问题 2：部分学生可能需要转变观念——高等工程教育以培养优秀工程师为首要目标。低年级的本科生工程概念模糊，其中不少优秀学生的梦想是成为优秀的科学家。这里，需要帮助学生转变观念，使其不感到失望，而是更加激情地投入到学习生活中去。

解决方法：通过科学、技术、工程的释义和特征介绍，使学生将此前混为一体的三者进行更细致、具体的区分，认识三者之间的差别，思考自己对未来发展方向的定位；通过介绍工程的基本特征，以及对工程领域划分、材料工程的社会作用的介绍，使学生比较充分认识理解工程的社会重要性，工程问题的综合性、复杂性，以及工程与科学、技术的相互依赖关系。尤其是认识理解科学知识在工程实践中的不可或缺性、指导性，以及工程研发、工程实践对于科学发展的极大促进作用。因此，能够身在工科专业，充满激情学科学、奠定坚实的理论基础，并且积极锻炼自己应用科学知识解决工程问题的能力，同时准备好在未来研发工作中，结合自身专业实践，在解决好工程实际问题的同时，力争为科学发展做出贡献——通过对材料的研究，加深人们对于普遍性自然规律及其本质的认识。

三、特别说明

本课程的教学工作担负着激发学生学习热情的任务，使学生立志通过研发新材料新工艺、解决关键材料问题，来服务国家需求、报效社会。为此，在本堂课的教学过程中，我们通过课内、课外的讲授与自学内容，带领和引领学生比较充分地了解我国在科学、技术与工程领域中的一些重大举措，使学生了解发展历史，尤其是自 20 世纪 80 年代全面改革开放、全面转移到经济建设中心工作以来的重大事件，更好地认识目前所处的整体形势和任务——采用“以史为鉴”的处理。

其中，一方面通过我国高铁、核电等工程领域所取得的巨大成果，使同学们树立坚强的信心；同时，也向学生说明：与欧美一些科技发达的国家相比，我国由于科技发展的历史积淀还有差距，因此在科技发展道路上还有很多工作急需努力追赶。否则，若干年后，还会有类似于“中兴事件”、高端芯片的缺失所面临的国际困境等。作为科技工作者，为了国家的兴旺发达、实现中华民族的复兴，需要负重前行，科技强国任重道远。

四、教学过程

以下为本课程第一次课的教学内容安排，为90分钟的课堂授课内容，分为上、下两部分，各45分钟。前一部分内容包括下面的（一）、（二）两小节，主要介绍科学、技术、工程的基本释义和特征；后一部分内容包括下面第（三）节关于工程教育的内容，给出课后任务（见第（四）节）。其中特别介绍了包含有思政教育的内容及所列举的例证。

本次课的教学内容展示，尤其是其中体现教案中所述课程思政内容的教学内容，以上、下两部分内容（各45分钟教学）的两个视频记录下来，供学习参考。

（一）引入

本课程的首次课，代表材料科学与工程专业欢迎同学们选择本专业。

通过本课程，让同学们对自己的专业形成比较全面的认识。

本次课的教学，首先带领同学们认识本专业对于社会发展的重要性，了解本专业的历史。帮助同学们思考的问题：应该如何定位自己的未来，为自己确定什么样的发展目标，以及如何完成好本科阶段的学习生活等问题。希望同学们通过本堂课的学习能够得出自己的结论。在此基础上，安排好日常学习生活。

本次课的教学内容首先从学校、学院和专业名称中所包含的“科学、技术、工程”等熟悉的名词入手。

（二）关于科学、技术与工程

借用清华大学高等教育研究中心、国家工程教育认证专家王孙禺教授培训工程教育认证专家的资料中对于科学、技术、工程三个基本术语的归纳总结，介绍各自的基本释义与特征要点。将其与本科阶段的学业及未来的职业联系起来，使学生认识并理解科学、技术的理论知识对于未来作为工程技术人员的重要性，立志成长为优秀的工程技术人员，为国家与社会的安全与发展、繁荣与富强做出贡献。

我国的科学技术与工程

课程思政内容：将科学、技术、工程这三个耳熟能详的常用术语，与我国改革开放以来的科技发展中的重大举措联系起来，与学生的日常学习联系起来，使之变成看得见、摸得着，与自己密切关联的东西。帮助学生更加详细地认识与理解它们的含义、彼此之间的不同点，并借此厘清一些基本问题。具体如下。

1. 科学

说明科学的基本释义与特征要点，帮助学生理解掌握系统的科学理论知识的重要性。

思政内容：从科学的基本释义和特征向外拓展，联系本科阶段大量学习科学理论知识，提醒学生学习过程中应当注意的问题；说明科学研究的目的性，明确注意事项，说明争取科学研究基本条件的途径。具体内容设计如下：

第一，科学是系统的知识体系。学习科学知识，必须要有耐心和毅力。一切从实用性出发，片段式学习，不利于掌握科学知识。请同学们对照检查，在基础理论知识的学习过程中，是否存在着疑问“这个理论有什么用?”这种疑问太多，会妨碍进步的速度!

第二，科学研究活动体现科学的本质。科学的本质体现在发现新现象、找到新规律、建立新理论和方法，提出新问题、创造新知识。只有围绕着科学的这几个本质特征所开展的研究活动，才属于典型的、或者真正意义上的科学研究范畴，能够去争取得到科学研究的资助。

第三，科学研究，是一种“兴趣、爱好”，受好奇心驱动。学习的乐趣，一种观点在于“苦中作乐”——经过苦思冥想的痛苦，获取解决问题后的快乐。请同学们对照检查：自己是否在学习中保持着好奇心、主动思索？在解决难题过程中感受过痛苦之后的快乐？这种体验非常类似于科学研究所能带来的快乐。如果喜欢这种感受，说明比较适合做科学研究工作。

第四，科学研究，或者解决科学问题，不以取得经济效益为直接目的。从经济效益角度看，科学家的工作与企业家有着天壤之别。科学研究，需要直接的人力和物力投入，极可能没有直接的经济产出。科学家为了开展研究，需要积极争取资助；要利用好资助经费完成工作并取得优异成果；同时要珍惜并用好资助经费，自身则要甘于“贫苦”。

第五，科学家如何获取开展研究工作的必要支持？需要关注并争取国家机构、社会组织的经费赞助。国家自然科学基金委员会成立于20世纪80年代改革开放初期。那个时间国家刚刚开始将工作重心转移到经济建设方面来，国家的经济还很不发达、GDP还很低（可以查看相关资料——比如世界各国GDP的发展对比的视频），需要用资金的地方很多。在这种情况下，国家最高层领导人认识到科技对于生产力发展和国民经济的重要作用，建立起国家自然科学基金，用于支持科技人员开展科学研究。随着国家经济实力的提升，逐渐加大投入。今天，国家自然科学基金委的“青年科学基金”使得很多的年轻科技工作者在取得博士学位后作为项目负责人。再加上中央高校基本科研业务费的支持，绝大多数青年教师入职就能够直接主持开展科学研究项目工作。回到30年前，这是不可想象的事情——那个时候，能够作为负责人承担科研项目的老师，只能是学校所有教师中的少数人，青年教师基本上都是作为大课题组中的一个成员。与自然科学基金的设立同样值得提出的是国家重点基础研究发展计划（简称“973”计划），它标志着我国开始投入大笔的经费来推动基础理论研究工作。

第六，申请国家自然科学基金项目的基本注意事项——科学问题的提炼及研究方案的先进性、可行性和具体工作计划。其中，一定要依据科学的本质属性对科学问题加以提炼。

其他说明：课上提醒同学们，对于类似“科学”这样的基本名词，查找其释义，可以通过各种“百科全书”（尤其是大百科全书）进行查询。课上可以请同学们通过手机在“百度百科”上查询“科学”，给出其基本释义以及基本特征。这是一个典型的术语。结合近代科学的发展，西方文化中的解释需要借鉴参考，而追踪历史，又很容易追溯到古希腊的定义。其中，“自然科学”这个基本词（两个）非常醒目——当代呈现最高科学研究成果的学术刊物：“Nature”与“Science”。

课外要求：学生查询国家自然科学基金官方网站，了解基金委的基本情况，资助领域划分情况，以及申请项目的基本程序。进一步拓展包括：了解我国自然科学基金的发展情况、目前的资助类别、科学领域的划分、项目类别的划分等。

2. 技术

说明技术的基本释义与特征要点，帮助学生认识与理解技术的作用与重要性。

思政内容：从技术的基本释义、特征与要点向外拓展，说明技术进步的典型代表——技术发明。关于技术创新、发明专利的特征说明如下。

第一，发明一定要具有创新性、新颖性。

第二，发明专利需要具有经济、社会效益背景；一旦实施，可以转化成实际效益。

第三，发明专利要求实物化。单独的科学原理或者字面上的方法不足以构成发明。一定要将其中的科学原理、方法加以具体应用，给出实物化的实施方案，并且有其特点和效益。

第四，国际上普遍设立了专利保护制度，通过授权专利对于产品中包含的一些技术独有特征加以保护。专利保护制度是对于发明人技术创新的保护方法。不过，过度保护也会产生负面影响。

在改革开放以来的40多年里，国家层面上不仅设立了国家自然科学基金来支持科学研究工作，在技术发明创造方面也推出了一系列具体举措。其中，请同学们了解所谓的“863”计划。这是我国改革开放以来，为了学习与跟踪国际上在高新技术领域的最新前沿发展而投入的专项经费。这是国家层面在技术研发方面投入方面具有代表性的举措，也是第一项比较大规模的研发经费投入。

课后任务：请同学针对上述科学研究与技术开发方面的国家层面的举措，通过一些关键词来查看了解这些科技项目的历史背景和目标。今天，在强大的国家经济实力背景下，国家高度重视科学研究与技术开发，投入充足的经费支持科技活动，为科技工作者在科学技术研究开发方面取得成果奠定了良好的基础。希望同学们能够在今天学好基础理论、牢固树立创新与创造意识并开展实践，争取将来加入到科学研究与技术开发的队伍中，为国家、社会发展做出突出贡献，也实现个人的科技梦想。

3. 工程 I

说明工程的基本释义与特征要点，使学生认识工程与科学、技术的关系，认识与理解工程问题的综合性与复杂性。理解高等工程教育、工科专业所培养工程师对于社会的重要性。

思政内容：从工程的基本释义、特征与要点向外拓展，说明工程的重要性。

第一，从工程的产出入手——工程质量的评价与意义。工程，一定要以工程的“产品”及其效益为基本产出，依据产出判断工程的成败，并且以产出与投入的比例来确定效益，以实际效益与预期之比来确定质量。

工程质量分类：按照工程的预订验收指标对工程产品进行验收，判定工程质量，可以分为优质工程、合格工程与不合格工程。开展工程实践，一定要力争达到质量优质；一定要避免成为“烂尾工程”这种代表性的反面典型——有投入而无合格的产出，损失的不仅仅是投资，还是对人力、物力等社会资源的浪费。因此，要竭力避免出现。

第二，工程的综合性特征。工程项目的完成，或者说完成工程实践过程，需要工程师确定技术方案、关注经济因素，并对于工程项目的社会效益进行充分评估，工程实践活动具有很宽泛的综合性。为此，工程师在本科阶段需要综合学习很宽泛的理论知识，并进行应用训练，为未来职业进行储备。

工程项目必须要考虑社会效益。工程项目在开工前需要提交计划，需要通过国家多个监管部门的审批。可能造成环境污染的工程项目，经济效益再好，也会被环保部门审核终止。工程项目的经济因素——任何工程项目在建设阶段都需资金投入，投产后运行中需要收回投资并产生利润，维持项目正常运行并希望产生效益，从而再投入研发、寻求扩展。有先期投入、没有利润的话，项目自身无法形成持续发展，肯定不属于成功的工程项目。

工程项目的技术因素不是唯一的因素，但一定是非常重要的考虑因素。如果项目的技术方案存在根本性困难，也就是技术风险太高，失败的可能性非常大。

由此可见，工程项目所涉及的多方面因素中，任何一个方面出现重大问题，都会导致工程项目的失败。判断工程的必要性，往往更需要从社会需求出发；工程技术只是判断可行性的依据之一，也并非全部，并非技术至上。如果能满足社会重大需求，存在一定风险和技术困难，工程也要上马。三峡大坝建设工程，在开工时并非所有技术都是成熟的。在建设施工中，解决了很多技术难题，产生了多项新技术。一般而言，重大的工程项目在实施过程中，一定会形成许多技术革新和创新发明，形成一系列全新技术。

第三，工程问题中的社科人文问题。工程问题中涉及复杂广泛的社科人文问题，如安全、健康、法律、环境、文化、资源、社会可持续发展等方方面面，还涉及所承担的社会责任与义务等。走入一个承接工程项目的法人公司，往往会感受到企业文化氛围。许多公司都会明确提出自己的企业目标、使命、精神、宗旨、文化等，希望每位员工都将其贯彻到日常工作中。

企业文化，与行业背景、工程领域特点，甚至领导者个性密切相关。

例如，国内迄今为止两家最大规模的核电公司之一的中国广核集团，承担核电站设计、建设与运营业务。核电站的安全性意义不言而喻，人们对于切尔诺贝利核电站、福岛核电站事故及其所产生的后果至今记忆犹新。该公司强调安全第一，建立公司的“安全文化”——只要有安全措施，就一定要用到极致。其实例之一：在普通的城市道路交通中，乘坐该公司所属车辆的所有乘车人员全部、全程使用安全带。由此时刻树立牢固的安全意识。

第四，工程与科学、技术的关系。工程实践中包含着科学的应用，包含大量的技术；大型工程并非完全基于成熟的技术，有大量技术问题，需要在实施过程中解决，技术创新是大型工程的一个基本要求和特点。我国在建筑工程领域设立“鲁班奖”，奖励工程中的重大贡献，尤其是工程方法的创新与进步。

此处，通过工程综合性特征的介绍，说明工科专业的教学计划中设置大量的自然科学、工程基础、数学，以及社科人文类课程的必要性——工程的复杂性，要求面向工程问题的工程师，必须掌握系统的科学理论和丰富的技术知识，并且结合实际问题加以具体应用。故此，工科专业本科阶段的学习任务绝对不轻松，工程技术人员与科学家相比，在推动社会发展进步方面的任务和角色同等重要。

有些同学可能还留有高考的遗憾——没有能够充分发挥水平、入学志愿没有完全达到预期；因为“落入工科”感觉自己没有了成为“科学家”的希望。这里，我们要帮助学生消除这种遗憾，获取充分的专业认同感。同时，对同学们提出如下几点期望和要求：

第一，既来之，则安之。工科专业绝非轻松搞定，工程问题绝非轻而易举解决。如果在数理化等基础学科有所专长，对于学好工科专业、建立个人特长，并在以后工作中做出特殊贡献，都是非常有益的。学习工科专业不会埋没了个人的才能。

第二，学习工科专业，立足解决工程问题，毕业后成长为优秀的工程师，同样能够发挥个人的作用，为社会发展做出巨大贡献。

第三，工科专业培养的人才，同样能够为科学发展做出突出贡献。工程科学是科学的组成部分之一，工程问题中包含着大量的科学问题。材料科学与工程专业自身就包含着丰富的科学问题，人们在材料研究中，为科学的发展做出了很多贡献。国际上因为材料研究获取诺贝尔奖的例子很多，在《Nature》《Science》等顶级科学杂志上发表学术研究的材料研究工作成果很多，具有很高的科学价值。国家自然科学基金委将材料列为一个学部，是重点支持领域之一。

4. 工程Ⅱ

教学内容包括：工程领域划分的基本情况，重大工程项目举例；材料工程领域的基本任务，与其他工程领域的联系。由此帮助学生认识与理解材料工程在社会发展的角色与地位，以及所担负的社会责任。

思政内容：从材料工程的基本任务及与其他工程领域的关系出发，向外拓展，说明：

第一，材料工程的重要性，对社会发展的贡献；

第二，材料专业工程技术人员的任务，毕业生就职择业的范围。一方面是本专业领域的科研、生产以及高等教育企事业单位（本行业领域）；另一方面则是广泛的材料应用单位（跨越专业领域的企事业单位）。

希望由此帮助同学们理解本专业科技人员承担的重大社会责任，了解服务社会的方式，了解自己未来可能的就业领域及职业发展方向。

（三）工程教育

这部分内容主要包括工程教育基本释义及分类情况，结合工程教育认证的标准介绍，要求学生思考确立自己的发展目标，同时帮助同学们认识与理解本课程阶段的任务与努力方向。

工程教育

工程教育基本任务是培养工程技术人员。我国的工程教育体制包括中等技术教育和高等工程教育。介绍工程教育本科阶段的人才定位与工程技术人员的成长之路。

思政内容：工科专业的本科毕业生是工程师的坯子。本科毕业5年左右，成为在本专业领域内独立开展工作的技术人员——工程师。获取执业资格证书，能够主持制订并签发有效的工程图纸、施工方案、技术方案等。使学生了解未来工程技术人员的成长之路。

由此适当解释及向外拓展，说明：

第一，坯料质量是最终产品的强烈限制因素。好坯料，能够制成重器；残次坯料可能制造不出任何有用的产品。本科阶段，就是大家将自己打造成好坯料的关键时期。

第二，树立远大志向，争取本科毕业后进一步深造，为未来的发展奠定更深厚的基础。

本专业的培养目标与毕业要求：

借用工程教育认证工作体会，向本科生介绍本专业的要求。引入专业培养目标与毕业要求的基本概念。要求学生课后查询本专业的培养目标与毕业要求，并且结合自身实际谈个人感想。使学生明确本科阶段的努力目标，同时鼓励学生树立远大志向，提高自我要求的标准。

思政内容Ⅰ：从专业培养目标的制订依据出发，介绍本专业的发展历史以及目前的水平，结合社会（用人单位）与家长的期待、同学们的基础，向外拓展，激励同学们树立远大志向，并且落实到日常学习生活之中。主要说明如下几点：

第一，本专业具有光荣历史，为国家培养大量高质量人才。北京科技大学被称作是“钢铁摇篮”，本校毕业生铸就了国家钢铁工业今天的辉煌。作为后来人，在新时期将科技强国的优良传统发扬光大——立志成长为国内最高水平的材料专业人才，“今天我为自己是北科大材料人而自豪，明天母校为我而骄傲”。

第二，材料学科曾经的辉煌、今天的实力（横向对比），要求师生共同努力，完全向国内同类专业的最高水平看齐。激励同学们下决心埋头苦干，四年内要追上高考时的差距。不苦不是材料人，不达目的不罢休。

这里，教学过程中介绍两个辅助资料：

（1）我国钢铁业发展——网络小视频：国际钢铁产量十强演变历史，介绍抗战时期我国钢铁等工业落后而付出的惨重代价、新中国钢铁工业发展历史，以及当今我国钢铁工业的强大实力。

（2）我校材料学科在历次评估中的位置，新金属材料国家重点实验室的建设历史。

思政内容Ⅱ：介绍工程教育认证工作中确定的本专业的毕业要求。使学生认识了解工程技术人员的全面素质能力要求，包含着科学、技术、工程问题的各项基本要素。同时，需要面向复杂工程问题的解决能力培养，立足国情、面向未来，更加强调创新能力培养。基于这些要求，向外拓展，说明：

第一，为了未来充分胜任工程技术人员的工作，需要全面地掌握方方面面的知识、提升能力。要按照科学、技术、工程问题的各自特点，去努力接受系统性的理论知识，避免片面地理解或者误解而造成知识体系和能力的残缺不全或者严重缺失；

第二，学习过程中，特别注重深入理解以及实际应用能力的培养，并且注意培养特长；

第三，要立足长远发展，努力全面并且高标准地达成各项毕业要求，将自己锻造成优质坯料，为成为栋梁之材奠定坚实基础。

结合毕业要求中解决复杂工程问题的能力培养，说明一些具体的注意事项——包括努力追求的目标，以及特别注意避免发生的事情。

（四）课后任务

课后任务涉及如下三个方面：

（1）全面学习了解本专业的培养目标与毕业要求；

（2）调研总结我国改革开放以来在科学研究与工程技术领域的重大举措或成果；

（3）了解我国钢铁工业的发展历史及现状。（拓展：玻璃、水泥等基础工业用材料的发展历史、现状及国际比较；国内生产总值 GDP、科技投入、高等教育等方面的情况）。

其中，第一个方面的作业要求书面提交。教师将对每位同学的作业进行详细批阅、反馈，以帮助同学们比较准确全面地把握自己在本科阶段的知识与能力要求，为成长为优秀的工程技术人才奠定坚实的基础。

五、教学效果分析

本课程作为面向低年级开设的专业引入性课程，承担着让学生全面而比较粗略地认识了解专业的任务。

从 2017 级至 2019 级本科生的教学过程看，学生对于课程内容的安排普遍满意。无论是关于科学、技术、工程的总体介绍，还是关于高等工程教育中本科阶段学习任务要求及未来发展目标的思考提示，都能引发同学们的兴趣。课堂授课所提供的例证密切联系实际，并且与学生在校学习的努力目标、注意事项联系起来，实现了高度概括、抽象概念与具体实际的联络，易于学生理解和接受。课堂上学生们能够专注听课，课程教学内容的设计与组织安排合理，保证了比较好的课堂教学效果。

当然，比起听课及取得好的课程考核成绩来说，更为重要的是思考自己的长期发展目标，以及认识当前的学习任务并将其具体落实——明确该如何做，同时要具体执行、付诸实际行动。同学们对此也给予了积极配合，都能够认真地完成所布置的课后作业。

特别指出一点：关于本专业培养目标与毕业要求的内容，所有同学都按时提交了作业。本专业已经通过了工程教学专业认证，建立了人才培养质量的保障体系。其中，让学生清晰了解自己所学专业的培养目标和毕业要求，是满足认证标准要求的必要条件。故此，这项作业内容非常重要。通过本课程的教学，使所有同学都仔细学习了专业培养目标与毕业要求的内容，而且是在第三学期之初完成的。其中，考虑到这项任务的重要性，教师对这项作业内容进行仔细批阅，对于存在的问题都给予了批复提示，问题严重的还要求修改完善与再提交。我们特别提醒同学们，毕业要求需要逐项达成，要在本科阶段的学习过程中时时对照毕业要求来检查自己的学业进展，直到毕业要求中的各项知识和能力都达成。此外，我们还提示同学们要争取高标准达成，不能满足于“及格”即可。要将自己打造成优质的坯料，为成就大器奠定坚实基础。

在课程思政方面，本次课的教学工作中，从专业培养目标出发，促使同学们面向未来、认识本专业的社会责任和国家、用人单位及家长的期待，促使同学们明确个人的目标，树立远大志向、立志科技报国。具体则通过本专业的毕业要求，使得同学们清楚地了解本科阶段的具体任务，使其建立具体、清晰的学习任务和目的性。由此激发学生热爱专业，充满激情地投入到学习中去，使学生了解未来，并且为了未来的职业和专业成就，目标明确、能够自觉主动地做好今天的工作。

从过去2018级、2019级的教学实践看，我们所预期的效果都得到了比较好的实现。同学们在课外花费比较多的时间向外拓展，对于课程相关的课外内容进行了调研总结与学习。同学们普遍能够全面而且准确地认识了解了本专业的培养目标和毕业要求。同时，很多同学也比较热心关注国家发展大事，提交了不少质量比较高的课外学习总结报告。由此，我们可以确认，本课程比较好地完成了立德树人的课程思政任务，达到了预定的教学目标。

"课程承载思政"模式下的势垒贯穿问题教学探索

王 琦　曹文斌

课程名称　量子力学 C
课程性质　专业必修课
专　　业　无机非金属材料
授课对象　本科二年级学生
课程简介：

"量子力学 C"课程是无机非金属材料专业一门非常重要的专业基础课程，对帮助学生构建完备的理论知识体系起着决定性的作用，量子力学课程教学质量的好坏直接影响着"固体物理""结构化学"等后续课程的学习效果。

本课程着重介绍量子力学的基本概念、基本原理和基本方法，主要内容包括两部分：一是讲述量子力学的基本原理和表述形式，并在此基础上，引入表述原理的数学结构，如薛定谔方程、表示力学量的算符等；二是介绍量子力学的基本方法，并进一步讲授量子力学在一维定态问题、氢原子问题、电子自旋等实际问题中的应用及处理方法。

通过该课程的学习，深化和拓展学生在普通物理中学过的有关内容，使学生了解微观世界矛盾的特殊性和微观粒子的运动规律，初步掌握量子力学的基本原理和方法；帮助学生理解量子力学在高新技术领域和生产实践中的应用，提高学生针对与量子力学密切相关的交叉学科、新技术发展等领域的主动学习能力；启迪学生创新思维，培养学生应用基本原理和计算方法解决实际问题的能力。

教师简介：王琦，北京科技大学材料科学与工程学院副教授，从事氮化物粉体的高效合成、热管理材料设计及应用研究，发表 SCI 论文 20 余篇，申请多项发明专利。主讲本科生课程"量子力学 C""无机纳米材料制备技术""光功能材料"等，主持或参与多项教学改革研究项目，并参与获得校级教学成果奖。2017 年获全国无机非青年教师讲课比赛二等奖。

曹文斌，北京科技大学材料科学与工程学院教授，从事半导体光催化材料、电磁波吸波材料、热致相变材料等方面的研究。曾获北京市优秀教师、北京市科技新星、教育部新世纪优秀人才、北京科技大学师德先锋等称号。

课程蕴含的思政元素分析

量子力学是描述微观世界运动规律的基本理论，是现代物理学和现代高新技术的理论基础。作为近代物理的两大支柱之一，量子力学不仅深入到物理学的许多分支，而且迅速广泛地应用到了化学、生物学、材料科学、信息科学等多个重要领域。量子力学是一门学科基础理论课程，传统授课模式具有“重理论”而“轻思政”的教学特点，为适应新形势下的教学需求，全面落实立德树人根本任务，主讲教师深挖该课程中蕴含的思想政治元素，力求课程目标与立德树人目标紧密结合、思政元素与课程知识点相互契合，使知识传授、价值塑造和能力培养融会贯通，达到三全育人的目的。通过开展课程思政设计，将课程思政教育潜移默化、润物细无声地融入到“量子力学 C”课程教学过程中，引导学生形成辩证唯物主义世界观和科学方法论，激发民族自豪感与爱国情怀，增强个人使命感和担当精神，树立科研报国的理想信念，培养创新意识和实践能力。本课程蕴含的思政元素具体可分为以下四个方面。

一、强化物理思想，培养学生的辩证唯物主义世界观和科学方法论

量子力学是研究微观世界运动规律的一门科学，教学内容中包含着丰富的唯物辩证思想，如用概率统计的思想理解波函数、态叠加原理、不确定关系等。采用启发式、互动式等教学手段，使学生掌握量子力学中蕴含的物理规律，利用现象与本质的哲学原理，来理解结构决定性质，性质也反映结构的科学事实，引导学生运用辩证唯物主义看待和解决问题，实现寓道于教，有利于学生树立辩证唯物主义的思想观和方法论。

此外，不同的量子理论之间由主线串联，用严谨的逻辑链接形成自身的框架体系和结构。在讲授中，应加强介绍量子力学的建立背景、建立方式及实践检验过程等，让学生体会科学理论建立过程中自然和谐统一的物理思想，以及类比假设的研究方法，在增进学生对内容高度认同感的同时，提高学生的科学素养，培养学生的科学精神。

二、深挖量子力学发展史中的“大师精神”，实现价值引领

量子力学波澜壮阔的发展史串起了一串熠熠生辉的珍珠，而每粒珍珠就是一位科学大师。科学先驱们大无畏的创新精神和开拓性的曲折探索历程，就是一个巨大的知识宝库，将量子力学与大师精神结合起来，可以让学生从宝库中攫取强

大的力量。如介绍普朗克挣脱经典物理的桎梏，求真务实的科研历程，引领学生站在巨人肩膀上，树立远大抱负，为人类发展做出贡献；讲述玻尔面对经典权威，敢于大胆探索、勇于创新，使学生受到创新意识和创新精神的熏陶，提高学生分析和解决问题的能力；再如用 25 岁的大学生提出电子自旋理论的案例，鼓舞学生树立积极乐观的人生态度，激励他们在学习中不懈奋斗、不畏艰险。通过深挖量子力学发展史中的“大师精神”，向学生传递正确的人生观和价值观，实现对学生的价值引领，如图 1 所示。

图 1　量子力学与大师精神

三、讲好量子力学“中国故事”，厚植学生的爱国主义情怀

中华民族有着悠久的历史文化和显著的物理成就，我国科学家为量子力学的辉煌发展也贡献了卓越的力量。通过讲述白春礼院士、潘建伟院士等中国科学家在量子力学领域的卓越贡献，突出其无私奉献、勇于攀登的科研精神，有助于激发学生的课外学习兴趣，了解学科前沿，并培养学生的爱国主义情怀。以量子力学的发展史和概念来顺势引导学生为人处世，以前辈献身祖国、献身科学的大无畏精神，能够极大地激发学生的民族自豪感和文化自信，培养学生的使命感和责任感，鼓励学生学习我国科学家的爱国情怀和不朽人格，树立科研报国、服务人民的远大志向，为实现“中国梦”提供精神力量。

四、将量子力学与国家重大需求结合，引导学生树立“科研报国”之志

作为近代物理的两大支柱之一，量子力学已成为众多现代高新技术的理论基础，并且深入到诸多应用领域中。在授课过程中深挖量子力学在军事、半导体、航天等我国高科技领域中的典型应用（见图 2），进一步引申科技强国战略及中

美贸易战中的关键“卡脖子技术”，引导学生将个人志向与国家重大需求相结合，从物理学科的新角度重新认识当下国情，增强爱国情怀，坚定个人的责任担当，促使学生树立科研报国的远大志向，激励学生将爱国情、强国志、报国行自觉融入建设社会主义现代化强国、实现中华民族伟大复兴的奋斗之中。

图2　量子力学与前沿科技

综上，本课程深入挖掘课程的思政功能，通过适当的教学设计与教学方法，以“润物无声”的形式将正确的价值追求和理想信念有效传递给学生，让他们在认识自然世界的同时，人生观与价值观也得到合理的培养和塑造。通过树立知识传授与价值塑造紧密结合的教学理念，达到全面育人的目的；探索出一条适合无机非金属材料专业量子力学课程教学特点的“课程思政”新途径。

教案设计

一、教学目标

（一）知识目标

通过讲授量子力学在一维定态中的典型应用——势垒贯穿问题，使学生掌握利用薛定谔方程求解一维定态问题的基本步骤，理解透射系数、反射系数的概念和物理意义，了解量子隧穿效应在半导体、生物、材料表征等领域的应用。

（二）能力目标

通过经典隧穿与量子隧穿的对比和反思，锻炼学生勇于质疑及独立思考的精神，逐步树立严谨正确的科研观念，在探究科学方法中培养学生的创新意识和实践能力，提高学生分析和解决问题的能力。

（三）价值目标

（1）透过现象看本质，使学生了解微观粒子和宏观世界的差异，培养学生辩证而客观的思维方式，树立正确的世界观；

（2）介绍量子力学在热门行业中的前沿应用，激发学生学习热情，激励学生将爱国情、强国志化为报国行，引导其为实现中华民族伟大复兴贡献力量；

（3）讲授我国科学家在量子隧穿领域的卓越贡献，强调其不畏艰难、矢志报国的大无畏精神，鼓励学生学习他们的爱国情怀和不朽人格，树立科研报国、服务人民的远大志向。

二、教学内容分析

（一）教学内容

（1）简单回顾一维定态问题的特点及其求解基本步骤；

（2）方形势垒问题的提出；

（3）势垒贯穿问题的讨论过程；

（4）量子隧穿效应概念及其典型应用；

（5）势垒贯穿实例：反射问题。

（二）教学重点

（1）重点讲解势垒贯穿问题的求解及讨论过程，掌握利用概率流密度求解反射系数和透射系数的过程；

（2）探索量子隧穿效应的引入过程及影响因素分析。

（三）教学难点

势垒贯穿问题求解过程涉及较多数学公式且推导繁杂，学习过程易枯燥无味，应注意进行教学环节设计，由浅入深，由易到难。教学过程中，应有针对性地和学生一起简单回顾用到的数学公式，同时采用板书和多媒体结合的方式，使学生跟上教学节奏，同时便于吸收消化；采用交互式提问、启发式教学、微视频结合等多种形式，提高学生的精神集中度。

三、教学对象分析

本课程教学对象为无机非金属材料专业大二学生，对于学生而言，量子力学是一门全新的课程理论体系，量子力学的基本概念以及假设很多都与我们所能够观察到的现实相悖，其解决问题的方法也与学生长期以来接触到的经典物理体系相去甚远，并且学好量子力学的关键就是完全脱离以前在头脑中根深蒂固的“经典”观念，这对于深受经典物理思想熏陶的学生来说是困难的。因此课程讲授中容易枯燥乏味，学生也普遍感觉内容过于抽象深奥且难于理解。如何帮助学生从经典物理学的思维转换到量子力学的思维，是量子力学教学面临的第一道难关。

其次，量子力学体系较为庞大复杂，全面讲解需要的学时普遍在 64 学时以上，但无机非金属材料专业的学习目的，仅为一些后续课程所需，故学时较少，仅有32学时，讲授内容不宜面面俱到，而应删繁就简，有所侧重，使学生通过短时间的学习可以掌握量子力学的基本概念、基本原理和基本方法，同时为"固体物理"等课程的学习奠定牢固的学习基础。因此教学过程中重难点的把握也是本课程教学改革的重点之一。

再次，如何寻找学生的兴趣点，有的放矢地挖掘本课程的思政元素，进行课程思政教学改革也是本课程一大难点。应针对专业特点探索出一条适合无机非金属材料专业量子力学课程教学特点的"课程思政"新途径。本课程改变传统量子力学授课模式，实现专业教学与思政教育的有机融合，并不是在专业课程中额外增加思想政治教育内容，而是以专业课程中专业知识教学为载体，设定适宜的思政育人目标，深入挖掘专业课中思政映射与融入点，在专业知识传授和能力培养的同时开展学生的价值引领和思想道德教育，其最终目标是实现专业课程教学与思政教育的有机融合。

四、教学手段与方法

（一）教学手段与方法

（1）综合图片、实例、科学家故事等多种教学手段，增强授课内容的趣味性，实现寓教于乐的教学效果。典型教学过程包括：引入"穿墙术"实例探讨宏观隧穿的可能性，营造轻松活跃的课堂气氛；讲授约瑟夫森结、潜艇探测等量子隧穿前沿应用，理论与实践结合，提高学生的学习兴趣。

（2）采用启发式教学、提问式教学、板书与PPT相结合等教学方法，全面吸引学生的学习注意力。引导学生参与课堂互动与讨论，启发他们跟随教师的教学思路一起思考，解决教学过程中公式推导繁琐、教学内容理论性过强等问题。

（3）针对教学过程中的重难点，通过提出问题、分析问题、类比论证、反复强调、回顾总结等手段增强学生的课堂投入度，加强对知识点的理解。

（二）课堂思政融入形式

采用专题嵌入式和隐形渗透式等多种方式开展专业知识与课程思政的结合，在教学各环节中实现"课程承载思政，思政寓于课程"的相融相和。典型的课堂思政融入形式包括：

（1）在介绍量子隧穿与宏观现象差异时，通过对比论证使学生掌握量子力学中蕴含的物理规律，培养学生的辩证唯物主义世界观和科学方法论；

（2）在介绍量子隧穿显微镜发展史时，讲述白春礼院士等中国科学家在量子力学领域的卓越贡献，突出其无私奉献、勇于攀登的科研精神，鼓励学生树立科研报国、服务人民的远大志向；

（3）通过量子隧穿效应的应用，讲授量子力学在半导体、军事等我国高科技领域中的典型应用，将量子力学与国家重大需求结合，引导学生树立“科研报国”之志。

五、教学过程（见表1）

表1　教学进程表（90分钟）

教学意图	教学内容	教学环节设计
一、课堂回顾和引入方形势垒问题（8分钟）		
回顾并梳理一维定态问题的关键知识点（4分钟）	1. 回顾定态问题的特点： （1）定态波函数：$\Psi(\vec{r},t)=\Psi(\vec{r})e^{-iEt/\hbar}$； （2）定态薛定谔方程：$\left[-\frac{\hbar^2}{2\mu}\nabla^2+U(\vec{r})\right]\Psi(\vec{r})=E\Psi(\vec{r})$； （3）定态波函数的性质：概率密度不随时间变化；概率流密度不随时间变化；$\nabla\cdot\vec{J}=0$ 2. 回顾求解一维定态问题的基本步骤： 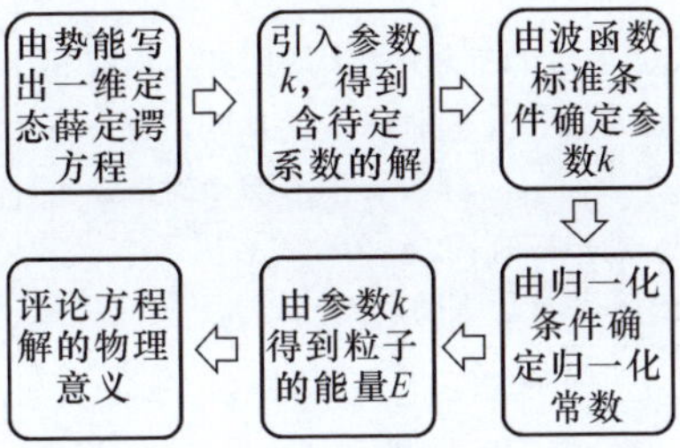	教学手段： （1）板书与PPT结合，将公式进行板书，便于讲授过程中引用； （2）提问式复习，促使学生尽快进入上课状态。 课程思政结合点： 强调波函数的“概率”意义，体现唯物主义辩证法偶然性与必然性的统一。 PPT
方形势垒问题的提出（4分钟）	1. 由回顾引申到一种典型一维定态问题，方形势垒其势能的数学表达式为：$U(x)=\begin{cases}U_0 & 0\leq x\leq a\\ 0 & x<0,\ x>a\end{cases}$，见图3。 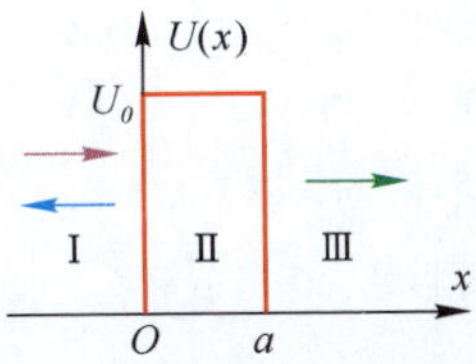图3　一维方形势垒势能图 2. 经典力学：只有能量E大于U_0的粒子才能越过势垒运动到$x>a$的区域；能量E小于U_0的粒子运动到势垒左方边缘（$x=0$处）时被反射回去，不能透过势垒。 问题提出：微观粒子与宏观物体的表现会有不同吗？	教学手段： 启发式教学，通过问题的引入提高学生的主动性。 课程思政结合点： 强调量子思维，注意透过现象看本质。

续表 1

<table>
<tr><th>教学意图</th><th>教学内容</th><th>教学环节设计</th></tr>
<tr><td colspan="3">二、讨论势垒贯穿问题，讲授量子隧穿效应（40 分钟）</td></tr>
<tr>
<td>考虑 $E > U_0$ 的情形，利用定态薛定谔方程开始讨论势垒贯穿问题（12 分钟）</td>
<td>
1. 引入参数 $k_1 = \sqrt{\dfrac{2\mu E}{\hbar^2}}$ 和 $k_2 = \sqrt{\dfrac{2\mu(E - U_0)}{\hbar^2}}$，求出三个区域的波函数：

$$\begin{cases} \psi_{\mathrm{I}} = A\mathrm{e}^{\mathrm{i}k_1x} + A'\mathrm{e}^{-\mathrm{i}k_1x} & x < 0 \\ \psi_{\mathrm{II}} = B\mathrm{e}^{\mathrm{i}k_2x} + B'\mathrm{e}^{-\mathrm{i}k_2x} & 0 \leqslant x \leqslant a \\ \psi_{\mathrm{III}} = C\mathrm{e}^{\mathrm{i}k_1x} + C'\mathrm{e}^{-\mathrm{i}k_1x} & x > a \end{cases}$$

2. 用表格列出三个区域波函数的物理意义：

<table>
<tr><th colspan="2">ψ_{I}</th><th colspan="2">ψ_{II}</th><th colspan="2">ψ_{III}</th></tr>
<tr><td>$A\mathrm{e}^{\mathrm{i}k_1x}$</td><td>$A'\mathrm{e}^{-\mathrm{i}k_1x}$</td><td>$B\mathrm{e}^{\mathrm{i}k_2x}$</td><td>$B'\mathrm{e}^{-\mathrm{i}k_2x}$</td><td>$C\mathrm{e}^{\mathrm{i}k_1x}$</td><td>$C'\mathrm{e}^{-\mathrm{i}k_1x}$</td></tr>
<tr><td>右行波</td><td>左行波</td><td>右行波</td><td>左行波</td><td>右行波</td><td>左行波</td></tr>
<tr><td>（入射波）</td><td>（反射波）</td><td></td><td></td><td></td><td>（不存在）</td></tr>
</table>

若只考虑粒子从左侧入射的情况，Ⅰ区中有入射波和反射波；粒子进一步穿过势垒到Ⅲ区，在Ⅲ区，没有自左向右运动的粒子，因而只应有向右传播的透射波，不应有向左传播的波，所以应有：$C' = 0$。

问题提出：其余的系数该怎么确定呢？
</td>
<td>
教学手段：

（1）板书与 PPT 结合，将概率流密度公式用板书呈现，便于讲授中学生回顾；

（2）反复强调此部分为本课程重难点之一；

（3）问题启发式教学。

课程思政结合点：

强调经典力学与量子力学透射的差异，注重培养辩证而客观的思维方式。
</td>
</tr>
<tr>
<td>利用概率流密度，引出势垒贯穿问题中反射系数和透射系数的概念（18 分钟）</td>
<td>
1. 利用概率流密度进一步研究粒子的反射和透射情况。

（1）入射波概率流密度：$\vec{J}_{\mathrm{R}} = \dfrac{\hbar k_1}{\mu}|A|^2$

反射波概率流密度为：$\vec{J}_{\mathrm{F}} = -\dfrac{\hbar k_1}{\mu}|A'|^2$

透射波概率流密度为：$\vec{J}_{\mathrm{T}} = \dfrac{\hbar k_1}{\mu}|C|^2$

（2）反射波与入射波概率流密度之比为反射系数：

$$F = \left|\frac{\vec{J}_{\mathrm{F}}}{\vec{J}_{\mathrm{R}}}\right| = \frac{|A'|^2}{|A|^2}$$

透射波与入射波概率流密度之比为透射系数：

$$T = \left|\frac{\vec{J}_{\mathrm{T}}}{\vec{J}_{\mathrm{R}}}\right| = \frac{|C|^2}{|A|^2}$$

因此，求得 $\dfrac{A'}{A}$ 和 $\dfrac{C}{A}$ 即可求得反射系数和透射系数。

2. 由波函数的边界条件，$x = 0$ 和 $x = a$ 时，$\psi(x)$ 和 $\dfrac{\mathrm{d}\psi(x)}{\mathrm{d}x}$ 连续，可以进一步求出反射系数和透射系数的具体形式。
</td>
<td>
教学手段：

（1）循序渐进式教学，观察学生的接受程度，并随时调整讲授进度；

（2）对比及引申式教学，利用边界条件求解时强调定态问题均采用类似方法，使学生学会举一反三。

课程思政结合点：

科学理论推导的结果与我们的经验不一定相符，要避免想当然，而是要学会求真去伪，明辨是非。
</td>
</tr>
</table>

续表 1

教学意图	教学内容	教学环节设计
利用概率流密度，引出势垒贯穿问题中反射系数和透射系数的概念 (18 分钟)	$$F=\frac{\lvert A'\rvert^2}{\lvert A\rvert^2}=\frac{(k_1^2-k_2^2)^2\sin^2 k_2 a}{(k_1^2-k_2^2)^2\sin^2 k_2 a+4k_1^2k_2^2}$$ $$T=\frac{\lvert C\rvert^2}{\lvert A\rvert^2}=\frac{4k_1^2k_2^2}{(k_1^2-k_2^2)^2\sin^2 k_2 a+4k_1^2k_2^2}$$ 讨论：由这两式可见，F 和 T 都小于 1，且 F 和 T 之和等于 1。这说明即使 $E>U_0$，也并非粒子一定越过势垒到达Ⅲ区，而是入射粒子一部分贯穿势垒到另一区域，另一部分被势垒反射回去。 贯穿粒子与反射粒子之和与入射粒子总数相等，这一结论也满足前面讲过的粒子守恒定律。	
考虑 $E>U_0$ 情况，讨论势垒贯穿问题，引出量子隧穿效应的概念 (10 分钟)	1. 引入参数 $k_3=\sqrt{\dfrac{2\mu(U_0-E)}{\hbar^2}}$，利用类比法求出透射系数，$E>U_0$ 时所设参数 $k_2=k_3\sqrt{-1}=\mathrm{i}k_3$，因此只要将前面计算中的 k_2 换成 $\mathrm{i}k_3$，结论仍成立。则透射系数： $$T=\frac{4k_1^2k_3^2}{(k_1^2+k_3^2)^2\sinh^2 k_3 a+4k_1^2k_3^2}$$ 讨论：由于 k_1 和 k_3 为大于零的实数，即 $T>0$ 2. 透射系数大于零，说明粒子能够贯穿比它能量更高的势垒，这种现象称为量子隧穿效应。隧穿效应是经典力学不能解释的，生动体现了微观粒子的波动性，如图 4 所示。 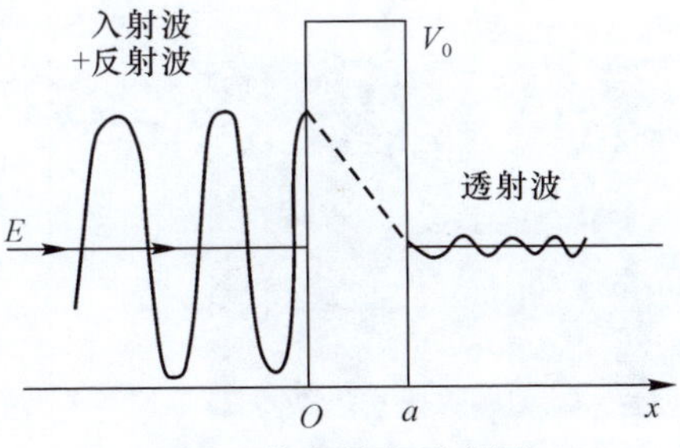 图 4　势垒贯穿示意图	教学手段： 板书与 PPT 结合，采用类比法循序渐进式讲授，强调基本概念，避免学生淹没在繁杂的公式推导中。

续表 1

<table>
<tr><th>教学意图</th><th>教学内容</th><th>教学环节设计</th></tr>
<tr><td colspan="3">三、讨论量子隧穿效应的影响因素（15 分钟）</td></tr>
<tr><td>量子隧穿效应的影响因素（15 分钟）</td><td>1. 对透射系数公式进行估算，以研究 T 的影响因素
如果粒子的能量 E 很小，以致 $k_3a \gg 1$，则 $e^{k_3a} \gg e^{-k_3a}$，因此 $\sinh^2(k_3a)$ 可以近似地用 $\frac{1}{4}e^{2k_3a}$ 代替，于是可得：
$$T \approx 16\frac{E(U_0 - E)}{U_0^2}e^{-\frac{2a}{\hbar}\sqrt{2\mu(U_0-E)}}$$
即壁垒宽度 a 越大，势垒高度 U_0 越大，粒子质量越大，隧穿效应越不明显
2. 通过举例进一步讨论隧穿几率的影响因素。
例 1：讨论电子穿过不同厚度势垒的隧穿几率。一个能量为 50eV 的电子穿过 70eV 的势垒，当势垒厚度为 0.1nm 和 1nm 时，电子穿过势垒的几率为多少？
解：当 $a = 0.1\text{nm}$ 时，$T \approx 3.3\%$；当 $a = 1\text{nm}$ 时，$T \approx 4.3 \times 10^{-20}$。
即随着势垒厚度的增大，透射系数急剧下降。
例 2：一能量为 50eV 的质子穿过 70eV，0.1nm 厚的势垒，其隧穿几率为多少？
解：代入透射公式，可求得 $T \approx 2.83 \times 10^{-64}$
可见，粒子质量的增大也会导致透射系数的急剧下降。
3. 引申思考：穿墙术可能吗（图 5）？
电影《崂山道士》中讲了一门神奇的法术——穿墙之术，我们试试按照量子力学计算穿过去的几率是多少？

图 5　“穿墙术”可能吗？</td><td>教学手段：
（1）启发式教学，通过提问引导学生对透射系数公式进行估算；
（2）通过电子和质子的具体实例，加深学生对知识点的理解；
（3）引入有趣的“穿墙术”，吸引学生兴趣，同时活跃课堂气氛。
课程思政结合点：
引导学生树立创新意识，促进科学素养的培养，解放思想、启迪思维，“不唯上，不唯书，只唯实”，用实践来检验真理。</td></tr>
</table>

续表 1

教学意图	教学内容	教学环节设计
四、介绍量子隧穿效应的主要应用（15 分钟）		
量子隧穿效应在超导干涉仪中的应用（5 分钟）	1. 介绍由隧穿效应引起的约瑟夫森结的概念。 1962 年，年仅 22 岁（研究生）的 Brian Josephson 通过量子理论计算表明：中间用薄绝缘体隔开的两超导体之间存在电流，这种宏观的量子效应在其后几年就被实验测量到，该成果获 1973 年诺贝尔物理学奖。 2. 介绍利用约瑟夫森结制备的超导量子干涉仪的前沿应用，如图 6 所示。 超导量子干涉仪可以测量出相当于地磁场的一百亿分之一的微弱磁场变化，比常规的磁强计灵敏度提高几个数量级，广泛应用于生物磁测量（心磁和脑磁等）方面，在潜艇水下探测，脑电波探测等领域有着潜在应用。  图 6　约瑟夫森结及其应用	教学手段： 利用图片及学生感兴趣的应用实例，增强授课内容的趣味性，实现寓教于乐。 课程思政结合点： （1）约瑟夫森结的发现者为 22 岁研究生，鼓舞学生积极乐观，无所畏惧，勇攀科研高峰； （2）引导学生将个人志向与国家重大需求结合，从物理学角度重新认识当下国情，增强民族责任感和使命感。
量子隧穿效应在扫描隧道显微镜中的应用（10 分钟）	1. 讲授扫描隧道电子显微镜（STM）的原理（图 7）。 利用电子隧穿效应，如果两电极相距很近，在其间加上微小电压，则探针所在位置便有隧穿电流产生，隧道电流公式： $i \propto U e^{-A\sqrt{\Phi}S}$ 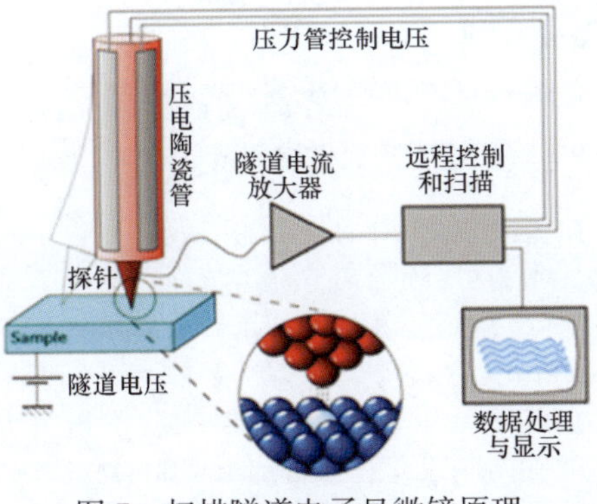 图 7　扫描隧道电子显微镜原理	教学手段： 通过图片、实例及视频，让学生感受科学的魅力，改变量子力学枯燥的印象，提高学生学习兴趣。 课程思政结合点： （1）强调白春礼院士等的开创性工作，鼓励学生学习我国科学家的爱国情怀和不朽人格，树立科研报国、服务人民的远大志向； （2）激发学习热情，激励学生将爱国情、强国志化为报国行，引导其为实现“中国梦”提供精神力量。

续表 1

教学意图	教学内容	教学环节设计
	2. 讲述STM的发明过程及其在我国的发展历史（图8）： （1）1981 年由 IBM 公司的 G. Binning 和 H. Rohrer 根据电子的隧道效应发明了扫描隧道电子显微镜（STM），该成果获 1986 年诺贝尔物理学奖； （2）1988 年 4 月 12 日，在白春礼院士主持下，中国第一台计算机控制的 STM 研制成功，为扫描隧道显微学的应用研究，奠定了必要的物质基础，为中国在这一领域工作的开展起到了促进作用。  图 8　STM 发明者（左），我国 STM 先驱：白春礼（右）	
量子隧穿效应在扫描隧道显微镜中的应用（10 分钟）	3. 讲授扫描隧道显微镜的典型应用： （1）表面形貌测量：探针在样品表面上来回扫描，样品表面的形貌导致探针和样品表面的间距变化，隧穿电流值也随之改变，可得知样品表面原子排列情况，如图 9 所示； 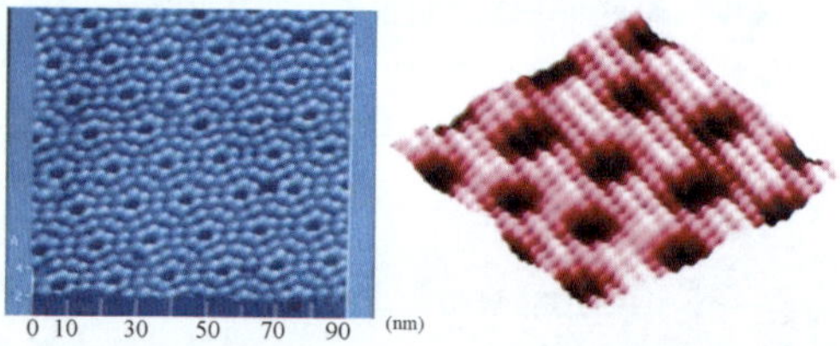 硅晶体表面的STM扫描图像　　在电解液中得到的硫酸根离子吸附在铜单晶(111)表面的STM图像 图 9　STM 用于表面形貌测量 （2）搬运原子：表面吸附原子将会在强电场蒸发下被移动或提取；同样吸附在 STM 针尖上的原子也可在强电场蒸发下沉积到样品表面上，最终实现单原子的移动、提取和放置（见图 10）； （3）播放微视频，由 STM 制作的“世界上最小的电影”《一个男孩和他的原子》，进一步理解 STM 如何操纵原子。	

续表 1

<table>
<tr><th>教学意图</th><th>教学内容</th><th>教学环节设计</th></tr>
<tr><td>量子隧穿效应在扫描隧道显微镜中的应用（10 分钟）</td><td>

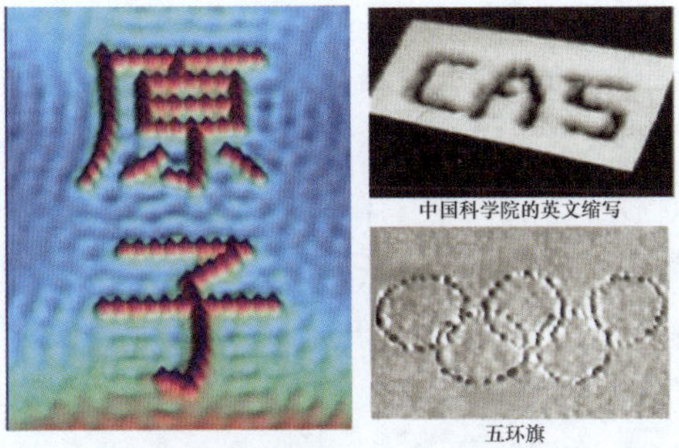

图 10　STM 用于操纵原子

</td><td></td></tr>
<tr><td colspan="3">五、讲授势垒贯穿实例：反射问题（12 分钟）</td></tr>
<tr><td>讲授势垒贯穿实例反射问题，回顾本章知识点（12 分钟）</td><td>

例：一束电子流沿 x 轴正向垂直地射在金属表面上，其势场如图 11 所示，如果 $E=0.1\text{eV}$，$U_0=8\text{eV}$，试计算电子的反射和透射概率。

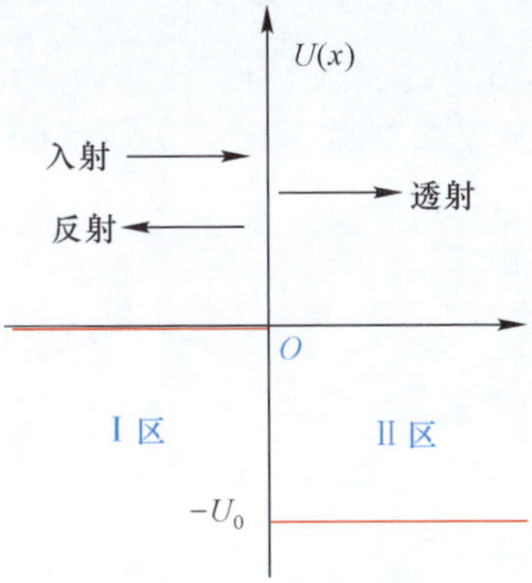

图 11　势场示意图

解：写成势能函数，并求解波函数，最终求得：反射系数：

$$F=\left|\frac{A'}{A}\right|^2=\left(\frac{k_1-k_2}{k_1+k_2}\right)^2=\left(\frac{\sqrt{E}-\sqrt{E+U_0}}{\sqrt{E}+\sqrt{E+U_0}}\right)^2=0.64$$

投射系数：

$$T=\frac{k_2}{k_1}\left|\frac{B}{A}\right|^2=\frac{4k_1k_2}{(k_1+k_2)^2}=\frac{4\sqrt{E}\sqrt{E+U_0}}{(\sqrt{E}+\sqrt{E+U_0})^2}=0.36$$

</td><td>教学手段：
引入具体实例，通过提问式教学使推导过程循序渐进，引导学生回顾本节知识点，同时了解掌握学生情况，随时调整进度安排。</td></tr>
</table>

六、教学效果分析

本节课是“量子力学C”课程的第三章第五节“势垒贯穿”部分的内容，其教学重点是势垒贯穿问题的求解及讨论过程，量子隧穿效应的引入过程及影响因素分析。教学设计符合无机非金属材料专业大二学生的认知水平。以经典力学与微观粒子的对比悬念开场，用图片、视频、实例、板书、交互式提问、启发式教学等多种教学手段，活跃课堂气氛，使学生以轻松愉悦的心情学习量子力学，并且爱上量子力学。同时，在量子力学理论介绍的过程中，穿插具体应用实例，建立理论知识与交叉学科、高新技术的联系，通过这些教学内容的引入，使学生感觉理论不仅仅是停留在纸面上的，而且是具有可实践性的，在保证良好的教学效果、为学生学习专业课打下夯实基础的同时，扩展学生的视野，启迪学生创新思维，提高学生的主动学习能力。

另外，深入挖掘专业教学中的思政映射与融入点，将专业课程教学与思政教育进行有机结合，在教学各环节中实现“课程承载思政，思政寓于课程”的相融相和。通过适当的教学设计与教学方法，以“润物无声”的形式将正确的价值追求和理想信念有效传递给学生，引导学生形成辩证唯物主义世界观和科学方法论，激发民族自豪感与爱国情怀，增强个人使命感和担当精神，树立科研报国的理想信念，培养创新意识和实践能力。以境触人，以情感人，润思政而细无声，实现育德于教和寓教于乐。实践证明，教学效果良好，比较好地达到了课程思政的预定目标。

绿色理念、创新思想在讲授钢铁与社会中的应用

周 恒

课程名称 钢铁绿色制造技术
课程性质 专业必修课
专　　业 冶金工程
授课对象 本科三年级学生
课程简介：

党的十九届五中全会明确提出推动绿色发展，促进人与自然和谐共生。绿色化是钢铁工业创新发展的主旋律。“钢铁绿色制造技术”是讲授绿色化钢铁生产相关技术及原理课程，是在北京市精品课程“钢铁冶金学”以及专业选修课“冶金环境工程及资源循环利用”课程基础上，提出的符合学校本科生2017版教学大纲需求的新增课程，现为冶金工程专业本科生必修的专业基础课程。

“钢铁绿色制造技术”课程响应了国家长远规划中关于推进低碳绿色发展、资源节约集约利用、加大环境综合治理力度的纲领要求，主要针对钢铁制造所涉及的CO_2减排、烟尘处理、SO_2处理、NO_x处理、二噁英处理、废水治理、粉尘处理、炉渣综合利用、二次能源利用、钢铁厂消纳社会废弃物等绿色制造内容进行授课。课程以课堂讲授为主，联系生产实际，利用最新、最充分的数据及事例，鲜活地介绍国内外冶金行业的现状和未来发展趋势。通过本课程的系统学习，让学生结合钢铁生产工艺与污染物治理、资源综合利用等绿色需求，掌握钢铁绿色制造相关技术原理、特点及应用等知识，分析钢铁生产过程污染物的源头、过程及末端治理方法以及各类资源的综合利用方法，培养学习者具备实践钢铁绿色制造工艺的能力。

教师简介：周恒，北京科技大学冶金与生态工程学院讲师。主要从事低碳炼铁新技术、炼铁过程模拟仿真等方面的研究工作；主持北京科技大学“课程思政特色示范课程”项目1项，校级规划教材1部，校级教改项目（面上）1项；参与精品在线开放课程1项，参与教育部、北京市、校级重大、重点、面上等教改项目多项。

课程蕴含的思政元素分析

一、按课程章节对思政元素的挖掘

第一章将从钢铁的性能及重要性、社会发展离不开钢铁、钢铁生产对环境影响等三方面，阐述钢铁行业不仅不是夕阳产业，更是支撑国民经济发展的重要支柱。同时需要注意的是，钢铁生产过程中对环境产生的重大负担。因此，针对钢铁生产过程中产生的大气、水、固废等污染问题，在习近平总书记“绿水青山就是金山银山”的指导思想下，发展钢铁绿色制造技术是解决钢铁生产污染高、排放大的主要方向。通过本章学习，一方面是激发同学们的爱国情操和民族自信，树立同学们钢铁强国担使命的认同感，另一方面提升同学们环保意识，聚焦行业担当。

第二章钢铁生产过程的 CO_2 减排技术，结合习近平总书记提出的“碳达峰、碳中和”重大战略决策，讲授中国作为负责任的大国，在推动构建人类命运共同体及实现可持续发展的大国担当，强化同学们的民族自豪感。在此基础上，讲授控制 CO_2 排放的原理及方法分类，介绍基于低燃耗、基于新工艺的 CO_2 减排技术，引入前沿科研成果，特别是北科大原创性 CO_2 减排技术，科研协同思政反哺教学，激发学生的创新意识，并提升同学对冶金工程专业的认同感和归属感。

第三章~第五章分别涉及钢铁生产过程的 SO_2、NO_x、二噁英减排技术，从法治角度引出我国在治理钢铁生产过程烟气中 SO_2、NO_x 污染物的政策、法规演变过程，介绍钢铁企业超低排放方案，并列举超低排放下对压缩产能、提升环境治理能力的有效帮助，培养同学们的法治意识，提升环境保护责任，聚焦钢铁行业在打赢“蓝天保卫战”中的行业担当。

第六章钢铁生产过程的废水治理，学习治理废水的工艺原理及方法分类，钢铁企业废水治理应用，结合我国钢铁企业沿海、沿江密集分布的特征，强调钢铁企业在治理废水中的重大责任，特别是结合国家“长江经济带生态环境保护规划”，对沿江的钢铁企业废水治理提出了更高的要求，进一步提升学生的环保意识，有助于学生更好地理解习近平总书记“绿水青山就是金山银山”的重要思想。

第七章、第八章关于粉尘治理及炉渣利用，提出粉尘、炉渣堆积易造成二次污染以及大量土地资源浪费等问题，特别是结合典型的扬尘、二次水污染、溃坝等安全事故案例，提升同学对本章节内容学习的兴趣。在讲授粉尘及炉渣回收及资源化利用过程中，播放一段高温炉渣无序排放的短视频（1 分钟），并针对我国大量积聚的冶金固废资源，鼓励同学投入该领域的研究开发工作中，以此激发同学们扎根冶金领域，将强国志、报国行融入自身发展，为钢铁绿色发展做贡献。

第九章、第十章讲授钢铁过程二次能源利用及消纳社会危废过程中，着重强调钢铁生产过程中满足基本的金属材料制备功能外，钢铁绿色内涵还包括能量转换功能、社会大宗废弃物处理和消纳功能，讲授我国在钢铁企业消纳社会危废物中的最新进展，教育引导学生增强“四个自信”，针对该领域的前沿热点环保案例，拓宽学生对钢铁绿色化发展内涵的认识，使学生的创新思维得以持续性萌发。

二、科研反哺教学中思政元素的挖掘

“钢铁绿色制造技术”课程涵盖大量的冶金生产实践案例，针对其中前沿性突出、实践性较强的典型案例，挖掘其中的思政元素，形成思政协同科研反哺教学的效果，代表性案例如下：

（1）高炉富氧大喷煤富氢炼铁新工艺。以高炉为主的炼铁生产流程将在未来很长一段时间内占据主导地位，发展与应用低碳炼铁技术已成为高炉炼铁工艺的必然选择。高炉富氧大喷煤富氢炼铁新工艺知识点讲授，从高炉喷煤技术发展历史开始，介绍高炉喷煤技术由北京科技大学走向全球，激发同学们对学校及专业的自豪感；讲授高炉富氧与喷煤的互补特性以及节焦减碳基本原理，将理论联系实践，介绍学校深度参与的宝钢集团新疆八钢氧气高炉工业实践，达成全球首个35%高富氧冶炼目标，实现高炉低碳转型，助推钢铁工业高质量发展。相关知识点讲授过程中，渗透思政意识，让学生感觉课程理论知识如此重要，产生必须要学好课程的强烈愿望，而且促使学生提升钢铁强国的使命担当，增强专业自豪感和认同感。

（2）转炉喷吹 CO_2 炼钢新工艺。北京科技大学冶金与生态工程学院朱荣教授发明的转炉喷吹 CO_2 炼钢技术已成为钢铁企业资源化利用 CO_2 的有效途径。该新工艺引入课堂，使同学对教师及学科的认识更加全面化，可直接提升学生对冶金工程专业的学习兴趣。特别在讲授 CO_2 炼钢基本原理过程中，着重引导学生思考，培养学生的高阶思维能力。提出相关问题，即炼钢过程为什么会产生烟尘？能否减少炼钢产生烟尘？针对该问题，介绍烟尘形成的本质原理，引导学生思考如何降低转炉一次反应区温度，进而介绍 CO_2 降低转炉粉尘的作用与原理，最后介绍具体工艺内容以及工艺应用效果。教学中不断渗透的绿色炼钢、创新意识，提高学生在专业自豪感及技术自信驱动下的分析问题能力。

（3）活性焦法烟气脱硫脱硝技术。讲授活性焦法脱硫脱硝基本原理后，介绍太钢建设我国烧结行业首例活性焦法脱硫脱硝装置，主要采用了日本住友技术。随着我国科学技术的进步，近年来，活性焦法烟气脱硫脱硝技术在我国快速发展，宝钢、邯钢等均建设了具有自主知识产权的活性焦法烟气处理技术。这一系列技术创新过程中，冶金科技工作者勤奋刻苦、勇于创新，促进了活性焦法烟气脱硫脱硝技术的提升，有利促进烟气治理效率提升。因此，授课过程引导学生在国家新工科的发展理念下，更应具有学习创新、精益求精、严谨细实、追求卓越的“工匠精神”。

（4）焦炉/高炉回收固体废弃物技术。介绍有机固废热解、焚烧的基本原理及差别，并基于该原理介绍焦炉/高炉回收塑料新技术，特别提出该技术均原创于日本，强调在原始技术创新过程中，还需要同学们不断学习、不断创新、追求卓越，为钢铁企业消纳社会固废、建设绿色城市钢厂提供北科方案。基于焦炉/高炉回收塑料技术，从塑料元素本质出发，引导学生思考生物质在焦炉/高炉中的应用，介绍课程授课老师在该领域取得的代表性研究成果以及联合宝钢开展的最新工业化实践实绩，在启发学生创新思维过程，增强学生爱国爱校爱专业情操，提升严谨细实、可持续发展和生态文明理念。

教案设计

一、教学目标

通过本节课学习，使得同学们初步掌握钢铁材料在人类文明进步中的重要作用，学习钢铁材料成为全球性基础材料的主要原因，特别是使得同学们了解钢铁在支撑国民经济发展中起到的作用；通过了解钢铁在支撑社会发展中的不可取代地位，明确钢铁的可持续发展需求；掌握钢铁生产过程中的主要污染物排放特征，为进一步理解、分析钢铁生产过程中的污染物控制奠定基础。

二、教学内容分析

当前，钢铁行业在新时代迸发的新的活力，由于受社会舆论不合理报道，同学们对钢铁行业认识还不到位，冶金工程专业的认同感还有待进一步提高，本节通过一系列钢铁支撑社会发展，保障基础设施建设，满足国防、工业需求等方面的数据及案例，强化同学们的专业认同感及自豪感。

课程通过讲授钢铁与铝、钛、陶瓷、高分子材料等各种材料性能的综合对比，引出钢铁材料是社会的必然选择。并对学生未来工作和学习情况进行一个描绘，引发学生的思考和共鸣。针对钢铁对社会发展的重要支撑作用，进行详细而丰富的素材介绍，特别是与同学共同观看“中国钢铁让世界更美好”主题宣传片，在潜移默化中提升专业认可感及国家发展自豪感。除钢铁的积极方面外，通过简单介绍钢铁生产流程，介绍钢铁生产过程中的主要污染物排放特征，简要介绍我国钢铁企业的污染防治处理、国内外工艺发展等，为后续章节介绍埋下伏笔。

三、教学对象分析

教学对象主要针对冶金工程专业的大三学生，本课程的先修课程为“冶金物理化学”及“冶金传输原理”。通过“冶金物理化学”“冶金传输原理”的学习，他们具备了一定的冶金工程的思想和素养，在前面两年的基础课的学习中打好了基础，大三阶段的学习侧重教导学生掌握课程的专业基础理论，使学生对专业有一个全方位的认识。大三学生也处在一个升学和工作的路口前，从专业认知，到思政学习，让学生理解专业课程的重要性和实用性尤为重要，引导学生对专业更深层次的理解。

四、教学手段与方法

动态多媒体课件、板书和讲解有机结合，将冶金专业知识以生动直观的形象展示出来，激发学生的学习兴趣，真正让学生享受课堂。

在教学方法上注重师生互动，在讲课中有意识地引导学生思考，调动学生学习的积极性，鼓励学生发表见解，提高教学效率和教学效果。

五、教学过程（见表1）

表1 教学过程具体环节及内容

教学意图	教学内容	教学环节设计
	1 钢铁的性能及重要性（7分钟）	
梳理社会进步与生产工具的关系，引入本节内容，即钢铁与社会（共4分钟）	1.1 社会的进步，首先是从生产工具的变化和发展上开始的，生产工具不仅是社会控制自然的尺度，也是生产关系的指示器。 原始社会石器时代 → 奴隶社会青铜时代 → 封建社会铁器时代 → 近代、现代社会钢铁新材料 1.2 提出没有钢铁世界的演变。互动后观看瑞典推出的“世界没有金属”宣传片。 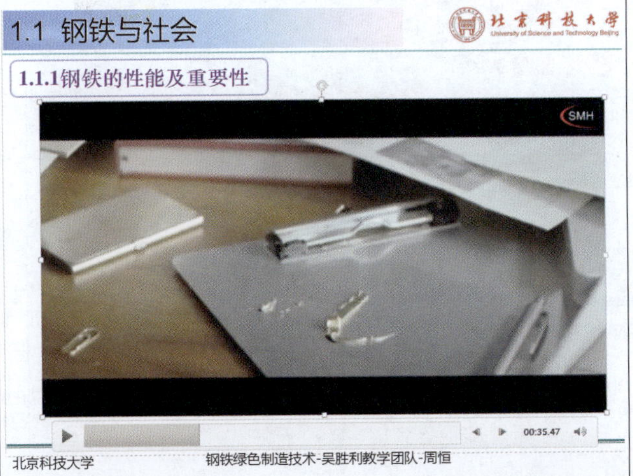	引导思考：引起学生的注意，使学生尽快静下心，进入上课状态 世界没有金属

续表 1

教学意图	教学内容	教学环节设计
讲解钢铁的性能及重要性（共 3 分钟）	1.3 钢铁的综合性能，强度、延展性、可焊接性、耐腐蚀性、环境、可持续等与其他材料对比。 1.4 中国钢铁工业崛起为国民经济快速发展奠定的基础。 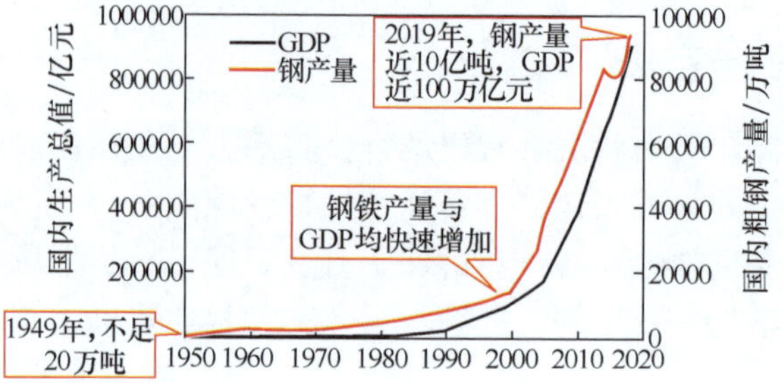 **中国钢铁工业“崛起”为国民经济的快速发展打下了坚实基础!** 1.5 中国钢铁工业的蓄积量及人均蓄积量，明确还需要发展钢铁。	引导思考：根据图片，使学生初步了解钢铁发展的必要性
	2　社会发展离不开钢铁（19 分钟）	
引导提问，并引入本节内容，即社会哪些方面离不开钢铁（共 3 分钟）	2.1 提问：社会哪些方面需要钢铁？  	提问，达到以下目的：（1）拓展学生的思维，考察平常的知识积累；（2）唤起学生对本节内容的学习兴趣
讲解钢铁与建筑、钢铁与交通、钢铁与桥梁、钢铁与机械、钢铁与国防（共 6 分钟）	2.2 典型建筑法国埃菲尔铁塔、美国纽约大厦、中国北京鸟巢用钢量。 2.3 高铁，已被习近平总书记、李克强总理称为中国最亮丽的一张名片，高铁发展，离不开钢铁材料的支撑。	引导思考：钢铁服务社会，钢铁技术创新促使社会进步

续表 1

教学意图	教学内容	教学环节设计
讲解钢铁与建筑、钢铁与交通、钢铁与桥梁、钢铁与机械、钢铁与国防（共 6 分钟）	 2.4 钢铁与桥梁。港珠澳大桥主梁钢板用量达 42 万吨，相当于 10 座鸟巢的重量，大桥全部用钢量近 100 万吨。港珠澳大桥斜拉桥锚具材料采用热处理与表面改性高强韧化技术的低碳合金钢，力学性能大幅提高。 2.5 钢铁与机械。我国机械工业用钢行业，主要包括农业机械、工程机械、重型矿山机械、机床工具、石油通用设备、电力设备等，2018 年机械行业用钢量约 1.5 亿吨。 2.6 钢铁与国防。国家重大工程：国产航母助力民族复兴。我国第一艘自主建造的 001A 型国产航母在大连正式下水，该舰满载排水量达 6.5 万吨，用钢量约为 6 万吨。目前，我国克服了航母用钢的老大难，目前新下水的 001A 型航母就采用了我国自研的特种钢！	
观看“中国钢铁—让世界更美好”纪录片（共 10 分钟）	2.7 观看纪录片 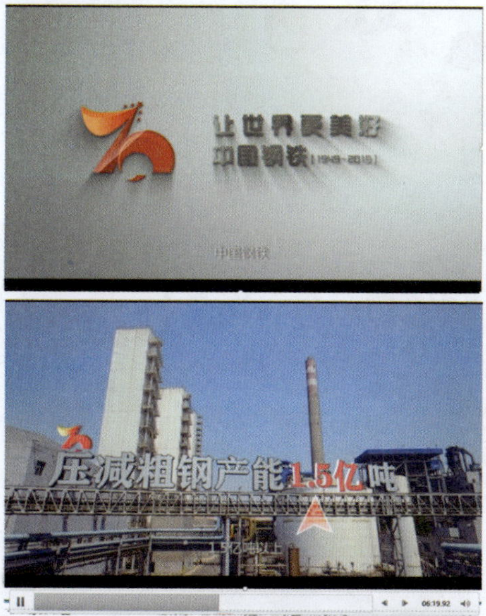	激发国家发展自豪感及专业自信：钢铁服务社会 中国钢铁让世界更美好

续表 1

教学意图	教学内容	教学环节设计
	3　钢铁生产对环境影响（14 分钟）	
引入钢铁生产主要流程（共 2 分钟）	3.1 基于高炉-转炉的钢铁生产主要流程工序： 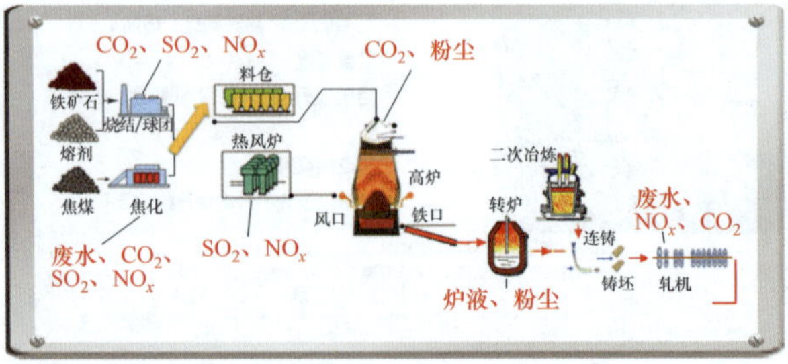 	引导思考：钢铁生产的主要流程
讲解钢铁生产过程的主要污染物排放（共 12 分钟）	3.2 气体污染物排放。CO_2：1.6～2.0t/t 钢，NO_x：0.9～1.0kg/t 钢，SO_2：0.8～1.0kg/t 钢，烟尘：0.5～0.7kg/t 钢。 3.3 废水。耗新水 2～4m^3/t 钢，外排废水约 0.8m^3/t 钢，外排废水中 COD 约 30～40mg/L、石油类 1～1.3mg/L、悬浮物 20～40mg/L。 3.4 主要固体废弃物。钢渣：60～120kg/t 钢；含锌、碱金属粉尘：20～30kg/t 钢。 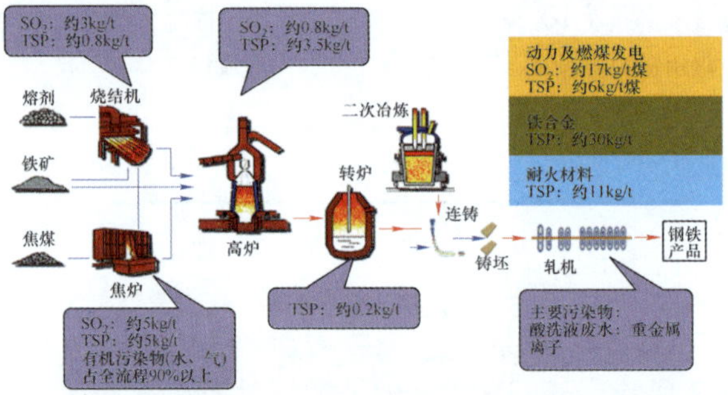 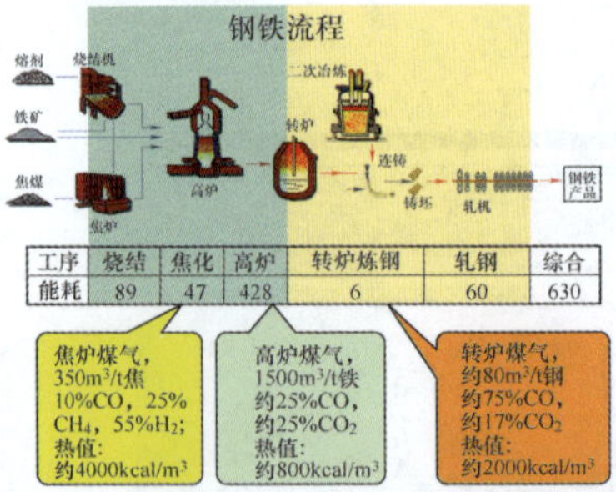 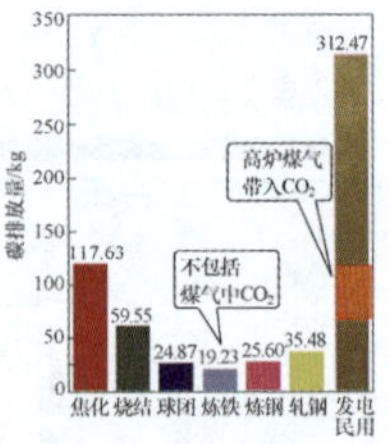 3.5 习近平总书记“绿水青山就是金山银山”，钢铁行业需要绿色化发展。	引导思考：钢铁的绿色化发展方向

续表 1

<table>
<tr><th>教学意图</th><th>教学内容</th><th>教学环节设计</th></tr>
<tr><td>讲解钢铁生产过程的主要污染物排放（共 12 分钟）</td><td>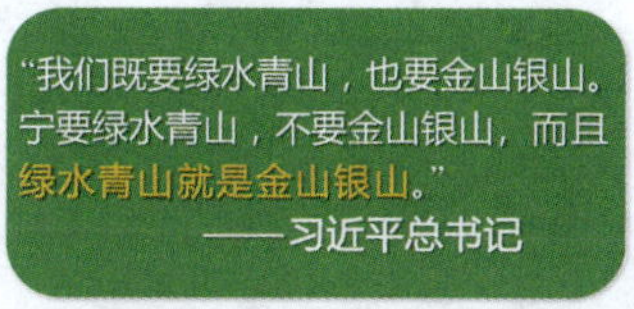

3.6 提出钢铁绿色制造技术
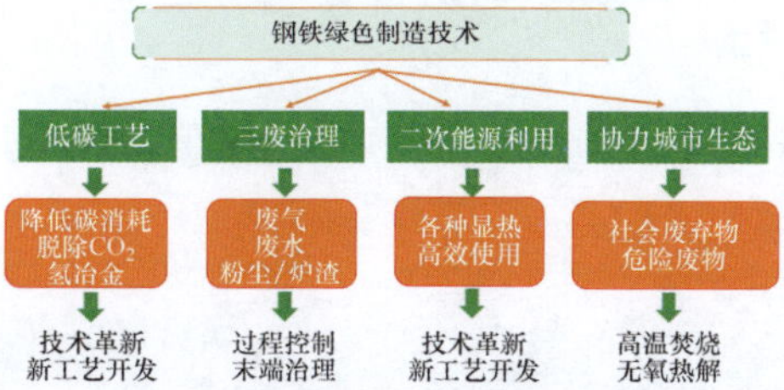
</td><td></td></tr>
<tr><td colspan="3">4　小结（5 分钟）</td></tr>
<tr><td>前文总结（共 5 分钟）</td><td>4.1 钢铁不可替代的优势、提出钢铁强国担使命。
4.2 钢铁生产对环境的影响，提出钢铁绿色制造。</td><td>引导思考：钢铁绿色制造技术
钢铁绿色制造技术宣讲片</td></tr>
</table>

六、教学效果分析

本单元的教学设计符合冶金工程专业大三年级学生的认知规律和实际水平，由动画展示、图像展示、视频展示等营造出的轻松活跃的教学氛围。课堂学生参与情况见图 1。

本教学单元主要介绍钢铁的性能及重要性、社会发展离不开钢铁、钢铁生产对环境影响等知识点。通过本节学习，学生对钢铁在我国的重要地位有深入认识，对钢铁生产对环境的影响有了全面认知，对钢铁绿色发展趋势有一定了解，能激发学生的自豪感和专业认同感。课后交流见图 2。

实践证明，本单元教学过程中，学生将有较高的积极性和较大的情感投入，可获得理想的学习效果，实现本单元的教学目标。

图 1　课堂学生参与情况

图 2　课后交流

“双碳”背景下的高炉炼铁工艺

王广伟

课程名称 炼铁生产工艺与实践
课程类型 专业必修课
授课对象 非学历培训课程
课程简介：

“炼铁生产工艺与实践”课程依托北京科技大学优势学科冶金工程，以培养德、智、体全面发展，适应社会主义现代化建设需求，具有良好的社会责任感和职业道德修养，具有系统的冶金工程专业基础知识和技能、较强的自主学习能力和创新能力，具有利用现代信息技术进行冶金前沿技术的收集、筛选、判断以及综合利用的能力，能够在钢铁冶金技术领域从事产品开发、工艺设计、生产组织与管理等方面工作的高级工程技术人才为目标。

课程教学的重点在于使非学历培训学生比较全面系统地了解炼铁生产过程的基本原理和工程实践知识，学会利用炼铁学基本理论知识和研究方法分析生产实践问题，形成能够基于生产现场的原燃料质量和设备条件创新解决炼铁生产实际问题的能力。课程内容包括炼铁生产概论、铁矿粉造块、高炉冶炼过程的物理化学、高炉冶炼过程的传输现象、高炉冶炼能量利用、高炉炼铁工艺、高炉冶炼过程的数学模型、非高炉炼铁等八部分内容。课程以课堂授课为主，对比世界钢铁行业发展现状，明确我国钢铁工业的大国地位，培养学生民族自信心、自豪感和爱国主义情怀；通过理论联系实际，生动鲜活地介绍我国钢铁工业的发展过程与创新成果，阐述保证钢铁冶炼过程高效、绿色、安全、稳定的先决条件，树立以科学理论为指导，理论联系实际不断创新的工作思路；通过对炼铁生产典型案例的讲授，培养学生勤观察、勤思考、理论联系实际不断创新的工作思路。

教师简介：王广伟，北京科技大学冶金与生态工程学院教授，博士生导师。主要从事炼铁过程节能减排和低品质燃料提质利用的研究工作；主讲“炼铁生产工艺与实践”“钢铁绿色制造技术”“煤与焦化工艺”和“矿物学原理及应用”等课程；先后主持国家自然科学基金面上项目与青年项目、中国科协青年人才托举工程项目和校企横向合作项目20余项，发表研究论文80余篇，授权发明专利21项，荣获省部级科技奖励4项。

课程蕴含的思政元素分析

"炼铁生产工艺与实践"课程始终坚持将立德树人贯穿人才培养全过程。本课程全面介绍我国钢铁工业的发展过程与创新成果，阐述我国钢铁工业的大国地位，培养民族自信心、自豪感和爱国主义情怀；介绍炼铁生产的工艺过程和优化方案，阐述保证炼铁冶炼过程安全、稳定的先决条件，树立以科学理论为指导，理论联系实际不断创新的工作思路，培养勤观察、勤思考、防患未然的安全生产素养；介绍炼铁原燃料制备过程的精准调控理论与技术，阐述低成本高品质炼铁原料的高效制备路线，树立日常工作中需坚守岗位、尽职尽责、精益求精，方能"炼"出精品的工作作风，培养争做大国工匠的理想信念；介绍炼铁工艺的智能化和绿色化的发展进程和新技术，阐述我国炼铁技术发展方向、关键任务及工作人员的能力要求，培养终身学习、拼搏奋斗和责无旁贷的主人翁精神。

针对课程与教学改革进行了教学研究，提出了涵盖"加强课程思政建设、夯实工艺理论基础、培养工程实践能力、强化科技创新意识"的"四翼一体"课程教学设计思路，并分别进行了教学方法的改革和实施，如图1所示。

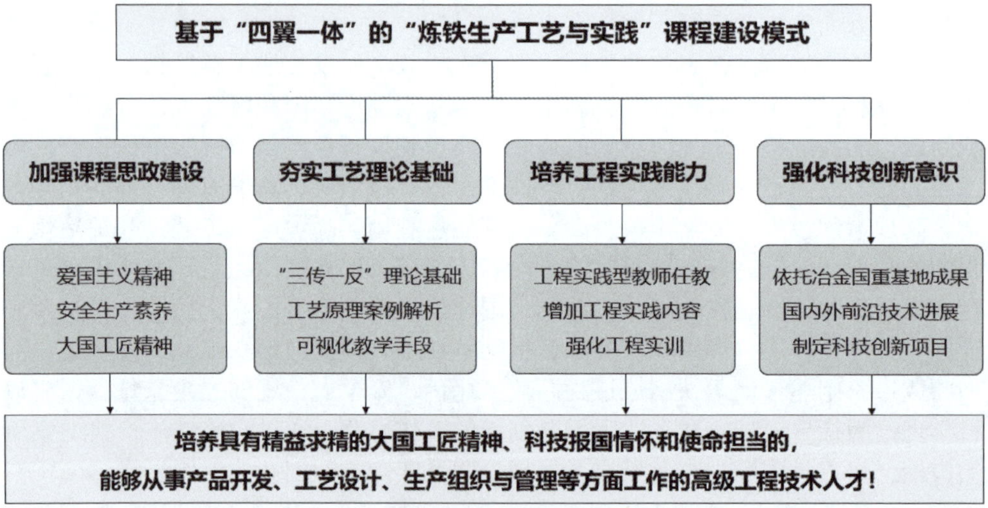

图1　课程建设模式结构示意图

（1）加强课程思政建设。重新认识和梳理课程结构、教学内容、教学教法等，对思想政治教育元素的融入进行系统化、再造性的设计和实践，体现到课程教案、课堂教学、实践教学、学生自主学习等各方面之中，实现课程知识教育和思想政治教育的有机统一。

（2）夯实工艺理论基础。首先在工艺原理的讲授中注重融合热力学、动力学、三传、凝固等基础知识；其次是深入解析与工艺原理相关的生产案例；再次是在授课中引入便于理解的实物动画、仿真模拟、VR视频等可视化教学手段。

（3）培养工程实践能力。首先是重视课程团队的工程背景，选择生产实践和科研能力较强的教师任教；其次是在教材中新增工程实践内容近20%；再次是强化工程实训，增设相关工艺计算大作业，以及指导炼铁模拟冶炼大赛等。

（4）强化科技创新意识。一方面，依托“钢铁冶金新技术国家重点实验室”科研成果，以及定期的国内外专家授课制度，将前沿技术引入课堂教学；另一方面，在课堂上有针对性地引领学生聚焦科技热点，协助学生确定科技创新内容，并全程指导科技创新项目。

最后将课程教学目标融入教学中，引导学生进一步思考，通过基础理论知识的学习，如何在现有炼铁技术的基础上，进一步取得更大的突破。这对适应新型现代炼铁工业对应用型人才越来越高的要求，以及为炼铁技术的提升、企业的进步均具有重要的实际意义，这也是践行习近平总书记提出的培养什么样的人、如何培养人以及为谁培养人这个根本问题的认识上，做出适应时代特点的有益尝试和探索。

教案设计

一、教学目标

（一）教学任务

本单元是“炼铁生产工艺与实践”课程中在炼铁生产概论、铁矿粉造块、高炉冶炼过程的物理化学、高炉冶炼过程的传输现象、高炉冶炼能量利用之后讲述的专题，起到承接基础理论知识与解决生产实践解决具体问题的过渡作用。整个专题也是帮助学生更深入地了解炼铁生产工艺，以及运用炼铁基本原理解决工程实践问题的方法。本单元的教学任务设定如下：

第一，讲解高炉炼铁生产的基本原则。向学生讲解高炉炼铁生产的目的，以及实现高炉炼铁生产优质、低耗、高产、长寿和高效益的措施，让学生了解高炉冶炼过程如何实现高产量、优质量、低消耗、长寿命和高效益的发展，重点让学生掌握在当前原燃料质量水平以及钢铁生产供给侧结构性改革的条件下如何实现低成本、低消耗和高效率冶炼，并让学生对产量、质量、消耗和长寿之间矛盾与统一的关系有一定了解。

第二，介绍高炉冶炼的四大操作制度。向学生讲解高炉生产的基本工艺流程以及高炉操作的任务，让学生深入了解高炉操作水平的差异是造成不同钢铁企业高炉冶炼效果差异的主要因素之一，在保证原燃料质量和技术装备稳定的条件下，提升技术人员操作水平是改善企业盈利水平的重要工作，重点让学生掌握高炉冶炼的装料制度、送风制度、造渣制度和热制度与高炉实现优质、低碳、高产、长寿和高效益之间的关系。

第三，讲解强化高炉冶炼的技术措施。结合高炉生产的实际状况，向学生细致讲解高炉强化冶炼的主要技术措施：精料、高压操作、高风温、喷吹燃料、综合鼓风等技术，引导学生深入了解强化冶炼主要技术措施对高炉生产过程产生作用的基本原理，通过课堂互动探讨学生在生产中经常采用的技术措施以及实施效果，举一反三引导学生掌握在科研和生产中发现问题、分析问题和解决问题的能力。

（二）教学目标

通过本节课的学习，使学生了解我国高炉炼铁生产对国内钢铁生产的突出贡献，进一步加强学生对中国钢铁大国、钢铁强国的认同，培养民族自信心、自豪感和爱国主义情怀。结合学科前沿最新相关科研成果和生产技术，着力于讲述工艺流程演变过程、科研探索过程，采用启发式实例教学，激发学生科研探索兴趣、学生立足专业的责任感，从而提高学生自主探索、创新思考的热情。通过本节课学习，一方面激发同学们的爱国情操和民族自信，树立同学们钢铁强国担使命的认同感，另一方面提升同学们科技创新，聚焦行业担当。

二、教学内容分析

（一）教学重点

本节课的教学重点包括：

第一，“双碳”背景下我国钢铁生产技术创新途径有哪些。中国作为钢铁产量占世界总产量50%以上的钢铁大国，如何在全球主要发达经济体快速推进“碳达峰”和“碳中和”工作，以及中国力争2030年实现“碳达峰”和2060年实现“碳中和”的战略目标条件下，实现低碳生产、引领钢铁行业低碳技术发展。高炉炼铁生产具有的工序流程长、化石燃料消耗多、二氧化碳排放量大的特点，通过对比各工序能耗和排放数据，明确降低高炉炼铁工序能耗和二氧化碳排放是钢铁行业实现“双碳”目标的关键。

第二，高炉喷吹燃料实现低碳绿色生产的技术原理是什么。高炉喷吹燃料包括煤粉、天然气、焦炉煤气、生物质、废塑料等氢元素含量相对较高的燃料，利用输送装置将富氢燃料通过风口喷射进入高炉，富氢燃料与热风接触后燃烧生成煤气并释放出热量，部分替代焦炭在高炉冶炼生产中的还原剂和发热剂的作用，能够降低高炉炼铁生产工序的污染物和二氧化碳排放。如何提升喷吹燃料在风口前有限的空间和时间条件下的燃烧率是限制高炉喷吹燃料技术发展的关键问题，明确燃料特性和鼓风条件对燃烧率的影响。

第三，如何在中国现有能源结构条件下实现高炉低碳高效冶炼。中国富煤、贫油和少气的能源结构决定了高炉喷吹燃料种类以煤粉为主，高炉喷吹煤粉技术在国内得到了快速的发展，喷煤高炉数量以及喷吹煤粉总量都达到了国际领先水平。然而在“双碳”目标约束下如何实现低碳冶炼成为新的课题，通过课堂互动引导学生探讨富氢煤气和生物质燃料的特点，能否将富氢煤气和生物质燃料应用于高炉喷吹生产。学生应当结合高炉生产实际思索高炉炼铁生产在“双碳”目标下的危与机。

（二）教学难点

本节课的教学难点集中体现为：

第一，学生如何从日常的生产现象中发现科学问题。听课学生长期从事科研、生产及管理岗位，形成了一套固定的发现问题和解决问题的思路，较少从炼铁反应基础原理及机理方面分析生产问题，采用解决问题的方法也多以经验判断为主，学生应当如何从以经验判断为主转变成科学分析为主的解决问题方式是第一个难点。

第二，如何激发学生打破常规、实现颠覆式技术创新。现代高炉炼铁工艺经过近两百年的发展和完善，已经成为冶炼效率最高、能量消耗最少、生产成本最低的炼铁技术，如何在此技术上实现颠覆式技术创新存在很大的难度。如何让学生接受并掌握需求牵引、突破瓶颈，共性导向、交叉融通等技术创新方法具有较大的难度，尤其是对从事于生产和管理岗位的学生，很难有机会进行颠覆式的技术创新尝试。

（三）对重点、难点的处理

以国内重点钢铁企业生产数据为基础，对比分析传统高炉—转炉长流程与电炉短流程的能耗和二氧化碳排放数据，明确中国钢铁行业碳排放占全国碳排放总量的比例达到了16%，钢铁行业是碳排放量最多的行业之一。引入习近平总书记在2020年9月22日第七十五届联合国大会上的讲话内容：中国将提高国家自主贡献力度，采取更加有力的政策和措施，CO_2排放力争于2030年前达到峰值，努力争取2060年前实现碳中和。帮助学生了解国家“双碳”战略的内涵与外延，提升对学生对钢铁行业“双碳”目标的了解。采用大量案例分析帮助学生了解国内外钢铁生产低碳技术发展状况，重点分析富氢冶炼技术在研发和实施中面临的关键问题，重新认识生物质燃料的零碳属性，从产业政策、瓶颈问题、技术创新方面评估生物质燃料对钢铁生产实现“双碳”目标的贡献。通过讨论式互动式教学方法，带动学生思考国内外低碳冶金技术的发展趋势，并通过问答环节关注学生的课堂反应，根据情况灵活调整授课节奏与内容。

三、教学对象分析

（一）授课对象基本特征

从学生的组成来看，多数为企业中层管理人员及一线的生产技术人员，对自己所从事的岗位具有深入的了解，但岗位之外的专业知识和基础知识较为缺乏，除岗位对口的个别学员以外普遍缺少对专业知识主动学习动力。整体上说，“炼铁生产工艺与实践”课程的授课对象具有以下特征：

首先，脱离学校时间较长，缺乏系统的专业知识学习。多数学生已经走上工作岗位 5 年以上，部分学生长期从事管理岗位，对在校系统学习的专业理论知识已经生疏，表现在部分学生在课堂互动过程中不能清晰描述炼铁原理的基础知识。

其次，按照工作岗位选择性学习课程知识点。授课班级一般按照钢铁冶金方向进行分配，涉及烧结、球团、焦化、高炉、铁水预处理、转炉、电炉等工序，其中学生对铁前工序课程内容的学习积极性明显高于钢后工序，在对典型案例分析环节表现尤为明显。

最后，颠覆式创新动力不强，学科交叉能力较弱。尽管企业学生具有长期的生产实践经验，对生产知识的认识和了解优于在校学生，但由长期从事于单一工序的生产和管理工作，颠覆式的创新动力不强，对交叉学科的知识认知较为缺乏，造成在颠覆性技术案例讨论常被传统技术思考逻辑所约束。

（二）课程定位

根据学生的上述基本特点，“炼铁生产工艺与实践”课程的定位为：

首先，系统提升学生对炼铁专业知识的认知水平。针对学生来源广、从事岗位多样的特点，在课堂授课环节借助多媒体教学模式，深入浅出地讲解炼铁学基本原理知识，在讲授过程中引入大量钢铁生产案例，积极与学生互动讨论，激发学生对专业知识学习热情与兴趣。

其次，针对目前所关注的能耗双控、碳达峰、碳中和等热点问题，细致解读文件政策，利用典型案例明确中国钢铁行业在低碳技术发展中的引领作用。

再次，传授低碳炼铁知识，明晰低碳发展必由之路。通过炼铁学基本原理的学习，明确高炉炼铁的基本任务，掌握降低炼铁生产能量消耗的碳排放的基本途径。结合国外低碳冶金技术发展前沿，重点阐述高炉—转炉长流程低碳发展技术路线，实现高炉炼铁生产优质、低耗、高产、长寿和高效益的技术措施。整体提升非学历教育学生的炼铁基础理论水平，从而为之后其他专业课程的学习奠定基础。

最后，培养学生以创新思维解决生产问题的能力。非学历教育学生多为来自企业生产一线的科研、生产和管理人员，其创新能力的培养具有重要的意义。相比于全日制学历教育学生，非学历教育学生具有紧密结合生产实际的优点，能够及时发现生产中所面临的问题，具有更多将炼铁学基本原理应用于生产实践的机会优势，通过本课程的系统学习，重点提升学生用科学的方法分析问题并找到解决问题方法的能力。

四、教学手段与方法

采用动态多媒体课件为主要授课方式，同时采用板书和重点知识精讲的方式，将炼铁生产工艺与实践的专业知识以生动直观的形象展示出来，激发学生的学习兴趣，真正让学生享受课堂。在教学方法上注重课堂师生互动，将重要知识点融会于案例教学中，有意识地引导学生采用炼铁学基础知识分析生产案例，调动学生学习的积极性，鼓励学生发表见解，提高教学效率和教学效果。

五、教学过程

具体教学过程如图 2 和表 1 所示。

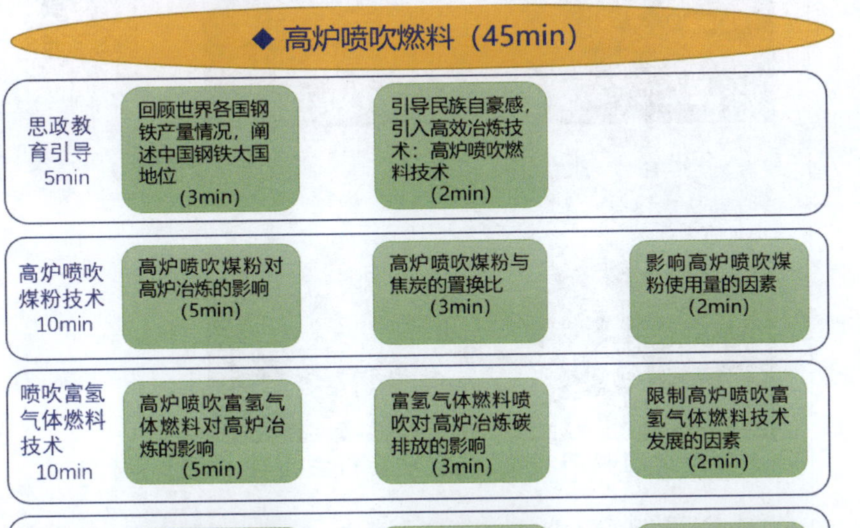

PPT

图 2　教学时长分配

表 1　教学过程

高炉喷吹燃料（45 分钟）		
教学意图	教学内容	教学环节设计
引出本堂课下半节课的主要内容：高炉喷吹燃料（共5分钟）	1　引言 随着我国钢铁行业技术水平的不断发展，中国已经逐步成为世界主要的钢铁大国，中国钢铁产量遥遥领先，通过阐述我国钢铁工业的大国地位，培养学生民族自信心、自豪感和爱国主义情怀。进一步引入实际案例，证实中国钢铁的大国地位。如 2020 年在全球新冠肺炎肆虐的情况下，中国敬业集团收购英国钢铁公司，并成功实现英国钢铁公司的扭亏为盈，这是中国钢铁技术水平提升的有力证据。   敬业集团收购英钢，英钢成功扭亏为盈 通过引入钢铁在社会中的应用案例，阐述社会的建设离不开钢铁，例如典型建筑法国埃菲尔铁塔、美国纽约大厦、我国北京鸟巢等。此外，高铁已被习近平总书记、李克强总理称为中国最亮丽的一张名片，高铁发展离不开钢铁材料的支撑。港珠澳大桥主梁钢板用量达 42 万吨，相当于 10 座鸟巢的重量，大桥全部用钢量近 100 万吨。基于钢铁的典型应用，引导学生热爱钢铁专业。	引导思考：引导学生对专业的自信心 世界各国钢铁产量

续表 1

教学意图	教学内容	教学环节设计

引出本堂课下半节课的主要内容：高炉喷吹燃料（共5分钟）

高铁，已被习近平总书记、李克强总理称为中国最亮丽的一张名片！

- **"八纵八横"高铁网络，规划4.5万公里里程，约消耗钢铁1.3亿吨。**
- **目前已开通3.1万公里里程，还需要4000万吨钢铁来建设1.4万公里高铁里程。**
- **高铁建设离不开钢铁行业支撑！**

钢铁生产过程的CO_2排放特征

2018年全球粗钢总产量已达18.086亿吨，其中我国粗钢产量为9.283亿吨，占全球粗钢产量的51.3%。

工序	烧结	球团	焦化	高炉	炼钢	轧钢及下游加工
比重/%	13.5	3.4	15.5	58.8	3.8	5.0

数据来源：

王维兴. 我国钢铁工业能耗现状与节能潜力分析[A]. 中国金属学会.第十一届中国钢铁年会论文集——S01.炼铁与原料[C].中国金属学会:中国金属学会，2017:6.

问题提出：钢铁是国民经济的支柱，各行各业都离不开钢铁，中国乃至世界对钢铁的需求量是巨大的，同时钢铁生产也是能耗和二氧化碳排放大户，那么有什么先进技术可以降低钢铁生产的能耗和二氧化碳排放？有哪些低碳冶炼技术？

续表 1

教学意图	教学内容	教学环节设计
讲解高炉喷吹煤粉技术特点，阐述炼铁工匠精神（共10分钟）	2　高炉喷吹燃料 2.1　高炉喷吹煤粉技术 主要目的 代替部分资源贫乏、污染环境的冶金焦炭 喷吹燃料的种类 ● 天然气—原苏联、美国 ● 重油—日本、法国、德国，因石油价格↑，也转向喷吹煤粉。 ● 煤粉—我国(资源所限) 世界上除重油、天然气丰富的地区外，都在实践大量喷煤工作。 喷煤——pulverized coal injection (PCI) 传统高炉冶炼需要大量消耗昂贵的冶金焦炭，而冶金焦炭在高炉冶炼中的作用除骨架作用之外，还可以部分由喷吹燃料替代。发展高炉喷吹燃料技术能够降低高炉生产对优质冶金焦炭的消耗，对于环境保护和降低生产成本都具有重要的意义。常用的高炉喷吹燃料包括煤粉、天然气和重油，中国由于煤炭资源丰富，天然气和石油资源短缺，因此高炉喷吹煤粉技术得到了快速的推广应用。截至目前，中国是世界上喷吹煤粉的高炉总数最多煤粉喷吹量最大的国家，成为名副其实的高炉喷吹煤粉技术大国和强国。 2.1.1　喷煤对高炉冶炼的影响 风口前燃料燃烧的热值↓ 原因 I　焦炭燃烧→C的氧化过程 　　煤粉燃烧→脱气+结焦+C的氧化过程 　　↓ 　　耗热←H/C越高，耗热量越大 　　↓ 　　燃烧热值↓ II　焦炭可基本全部被燃烧 　　煤粉在燃烧区停留时间短→部分未燃煤粉随气流上升 高炉喷吹煤粉的挥发分高于焦炭，固定碳含量比焦炭低，进行高炉喷吹煤粉操作会造成风口前燃料燃烧热值降低，燃烧带扩大、风口理论燃烧温度下降，高炉直接还原度下降，煤气阻力损失增加，炉内高温区上移。	引导思考：通过对高炉喷吹煤粉对高炉冶炼的影响学习引导学生理解喷煤操作的意义

续表 1

教学意图	教学内容	教学环节设计
讲解高炉喷吹煤粉技术特点，阐述炼铁工匠精神（共10分钟）	2.1.2　煤粉的置换比与喷吹量 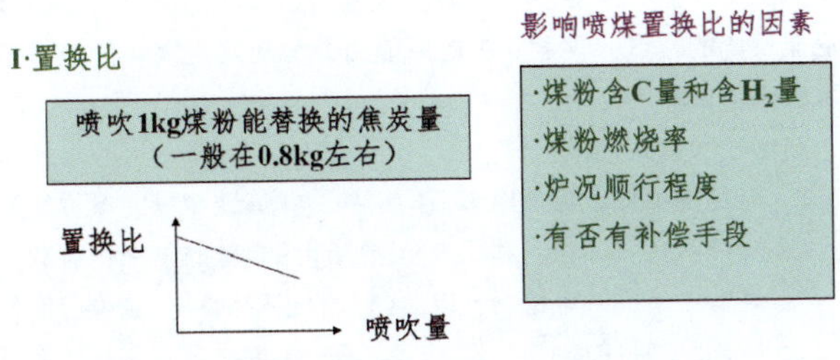 $$置换比=\frac{\Delta k}{s}=\frac{不喷吹时的焦比k_0-喷吹后的焦比k}{喷吹量s}$$ 影响喷吹煤粉经济效果的指标是煤粉量与替代焦炭量的比例关系，称之为煤焦置换比。一般条件下每喷吹 1kg 煤粉能够替代焦炭的质量为 0.8kg 左右，影响煤焦置换比的因素包括煤粉中碳和氢的含量，煤粉在风口前的燃烧率，高炉炉况以及是否有高风温和富氧鼓风的补偿等。煤焦置换比随着喷煤量的增加而逐渐降低，高炉喷吹煤粉生产的目标是在高的置换比条件下追求高的喷煤比。 高炉喷吹煤粉操作能够降低高炉冶炼的焦比，改善生铁质量，降低炼铁成本。	课堂互动：目前高炉提升喷煤比的主要技术措施有哪些
分析高炉喷吹富氢气体燃料技术（共10分钟）	2.2　高炉喷吹富氢气体燃料 氢冶金是减少钢铁生产二氧化碳排放的主要技术措施，氢冶金使用氢气替代碳在冶炼过程的还原剂和发热剂的作用，最终生成产物为水，可以实现零二氧化碳排放。国内以高炉—转炉长流程冶炼技术为主，为了进一步降低高炉冶炼的二氧化碳排放，高炉喷吹富氢气体燃料技术成为目前国内高炉炼铁生产关注的重点之一。 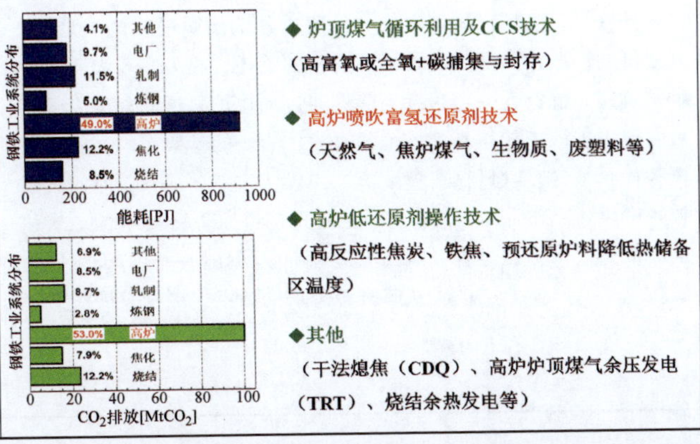 	

续表 1

<table>
<tr><th>教学意图</th><th>教学内容</th><th>教学环节设计</th></tr>
<tr>
<td>分析高炉喷吹富氢气体燃料技术（共 10 分钟）</td>
<td>

氢和碳都可以作为铁氧化物还原所需的还原剂，CO 还原铁氧化物的能力在低温度强于氢，高温区氢的还原能力更强。结合高炉逆流反应的特点，科学分析还原能力差异对富氢气体燃料喷吹技术带来的影响。

高炉喷吹富氢气体燃料

√ 自从提出低碳炼铁以来，国内外一些炼铁专家相继提出高炉喷吹富氢燃料，利用来自清洁能源制备的氢来代替化石燃料去还原铁氧化物，以达到节约碳素消耗，减少温室气体排放的目的。

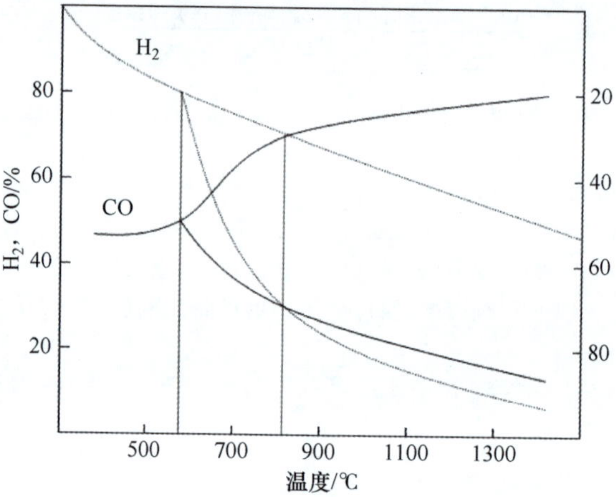

不同温度下 CO、H_2 还原铁氧化物平衡气相成分

√ 从图上看出 CO、H_2 的还原能力在 810℃ 处发生变化，810℃ 以上时 H_2 还原能力比 CO 强，还原过程中需要平衡还原产物 H_2O，以保证还原反应生成金属铁的过剩系数。

天然气、焦炉煤气等富氢气体可以作为高炉喷吹燃料使用，利用氢的还原作用减少高炉冶炼对碳的消耗。相关实验表明，高炉富氢还原炼铁在一定程度上能够通过加快炉料还原，减少碳排放，但由于该工艺是基于传统的高炉，焦炭的骨架作用无法被完全替代，氢气喷吹量存在极限值，一般认为高炉富氢还原的碳减排幅度可达 10%~20%，相比于氢基直接还原炼铁技术，二氧化碳的减排效果不够显著，但其更适合于中国高炉—转炉长流程装置数量多、产能大、优质铁矿资源短缺的特点，更具发展潜力。

</td>
<td>引导思考：分析叉子曲线图中各条线的意义，加深对氢还原铁氧化物特点的认知</td>
</tr>
</table>

续表 1

<table>
<tr><th>教学意图</th><th>教学内容</th><th>教学环节设计</th></tr>
<tr><td>分析高炉喷吹富氢气体燃料技术（共 10 分钟）</td><td>
高炉喷吹富氢气体燃料
特点：
>810℃ H_2还原能力强于CO → 同温度还原所需H_2浓度低 → 高炉富氢还原有优势
H_2导热系数远大于CO → 富氢气固对流换热快 → 还原反应进行得快
H_2分子尺寸远小于CO → 反应物扩散快 → 还原动力学强
✓ 常见富氢气体燃料包括氢气、天然气、焦炉煤气和高炉炉顶脱除CO_2循环煤气等。
高氢、高热值优质资源　CH_4等烷烃类气体占比高达97%左右，发热值高达40.6 MJ/m³
<table>
<tr><th>成分</th><th>CH_4</th><th>C_2H_6</th><th>C_3H_8</th><th>C_4H_{10}</th><th>C_5H_{12}</th><th>CO_2</th><th>N_2</th><th>H_2O</th></tr>
<tr><td>体积分数/%</td><td>92.29</td><td>3.6</td><td>0.8</td><td>0.29</td><td>0.13</td><td>1</td><td>1.8</td><td>0.01</td></tr>
</table>
</td><td>引导思考：钢铁联合企业焦炉煤气高值化利用的技术途径</td></tr>
<tr><td>分析高炉喷吹生物质技术（共 10 分钟）</td><td>
2.3　高炉喷吹生物质燃料
钢铁生产制造过程消耗大量化石燃料，同时排放大量 CO_2 和污染物，降低钢铁生产过程 CO_2 排放成为实现钢铁工业“碳达峰”和“碳中和”目标的关键。生物质作为植物光合作用的产物，具有产量大、可再生、碳中性的特点，是唯一具有可再生性能的含碳清洁能源，具备良好的可存储性和易运输特点，将丰富的生物质资源高效应用于高炉炼铁生产成为钢铁工业实现绿色可持续发展的关键。
高炉喷吹生物质
生物质可指地球上一切有生命的物质，是对直接或间接从植物（包括藻类、树木、作物等）所获得有机物质的统称。
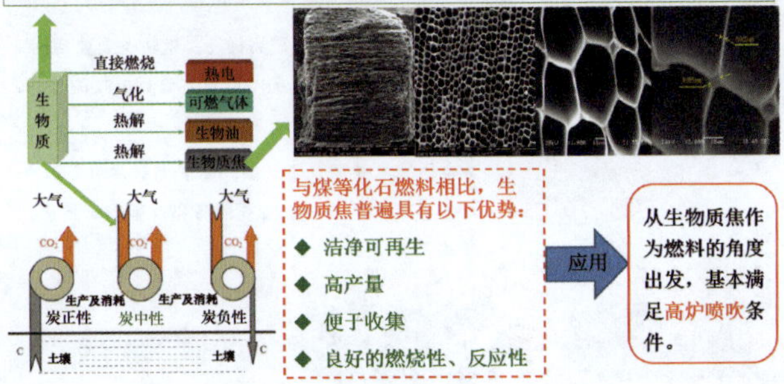

中国是一个农业大国，生物质能丰富，每年产生的农林废弃物总量达到 16 亿吨，若按其 1/2 作为生物质燃料使用，便可折合约 5 亿吨标准煤。如能将丰富的生物质资源应用于高炉炼铁生产中，一方面能够降低传统高炉炼铁技术对化石能源的依赖，减少钢铁生产 CO_2 排放；另一方面也能够消纳大量农林废弃物，减少露天无序燃烧对环境的影响，提高农林废弃物的利用效率。
</td><td></td></tr>
</table>

续表 1

教学意图	教学内容	教学环节设计

生物质资源类别

项目	纤维素类（发电、成型燃料）	油脂类（生物柴油）	淀粉和糖类（乙醇）	其它有机物（沼气，发电）
农业废弃物	作物秸秆	--	--	畜禽粪便
林业废弃物	砍伐/加工剩余物	--	--	--
市政垃圾	废家具，园林修剪物	餐饮废油	--	厨余、塑料等
工业垃圾	--	--	--	有机废水废渣
能源作物	--	--	甜高粱、薯类	--
能源林木	新柴林、灌木林等	油料作物	--	--

- 我国生物质资源十分丰富，主要包括农作物的剩余物、畜牧场粪便污水、林业“三剩物”、城镇生活垃圾，每年可使用的生物质能源总量约为5亿吨标准煤，开发潜力巨大。

近年来众多研究者进行了生物质资源在炼铁领域的应用研究，结果表明，生物质资源具有应用到炼铁生产中的潜力，为低碳炼铁技术的开发开辟了一条新的路径。但在实际的应用中也存在较多的问题，限制了生物质资源在炼铁生产中的推广：一方面生物质收集和加工成本较高，相对于煤粉的供应地集中，农林废弃物的产地分散，存在明显的区域性和季节性，大量收集、加工生物质资源存在成本高的问题；另一方面，从炼铁工艺应用技术的角度来讲，生物质普遍具有水分高、固定碳和发热值低、碱金属有害元素高和粉碎加工性能差的问题，不能满足高炉生产对喷吹燃料工艺性能的要求。

（教学意图：分析高炉喷吹生物质技术（共10分钟））

（教学环节设计：引导思考：碱金属对高炉冶炼的影响都有哪些）

生物质炭化技术根据加热方式不同分为热解炭化和水热炭化，热解炭化在较高温度（>350℃）和隔绝空气条件下将生物质慢速加热脱除挥发分，得到固体产物为生物质热解炭。水热炭化是近几年开始受到广泛关注的一种新型炭化方式，该技术是一种能够在较低温度条件下将有机质转化为高含碳产物的热化学工艺。水热炭化的反应介质为亚临界水，炭化过程在密闭的反应器内完成，炭化反应温度较低（180~350℃），得到固体产物为生物质水热炭。水热炭化技术是解决生物质资源在高炉炼铁生产中进行高效应用的关键。

续表 1

<table>
<tr><th>教学意图</th><th>教学内容</th><th>教学环节设计</th></tr>
<tr><td>分析高炉喷吹生物质技术（共 10 分钟）</td><td>
<table>
<tr><th>炭化方法</th><th>反应介质</th><th>反应温度/℃</th><th>反应时间</th><th>炭产率</th><th>产物灰分</th><th>发热值</th><th>能耗</th><th>污染物排放</th></tr>
<tr><td>热解炭化</td><td>隔绝空气</td><td>>350</td><td>长</td><td>低</td><td>高</td><td>低</td><td>高</td><td>多</td></tr>
<tr><td>水热炭化</td><td>亚临界水</td><td>180~260</td><td>短</td><td>高</td><td>低</td><td>高</td><td>低</td><td>少</td></tr>
</table>
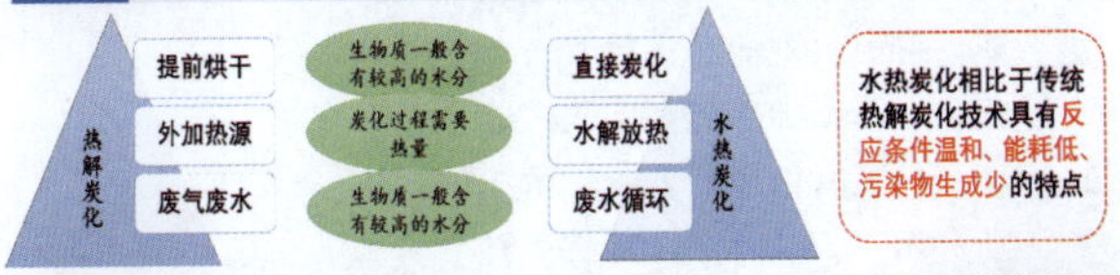

高炉喷吹生物质

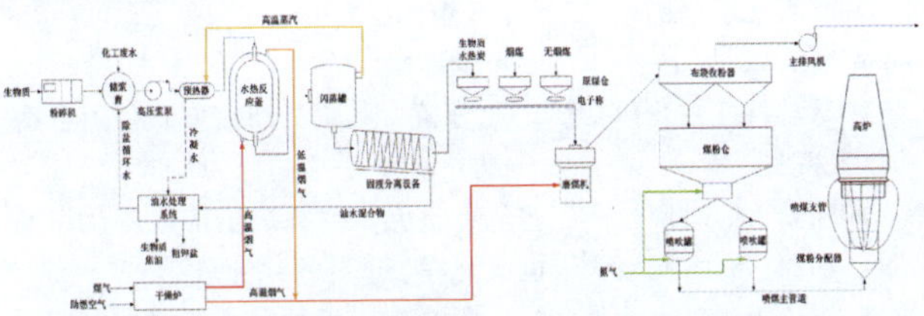

➢ 投资小：生物质水热炭可以直接利用钢铁企业现有的制粉和喷吹系统进行生产；
➢ 性价比高：生物质水热炭发热值与高炉喷吹烟煤相当，其加工生产成本低于高炉喷吹煤粉；
➢ 环保效益明显：生物质水热炭高炉喷吹能够明显降低二氧化碳和污染物排放，具有很高的环保效益。
</td><td>引导思考：学科交叉在解决关键问题的作用及效果</td></tr>
<tr><td>配合生产中的图片，分析高炉喷吹燃料的应用案例（共 8 分钟）</td><td>
2.4　高炉喷吹燃料技术应用案例

首先观看纪录片，从先进技术支撑钢铁发展的角度，激发同学们对专业的自信心和对中国钢铁的自豪感。使同学们深切体会到学习好先进炼铁技术的重要性。进一步引导同学们思考，高炉喷吹燃料技术对高炉实际生产有哪些具体影响。

2.4.1　高炉富氧喷煤

以国内某重点企业大型生产高炉为例，采用高炉喷吹煤粉生产操作，通过对高炉喷吹煤粉性能的系统评价，对喷吹煤粉的种类进行优化选择，并将烟煤、无烟煤、提质煤和 CDQ 粉进行合理
</td><td>从生产实践、经济效益和生态环保三方面出发，结合应用实例，加深学生对高炉喷吹燃料操作的理解，阐述生态文明发展理念</td></tr>
</table>

续表 1

教学意图	教学内容	教学环节设计
	搭配，结合高风温（风温高于 1200℃）高富氧（富氧率大于 6%）补偿措施，实现了高炉喷煤比长期稳定在 200kg/tHM 的水平，煤焦置换比达到了 0.8，在煤粉价格和焦炭价格差距不断增加的情况下，给企业创造了可观的经济效益。 高炉喷吹煤粉基础性能和工艺性能分析 ➢ 对于高炉喷吹的煤粉若干评价指标： ➢ 工业分析　➢ 爆炸性 ➢ 元素分析　➢ 流动性 ➢ 发热值　➢ 喷流性 ➢ 可磨性　➢ 燃烧性 ➢ 粒度组成　➢ 反应性 ➢ 有害元素分析　➢灰熔特性 ➢ 着火点　➢ 黏结性 ➢ 基础特性主要包括：工业分析、元素分析、发热值、可磨性等； ➢ 随着人们对钾、钠、锌等有害元素对高炉冶炼危害认识的加深，有害元素含量也成为一个重要的评价指标； ➢ 评价煤粉工艺性能指标：着火点、爆炸性、燃烧性、反应性、流动性、喷流性、灰熔特性、黏结性等。	
配合生产中的图片，分析高炉喷吹燃料的应用案例（共 8 分钟）	2.4.2　高炉喷吹富氢气体燃料 中国由于天然气资源有限，目前没有进行高炉喷吹天然气生产的应用案例。国内钢铁企业因地制宜，利用钢铁焦化联合企业丰富的焦炉煤气资源进行高炉喷吹的尝试，鞍山钢铁进行了高炉风口喷吹焦炉煤气的工业试验，采用焦炉煤气中的氢部分替代焦炭和煤粉的还原剂作用，取得了焦炉煤气与焦炭置换比 0.83kg/m^3 的成绩，为焦炉煤气的高值化利用和高炉冶炼减少二氧化碳排放提供了途径。 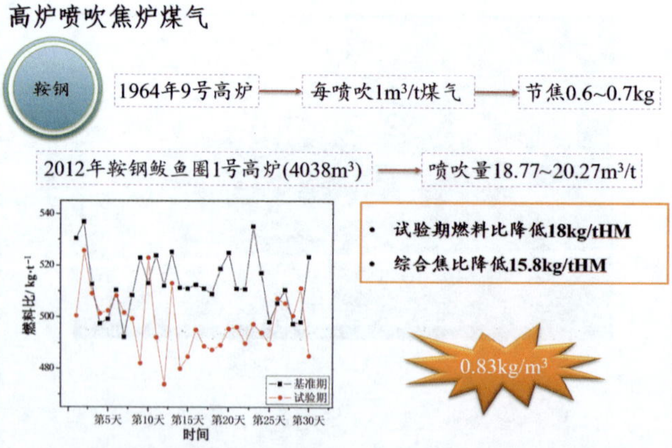 2.4.3　高炉喷吹生物质 国外进行了高炉喷吹木炭的工业应用，验证了高炉喷吹生物	

续表 1

<table>
<tr><th>教学意图</th><th>教学内容</th><th>教学环节设计</th></tr>
<tr><td>配合生产中的图片，分析高炉喷吹燃料的应用案例（共 8 分钟）</td><td>质炭的可行性，但由于木炭价格昂贵且可持续性较差，难以满足长期大规模的供给需求。采用生物质水热炭化技术，以来源丰富的农业秸秆废弃物作为原料，既解决了农业秸秆无序化焚烧带来的环境问题，同时经过水热炭化脱除了碱金属等有害元素，满足高炉喷吹的性能要求，实现了高炉冶炼的低碳生产。发展水热炭化技术是实现高炉炼铁高效应用低品质生物质资源的关键。
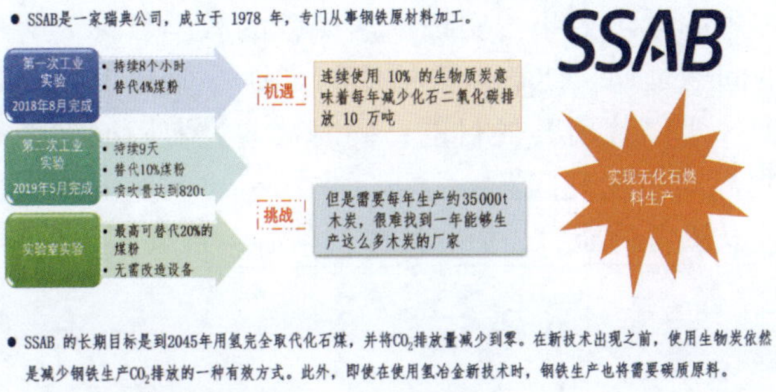

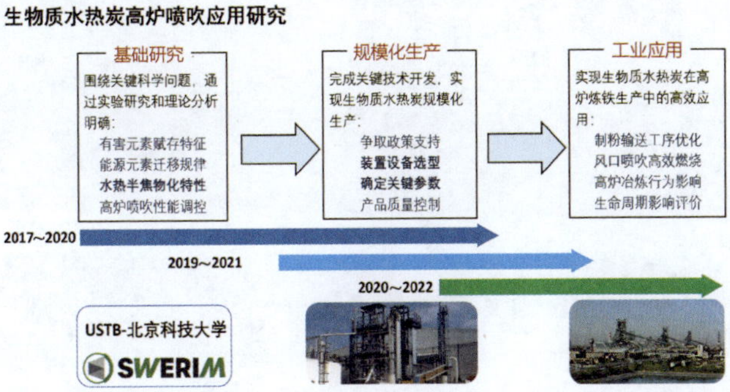
</td><td></td></tr>
<tr><td>总结这节课所讲内容，引出思考题（共 2 分钟）</td><td>3　课堂总结
3.1　小结
（1）高炉喷吹燃料工艺（了解）
工艺特点；
喷吹燃料的作用。
（2）高炉喷吹燃料技术特点（掌握）
高炉喷吹煤粉；
高炉喷吹富氢气体燃料；
高炉喷吹生物质。
（3）高炉喷吹燃料案例（了解）
生产冶炼；
经济效益；
生态环保。
3.2　思考题
高炉喷吹燃料对提升中国炼铁技术水平的作用和意义？</td><td>通过总结课堂知识并布置思考题让学生复习巩固本节课所讲内容</td></tr>
</table>

六、教学效果分析

基于本次课程的目标设定及内容安排，本节课的教学达到了预期效果。本次的教学设计符合非学历教育冶金工程专业学生的认知规律和实际水平，由动画展示、现实数据分析与图像结合等营造出的轻松活跃的教学氛围将非常有效地激发学生的学习兴趣，加深学生的学习印象，有助于学生掌握本节课的学习内容。在本次课程的教学过程中，学生有较高的积极性和较大的情感投入，获得理想的学习效果，实现本次课程的教学目标。通过课程的向实际高炉生产中的问题延伸，使学生将枯燥的炼铁专业知识与实际科研问题结合在一起，达到“学以致用”的目的；同时，通过实际问题的解决，又可以“用以促学”，提高学生发现问题，分析问题，解决问题的能力，培养了学生的创新精神和独立思考的能力，培养民族自信心、自豪感和爱国主义情怀。

溶浸金属矿产资源，锤炼求实创新精神

尹升华

课程名称 金属矿产资源与开发技术

课程性质 专业选修课

专　　业 采矿工程

授课对象 本科三年级学生

课程简介：

"金属矿产资源与开发技术"是采矿工程专业的核心课程之一，是提升学生对矿业学科认知程度的重要课程。课堂教学将思政教育贯穿始终，立足国家发展战略需求与金属矿产资源开发间的内在关联，系统介绍当前金属矿产资源的重要开发方法，不断提升学生的专业知识基础与学科认同感。

本课程以多媒体介入、教师引导、学生自主展示、课堂讨论等多种方式开展互动式教学，从课堂知识、工程案例、科研项目、学术论文等多层面展开，旨在有效提升学生的全局思维、创新思维和求实思维，提高学生对我国金属矿产资源开发技术的认知度，有助于帮助学生树立正确的价值观与人生观，显著提升学生发现问题、提出问题、分析问题和解决问题的能力，锤炼学生求实创新的重要品质，进一步了解溶浸采矿技术等关键技术在我国金属矿开发中的重要作用，明确个人发展与国家命运之间的重要关联，为学生的专业技能提升和生涯发展奠定重要基础，显著增进学生对本学科知识的学习热情和学习效率，本课程的成功开设，为我国金属矿产资源开发领域的后备人才培育提供了重要支撑。

教师简介：尹升华，北京科技大学土木与资源工程学院教授、博导，国家"万人计划"领军人才、"长江学者奖励计划"青年学者、国家优秀青年基金获得者，担任科技部重点领域创新团队、教育部"111"引智负责人等职务。从事金属矿产资源高效开采理论与技术研究，先后主持国家自然科学基金重点项目、国家高教委高等教育科学研究"十三五"规划课题、北京科技大学本科教育教学改革重大项目等课题；获国家科技进步二等奖、宝钢优秀教师奖、校教育教学成果一等奖、校研究生十佳学术之星指导教师等荣誉。

课程蕴含的思政元素分析

金属矿产资源为人类生存提供了重要的物质基础，目前全球已发现铁、铜、金、铀、镍、铝、锰等金属矿种共59种，被广泛应用于建筑建设、国防科工、电子通信和智能制造等众多领域。金属矿产资源是客观存在的、具有客观实在性，不依赖于人类的主观感觉而存在，提升对金属矿产资源认识和开采技术水平，可有效地提升人类生产力水平，为经济社会的发展提供重要保障。

我国金属矿产资源开发历史悠久，早在商周时期，先人已经掌握了对铜矿、铁矿等金属矿产资源井巷开采方法，实现了青铜器、铁器的冶炼制备，有效地推动了农业、工业和文明的发展进程。通过对金属矿产资源的开采与利用，有利于提升人们认识世界、改造世界的水平，更好地服务社会、建设社会。当前，世界面临百年未有之大变局，中华民族迎来了大发展、大迈进的重要机遇。金属矿产资源作为国家长久稳定发展的物质保障，努力提高其开采技术水平，为推动全面建成小康社会，早日实现中华民族伟大复兴具有重要意义。

一、绿水青山，强化科技报国意志

“绿水青山就是金山银山”是时任浙江省委书记的习近平于2005年8月在浙江湖州安吉考察时提出的科学论断。规划先行，是既要金山银山，又要绿水青山的前提，也是让绿水青山变成金山银山的顶层设计。2020年3月30日，习近平前往浙江余村考察，再次强调了“绿水青山就是金山银山”发展理念，要求把绿水青山建得更美，把金山银山做得更大。

金属矿产资源作为重要基础物质，以矿脉等形式，广泛赋存于祖国的高山峻岭之中，其开发方法分为露天开采和地下开采两大类，一般包括开拓、采准、切割、爆破和出矿等基本工序。长期的、粗放式的开采模式导致了大量的地下采矿区和地表尾矿库，催生了严重的环境污染和安全隐患，与我国绿色发展理念相悖。加强技术创新，实现矿山高度自动化和智能化是矿业发展的趋势和目标。不断强化科技报国意志，推动金属矿产资源开采技术学习，创新教育教学方法，是与国家战略、社会发展重要需求高度契合的，也是推动实现绿色发展、绿色矿山建设的重要实践，随着时代车轮的滚滚向前，其愈益彰显出强大的生命力。

二、寓德于教，不断坚定四个自信

德育先行，全面提升思想建设的水平、力度和影响力，作为新时代的矿业领域从业者，提升师生意识水平与政治素养，做到思想建设不缺钙，始终将思想品德贯穿于金属矿产资源与开发技术的教育工作，实现思想育人、道德育人。

从1949年那声振聋发聩的“中国人民从此站起来了”的庄严承诺，中华人民共和国已走过了70余年的风雨历程，从1957年“一五”计划完成，我国十种有色金属产量实现突破，但仅有21.5万吨，再到2002年，我国十种有色金属产量达到1021万吨，是“一五”时期的近50倍，并一举超越美国成为世界第一，金属矿产资源开发水平显著提高，国家生产力实现了跨越式发展，人民生活水平得到了显著改善和提高。这背后归根结底离不开我国的社会主义“集中力量办大事”的体制优势，更加离不开“道路自信、理论自信、制度自信、文化自信”，无论是什么历史时期、遇到什么艰难险阻，都需要绷紧这根弦、不断坚定“四个自信”。

三、家国情怀，明确个人使命担当

家是最小国，国是千万家，国家与个人命运是紧密连接不可分割的。甲午战败后，旧中国赔款割地经济严重凋败，国人深感工业基础薄弱，湖南矿务局提调梁焕奎指出了金属矿业开发对国家发展的重要性，他强调“国家富强尽在地利，而地利在矿。开矿采矿利在得人，非先作育人才，无从阐发地藏”。

金属矿业开发技术与国家发展状况紧密相关。金属矿产资源的高效开采在带来大量宝贵矿产资源的同时，解决了大量就业难题，显著提高了经济效益。特别是对于铀矿、稀土矿、金矿、铜矿等重要战略金属矿产资源而言，其开采规划与方法对国家发展具有重要前瞻意义与价值，是需要每一名矿业工程学生、从业者付出努力，也是我们这一代矿业人承担的历史，真正做到将专业知识应用到实际工程实践，勇担时代使命，推动家国情怀落地生根。

四、工匠精神，夯实专业技能基础

金属矿山开采已经由浅表开采向深部进军，未来十年，我国将有一半以上的金属矿山进入千米开采，一旦井下巷道岩爆、巷道顶板冒落、井壁垮落等安全事故频发，就将对井下人员作业存在较大威胁，严重影响矿山作业效率和经济效益。

以工匠精神认真夯实专业技能基础，进一步开展金属矿产资源与开发技术教学与研究工作迫在眉睫，这不仅是对金属矿山作业安全、作业效率负责；也是职业道德、职业能力、职业品质的体现，是从业者的一种职业价值取向和行为表现；更是行业未来发展和国家战略的重要需求，其内涵是敬业、精益、专注、创新。将更多的5G、智能制造、大数据等新兴高新技术融合到矿业发展中，实现传统金属矿山开发的转型发展，是打开当前全球矿业困局的“金钥匙”。发扬工匠精神，展现中国智慧，推动技术创新与教育教学是资源可持续利用的必由之路，也是全球矿业走出低谷，实现经济可持续发展的动力源泉。

教案设计

以“金属矿产资源与开发技术”课程中溶浸采矿技术部分为例，本部分内容教学课时为90分钟，包括5分钟课间休息，下面，就教案设计进行阐释。

一、教学目标

（一）知识目标

（1）了解溶浸采矿基本概念、分类和适用的主要矿种；
（2）掌握矿石堆浸技术的基本工艺流程；
（3）掌握影响矿物浸出效率的生物、化学和物理层面的因素；
（4）了解溶浸采矿技术工业应用面临的主要技术难题。

（二）能力目标

（1）提升学生对溶浸采矿等新兴的金属矿产资源开发方法的学习与认知能力；

（2）培养学生发现本质、解决工程实践问题的能力，教授学生可以依据不同矿种品位、赋存条件特征判断其所适应的溶浸采矿方法的基本能力。

（三）价值目标

（1）切实践行“绿水青山就是金山银山”这一重要理念，真正学习解决金属矿产资源开发困境的关键技术与方法；
（2）培养学生利用辩证唯物主义分析问题和解决问题的能力；
（3）提高学生的创新意识以及学习掌握新知识的能力；
（4）强化学生将知识应用至实践的能力，将“求实鼎新”的理念落到实处。

二、教学内容分析

（一）教学内容

（1）溶浸采矿基本概念、主要分类、适用的矿种类型；
（2）矿石堆浸技术的基本工艺流程；
（3）影响矿物浸出效率的主要因素，包括生物因素、化学因素和物理因素；
（4）溶浸采矿技术的工业应用概况、面临的技术难题；
（5）溶浸采矿研究领域的研究新进展、新技术，扩展学生知识面。

（二）教学重点

（1）溶浸采矿的基本概念、分类和适用范围，特别讲授不同种类的溶浸采矿方法对应的矿种类型、矿层条件，不同溶浸采矿方法之间的联系与区别，为加深理解认识，可以让学生联想前期所学的传统金属矿露天地下开采方法。

（2）介绍目前应用比较广泛的矿石堆浸技术。主要讲授矿石堆浸技术概念、工艺流程、适用范围，特别介绍该方法面临的生物、化学、物理层面的难题，结合工程案例，介绍该方法在工业应用过程中的主要难题。

（3）探讨如何通过新方法、新技术，对溶浸采矿过程进行调控和强化，实现对矿物浸出过程工艺的改善，提高有价金属矿物的回收率。

（三）教学难点

（1）对于溶浸采矿不同的种类进行良好辨识，并能够通过对矿床赋存条件、矿种特征等基本特征，对溶浸采矿方法进行选择，确定较为适用的、最优的溶浸采矿方法，并可以准确指出选择该类方法的主要原因。

（2）加强课堂互动，通过引导式教学方法，使得学生能够依据所学知识，对溶浸采矿方法具有宏观认识，可以结合新技术、新手段，提出对矿物浸出过程调控强化的新思路和新想法，形成自身对溶浸采矿的认识，激发学生对溶浸采矿等金属矿产资源与开发技术的兴趣。

（四）教学特点

（1）思政先行，引领课程教学。通过金属矿产资源对国家经济社会发展、人类生产力进步的重要意义，结合辩证唯物主义等重要思政理论知识，实事求是地对金属矿产资源开发方法进行讲授和教学。

（2）教学相长，授课形式多样。倡导“引导式教学”而非“保姆式教学”，通过学生提问、小组汇报展示等多类方法，教学过程中培养学生“主动的信息检索能力，而不是被动的信息接受能力”，显著提高学生自主学习能力。

（3）基础理论与工程实践结合。与数学、物理等传统基础学科不同，金属矿产资源开采理论技术与实际工程应用密不可分，本课程通过引入大量矿山事故的真实案例，对影响矿物开采的各类因素及其危害进行系统介绍，使学生对相关关键技术形成更为具象和深刻的认知。

（4）传统工艺与新兴技术结合。采矿技术出现至今历经千年，经历了不断的更新和改良。当今，5G 技术、大数据、人工智能、物联网等新技术不断涌现，推动着矿山开采由依赖人工经验判断转向智能管控、高效绿色开采转变，提高矿业领域学生对各类知识学习和应用的能力。

三、教学对象分析

（一）基本特征

本课程对象为本科三年级学生，授课学生在本科一年级，已经完成了“高等数学”“工程力学”“机械设计制图”和“工程测量实践”等基础课的学习，具备了良好的计算、绘图、逻辑思维等前期基础，在本科二三年级，完成了部分专业基础课程的学习，包括“采选导论”“矿床开采工程”“矿山岩石力学”和“矿山地质学”“爆破工程”等，初步形成了对金属矿产资源赋存状态、矿山开采技术的前期知识储备，为本课程的学习奠定了扎实的前期基础。

（二）课程定位

依据上述授课对象的基本特征，该课程的定位是：

首先，进一步强化学生对专业的兴趣。通过前期学习，学生已经对本专业形成了一个整体的、模糊的印象，但是对专业知识和工程实践充满了未知，特别需要开展金属矿产资源与开发技术教育教学工作，通过课堂教学、课后学习等方式，积极与学生开展互动，实现学生对专业兴趣的显著提升。

其次，进一步加深学生对所学专业的认识。系统传授“金属矿产资源与开发技术”，对现阶段国际矿业形势、矿产资源分布状况、矿产资源供需现状等关键内容，进行系统教授和教学，推动学生对本专业的认识由抽象转为具象。

最后，进一步提高学生的专业技术水平。通过对膏体充填、溶浸采矿、深井开采等可持续开采技术的教学，并且以典型案例进行介绍，强化学生对专业基础知识的认知，逐步形成矿业开发的新思维，完善并提高学生的思维能力。

四、教学手段与方法

（一）课堂教学设计思路

本课程为“多媒体教学+板书+学生交流展示”的交互式启发式教学模式，教学过程中融入大量工程实践案例，强化学生对课程内容的认知程度和兴趣，并提高学生的专业技能素养，整体的教学思路设计，如图1所示。

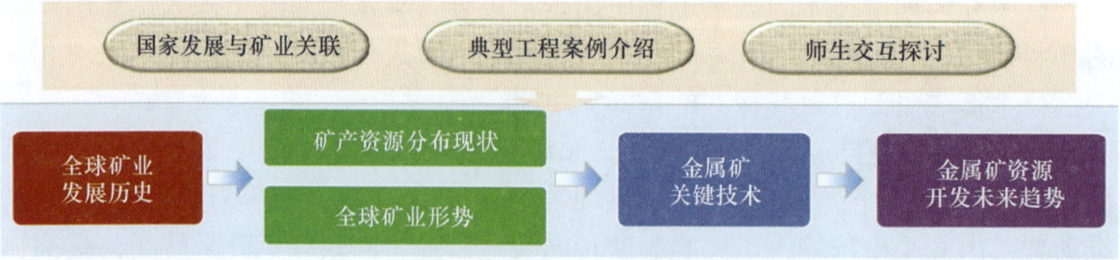

图1 课程教学的思路设计

（二）教学素材准备

为强化学生认识与理解，结合本次课程的教学目标及内容，准备并使用以下教学道具，见表 1。

表 1　本次课程的教学道具

序号	道具名称	用途与内容	展示时间
1	辉铜矿矿石	介绍矿石形貌与矿物嵌布特征	课上、课下
2	黄铜矿矿石	介绍矿石形貌与矿物嵌布特征	课上、课下
3	矿石浸出摇瓶	介绍溶浸采矿摇瓶浸出实验装置	课上、课下
4	有机玻璃柱	介绍溶浸采矿柱浸实验装置	课上、课下
5	视频：堆浸体系工业作业流程	展示常见的工业堆浸工艺过程	课上
6	视频：堆浸体系溶液渗流过程模拟	展示工业矿堆内溶液流动规律	课上
7	视频：浸矿细菌显微形貌与增殖	展示浸矿细菌的显微特征	课上

（三）板书设计

对本次课程中的部分关键内容进行板书讲解，如图 2 所示。

教学资源

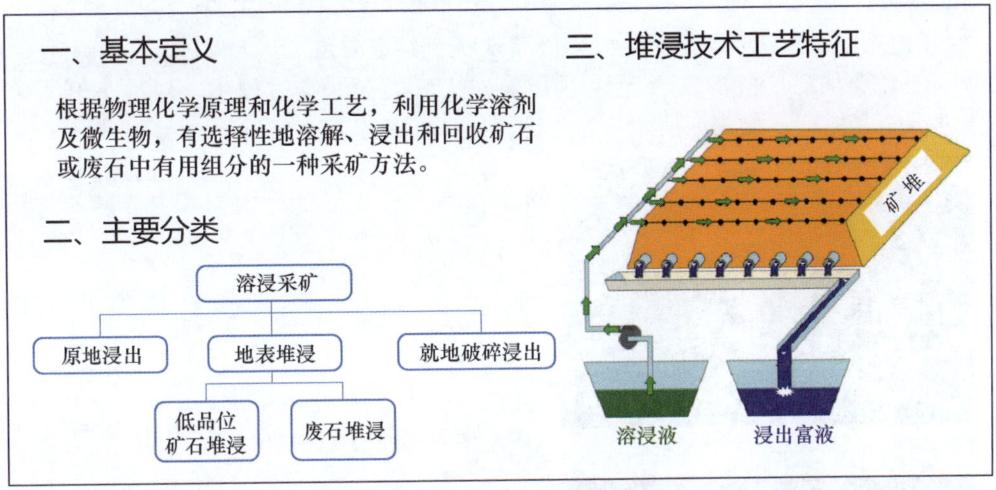

图 2　板书设计

（四）课程思政主要形式

1. 国家战略需求层面

如前所述，矿产资源是关乎国家未来发展、人民民生的重要的物质基础。目前，我国是全球第一大钢铁生产国、全球第一大十种有色金属生产国，并且对各类金属矿物资源的需求仍处于高位，部分资源甚至严重依赖进口、供需矛盾突出；此外，生态文明建设先行，真正将“绿水青山”落到实处，把握好矿产资源开采与环境保护二者之间的平衡。因此，从多个层面探讨金属矿产资源与开发技术教育研究工作，是符合国家战略发展重大需求的。

2. 时政热点与案例层面

结合当前的时政热点，特别是新闻媒体、网络等渠道关于矿山安全事故的报道，比如：2019 年 1 月 26 日，世界最大铁矿石矿山巴西淡水河谷下属尾矿库发生溃坝导致 200 人失踪；2019 年 2 月 23 日，我国内蒙古自治区某银矿发生井下矿难导致 22 人死亡等。通过在课堂教学过程中引入真实案例，结合课程教学内容进行教授，使学生对矿山技术、矿山安全有更好的认识和认知。

五、教学过程

（一）回顾传统金属矿产资源开发方法，提出问题（7 分钟）

以金属矿产资源重要的国家战略地位入手，激发学生家国情怀和对所学课堂知识的热情。为更好地学习本次溶浸采矿技术的课堂内容，对本课程中以及之前本科一二年级学习的“矿床开采工程”“采选导论”等基础课程进行回顾，对常见的露天开采、地下开采中使用的采矿方法进行互动讨论，主要讨论以下内容：

（1）我国金属矿产资源类型、分布现状及其重要意义（2 分钟）；

（2）金属矿产资源露天、地下开采方法分类，课堂过程中，对地下开采方法进行简要梳理，如图 3 所示（2 分钟）；

- 空场法
  - 分层（单层）空场法
    - 全面采矿法
    - 房柱采矿法
    - 留矿采矿法
  - 分段空场法
    - 分段采矿法
    - 爆力运矿采矿法
  - 阶段空场法
    - 阶段矿房法
- 崩落法
  - 分层（单层）崩落法
    - 壁式崩落法
    - 分层崩落法
  - 分段崩落法
    - 无底柱分段崩落法
    - 有底柱分段崩落法
  - 阶段崩落法
    - 阶段强制崩落法
    - 阶段自然崩落法
- 充填法
  - 分层（单层）充填法
  - 分段充填法
    - 上向分层充填法
    - 上向进路充填法
    - 点柱分层充填法
    - 壁式充填法
  - 阶段充填法
    - 分段空场嗣后充填法
    - 阶段矿场嗣后充填法
    - VCR充填法
    - 留矿采矿嗣后充填法
    - 房柱采矿嗣后充填法

图 3　传统金属矿地下开采及其主要分类

（3）传统露天、地下开采方法的主要工艺特征（2分钟）；

（4）探讨对于特殊矿种等矿产资源类型的开采方法（1分钟）。

在课堂教授过程中，首先对传统金属矿产资源地下开采方法的基本特征进行探讨，然后梳理得到传统开采方法的主要工艺特征，包括采准、切割、爆破和出矿等基本流程，总结获得传统采矿方法的适用范围和特征规律，让学生在了解溶浸采矿技术特征原理之前，更清晰地看到不同金属矿产资源开发工艺之间的区别与联系，进而让学生从内在本质上去学习和掌握课本知识。

（二）溶浸采矿的基本定义、分类与适用范围（20分钟）

通过专题嵌入与工程实践结合，将枯燥的基础知识变得有活力、有温度、有故事、有意思、有价值，了解事物的基本定义与概念，是认识事务、学习知识和熟识知识的重要先决条件，该阶段课程以老师讲授为主，通过逐步引导、学生积极参与，形成课程思路主线，实现由传统采矿方法引导学生思考特殊采矿法，进而引出溶浸采矿技术，介绍溶浸采矿的基本定义和适应范围，进一步提高学生对不同知识内容之间的联想、串联能力。主要讲授内容与方案如下：

（1）对基本定义与分类进行讲述，引导学生对比传统采矿方法与溶浸采矿法之间的区别与联系。当前主要有两大类浸出技术（见图4）：地表堆浸法（见图5）、井下浸出法等。对于溶浸采矿，是指根据某些矿物的物理化学特性，将溶浸剂注入矿层或矿堆，在化学浸出、热力、质量传递以及水动力等作用下，实现对地下矿床或地表矿石中有价矿物由固态转到液态或气态的转化并进行回收，以此来达到以低成本生产开采矿床的目的（12分钟）。

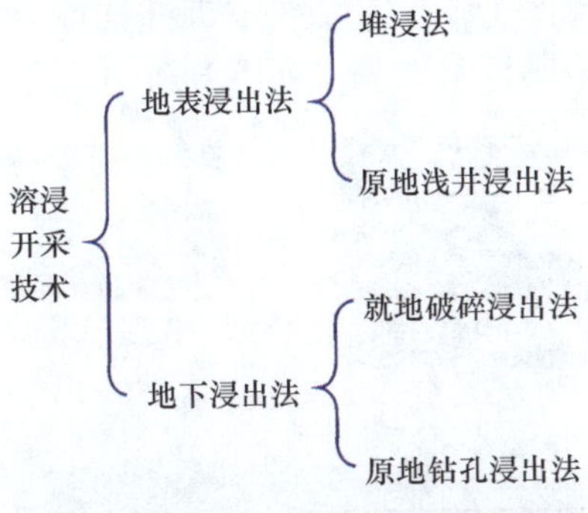

图4　溶浸开采技术的主要分类

图5　矿石堆浸的表面喷淋管路

（2）现阶段学生头脑灵活，思想敏锐，接触和掌握新生事物速度快，让学生对比不同的矿产类型、品位和赋存条件等基础特征，结合具体工业案例，对不同方法的适应条件进行详细介绍，并且对不同溶浸采矿法的适用范围进行研讨（见图6），考察其共通性；然后由教师带领学生，绘制并讲授就地破碎浸出等方法作业布置方法（见图7），通过学生将眼、耳、口、手、脑均参与到课程学习当中来，深刻理解本课程所学内容，提高学习效率和效果（8分钟）。

图6　非洲谦比希铜矿硫化铜矿浸出现场

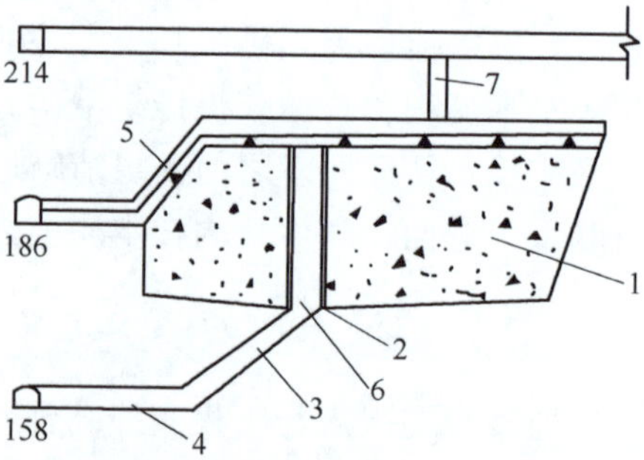

图7　就地破碎浸出工艺图

1—堆浸矿石；2—集液孔；3—集液上山，即12号上山；4—集液池；5—喷液管；6—通风天井；7—回风2号上山

（三）矿石堆浸技术的基本工艺、特征与影响因素（15分钟）

中国是世界上最早开采铜矿资源的国家之一。伴随着我国青铜冶炼技术的进步，铜矿资源回收技术取得巨大进步。以我国低品位复杂铜矿资源为典型代表，介绍矿石堆浸技术的基本工艺、特征和影响因素。在该阶段的授课过程中，采用教师讲授与提问、学生互动等多类形式，主要包括以下教学内容和方案：

（1）矿石堆浸技术的基本工艺流程，主要是通过引入工艺流程图，对该工艺技术进行简要介绍，主要包括：露天/地下开采→矿石预处理→筑堆过程→浸矿堆场→浸出过程及浸堆结垢→萃取电积车间→阴极铜成品，如图8所示，进一

图8　矿石堆浸技术的一般工艺技术流程

步提升学生对矿石堆浸工艺的认知能力（4 分钟）；

（2）教师结合我国硫化铜矿具有的品位低、中小型矿多大型矿少、伴生矿多等的特殊赋存现状，讲授矿石堆浸的适应条件和基本特征，并且设置学生提问交流环节，引导学生，提升学生代入感和存在感，提高学生在课堂学习过程中不断发现问题、提出问题和解决问题的能力（6 分钟）；

（3）教师组织学生开展小组讨论，分别就化学因素、物理因素和生物因素三个层面，对矿石堆浸工艺的主要影响因素进行归纳总结，获得各类因素对浸出过程和效率的影响机制，培养学生对知识追本溯源、关联联系的能力（5 分钟）。

（四）溶浸采矿技术的工程应用案例（10 分钟）

实践是检验真理的唯一标准。作为工科类专业课程，讲授溶浸采矿技术在工程的应用案例有助于提高学生对专业知识的认识，加深学生对专业的情感，培育学生吃苦耐劳、扎根一线的意志品质。

在课堂讲授过程中，首先，从宏观角度细致探讨溶浸采矿技术在当前矿山开采过程，特别是铜矿、铀矿、稀土矿等战略金属矿产开发中的重要地位，将专业技能水平与核心价值意义相结合；然后，以硫化铜矿生物浸出为典型案例，讲授溶浸采矿技术的工程应用现状。据不完全统计，我国已有数十个低品位铜矿开展探索或已经成功应用了生物浸铜技术。其中，尤以紫金山铜矿、德兴铜矿等矿山研究与应用最具代表性，达到了国际领先水平（3 分钟）。

本次课程选取了福建紫金山铜矿、江西德兴铜矿两个典型工业应用案例，如图 9 所示，主要通过教师讲授、学生提问、互动教学等方式，对上述两个案例的基本特征、工艺流程、技术优势和面临技术难题进行讲授，进一步加深学生对溶浸采矿技术工业应用情况的认知和具象理解。

案例一：福建紫金山铜矿矿石堆浸技术。紫金山铜矿，地处福建省上杭县，是我国第一座万吨级生物提铜矿山，采用传统采选方法，存在工艺流程长、回收率低和成本高等弊端。课堂教授过程中，引入学校已经开展过的相关科研研究项目进行介绍，通过科研攻关内容讲授，更好地理解矿山实际生产面临的问题，锤炼学生对实际工业案例面临的问题的分析能力（3.5 分钟）。

案例二：江西德兴铜矿废石堆浸技术。德兴铜矿，地处江西省德兴市，是我国典型的大型废石场生物浸出矿山。德兴铜矿是世界上最大的斑岩铜矿之一，废石堆中铜总量达 120 万吨，以原生硫化铜矿（68.5%）为主，平均铜品位不足 0.2%。采用常规选矿手段难以进行工业生产。通过教学过程中引入相关学术论文、播放堆场视频等方式，向学生讲授堆场生产过程中细菌浓度、pH 值、温度、浸出剂类型、喷淋方式与强度等实际运行参数对堆场运营效果、矿物浸出效率的影响机制，激发学生思维，加深学习影响（3.5 分钟）。

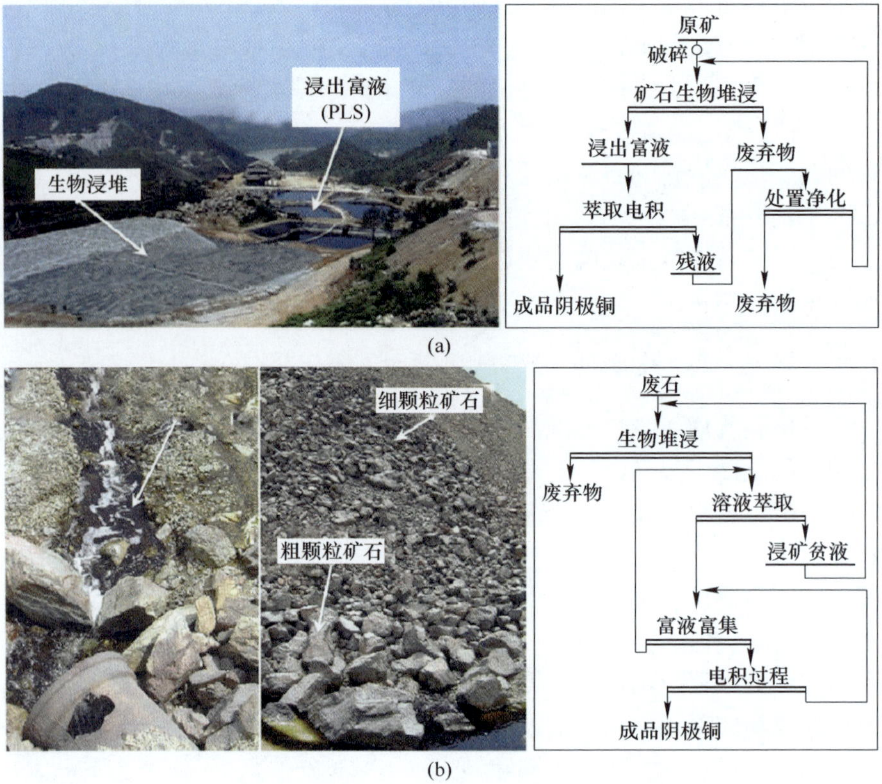

图 9 溶浸采矿技术的工业应用案例

（a）紫金山铜矿-矿石堆浸；（b）德兴铜矿-矿石堆浸

课程视频链接：https：//share. plvideo. cn/front/video/view？ vid = 78a941997-9305a5e427ffda38fe6cb53_7。

（五）溶浸采矿的新技术与新方法（10 分钟）

创新驱动，引领发展第一动力。党的十八大明确提出了“科技创新，是提高社会生产力和综合国力的战略支撑，必须摆在国家发展全局的核心位置。”强调要坚持走中国特色自主创新道路、实施创新驱动发展战略。明确了创新是一个民族进步的灵魂，是国家兴旺发达的不竭动力。

随着原子力显微镜、显微 CT 扫描、计算流体力学、16SrDNA 基因测序等软硬件理论技术的发展（见图 10），这些先进的技术与概念的应用有效推进了溶浸采矿技术进入到新的阶段。例如：对于提高温度强化浸出而言，智利某铜矿利用太阳能建立平板集热器等其他装备，使铜浸出率自 67%提高至 85%。结合新技术、新方法，对溶浸采矿技术的一些新进展进行讲授。

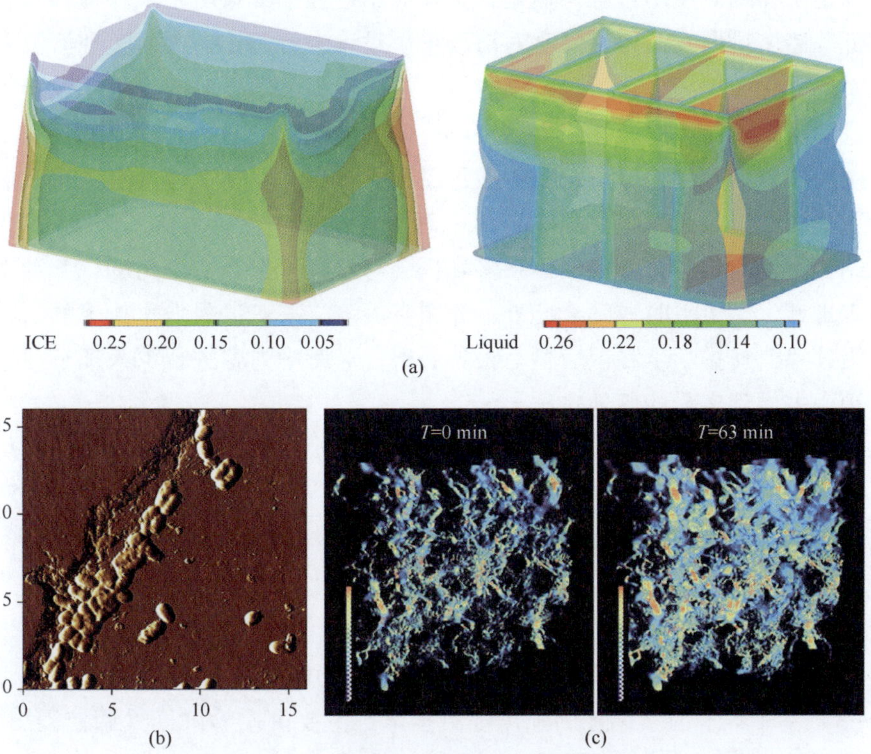

图 10　当前关于溶浸采矿领域的几个科学研究焦点

(a) 堆浸体系溶液渗流及溶液分布特征模拟；(b) 基于 AFM 浸矿界面特征；
(c) 基于示踪脉冲的孔裂结构内溶液渗流传质

以老师讲授、学生互动提问为授课模式，结合有关新方法、新技术的图片和视频展示，以及相关软硬件展示（包括 COMSOL 传质过程模拟操作和模拟结果展示），生动地揭示溶浸采矿技术领域的创新进展，强化学生认知与学习效率。

主要授课内容与方案如下：

(1) 软件条件的创新与发展。主要讲授计算流体力学、基于 CT 图像的孔隙-矿物辨识方法，溶液优先流表征、COMSOL、HeapSim 2D、Fluent 模拟软件等理论软件条件进展，使学生进一步明确理论内核的科研进展及其重要性（5 分钟）；

(2) 硬件条件的创新与发展。主要讲授冷冻扫描电镜、原子力显微镜、显微 CT 扫描装置等硬件装备，介绍其在溶浸采矿领域的主要应用范围，实现学生对溶浸采矿与物理、化学等多学科交叉的特征形成更为深刻的印象（5 分钟）。

（六）课堂探讨：实现溶浸采矿过程强化的方法措施建议（15 分钟）

作为金属矿产资源开发的重要方法之一，溶浸采矿技术，已被广泛应用于铜矿、稀土矿和铀矿浸出过程。但是，工业应用过程中暴露出了堆渗透性差、浸出效率低等诸多难题，需要进一步对溶浸采矿过程进行调控，进而实现溶浸采矿浸出效率的强化和提高，通过教授该内容，进一步提高学生对溶浸采矿技术关键环节的理解认识能力，以及提出问题、解决问题的能力。

本阶段以学生小组讨论、PPT展示、影音视频和互动交流为主，重点探讨浸矿细菌分离、鉴定与富集，生物浸出机理与界面反应，浸出体系多级渗流行为，孔隙结构重构与定量化，浸出体系多场耦合与过程模拟等多个角度；互动交流部分的表现计入学生平时成绩。此外，介绍有关溶浸采矿过程强化技术的研究现状和前沿技术，安排学生在课后撰写报告心得，对所学内容进行深入理解、实现课堂知识由书本到实践的落地生根。

主要讲授内容与安排如下：

PPT

（1）基于生物因素调控的强化浸出技术，主要讲授混合菌强化浸出技术、碱性细菌强化浸出技术、高温菌强化浸出技术等内容（4分钟）；

（2）基于化学因素调控的强化浸出技术，主要讲授酸性氯离子溶液强化浸出技术、碘离子溶液强化浸出技术、氨水强化浸出技术等内容（4分钟）；

（3）基于物理因素调控的强化浸出技术，主要讲授喷淋模式调控浸出技术、薄层堆浸强化浸出技术、制粒预处理强化浸出技术等内容（4分钟）；

（4）对于各类强化浸出技术之间异同点的总结讨论（3分钟）。

（七）课堂总结与内容拓展（8分钟）

本阶段由老师启发、学生主动总结发言，汇总回顾本次关于溶浸采矿技术课堂教学的主要内容，实现课堂学习内容的记忆加深，提高教学学习效果；并且基于本次课堂学习内容，结合领域前沿和国家“四深”（即深空、深地、深海、深蓝）发展重要趋势，进行知识面扩展，主要方式为科普性的视频、论文分享、小组交流讨论等方式，引出深地固体资源流态化开采（见图11）等国际尖端前沿研究，进一步提高学生知识联想、举一反三的能力，助力学生成为德才兼备、全面发展的人才。

主要讲授内容与安排如下：

（1）老师引导，学生为主，对本次课堂所学内容进行总结（3分钟）；

（2）结合所学内容，老师播放知识拓展科普短片，介绍深地流态化开采技术，学生就该技术的前景和潜在难题进行讨论（4分钟）；

（3）老师提出本节课的思考题，供学生进行思考，对本堂课内容进行反思总结，同时锻炼学生的发散思维（1分钟）。

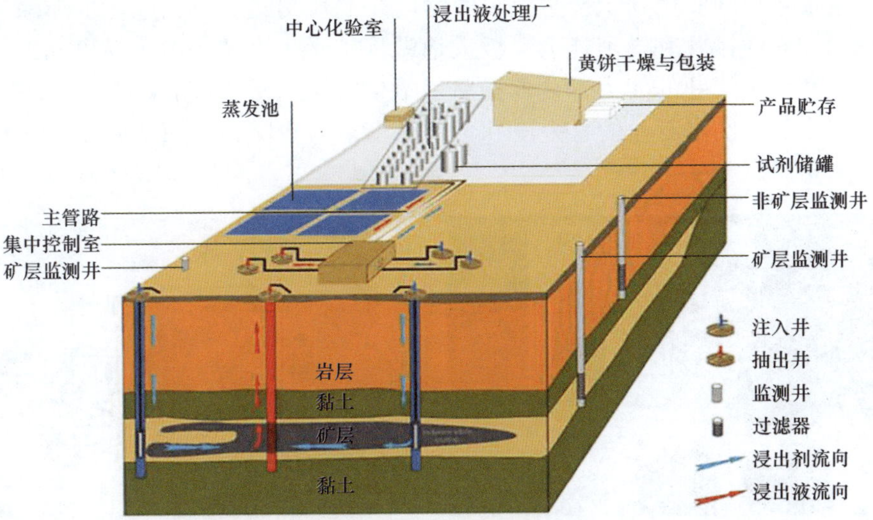

图 11　铀矿深地流态化开采技术工艺布置

六、教学效果分析

本节课是“金属矿产资源与开发技术”课程的“溶浸采矿技术”部分，课堂教学立足国家发展的重要战略金属矿产资源，强思政建设、重个人教育，培育学生创新求实意识，将学生未来发展与家国情怀紧密连接，帮助学生树立正确的人生观和价值观，培养一批符合国家发展需求的新时代高素质、高水平人才。

金属矿产资源源于自然，需要师生更好地了解认识、采用更好的方法进行绿色高效开发。对此，本课程以“溶浸采矿技术”为抓手，将理论知识与工程实践相结合，将思政建设贯穿于整个课程的始终，以立德树人为准绳，不断提高学生对学科知识、国家战略需求的认同感。通过系统学习，学生普遍反映自身对现阶段国际矿业形势、矿产资源分布状况、矿产资源供需现状等关键内容有了更深入的理解，进一步了解了溶浸采矿技术等关键技术在我国金属矿开发中的重要作用，明确了个人发展与国家命运之间的重要关联，自身对本学科知识的学习热情和学习效率有了显著的提高。

本次课堂教学的重点是溶浸采矿的基本概念、分类和适用范围、矿石堆浸技术、溶浸采矿技术中的新方法和新技术，本课程教学设计符合大学本科学生的认知能力、学习能力和知识水平；授课过程中采用多媒体互动、学生课堂展示、老师教学引导等多种方式（见图 12），辅以已学知识回顾、学科交叉、对比联想等多种方式，将原本枯燥的课本内容转化为有趣的、有灵魂的、落地生根的实用知识，避免了教学内容的填鸭式教学，进一步加深学生对课堂知识的接收和学习能力，极大地锻炼了学生发现问题、提出问题、分析问题和解决问题的能力，显著提高了学生的课堂参与度和积极性，增强了学生对本课程、本专业的喜爱度和学习热情，为我国相关领域人才储备贡献微薄力量。

图 12　授课过程展示

培养生态文明意识，树立可持续发展的生态文明观

陈月芳　常雁红　冯瑞　袁蓉芳

课程名称　环境监测
课程性质　专业基础课
专　　业　环境工程
授课对象　本科二年级学生
课程简介：

环境监测是环境工程专业课程体系的一个重要的不可或缺的主干课程。环境监测可以通过对影响环境质量因素的代表值的测定，来确定环境质量（或污染程度）及其变化趋势，从而为环境管理、环境经济、环境技术和生态保护的法律法规政策等提供技术依据。本课程旨在培养环境工程专业的学生掌握环境监测所涉及的主要知识理论与专业技术。并通过环境监测实验课程中的细微实验操作，培养学生明白有效监测数据来之不易，进而培养学生养成实事求是、严谨踏实的工作作风，做到践行社会主义核心价值观，提高其作为环保工作者的责任感、荣誉感和使命感。让学生在专业课程的学习过程中从心底热爱环保事业，培养严谨的工作学习态度和精益求精的工匠精神。在相关的实验课程中增加实验安全知识的教育，更加形象地提高学生的危险意识和安全意识。对于培养学生的专业情节，树立正确的世界观、价值观与人生观，坚定"四个信念"，激发学习热情，明确人生发展目标，具有极其重要的作用。同时，该课程涵盖水、气、固废、土壤等环境因素的监测内容，又与国家的产业结构调整、生态文明建设、可持续发展、"绿水青山就是金山银山"等重要理念和科学论断息息相关，是一个很好的传授国家政治思想和培养学生政治觉悟的桥梁，拟将立德树人贯彻到课堂教学全过程、全方位、全员之中，培养出"政治要强、情怀要深、思维要新、视野要广、自律要严、人格要正"的符合社会和国家需求的高校人才。

教师简介：陈月芳，北京科技大学能源与环境工程学院副教授，博士，主要从事环境工程相关科研与教学工作。

常雁红，北京科技大学能源与环境工程学院副教授，博士，主要从事环境科学与工程相关科研与教学工作。

冯瑞，北京科技大学能源与环境工程学院工程师，硕士，主要从事环境工程、实验室建设与管理等相关科研与教学工作。

袁蓉芳，北京科技大学能源与环境工程学院副教授，博士，主要从事环境工程相关科研与教学工作。

课程蕴含的思政元素分析

一、结合课程内容，进行全过程、全方位、全员的思想政治育人工作

习近平总书记在全国高校思想政治工作会议上强调，要坚持把立德树人作为中心环节，把思想政治工作贯穿教育教学全过程，实现全程育人、全方位育人。教师应在课堂教材和实验内容中体现时代性，在知识传授中应注重对学生进行主流价值观的引领。充分挖掘本课程中的思政元素并精心设计在教学环节中，根据本专业课程的特点和现代学生的思想特点，设计课程教学、选择教学方法等。结合课程内容挖掘思政素材，做好教学资源的建设，通过课程的实践教学激发学生的学习兴趣，在专业课中实现思想政治教育相关隐性课程的渗透。整理有关监测数据有效处理、分析结果评价方法、实验安全隐患与应急处理等材料，将这些信息融入实验教材中，实现专业知识和思想政治的有机融合、相互促进、协调发展。

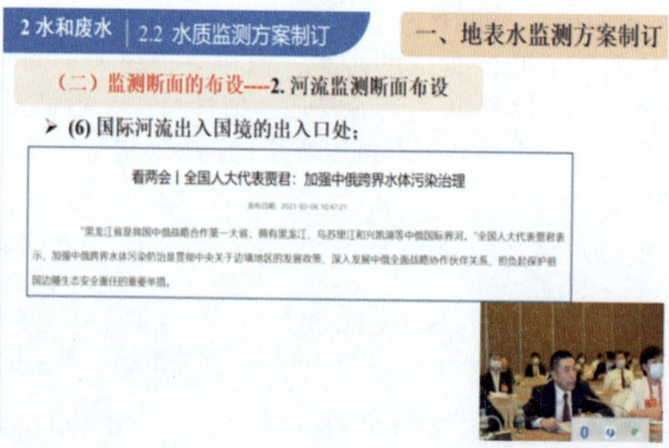

二、培养学生的专业情节，树立正确的世界观、价值观与人生观

教师通过深度挖掘，在已有思政元素的基础上实现进一步拓展和开发，把思政教育融入教学活动各环节，在专业课堂中“润物无声”地对学生进行思想政治教育。环境监测实验课程中涉及的主要内容包括制订实验方案、样品采集、实验仪器的学习使用、数据分析等，通过这些细微实验操作，培养学生明白有效监测数据来之不易，进而培养学生养成实事求是、严谨踏实的工作作风，做到践行社会主义核心价值观，提高其作为环保工作者的责任感、荣誉感和使命感。让学生在专业课程的学习过程中从心底热爱环保事业，培养严谨的工作学习态度和精益求精的工匠精神。在相关的实验课程中增加实验安全知识的教育，更加形象地提高学生的危险意识和安全意识。

三、结合具体案例开展思政教育，提高思想觉悟，做遵纪守法的公民

在课堂教育中结合具体故事案例，在教学内容中融入新时期的思想政治教育，实现环境专业实验课程教学内容的改革，做到课程融入与课程统整，为推进中华民族伟大复兴“中国梦”的发展培养更加全面的专业人才。利用相关科研故事，侧重科学家发现问题解决问题的过程，培养学生勤学奋斗、刻苦钻研、实事求是的精神，在具体案例中引导学生们由近及远、由表及里、引人入胜地了解国家在环保事业中取得的历史性成就，并培养和提高学生为专业发展拼搏努力的思想觉悟。案例分析中可以引入团队协作精神，鼓励学生在实验操作课堂中发挥团队协作精神，培养大局意识。启发引导学生善于从全局角度，用长远的眼光去观察形势分析问题，学会正确处理个人利益与整体利益的关系。

教案设计

以固体废物环境监测和土壤环境监测章节教学为例，在授课过程中会在不同章节，分别设置对应的内容与我国的生态环境保护的宗旨、理念、生态文明等理念相结合。

一、教学目标——帮助学生塑造正确的价值观、人生观、世界观

通过本课程思政建设，将课程思政融入课堂教学建设全过程，在教学中努力做到不断提炼融入内容，完善融入元素，优化融入形式，从而促进该课程教学入脑入心，帮助学生塑造正确的价值观、人生观、世界观。具体可以体现在如下目标：

（1）培养学生生态文明意识，牢固树立可持续发展的生态文明观；

（2）促使学生养成自觉、自律等习惯，做一个热爱环境、热爱祖国的遵纪守法公民；

（3）帮助学生树立人与自然环境的相互依存、相互促进、共处共融的和谐环境的理念；

（4）体现与践行习近平总书记的“绿水青山就是金山银山”科学论断与理念；

（5）发挥课堂教学的教育价值，做到“守好一段渠，种好责任田”；

（6）激发学生逐渐树立正确的、为国家学习、为民族学习的热情和动力，帮助其在学习过程中明确自身价值和社会定位。

二、教学内容分析

“环境监测”的课程特点是基础性强、时代感强、实践性强，环境监测是生态环境保护的重要支撑和手段，蕴含了丰富的思政元素，环保事业健康发展是“绿水青山”和“美丽中国”建设的基础保障，所以将“课程思政”理念融入课程，具有可行性和必要性。

在本课程中，第四章固体废弃物监测章节主要包括固体废物样品的采集和制备、危险特性的监测方法、生活垃圾的检测、有害物质的毒理学研究方法五个部分。第五章土壤质量监测章节主要包括土壤环境质量监测方案制订、土壤样品采集与加工管理、土壤样品的预处理、土壤污染物的测定等内容。

（一）国家、社会发展和生态环境保护的需求

2019年1月17日，习近平总书记考察南开大学时，强调我们现在迎来了从站起来、富起来到强起来的阶段，我们要把学习的具体目标同民族复兴的宏大目标结合起来，为之而奋斗。只有把小我融入大我，才会有海一样的胸怀，山一样的崇高。

随着社会的进步，经济的发展，人为活动越来越频繁、活跃，各行业也都加大力度生产、改革和创新，在这样的发展过程中，新的污染物不断产生；原先规定的常见污染物排放量也不断增加；二次污染物的增加及混合型污染物的生成给环境带来了新的威胁，人类面临着新一轮的危机，为了强制各行业的排污限制能力，国务院必须对原先标准进行修改和规范化。在教学中补充了《第二次全国污染源普查》和《全国土壤污染状况详查》，让学生更加明确地理解党中央、国务院作出的这类重大决策部署，是打好打胜污染防治攻坚战的重要举措。在学习内容中，同学们可以深刻理解和领会作为环保工作者在工作中所要具备的政治理论基础，不断提高政治思想觉悟，牢固树立“四个意识”，坚定“四个自信”，自觉做到“两个坚决维护”，不断强化作为环保工作者责任感和使命感，树立在将来工作中，不怕困难，坚定思想的政治觉悟。努力建设“美丽中国”生态环境。

（二）培养信念坚定、本领过硬、担当实干、优良品质大学生的需求

2013年5月4日，习近平总书记在“实现中国梦 青春勇担当”五四主题团

日活动座谈会上对广大青年提出五点希望：广大青年一定要坚定理想信念、广大青年一定要练就过硬本领、广大青年一定要勇于创新创造、广大青年一定要矢志艰苦奋斗、广大青年一定要锤炼高尚品格。2013 年 7 月 17 日，习近平总书记考察中国科学院时强调：我们处于一个伟大的时代，有着伟大的目标，可谓生逢其时、责任重大。希望同学们珍惜宝贵的青春年华，坚持理想，脚踏实地，既勤于学习、善于学习，打牢知识功底、积蓄前进能量，又勇于探索、勇于突破，不断认识科技世界新领地，立志报效祖国、服务人民。2019 年 7 月 16 日，习近平总书记考察内蒙古大学时强调大家要志存高远、脚踏实地，学好知识，打好基础，增长才干，将来为中华民族伟大复兴贡献自己的智慧和力量。

本课程讲授和学习过程中以习近平总书记对当代大学生提出的期望为政治指引，以基本知识为主线，融入专业知识、专业问题、专业动态，结合时代需求，让学生领会面对不断涌现出的新事物、新问题，不断学习、不断进步，适应国家和社会发展的需求，培养学生树立"绿水青山""生态文明观"等信念，从而成长为符合当代需求的大学生。

三、教学对象分析

（1）基础知识扎实。课程的授课对象是环境科学、环境工程专业的大二学生，在学习本课程之前已学完包括"高等数学""大学物理""大学英语"和"毛泽东思想和中国特色社会主义理论概论"等公共课程和部分专业基础课程，具有一定的知识储备。

（2）专业热情饱满。当前全国范围内水体、土壤、大气环境等均受到不同程度的污染，已严重威胁身体健康，制约社会经济的可持续发展。环境工程专业学生肩负环境保护的重担，是"绿水青山"和"美丽中国"的践行者，毕业后将奋斗在国家环保事业的第一线。因此，在环境专业素质教育过程中，要注重培养学生的社会责任感、环保责任感、生态文明观，使他们乐于致力于环境保护工作，爱岗敬业。

（3）学习态度、观念正确。由于本课程相对于其他专业课开设时间早，对于培养学生的专业情节、树立正确的世界观、价值观与人生观，坚定"四个信

念"，激发学习热情，明确人生发展目标，具有极其重要的作用和地位。在教学过程中，应让学生把握时代脉搏，领会当前环保政策精神，与国家整体发展道路形成共识，共享国家发展带来的个人发展的机遇，激发学生成才的动力。

四、教学手段与方法

在课堂教学中，主要采用了案例分析、小组讨论、课堂互动等形式让学生能在掌握专业基本概念、环境标准、法律法规、基本方法和基本操作技术基础上，同时也接受了以树立正确的人生目标，练就过硬的本领，用科学理论武装头脑的理念。用优秀的文化滋养身心，掌握先进的科学知识，培养创新精神和创新能力，提高实践能力，争做一名优秀当代大学生。

（一）课程思政与专业内容有机结合，避免两张皮——做到润物细无声

作为专业课程教师，力争做到如下几点工作：

（1）优化授课内容，改变固有授课形式，践行课程思政授课目的：使学生有良好的思想品德和各种正确的行为习惯，树立自己对社会的责任感，将来成为合格的社会主义公民；

（2）从思想政治课程中汲取理论，在专业课程中展现教师职业道德和学术道德，了解学生学习动态，时刻关心学生成长，通过言传身教来影响学生；

（3）帮助培养以思想政治课堂理论为指引方向的思维模式、学习方法、科研精神、生活方式等。

在以上的授课过程中，都是课程思政课有机地和思想政治课内容、理论相融合，不是生硬地做一个理论的"搬运工"，不简单地做思政理论的"复读机"，而是将思政课对于大学生培养的目标有机融合到课程中、专业中。

（二）依托专业案例，将遵纪守法意识、爱国精神、家国情怀等融入课程教学中去

目前，很多走私犯罪活动或者其他破坏生态的行为，看似与专业无关，但是依据"环境监测"专业知识，能很好地判断出行为的不正确性。例如，通过观看 2018 年广州汕头海关的《海关破获特大固体废物走私案》的例子，运用专业知识的传授，让学生明白，不能以牺牲国际利益，不顾固体废物带来的环境危害而牟取私利，否则必将受到法律的惩罚。

海关破获特大固体废物走私案

"捏把黑土冒油花，插双筷子也发芽"，说的就是东北黑土。它的肥沃、有机质含量高闻名全国，有着"耕地中的大熊猫"之称，保护黑土地，就是守住我们的金饭碗。通过观看中央电视台 2021 年 3 月 29 日的新闻联播《谁"偷"了五常的黑土？黑龙

谁"偷"了五常的黑土？

江 9 万多平方米草炭土被盗采》一些不法分子为个人私利，不惜扒黑土的皮、刨黑土的根的新闻，让学生利用专业知识分析土壤环境质量会因为这一行为而下降甚至被破坏；另外，通过这条新闻的分享，还会让学生明白，土地属于自然资源，是不可以破坏和倒卖的，这一盗采泥炭的行为已经触犯了法律，4 名犯罪嫌疑人已经被抓捕归案，被依法处理。

（三）结合身边小事——以垃圾分类为例，做一个垃圾分类的倡导者、践行者和传递者

上海、北京等大城市已经实施了生活垃圾分类。利用我们的专业知识可以知道生活垃圾的种类、生活垃圾的处理处置方式、生活垃圾的收集与转运、生活垃圾的危害等知识，从而明白生活垃圾分类的重要性。具体采取了以下形式：

（1）学生共同讨论生活垃圾分类的方法以及必要性；

（2）结合具体分类知识，进行了课堂知识竞赛，并对获胜学生进行奖励和鼓励，让学生更加清楚垃圾的具体类别划分，以便生活中能更好地做环保的实践者；

（3）肯定和表扬了学生垃圾分类志愿者，鼓励更多的学生加入到志愿者的行列，做好环保知识的倡导者和传递者。

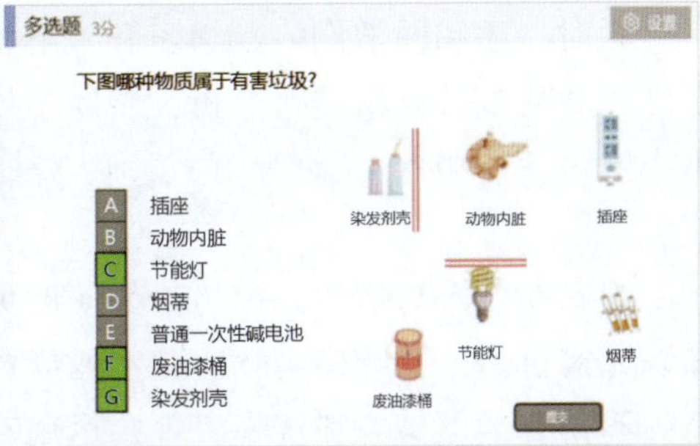

（四）分析案例，树立认真钻研、一丝不苟的科研精神和正确的科研观

课堂上与学生共同观看实验室爆燃事故短片，通过观看让学生了解该事故：进行垃圾渗滤液污水处理科研实验期间，实验现场发生爆炸，事故造成3名参与实验的学生死亡。事故发生的原因为：在使用搅拌机对镁粉和磷酸进行搅拌、反应过程中，料斗内产生的氢气被搅拌机转轴处金属摩擦、碰撞产生的火花点燃爆炸，继而引发镁粉粉尘云爆炸，爆炸引起周边镁粉和其他可燃物燃烧，从而造成现场3名学生烧死。事故调查组同时认定，有关人员违规开展试验、冒险作业；违规购买、违法储存危险化学品；对实验室和科研项目安全管理不到位。

同时，还和同学们一起学习和了解了2015年8月13日的天津滨海新区爆炸事件，并从多种视角进行分析，帮助学生开展思考，培养学生发散思维。通过学生小组讨论、师生互动等方式，切实提高学生对各类复杂问题的分析和解决能力。

观看完后，与学生一起讨论如何避免该类事故的发生。要用专业知识充实自己，要严格遵守实验室的规章制度，在科研中做到一丝不苟，不得有半点马虎和侥幸心理，运用专业知识避免类似的人员死亡和财产损失事故。

天津滨海新区爆炸事件

（五）紧跟新时代社会需求，对接国家安全和环境保护政策，深入挖掘思政元素

课程思政课题需要既能传授专业知识，又能培养学生的社会责任感和思想政治意识。在课程内容上实现思想政治理论与时事政治内容的有效对接，及时关注国家相关的环保政策和生态防治、污染事件、环保项目等信息。充分利用互联网等新媒体现代信息技术，让学生通过网络、在线学习等形式积极参与到课堂学习中。例如结合2020年新冠肺炎疫情开始在全球范围内暴发的情况下，及时将与专业相关、与树立正确价值观相关的内容融入课堂，主要包括如下内容：

（1）结合疫情的防控，除了让学生掌握在特殊时期，环境监测应当重点监测的内容外，更要让学生了解国家环境生态环境保护部在特殊时期为有效防控疫情所做的相关整体工作，让学生明白“国家有难，匹夫有责”。

（2）分享了新华社和三联周刊在疫情期间，针对医疗垃圾所作的专访内容和图片。让学生了解医疗垃圾，尤其是疫情期间的火神山和雷神山医院医疗垃圾，一旦处理不当会造成的严重后果；从专业角度让学生掌握了医疗垃圾正确的处理方式。同时，从新华网和专访的内容中，让学生感受到了医疗垃圾垃圾转运者以及处理处置者的伟大，感受到了医务工作者的伟大，更是让学生们感受到了

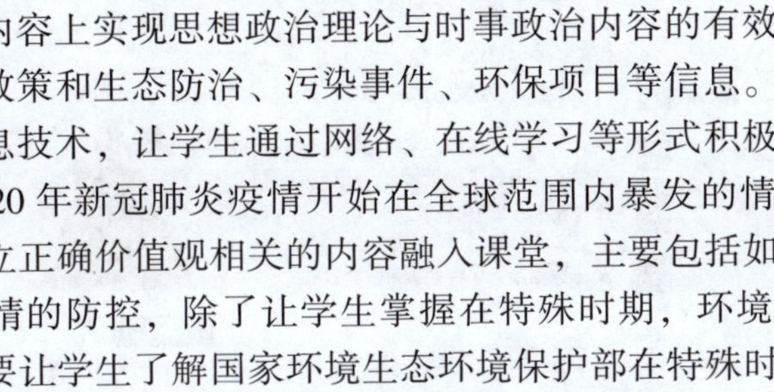

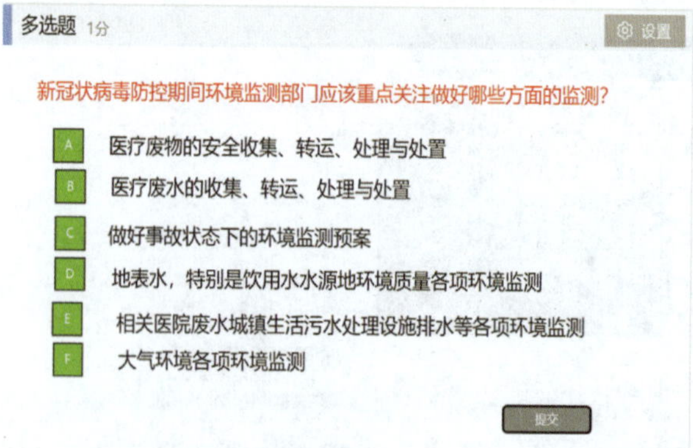

国家的伟大。让学生在学习专业知识的同时，更加热爱自己的国家，热爱自己的专业，要以将来作为环保工作者而自豪，逐步树立起爱国敬业的精神。

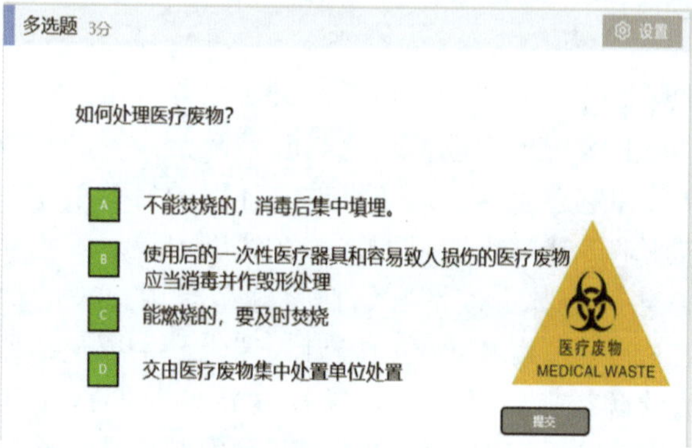

（六）国家环境保护重大成果内容融入课堂，增加专业情节和专业自豪感

此外，在专业实验教学上，适当增加一些与实验内容相关的国家环保项目案例，一方面可以提高专业实验教学的质量，另一方面可以提高学生们的学习兴趣，通过课程统整，达到思想引领与知识传递的统一。以国家“十二五水专项”

建设成果和国家发展规划为例，融入“学以致用，建立以科技为先导、符合市场经济规律的水污染治理新机制”的持续发展的生态文明。从案例中让同学们主动挖掘相关的思政元素，更深刻地领悟自己将来从事工作的意义。

五、教学效果分析

“环境监测”课程教学对培养具有工程素质高、创新能力强、专业知识扎实的应用技术专业人才起着极其重要的作用，通过学习本课程，让学生能够运用大气、水、土壤环境质量监测与固体废物、噪声污染监测的基本概念、基本方法；能够运用环境监测的基本原理和方法，分析和确定大气、水、土壤污染及固体废物、噪声污染的监测方法和技术；能够根据具体的污染问题综合运用环境监测的基本原理和现代分析监测技术，制订完整的环境质量监测方案，培养学生提出解决复杂环境工程问题方案的能力。

（一）学生所做的部分作业展示

例如在制订水环境监测方案中，学生能结合家乡建设和水资源情况，制定出北京市石景山区凉水河水域看丹路支流、某化肥厂废水排放、滇池水生态监测，某宾馆污水排放等的监测方案。

在自我学习、小组讨论和汇报、师生互动等多种方式下，调动了学生学习热情，培养了学生自我知识更新的能力，增强了学生工程应用能力。学生在学习过程中，可以接触到工程实践，极大地提高了学生应对环境污染工程问题的能力，确保了高质量应用型的环保专业人才的培养。例如，在学习和生活中，遇到各种环境相关数据，学生们会不由自主地联想到课上所学的专业知识，会运用专业知识分析所处环境，为实现“绿水青山”奠定了很好的专业素养和基础。

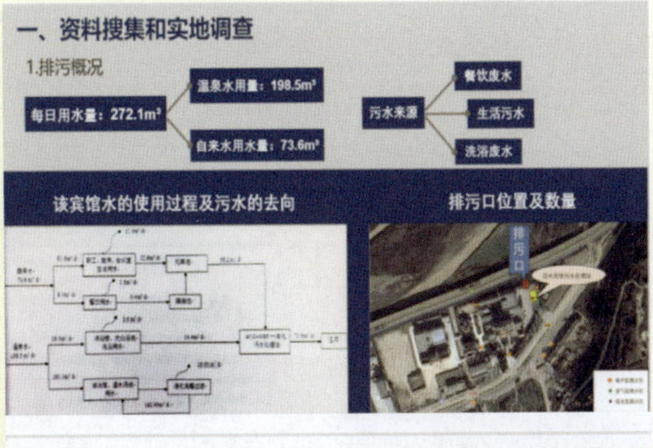

4. 资料调研

4.1自然环境调研

4.1.1地学资料

凉水河流经北京市石景山区、丰台区、大兴区、通州区。本次监测凉水河河段位于丰台区，因此地学分析以丰台区为主。

4.1.2土壤资料

北京市各区的土壤类型分布如图：

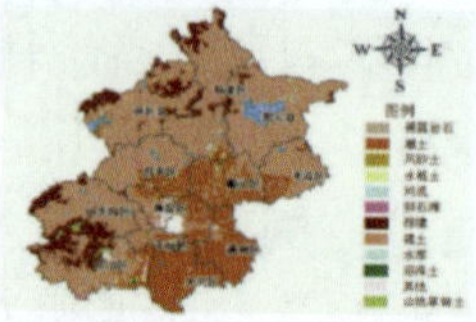

6. 方案设计

6.1监测范围

本次检测河流为凉水河流域看丹路支流的一段河流，图中蓝色部分代表河流，红色部分代表监测的起止点，比例尺 1:200m，监测总长约 5 公里。

PART ONE

1. 关于中石油吉林石化双苯厂爆炸事件的监测方案

（二）专业知识在日常生活和学习中的反馈

通过对国家水环境监测网和北京市环境监测网数据进行剖析，引导学生从课本知识走进社会实践，让学生在与实验课程相关的实践活动中具体践行中国特色社会主义的建设，帮助学生树立正确的政治理想和政治道德，成为实现祖国的“绿水青山”的建设者。不能走先发展后治理的道路，要想持续发展，必须建设好绿水青山，走可持续发展的道路。培养出“政治要强、情怀要深、思维要新、视野要广、自律要严、人格要正”的符合社会和国家需求的高校人才。

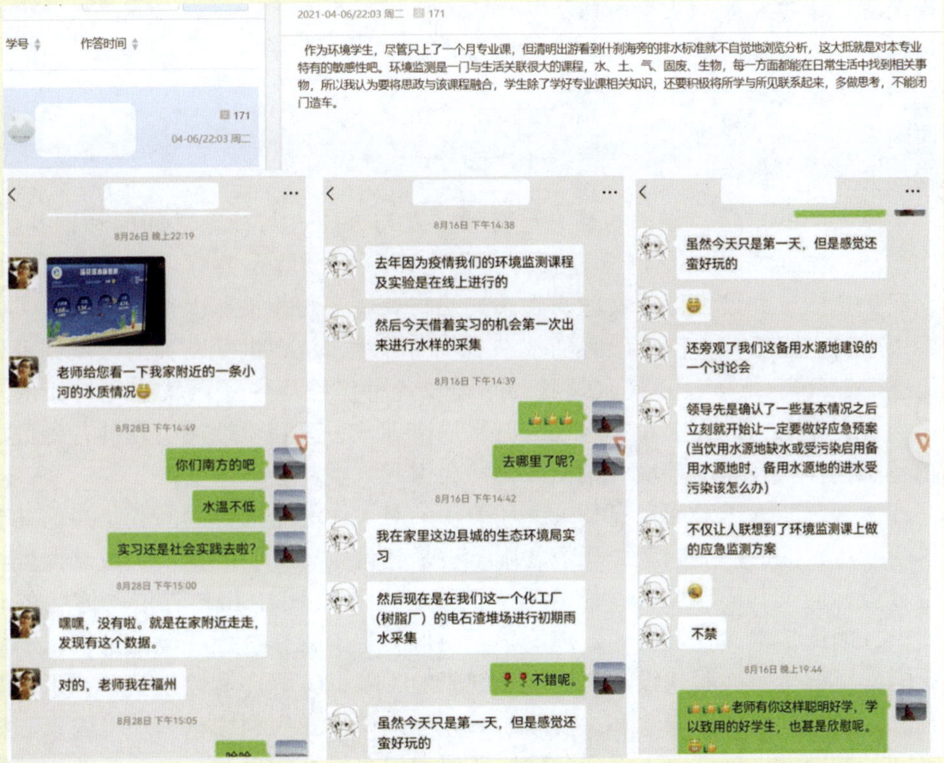

环境污染与健康

段小丽

课程名称 生态文明与人类健康
课程性质 专业课
专　　业 环境科学与工程
授课对象 本科一年级学生
课程简介：

生态文明的概念，强调的是人与自然、人与人、人与社会之间的和谐共生，良性循环、全面发展以及持续繁荣的文化伦理形态。是人类尊重自然、利用自然、保护自然、和谐相处的文明。生态文明与环境密切相关，保护环境对人类的健康很重要。由于环境问题给人们带来多年的困扰，从中世纪欧洲的鼠疫到现代的流感、SARS、结核、心脑血管血液问题及各种癌症等成了困扰人类健康的多种疾病。近年来，世界上频繁出现的厄尔尼诺现象，海啸、地震引发的各种健康问题越来越让人头痛。环境的细微变化均会引起人类社会的巨变。

环境问题与人类健康息息相关，环境污染对人体健康的影响问题是当前社会和科研领域关注的热点问题，环境健康学也是建设生态文明的重要组成。课程将围绕环境污染及其健康影响，结合当下建设“生态文明”和“五位一体”的相关要求，因此，本课程旨在通过理论学习使得学生了解和掌握环境污染带来的健康影响，了解生态文明建设与人民生命健康的关系，了解环境健康基本知识和基本理念，了解环境健康概念和主要问题，充分认识到如何利用有利环境因素和控制不利环境因素促进健康，增强学生的环保意识。提高学生对环境污染造成的健康影响等相关内容在方法、理论及应用上的认知水平，巩固学生所学，培养学生的实践创新能力，为国家这一新兴的学科培养和输送人才。

教师简介：段小丽，北京科技大学能源与环境工程学院副院长，教授、博士生导师，主要研究方向为环境与健康。

课程蕴含的思政元素分析

习近平总书记在十八大报告中指出“建设生态文明，关系人民福祉，关乎民族未来”。因此，本课程将围绕“生态文明与人类健康”这一要点，从不同的角度入手，在每个课程中都结合相应的思政元素，使得学生能够在学习专业知识的同时，提升思想政治素养。

整个课堂分为16小节内容，每一个课程都对应了相应的思政元素，具体安排见表1。

表1　课程安排

教学周次	授课知识点 授课形式与教学方法	课程思政结合点	思政育人预期成效
1-1	认识环境与健康 课堂叙事性教学	环境与健康的形成：中国传统的价值观——天人合一；生态文明与环保、健康	通过了解环境与健康学形成的历史，了解人与自然应该和谐相处，了解生态文明建设与人民生命健康的关系
1-2	暴露评价 课堂叙事性教学	中国先进科学技术的发展	通过中国暴露评价技术的发展，展现科研工作者的爱国情怀和工匠精神
2-1	健康风险评价 课堂叙事性教学	健康风险评价技术和手段的更新	鼓励学生追求奋斗创新，理解科技进步和创新是发展生产力的决定因素
2-2	环境流行病学 课堂叙事性教学	环境流行病学的方法在病毒疫情等实践中的应用	培养学生的社会责任感以及求真求实的科研态度和不怕挫折的坚强意志，讲解疫情期间命运共同体和大国担当，培养学生的爱国情怀和民族自豪感
3-1	大气环境污染 网络延展式教学	典型大气污染案例：“伦敦烟雾事件”“洛杉矶光化学烟雾事件”	通过案例解析，让学生认同“平等”的价值取向，认识到我们在同一片蓝天，呼吸同样的空气，我们是平等的
3-2	大气污染的健康危害 课堂叙事性教学	治理大气污染可以带来的健康收益和典型案例	引导学生关心时事，增强专业学习的使命感和责任感
4-1	水体污染 网络延展式教学	改善水体污染的健康收益和经济收益	使得学生了解“绿水青山就是金山银山”的绿色发展理念

续表 1

教学周次	授课知识点 授课形式与教学方法	课程思政结合点	思政育人预期成效
4-2	水体污染的健康危害 课堂叙事性教学	“水十条”措施的健康收益，水污染的健康危害	通过讲解水环境污染现状和“水十条”等措施，让学生深刻认识“五位一体”战略布局，通过了解健康危害树立人与自然和谐共存的观点，承担起保护环境的历史重任
5-1	土壤污染 网络延展式教学	中国近些年治理土壤污染的显著成效	从实践出发，使得同学们认识到中国的道路自信和方法自信的环保与生态修复之路
5-2	土壤污染的健康危害 课堂叙事性教学	日常生活中可能的土壤摄入以及带来的健康风险	使得学生树立保护环境的意识，为保护健康而践行生态规划的思想，为中国生态文明建设和绿色发展事业贡献力量
6-1	电磁污染 课堂叙事性教学	电子技术在发展的同时也带来了一定的电磁污染	使得学生认识到事物之间的对立统一规律
6-2	电磁污染的健康危害 课堂叙事性教学	了解电磁污染暴露过多时，就会带来一定的健康危害	使得学生认识量变引起质变的规律
7-1	化学品污染 网络延展式教学	化学品污染的处理技术及相关法律法规	通过污染物处理技术的发展，让学生认同科学技术是第一生产力，是先进生产力的集中体现和主要标志，鼓励学生努力学习，积极参与
7-2	化学品污染的健康危害 平台情景式教学	化学品的日常生活用途以及可能带来的健康危害	使得学生明白事物具有两面性，要用辩证的眼光看世界
8-1	全球面临的环境问题 平台情景式教学	“全球气候大会”“全球变暖”等案例讲解	通过经典历史瞬间，使得学生切实感受到国家“富强”的价值目标，认识到社会主义制度的优越性
8-2	环境与健康的相关职业规划 平台情景式教学	讲述环境与健康的管理工作发展历程及机构设置，职业规划	使得学生认识到中国发展的快速和强大，培养学生的社会责任感和奉献精神

教案设计

一、教学目标

通过理论学习使得学生了解和掌握环境污染带来的健康影响，了解生态文明建设与人民生命健康的关系，了解环境健康基本知识和基本理念，了解环境健康概念和主要问题，充分认识到如何利用有利环境因素和控制不利环境因素促进健康，增强学生的环保意识。提高学生对环境污染造成的健康影响等相关内容在方法、理论及应用上的认知水平，巩固学生所学，培养学生的实践创新能力，为国家这一新兴的学科培养和输送人才。

二、教学内容分析

环境健康学是环境科学的重要分支之一，也是公共卫生和预防医学的重要组成部分。环境健康学研究环境中的物理、化学、生物、社会以及心理社会因素与人体健康，包括生活质量的关系，揭示环境因素对健康影响的发生、发展规律，为充分利用对人群健康有利的环境因素，消除和改善不利的环境因素提出卫生要求和预防措施，并配合有关部门做好环境立法、卫生监督以及环境保护工作。

环境健康学的主要研究对象是人类及其周围的环境。环境（environment）指围绕人类的空间以及各种因素、介质，从我们身边的生活环境到宇宙环境。人与环境之间存在着相互作用，环境因素可对人体健康产生影响，同时人体也可对环境因素的作用作出反应。作为生态系统的一部分，人类与环境之间不断进行着物质、能量和信息的交换，二者之间保持着动态平衡。

因此，探讨环境与健康的相关内容，就要循序渐进进行探讨，主要包括以下的几个步骤：

（1）进行环境与健康的基础知识的相关科普，从其发展历史入手，讲解环境与健康学从古至今的形成历史；

（2）围绕环境健康学中几个重要的研究方法进行讲解，包括暴露评价、健康风险评价和环境流行病学进行介绍，在每一个课程的讲解中，通过对每一个评价方法和技术的发展进行介绍，从而展现我国科技的不断发展，同时，由于流行病学研究在本次新型冠状病毒疫情期间的发展应用，使得能够分析环境流行病学的方法在病毒疫情等实践中的应用，培养学生的社会责任感以及求真求实的科研态度和不怕挫折的坚强意志，讲解疫情期间命运共同体和大国担当，培养学生的爱国情怀和民族自豪感；

（3）通过分析不同的环境介质，大气、水、土壤、电磁、化学品等各种暴露，分析不同介质的暴露条件下对人体健康可能带来的危害，并结合一些案例分析，进行相应的讲解，从而使得大家能够更加深入地理解“环境与健康”的相关内容。

（4）职业规划部分。由于本门课程属于新生研讨课程，因此，最后加入一堂内容，进行职业规划的相关内容，讲述环境与健康的管理工作发展历程及机构设置，职业规划，使得学生能够认识到中国发展的快速和强大，培养学生的社会责任感和奉献精神。

三、教学对象分析

本课题的教学对象主要是面对大一的新生，学生思维活跃，具有一定的知识储备和探索精神，且在大一开始之际尚未接触过其他类型的专业课程，环境与健康课程作为一个与每个人生活都息息相关的课程，具有很大的吸引力，且难易程度也能够被大一的新生所接受。此外，关于这方面的课程内容，虽然大家之前可能没有接触过，但是由于与生活息息相关，因此，都具有一定的基础，在此基础上进行学习，能够更加快速高效地达到一个程度。

四、教学手段与方法

（一）教学理念及原则

基于多年的教学实践，授课教师已形成了一套全新的教学理念：突出了师生共同探索、教材和课外读物并用、课堂与课外并行、传授知识与培养能力并重的理念。教师秉承通识教育、培养“厚基础、高素质、强能力、重创新”人才的教育理念，坚持理论联系实际原则、针对性原则和平等互动的原则，将课程教学的思想性、知识性、创造性、学术性、趣味性融为一体，努力提高教学水平和教学质量，更好地培养符合社会需要的人才，即具有创新能力和自我提升能力的人才。实践证明，这种理念收到了良好的效果。

（二）教学手段和方法

贯彻“三贴近”（贴近社会发展实际、贴近学生生活实际、贴近学生思想实际）原则，坚持理论联系实际，做到知与行的统一，将教学内容的政治性、思想性、知识性、创造性、学术性、趣味性融为一体，不断深化德育课教学改革，大胆创新并采用“知行教学模式”，即总体上用一半时间简明讲授课程理论知识，用一半时间开展形式多样的活动。这种用一半教学时间进行课堂教学，用一半教学时间进行多样化教学的教学模式。在具体实施中，又采用“三大模块”（即理论教学模块、能力训练模块和实践能力模块）组织教学。第一，在理论教学模块上，完善教学内容、改进教学方法、采用“案例教学”方式、注重教学效果。第二，在能力训练模块上，加强课堂讨论和交流环节，提高学生的辩证思维能力和语言表达能力；通过开放式教学，不断巩固课堂教学效果。第三，在社会实践模块上，积极开展第二课堂活动，通过观看影像资料等形式，不断提升学生的观察问题、分析问题和解决问题的能力。尤其在社会调查方面，鼓励学生按照个性发展，倡导学生自主设计，为学生提供尽可能大的自我发展、自我创造空间。

（三）改进教学方法，加强师生互动

1. 专题式教学法

所谓“专题式”教学法，是指教师在讲授某一基本理论时，结合现实社会中存在的热点问题，进行专题性讲解。这种教学法的特点在于：一是问题集中，重点突出，分析透彻，具有深刻性；二是围绕一个主题在理论与实际两个方面扩展，知识信息量大，对学生感染力强；三是改变了照本宣科的讲解模式，促进了教师的教学研究，有利于教学水平的提高。只要坚持理论与实际相结合，问题抓得准，研究比较深入、分析比较透彻，就可以收到较好的教学效果。实践证明，专题式教学法既有深刻的理论分析，又有具体生动的材料说明，学生听后满意，感到既不是空洞的说教，又不是就事论事、单纯的材料堆积，能较好地解决学生思想中的深层次问题。

2. 案例式教学法

鉴于学生基础理论知识薄弱，抽象思维能力不强的特点，教师采用深入浅出、通俗易懂的“案例教学法”。所谓案例教学是指把案例引入课堂环节，以实例的形式向学生提供若干特定的情境，引导学生综合运用所学的理论知识，去分析解决实际问题的一种教学方法。案例教学将部分真实生活引入课堂，使学生在一段相对短的时间内就亲临般地经历一系列的真实事件和问题，接触各式各样的具体情境，实际、生动，富有吸引力和启发性，从而能有效地提高学生运用所学理论和知识分析、解决实际问题的能力。

“案例教学法”将抽象思维与形象思维有机地结合起来。通过对典型事例的分析、研究，不仅有利于开发学生的从个别到一般、从具体到抽象、再从抽象到具体、分析与综合、归纳与演绎等的辩证逻辑思维能力，而且有利于增强熟练应付各种具体事务的能力，培养学生探明事件缘由的能力，锻炼对事件的准确果断的判断决策能力，增强用所学的理论知识分析解决问题的能力。

3. 研讨式教学法

研讨型课程体现了通识教育精神，其宗旨在于培养学生探究性学习的能力。研讨型课程以激发兴趣、促进思辨、拓展知识为教学目的，以发现问题、寻求思路为教学方法，以启发、阅读与交流为主要方式，强调教师与学生的合作，强调学生之间的合作关系，强调学习的过程。可以说，研讨型课程的最大的优势就是

“培养学术兴趣、拓展学识学养”。

本课程重视课堂讨论。每次讨论时，需要精心策划，认真设计主题，确定代表不同意见的发言小组，使他们扮演不同的角色。在学生讨论时，教师要会倾听、善引导，不要轻易否定学生意见。对正确的认识和独到见解要给予充分肯定，对模糊的错误认识要加以引导和纠正。课堂讨论的主旨不是要拿出一个唯一正确的结论，而是要激发学生进行主动的思考，培养其审时度势、明辨是非、积极进取、勇于探索的能力和精神。每当讨论时，同学们都积极准备，踊跃发言，课堂气氛非常热烈。有的同学因为没有机会发言而感到遗憾，进而课后通过递交书面文章或发送电子邮件方式来弥补课上发言。以班为单位进行课堂讨论时，老师要善于掌控整个讨论的节奏、进程和局面，创设一种自由的宽松的愉快的氛围，使学生就讨论主题认真地、自由地、平等地发表自己的观点，互相提问、质疑，深入探索，形成共识。实践证明，研讨型课程充分调动了学生的学习积极性，活跃了课堂气氛，锻炼学生的口头表达能力，增强了教学的说服力和实效性，受到学生们的普遍欢迎和好评。

“辩论”是“研讨式教学法”题中应有之义。对疑难问题可以采取“辩论式”教学法。课堂辩论是当代大学生比较喜欢的一种教学方法，它是以辩论为中心环节来展开教学活动的。要使辩论取得好的效果，必须注意根据教学内容与学生关心的难点问题确定辩论题目，选定正反两方的辩手、评委和主持人，并要求学生认真准备，写出辩论文，在学生正式辩论的基础上，由教师进行总结，提出正反方辩论的主要优点和不足，引导学生全面深入地分析某一问题。

“辩论”教学法的优势在于：一是适合大学生的个性、特点，很有挑战性、竞争性，使学生由被动接受变为主动参与，使课堂充满活力；二是拓展了学生的知识面，深化了对某些问题的认识；三是培养和锻炼了学生的思维能力、演讲能力和组织能力，有助于提高学生素质。

4. 师生互动，教学相长

研讨型课程的教学是一个师生互动、教学相长的过程，需要任课教师对课程精心设计，以保护、激发、引导学生的探究性思维，使学生在这一过程中获得对学习的恒久热忱。

在一般人印象中，传统的课堂教学形式是教师站在讲台上讲，学生在台下被动地听、记。这种形式下，教师是课堂的主导者，教学被简单地理解为“传授”知识。然而，调查显示，大多数学生认为，研讨型课程的关键和主体是学生。大学生自主观念、平等意识强烈，他们最反感教师以“居高临下”“我讲你听”的姿态出现，最希望教师能站在他们的角度来思考和解决问题，最希望在课堂上获得更多与老师、同学讨论交流的机会。

因此，在教学过程中，老师要努力将学、思、问、答融为一体，尽量多给学生留一些思考问题的时间，使学生“无疑时导其有疑，有疑时则导其解疑”，从而学得扎实，思得辩证，问得深刻，答得透彻。师生平等探讨，教学相得益彰。研讨型课程有利于学生养成自主学习的能力和超前学习的意识，拥有交流意识，学会在交流和论辩中发现问题。

（四）重视实践教学，改革考试方式

对学生学习效果考核办法的改革，主要是将学生学习成绩“三七开”，即平时成绩为30%，期末考试成绩为70%。平时成绩考核包括学生上课出勤、写论文、课上讨论交流、日常行为表现等方面。期末考试一律采取展示考核，以分析案例和材料为命题内容和形式，要求联系学生思想实际阐述自己对某一个问题的看法，凸现理论联系实际能力的考核。

在平时成绩考核方面，鼓励学生按照个性发展，倡导学生就某一问题进行专题调查研究，并递交论文报告。这种专题研究或社会调查的方式为学生提供了自我设计、自我发展、自我创造空间。我们主要采取以下几个步骤：

（1）小组提交题目。在开学初要求学生以课题项目研究小组（人数以2~5人为宜）形式，拟定课题项目计划，其内容包括项目名称、课题内容、研究大纲、研究方式和途径以及最终成果形式。调查表明，学生在选择课题时首先考虑的是自己的兴趣爱好，更注重对课题的相关知识的准备。希望在课题项目研究中对专业内容有更深入的了解和认知，对所选课题有一定的理性预期。

（2）教师初审论证定题。任课教师同学生共同确定实践教学的具体任务，包括审核课题、拟订方案、设计大纲、制订操作程序。学生只有在研究计划获得初审通过后，才能正式开展课题研究活动。

（3）实施落实调研计划。老师全程参与实践教学的具体过程，具体进行现场指导和课堂指导工作。现场指导是教师深入参加学生活动，全程陪同跟踪学生的实践过程；课堂指导是对学生实践的策划、思路进行指导，真正做到课内教学与课外辅导相结合。学生的课题研究活动自始至终在老师的指导下进行。学生可以和老师交流或举行座谈会，就难点、疑点、热点问题进行深入讨论。

（4）展示成果形式丰富多样。学生递交的成果内容和形式包括情景分析、角色扮演、辩论比赛、调查分析、人物访谈、录音采访等。

（5）展示交流，评价考核。学生调查报告在学期结束时必须向全体同学通过多媒体演示。由学生和老师共同对学生实践教学成果进行总结点评。

对实践教学成果的考核有下列指标：

（1）主题，即所选课题与课程内容的相关性；

（2）内容，即所研究的课题是否具有现实价值和意义；

（3）形式，即成果形式是否新颖别致；

（4）效果，即实践教学活动对大学生是否有触动和影响，是否达到自我教育的目的，提升了学生的思想道德和法律素养。

实践表明，这种结合大学生普遍存在的问题进行调查，大大提高了教学质量，提升了学生的德智体美劳等方面的素质。

（五）改进教学手段和方式

本课程教师坚持不懈地进行教学手段和教学方式的探索和革新。其中网络课堂教学创新正在摸索。主要表现在：内容充实，形式多样，交流频繁，资源丰富，效果满意。

本课程教师在教学实践中不断丰富教学方法，完善教学手段，探索并形成了一整套丰富多样的教学方法，具体包括：（1）因材施教，有的放矢；（2）重点突出，思路清晰；（3）深入浅出，循序渐进；（4）案例分析，印象深刻；（5）史论结合，纵横比较；（6）语言生动，情理交融；（7）谈话讨论，演讲辩论；（8）学思问答，讲练提高；（9）电脑辅助，形式多样；（10）学用一致，知行统一。

五、教学过程

整体来说，每一堂授课型课的教学过程都分为六个部分，包括组织教学（因材施教，了解班上每一个学生的性格、爱好、学习情况）；课堂回顾（对上一节课的内容进行提问和回顾环节）；导入新课（可以采用图片、音乐、游戏等形式进行课堂的导入）；讲授新课（对新知识进行讲解）；巩固新课（需要对所讲述的知识及时巩固）；布置课后作业（布置的内容要考虑知识拓展性、能力性）。具体来说如下：

（一）组织教学

在课程开始之前，授课教师会利用问卷星等问卷调查工具，对参与上课的同学进行一个基础的分析和调查，包括上课的人员比例、家乡、爱好、喜欢的研究方向、学习情况、希望从本节课堂中学到什么内容等多个方面，从而能够在后续的授课过程中更加有针对性地进行教学，达到因材施教的教学效果。

（二）课堂回顾

在每节课开始之前，都会进行一个课堂的知识回顾，通过对上一堂课所授课内容的概念、内容进行回顾，以提问的方式对大家的掌握情况进行考察，从而能够达到使学生巩固知识的目的，并且对于本堂课的内容能够起到更好的吸收和促进的作用。比如说，我们这堂课是围绕着环境健康风险评估的方法来展开的，而环境健康风险评估的方法又包括很多环节，那我们在开始下一节课之前，就要先对上一节课的内容进行一个简单的回顾和总结，具体的复习内容可能如图 1 所示。

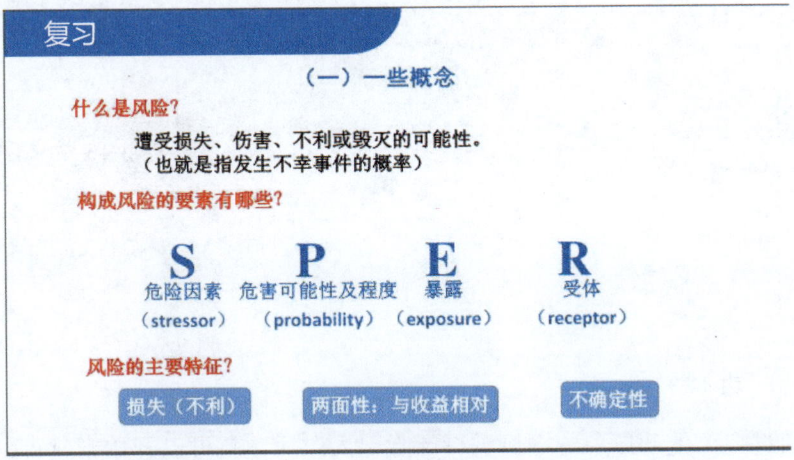

图 1　课程回顾

（三）导入新课

在回顾完上一节课的内容以后，学生对于基础的知识都有了具体的了解和掌握，那这种时候就可以通过一些典型的案例对本节课要开始的内容进行引入，以经典案例或者形象生动的例子引入，能够使得大家对于本堂课程的内容更加感兴趣，从而能够提高课堂的注意力和兴趣点。

比如，我们要进行环境健康风险评估的讲授，首先，通过类似于图 2 的例子进行引入，通过提供了四种不同的暴露场景，让学生先根据自己的先验知识，来判断究竟哪一种暴露场景可能带来的风险更高。由于提供的场景都是日常生活中的场景，能够极大地激发起学生学习的兴趣。由于大家的认知不同，所以对于此类问题，一定会提出不同的回答，那究竟哪个答案是正确的，本堂课的内容将会解答大家的疑问，从而可以引入到本堂课所要讲授的内容。整体的引入过程生动形象，且提出了一个问题，这样后续再解决一个问题，能够更好地吸引大家进行课堂内容的学习。

二、环境健康风险评估

你认为谁的风险最大?为什么?

(1) 开车6400km　(2) 抽100支烟　(3) 攀岩2小时　(4) 在化工厂工作一年

图 2　问题引入

（四）讲授新课

在通过一个生动形象的案例进行课堂引入以后，就可以开始本堂课的授课内容，由于一堂课程可能会讲述较多方面的内容，因此，在课堂开始之前，首先可以给出一个总的提纲，来表明本堂课可能会讲授的内容有哪些，然后再逐条进行讲述，具体的提纲如图 3 所示。

本讲提纲

1 什么是环境健康风险?

2 环境健康风险评估主要包括哪些环节?

3 环境健康风险评估有什么用?

图 3　课程提纲

在本节课结束以后，要对最开始提出的问题进行解答，并且根据本堂课程所教的内容，提出解释的思路和过程，如图 4 所示。

二、环境健康风险评估

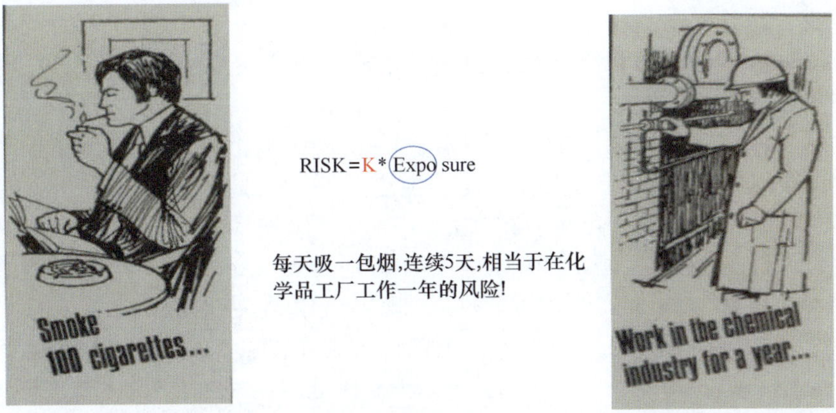

图 4　问题解答

（五）巩固新课

新课讲授完毕以后，都要针对本堂课的内容进行一个讲授知识和内容的回顾，以避免一堂课程讲述结束以后，学生只记得后面所讲内容的情形。对前面的部分也进行整体的回顾，可以使整个授课的过程形成一个完整的闭合。

（六）课后作业

在每节课结束以后，都要留一些思考题或者课后作业，如图 5 所示，让学生能够在课后紧密围绕本堂课所授内容进行应用和解答，能够更加熟练地掌握课堂所学，达到真正对知识融会贯通的作用和地步。

课后作业

作业

1. 简述危害、剂量和毒性三者之间的关系，并举例说明。
2. 危害鉴定的资料来源有哪些?各有什么优缺点?
3. 你还知道哪些危害鉴定所需要的资料来源吗?

图 5　课后作业

六、教学效果分析

在课堂结束以后，再次通过匿名问卷调查的方式进行教学效果的教师自我考核，通过对学生的掌握情况、上课兴趣、上课建议等多方面的考核和调查，使教师进行自我教学评价，并分析教学效果，从而提出有针对性的进一步的改进措施和方案。

本次课堂在课程结束之际，以辩论的方式让学生自行选题，基于课堂上所学内容以及课后调研的内容，让学生进行展示，共分为四次展示，两次辩论赛和两次角色扮演，辩论赛的主题分别为“保护环境要靠自律还是法律?”“经济的快速发展对环境的影响是利大于弊还是弊大于利?”，角色扮演的主题为“毒地事件”和“拉夫运河事件”。现场气氛热烈，同学们通过不同的形式，深入参与到了环保事件当中，更深刻理解了“生态文明与人类健康”的良性循环关系，激发了同学们的深入思考和学习，也加深了对“美丽中国”“健康中国”“生态文明”等国家政策和热点的认识，引发了同学们对环境保护的思考。展示记录均在微信公众号“北科大环境健康研究”上进行报道，部分展示记录如下文所示：

辩论赛一：保护环境要靠自律还是法律?（见图6）

保护环境要靠自律还是法律?——生态文明与人类健康2021新生研讨课辩论赛一（qq. com）

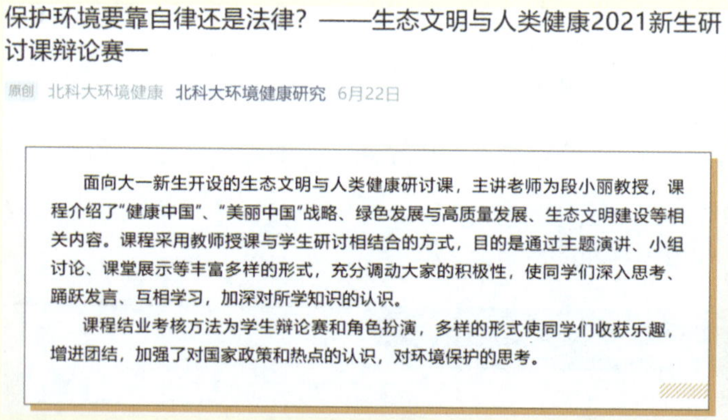
保护环境要靠自律还是法律？——生态文明与人类健康2021新生研讨课辩论赛一

原创 北科大环境健康 北科大环境健康研究 6月22日

面向大一新生开设的生态文明与人类健康研讨课，主讲老师为段小丽教授，课程介绍了“健康中国”、“美丽中国”战略、绿色发展与高质量发展、生态文明建设等相关内容。课程采用教师授课与学生研讨相结合的方式，目的是通过主题演讲、小组讨论、课堂展示等丰富多样的形式，充分调动大家的积极性，使同学们深入思考、踊跃发言、互相学习，加深对所学知识的认识。

课程结业考核方法为学生辩论赛和角色扮演，多样的形式使同学们收获乐趣，增进团结，加强了对国家政策和热点的认识，对环境保护的思考。

辩论赛一

图6 辩论赛一

辩论赛二：经济的快速发展对环境的影响是利大于弊还是弊大于利?（见图7）

经济的快速发展对环境的影响是利大于弊还是弊大于利?——生态文明与人类健康2021新生研讨之辩论赛二（qq. com）

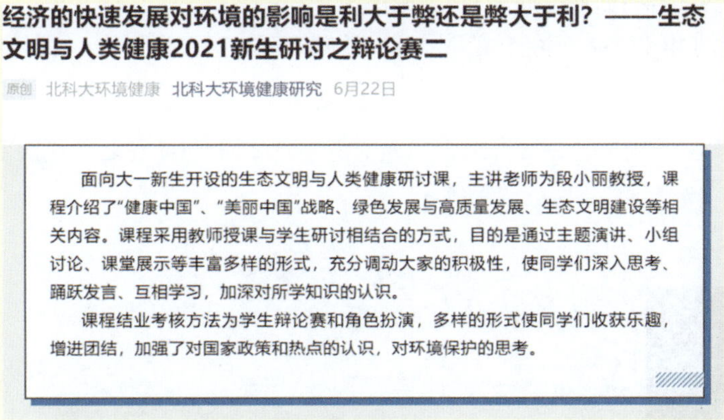
经济的快速发展对环境的影响是利大于弊还是弊大于利？——生态文明与人类健康2021新生研讨之辩论赛二

原创 北科大环境健康 北科大环境健康研究 6月22日

面向大一新生开设的生态文明与人类健康研讨课，主讲老师为段小丽教授，课程介绍了“健康中国”、“美丽中国”战略、绿色发展与高质量发展、生态文明建设等相关内容。课程采用教师授课与学生研讨相结合的方式，目的是通过主题演讲、小组讨论、课堂展示等丰富多样的形式，充分调动大家的积极性，使同学们深入思考、踊跃发言、互相学习，加深对所学知识的认识。

课程结业考核方法为学生辩论赛和角色扮演，多样的形式使同学们收获乐趣，增进团结，加强了对国家政策和热点的认识，对环境保护的思考。

辩论赛二

图 7　辩论赛二

角色扮演一：“毒地”事件（见图 8）。

“毒地”事件——生态文明与人类健康 2021 新生研讨之角色扮演一（qq. com）

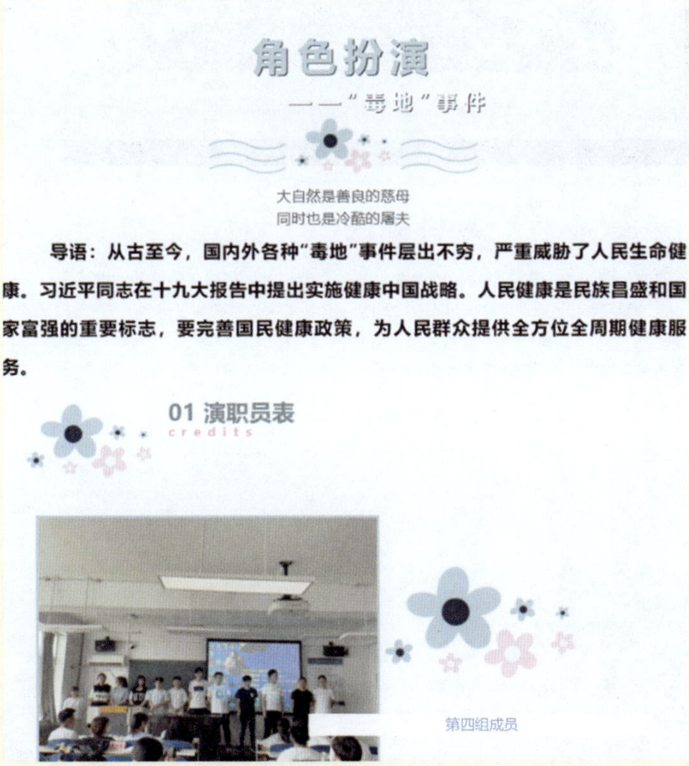
角色扮演

——“毒地”事件

大自然是善良的慈母

同时也是冷酷的屠夫

导语：从古至今，国内外各种“毒地”事件层出不穷，严重威胁了人民生命健康。习近平同志在十九大报告中提出实施健康中国战略。人民健康是民族昌盛和国家富强的重要标志，要完善国民健康政策，为人民群众提供全方位全周期健康服务。

01 演职员表

credits

第四组成员

角色扮演

图 8　角色扮演一

角色扮演二：拉夫运河事件（见图9）。

拉夫运河事件——生态文明与人类健康 2021 新生研讨之角色扮演二（qq. com）

拉夫运河事件——生态文明与人类健康2021新生研讨之角色扮演二

原创 北科大环境健康 北科大环境健康研究 6月22日

事件概述

拉夫运河位于纽约州，靠近尼加拉大瀑布，是一个世纪前为修建水电站挖成的一条运河，20世纪40年代干涸被废弃。1942年，美国一家电化学公司购买了这条大约1000米长的废弃运河，当作垃圾仓库来倾倒大量工业废弃物，持续了11年。1953年，这条充满各种有毒废弃物的运河被公司填埋覆盖好后转赠给当地的教育机构。此后，纽约市

图9　角色扮演二

润物无声走近“齿轮泵”

郑莉芳　周晓敏　肖会芳

课程名称　液压与气压传动
课程性质　专业核心课
专　　业　机械工程
授课对象　本科三年级学生
课程简介：

“液压与气压传动”课程是机械类专业的一门核心课程，主要讲述液压与气压传动的工作原理、组成及工程应用。通过本课程的学习，学生可以获得液压和气压传动基础理论知识，具备液压与气压传动系统的工程分析能力与设计能力，了解技术发展的前沿知识。本课程具有很强的综合性和应用性，是伴随着我国工业体系建设而发展起来的一门重要课程，是我国工业发展进步的亲历者和见证者，也是推动智能装备产业、新能源智能汽车、人工智能等高精尖产业发展的重要技术之一。因此，课程体系除了要实现学生掌握专业知识、树立创新意识、提高实践能力和工程能力等培养要求，更重要的是要对学生的核心价值观和思想意识进行引领。

本课程已获批北京高校课程思政示范课程（2021）、北京高校优质本科课程（2020）、校首批课程思政特色示范课程（2019）、校精品在线开放课程（2019）、校研究型教学示范课（2016）。

教师简介：郑莉芳，北京科技大学机械工程学院教授、博导、副院长。主持国家自然科学基金项目2项、国家重点研发计划课题1项、教育部教研项目1项，发表EI/SCI期刊论文30余篇，曾获教育部科技进步二等奖、国家重大科学工程——北京正负电子对撞机重大改造工程突出贡献奖。2013年入选北京高校青年英才计划，2018年获评北京科技大学“我爱我师——我心目中最优秀的老师”，2020年获评北京高校青年教学名师，2021年获评教育部宝钢优秀教师奖。

周晓敏，北京科技大学机械工程学院副教授，机械电子工程系党支部书记。曾获北京科技大学本科教学二等奖、北京科技大学教育教学成果奖特等奖/一等奖/二等奖、教学基本功比赛一等奖/最佳教学演示奖。主持国家自然科学基金项目1项，发表SCI/EI期刊论文20余篇。2020年获批北京科技大学青年教学骨干人才培养，2018年和2020年获评北京科技大学“我爱我师——我心目中最优秀的老师”。

肖会芳，北京科技大学机械工程学院副教授，机械电子工程系本科教学副主任。曾获北京科技大学教育教学成果奖一等奖、机械工程学院青年教师教学基本功比赛三等奖。主持国家自然科学基金项目3项、国家重点研发计划子课题1项、中国博士后科学基金特别资助/面上一等资助/国际合作交流项目各1项，发表SCI/EI期刊论文40余篇。2015年获评北京科技大学优秀博士后，2020年获重庆市自然科学奖一等奖。

课程蕴含的思政元素分析

本课程教学团队始终坚持“以基础理论为根本，以能力培养为核心”的教学理念，以培养“思想素质过硬、基础理论扎实、创新意识强、实践能力强”的高素质人才为己任。本课程在讲授过程中，坚持教书与育人相统一，发挥课堂教学的主渠道作用，把思想引领和价值观塑造融入课程教学之中，与思想政治理论课配合形成协同效应，自觉履行立德树人职责，以“润物细无声”的方式渗透社会主义核心价值观，帮助学生树立正确“三观”、塑造良好人格，帮助学生正确看待自身成长过程中的问题，提升学生心理健康水平。

一、深刻认识课程思政的重大使命

深刻认识到开展课程思政的重大使命，依托专业知识，挖掘“思政元素”，将思想引领和价值观塑造融入课程教学之中，使课程与思想政治理论课同向同行，形成协同效应，最终实现教书与育人相统一。通过引导学生对国家发展、社会发展、科技发展、个人发展进行思考，使学生增强家国情怀、学习工匠精神、提振民族自豪、坚定制度自信。

二、深入挖掘课堂教学的思政元素

紧密围绕“立德树人”的目标，以社会主义核心价值观为指导，以学科体系为载体，以课堂教学为平台，充分挖掘课程蕴含的思政元素，优化课程教学内容，构建了可引入课堂的思政教育资源库（见图1）。挖掘课程思政元素可以从两方面进行。

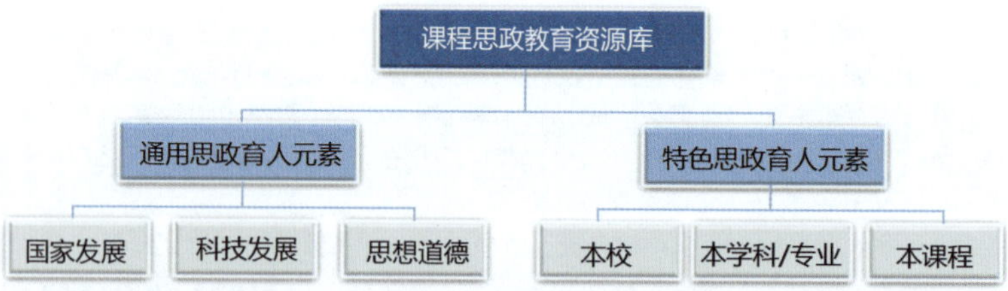

图1　课程思政教育资源库的构建

一方面是挖掘通用思政育人元素，包括与国家发展、科技发展、思想道德建设有联系的元素，例如中华民族优秀传统文化、爱国精神、奋斗精神、科技强国、卡脖子技术、社会主义核心价值观等，甚至一个与讲授知识内容相关的史实、新闻、民间故事、一句俗语，都可以成为很好的素材。

另一方面是挖掘特色思政育人元素，包括与本校、本学科/专业、本课程有关的因素，例如北京科技大学的发展历史、钢铁精神、院士故事、学校创新精神、机械人严谨求实的传统、机-电-液协同作用的国家重大工程项目等。通过将专业知识与社会主义核心价值观相关联，引导树立学生爱国、爱党、爱校的思想。

当教师从学生身边的、学生了解的甚至耳熟能详的故事中提炼出思政元素，并将其融入课堂教学中时，就可以走进学生的心灵，让学生真正对课程感兴趣，在激发学生求知欲望的同时，帮助学生树立社会主义核心价值观、塑造良好人格品质、提升心理健康水平。

三、精心设计思政元素的融入方式

系统分析本课程每一章节的特点，深入挖掘与党史理论的结合点、与形势政策的切入点，研究需引入的观点、案例和素材，将课程知识和思政元素自然相融，进行巧妙的植入设计，形成了“热点切入式、历史新解式、联想类比式、情感共鸣式、辩证思维式、榜样励志式”等六类案例教学元素融入方法，达到良好的育人效果。

（一）热点切入式

从当前国内外热门事件切入，讲解其中与课程密切相关的内容，引发学生讨论与思考，令其留下深刻印象。

教学案例：在讲授液压传动的工程实例时，列举影片《中国机长》中飞机起落架成功放下和制动的镜头（见图2），引导学生树立科技报国思想，努力学习科技知识，掌握工程本领，成长为国家科技创新的骨干力量。

图2　思政元素——《中国机长》剧照

（二）历史新解式

学生在中小学学习过程中，学到了许多中华传统文化中的名言警句，印象深刻，但往往知其义，不一定知其用。把课程内容与历史文化中的元素结合起来，旧义新解，起到巧妙的关联作用。

教学案例：在讲解用《机械设计手册》进行液压缸设计时，向学生说明严格遵守国标对设计的规范作用，引入“没有规矩不能成方圆”的规则意识，引导学生培养良好的职业道德素养、增强遵纪守法意识，进而树立法律意识。

（三）联想类比式

自然科学与人文科学是相通的，工程技术上的原理往往能与学生思想、心理的某些规律相类比。在课堂讲解某些工程应用时，适当联系学生的学习和生活实际，能起到触类旁通的效果。

教学案例：在讲解溢流阀对液压系统的保护作用和减压阀对液压系统的减压作用时，引导学生正确看待学习和生活中的挫折和困难，学会通过自我心理调适、体育锻炼、向他人求助等方式来释放压力、提升心理健康、增强奋发向上的韧劲和可持续性。

（四）情感共鸣式

思想政治本质上是做人的思想认同工作，从情感认同、心理认同到思想认同的链条，是思想工作的一般规律。课堂讲解时，从学业知识出发，讲到学生个人发展，再到贡献国家社会，由浅入深、由表及里，用情感共鸣提升思政实效。

教学案例：在讲解液压系统的辅助元件时，说明如图3所示的辅助元件在液压系统中同样发挥重要的作用，没有过滤器、油箱、管接头等这些辅助元件就不能构建液压系统，引导学生树立“不同岗位只有分工不同没有贵贱之分，只有每个人都各司其职，才能造就集体的成功”的团队意识。引导学生把个人的理想与国家发展、中国梦结合起来，明白“祖国好、个人才会好”道理，树立与祖国共奋进、为国家发展做贡献的理想，实现在祖国建设大舞台上成就青春梦想的人生抱负。

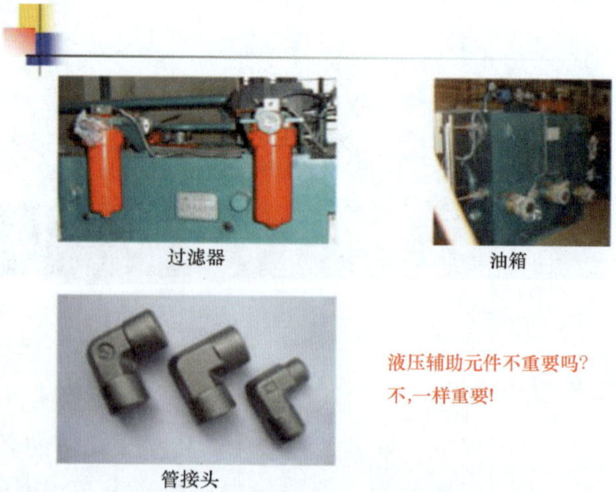

图3　思政元素——液压辅助元件

（五）辩证思维式

培养辩证思维是引导学生不偏激、心理健康、心态平和的重要方式。现在许多学生心理出现偏差，就是因为学生看待事物不客观引起的。在课堂讲述时，注重从工程技术问题引出对比性、关联性的辩证思维，对调适学生心理很有用。

教学案例：在分析复杂液压系统时，说明任何一个复杂的液压回路都是由若干个简单的子回路组成的，帮助学生引入局部和大局的概念，树立全局思维、辩证思维。

（六）榜样励志式

思政最忌讳的是大而空，可望不可即，没有可学性；最有效的是身边故事，可学可亲可敬。学校中许多老师、校友为国家、社会、学校的发展做出了重大贡献，是学生身边的人物，看得见学得到，是最有效的案例教学元素。

教学案例：在讲解液压系统的工程应用时，举例图4由我国自行设计、自主集成研制的“蛟龙号”载人潜水器，标志着我国载人深潜技术进入了国际领先行列，而“蛟龙号”应急抛弃系统、主压载系统、纵倾调节系统、作业系统、回转机构等均由液压系统来提供动力源，“蛟龙号”海试现场总指挥正是北京科技大学机械工程学院的杰出校友刘峰。

图4　思政元素——中国“蛟龙号”及海试总指挥刘峰

教学案例：举例图5所示中国首次火星探测任务“天问一号”火星探测器成功发射和着陆火星，正式开启了火星探测之旅，此次火星探测任务是为了实现我国在深空探测领域的技术跨越，推动深空探测活动的可持续发展，也迈出了我国自主开展行星探测的第一步。火星探测器的总指挥正是北京科技大学机械工程学院的杰出校友赫荣伟。

这些学生身边的校友例子，可以很好地激发学生对学校、对专业的热爱之情。

图 5　思政元素——“天问一号”火星探测器及总指挥赫荣伟

开展课程思政建设，需要教师潜心设计课程教学与思政教育双承载的经典教学案例和教学环节，实现课程知识与思政元素的自然相融，以达到良好育人效果，使学生成长为新时代中国特色社会主义事业的合格建设者和可靠接班人。

教案设计

以“液压与气压传动”课程中齿轮泵部分的教学过程为例，进行教案设计。本部分内容教学课时为 45 分钟。

一、教学目标

（一）知识目标

（1）掌握容积式泵的工作原理。
（2）掌握外啮合齿轮泵的工作原理、结构特点。
（3）掌握外啮合齿轮泵存在的问题、解决措施和工程应用。

（二）能力目标

（1）提高学生分析问题和解决问题的能力，引导学生具备创新思维意识。
（2）从问题出发，引导学生思考问题和解决问题。
（3）结合工程案例增强教学效果并设计拓展问题，引导学生开拓思维。

（三）价值目标

（1）有意识地结合最新研究成果，增强学生的专业自豪感。
（2）引入优秀校友案例，增强学生的爱校荣校情怀。

二、教学内容分析

（一）教学内容

（1）容积泵的作用和工作原理。

(2) 外啮合齿轮泵的工作原理。

(3) 外啮合齿轮泵的流量和排量计算。

(4) 外啮合齿轮泵的结构特点、主要问题和解决途径。

(5) 外啮合齿轮泵的优缺点和工程应用。

(二) 教学重点

(1) 外啮合齿轮泵的工作原理。主要从容积泵工作三要素的角度来讲解和分析外啮合齿轮泵的工作原理，加强学生对共性知识的理解和运用。

(2) 外啮合齿轮泵的主要问题。主要从径向不平衡力、困油现象、泄漏这三个方面，对外啮合齿轮泵存在的问题进行剖析，并引导学生思考解决方案。

(三) 教学难点

本次课的主要教学难点是外啮合齿轮泵工作中的主要问题。液压元件的结构和工作原理的教学直观性差，外啮合齿轮泵的工作过程复杂，其存在的主要问题要从齿轮泵的结构特点、油液的压力分布、传动轴上的径向不平衡力、啮合轮齿的工作过程等多方面进行讲解，对学生的相关基础知识和空间想象力要求比较高，学生理解和掌握起来比较难。

三、教学对象分析

(一) 基本特征

本课程对象为本科三年级学生，授课学生在本科一年级，已经完成了“高等数学”“机械制图”等基础课学习，具备了良好的计算、读图、绘图等前期基础储备。在本科二三年级，完成了部分学科平台课程的学习，包括“机械原理”“工程流体力学”“机械设计”和“理论力学”等，掌握了液压、气压传动基本理论，初步形成了阅读工程技术图及相关技术文件的逻辑思维，为本课程的学习奠定了扎实的前期基础。

(二) 课程定位

首先，使学生可以获得比较宽广和扎实的液压与气压传动基础理论知识，具备液压与气压传动系统的工程分析能力和设计能力。

其次，通过最新科技文献阅读、专题调研和参加展览会，使学生了解技术发展前沿，拓宽学生视野，提高学生独立思考能力和创新能力。

再次，通过多样化的教学手段，包括课堂教学、中国大学MOOC在线平台的网络课堂等，多方位多角度激发学生的学习兴趣和参与课堂的热情，提升学习效果。

最后，通过课程思政，发挥课堂教学的主渠道作用，渗透社会主义核心价值观，帮助学生树立正确"三观"、塑造良好人格，帮助学生正确看待自身成长过程中的问题，提高学生心理健康水平。

四、教学手段与方法

（一）课堂教学设计思路

（1）实施多媒体教学方法。将大量生动的彩色动画、照片和录像引入课堂，对复杂齿轮泵的结构、组成和工作原理进行动画仿真演示，将枯燥的液压元件以直观生动的形象展示出来，提高讲授知识的生动性，促进学生深刻掌握。

（2）实施启发式教学。采取启发式教学，在教学过程中创设问题，吸引学生参与课堂。在讲解外啮合齿轮泵的工作原理时，教师先讲解齿轮泵的结构，接着演示齿轮泵的工作原理动画，让学生观察，接下来教师引导学生从容积泵工作三要素的角度来思考外啮合齿轮泵是如何工作的，并请学生总结阐述。

（3）引入大量工程项目案例。教学过程中持续引入最新的液压与气压应用的工程项目案例，使学生了解当下最先进液压与气压传动技术的应用情况，强化学生对课程内容的认知程度，激发学生对液压与气压传动技术的运用热情。

（二）教学道具

本次课程授课过程中，将齿轮泵实物模型引入教学并在学生手中传阅，通过对照透明实物模型，使学生对课本知识进行直观认识，并能动手操作，加深对齿轮泵结构特点、工作原理的理解。图6为引入课堂的齿轮泵教学模型。

图6　引入教学的透明齿轮泵实物模型

（三）板书设计

本次课堂的板书主要用于勾勒讲课的主要思路、逻辑和主线，展示外啮合齿轮泵流量的计算过程，以及配合课件设置的机动板书。板书设计如图 7 所示。

3.2.1 外啮合齿轮泵

一、工作原理

二、结构

（配合课件内容设置的板书）

CB-B 型齿轮泵，压力≤2.5MPa

三、存在的主要问题与控制措施

1. 径向不平衡力
2. 困油现象
3. 泄漏

四、齿轮泵流量的计算

流量：$q_t = 2Vn = 2\pi DhBn = \Delta\pi zm^2 B$

其中模数 $m = \frac{D_a}{z+2} = 48/16\text{mm} = 3\text{mm}$

则所得到的理论流量为：

$q_t = 2\times 6.66 zm^2 Bn$

$= 2\times 6.66\times 14\times (3\times 10^{-3})^2\times 25\times 10^{-3}\times 1450/60$

$= 10.140\times 10^{-4}\text{m}^3/\text{s}$

实际流量：$q = q_t\eta_{pv} = 10.140\times 10^{-4}\times 0.9$

$= 9.126\times 10^{-4}\text{m}^3/\text{s}$

图 7　板书设计

五、教学过程（见表 1）

表 1　教学过程

教学目的	教学实施方式	教学内容设计
吸引学生兴趣，增强荣誉感和自豪感	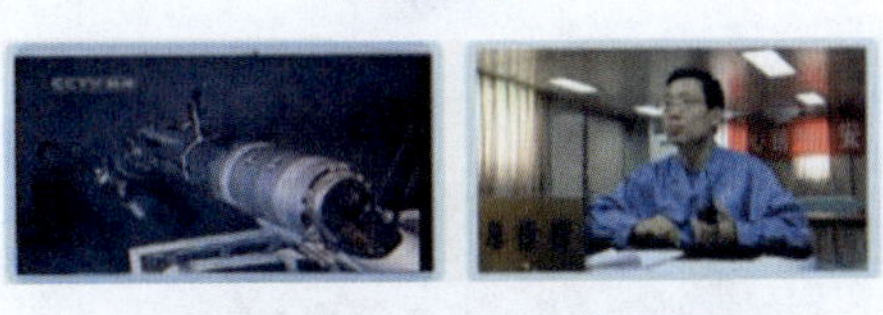 中国“蛟龙号”深水载人潜水器及海试总指挥刘峰	通过 PPT 展示我国最新的科技发展成果并进行优秀校友介绍，“蛟龙号”总指挥是北科大的杰出校友刘峰，是机械工程专业毕业的学生。液压系统在国之重器有着重要的应用。学好液压课，对于实现同学们的科技报国之梦，也是有一定帮助的（2 分钟） PPT

续表 1

<table>
<tr><th>教学目的</th><th>教学实施方式</th><th>教学内容设计</th></tr>
<tr><td>以提问形式引出液压系统中动力元件的作用和工作原理，使同学易于接受</td><td>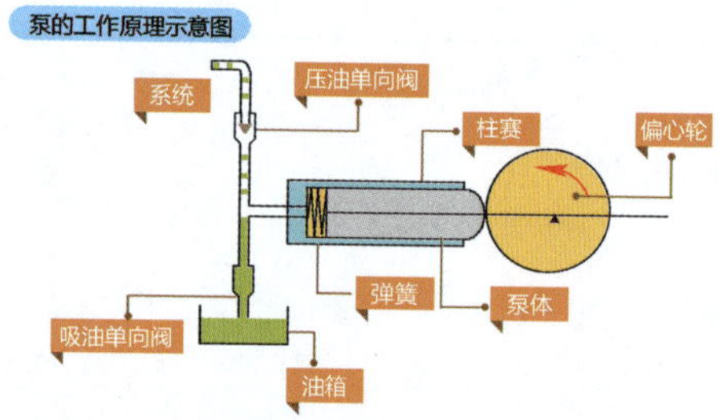

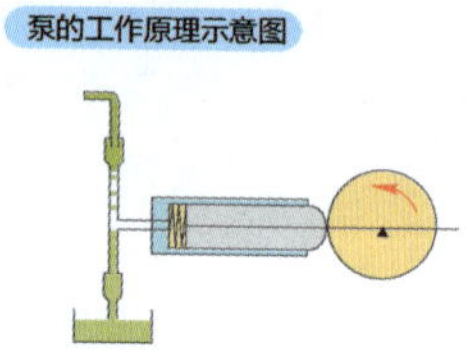

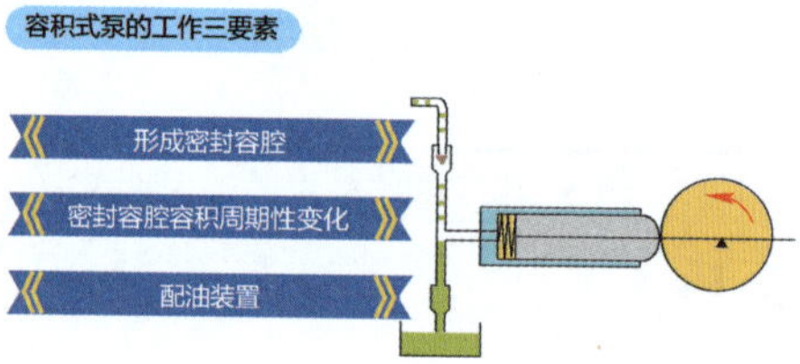
</td><td>"蛟龙号"机械手在7000多米深水下作业，在如此高压环境下输出超大功率，是由谁来向机械手提供动力的呢？动力元件，泵，可以将机械能转换成液压能，向执行元件提供动力。那么泵是如何将机械能转换成液压能，向液压系统提供液压动力的呢？通过问题引入的方式进行讲解，并通过动画进行展示，激发学生学习的兴趣。有"容积式"液压泵工作原理动画演示（5分钟）
"容积式"液压泵工作原理</td></tr>
<tr><td>实际和理论结合，以应用实例为后续讲解铺垫，使理论易于接受</td><td>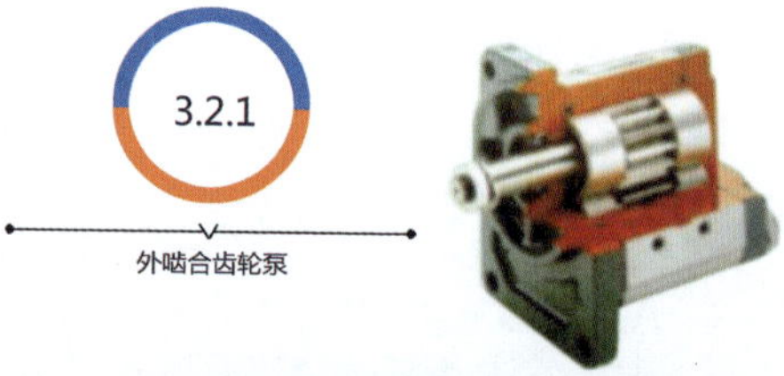

</td><td>通过PPT动画展示实例进行铺垫，工作台上有一台电机带动泵在进行工作，油液从蓝色的吸油管被吸进泵中，实现泵的吸油，泵又将油液从红色的压油管压出去，送往液压系统，实现泵的压油，这台泵是什么泵呢？是齿轮泵，准确来说是外啮合齿轮泵。引出讲解内容（3分钟）
外啮合齿轮泵拆装</td></tr>
</table>

续表 1

<table>
<tr><th>教学目的</th><th>教学实施方式</th><th>教学内容设计</th></tr>
<tr>
<td>回顾容积泵工作原理三要素，对照三要素，逐一分析对照学习齿轮泵工作原理</td>
<td>
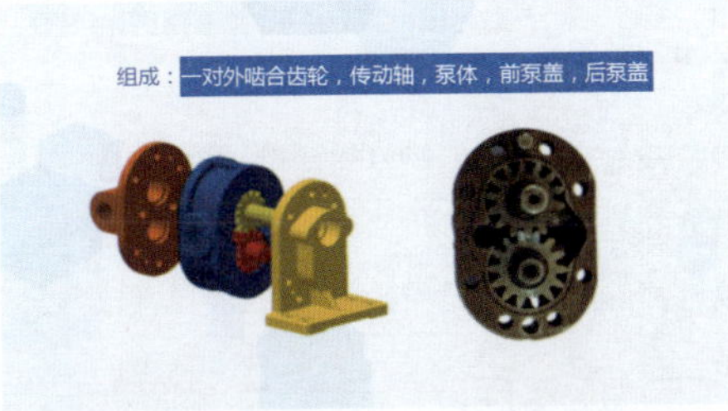

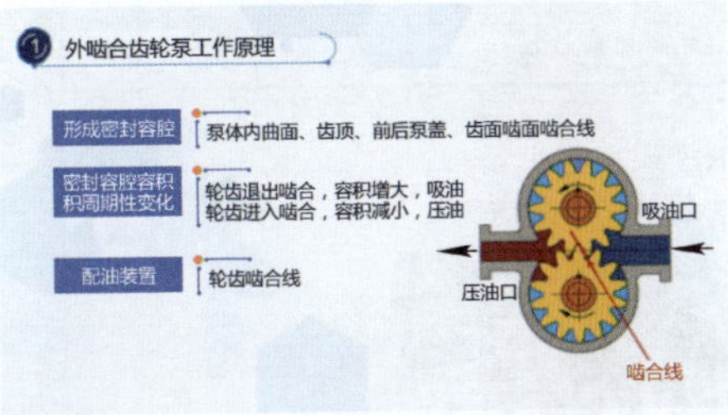

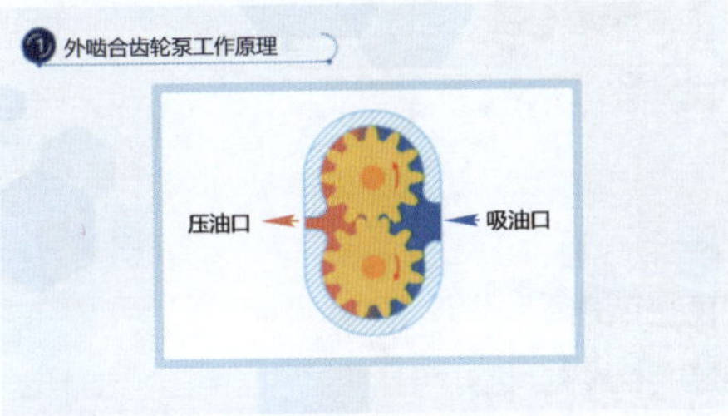

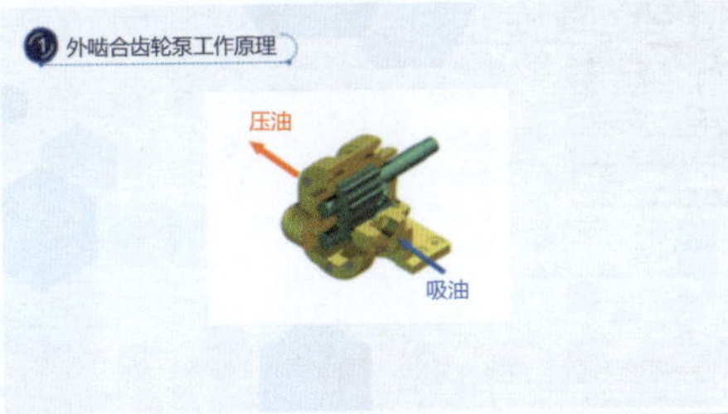

</td>
<td>从容积泵工作三要素的角度来分析它的工作原理，一台容积泵，它要实现吸油和压油，需要具备三个要素：第一，要形成密封容腔；第二，密封容腔的容积能够进行周期性的变化；第三，要有配油装置。逐一对照图进行讲解，并通过动画进行展示。有“齿轮泵工作原理动画演示”（4 分钟）
外啮合齿轮泵工作原理</td>
</tr>
<tr>
<td>以设问方式引出外啮合齿轮泵的排量和流量概念，抓住学生注意力，引导学生思考</td>
<td>
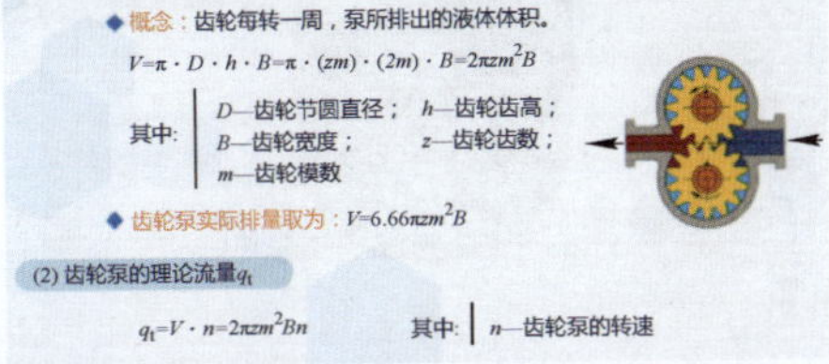

</td>
<td>外啮合齿轮泵每转一周能排出多少油呢？它给系统输送的流量是多少呢？下面我们来看外啮合齿轮泵的排量和流量。排量 V 指的就是齿轮每转一周泵所排出液体的体积，它近似的等于两个齿轮的齿间容积之和。有了齿轮泵的排量，</td>
</tr>
</table>

续表 1

教学目的	教学实施方式	教学内容设计
	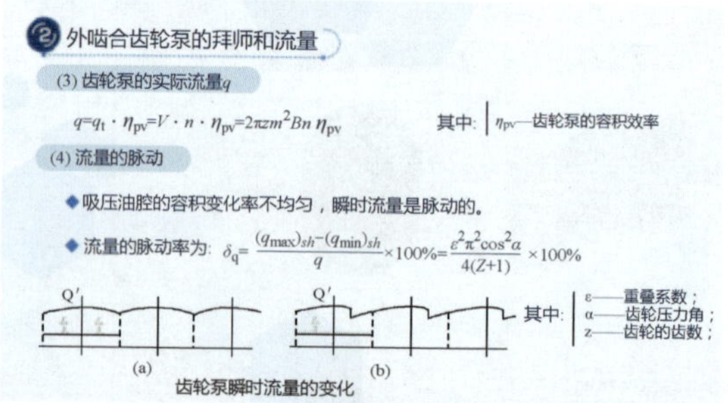	我们就可以计算齿轮泵的理论流量 q_t，齿轮泵的理论流量等于齿轮泵排量 V 与转速 n 的乘积（2分钟）
讲述外啮合齿轮泵结构特点，以设问引出思考，抓住学生注意力，引导学生思考	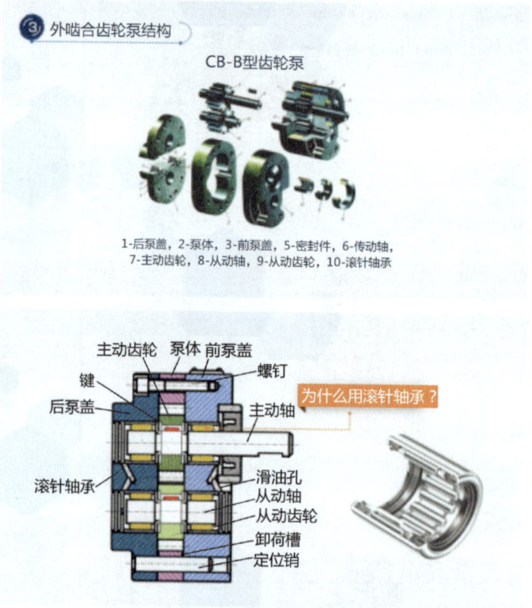	传动轴要转动，就需要轴承来支撑，在这里，两个传动轴分别由一对滚针轴承支撑，图中黄色的就是滚针轴承的滚子。提一个问题，为什么要用滚针轴承来支撑外啮合齿轮泵的传动轴呢？带着这个问题进行泵结构的学习（4分钟）
讲述外啮合齿轮泵的结构特点，以设问引出思考，抓住学生注意力，引导学生思考	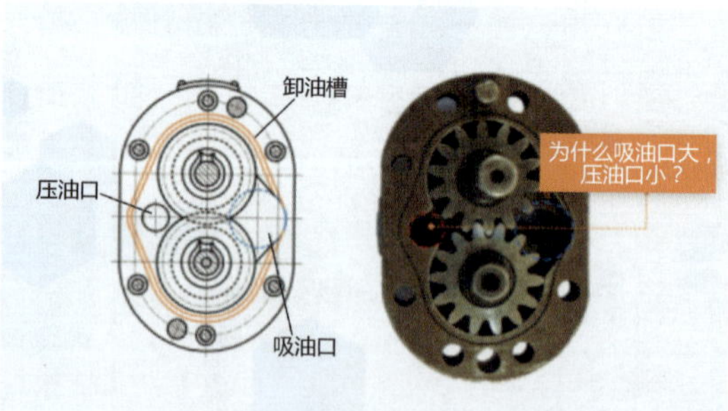	组装好的齿轮，需要有间隙，有间隙就会有泄漏，怎么办？在泵体两侧的端面上开有卸荷槽，卸荷槽与吸油口相通的作用是将渗入泵体和泵盖间的压力油引回吸油腔，防止压力油泄漏到泵外。为什么左边这个大口就是吸油口呢？带着问题进行学习，引导学习思考，并鼓励学习要有创新思维（5分钟）

续表 1

<table>
<tr><th>教学目的</th><th>教学实施方式</th><th>教学内容设计</th></tr>
<tr>
<td>分析径向不平衡力的产生原因、危害，引导学生思考减小径向不平衡力的方案</td>
<td>
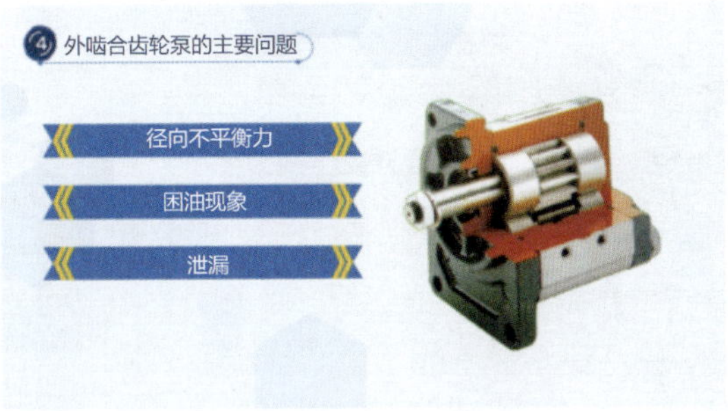

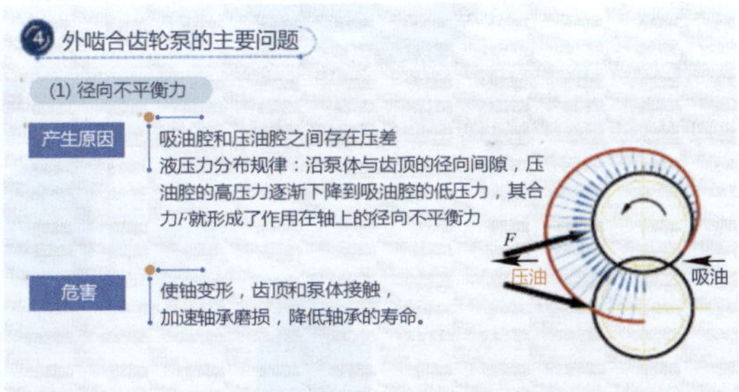

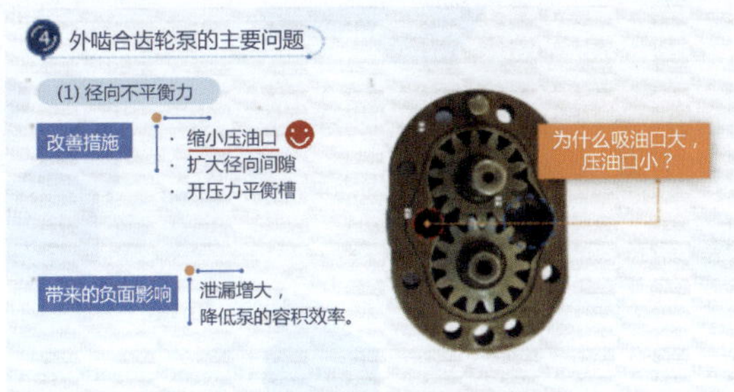

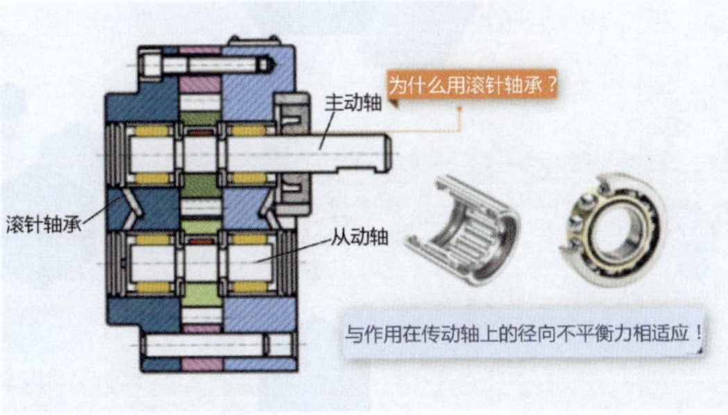

</td>
<td>分析外啮合齿轮泵的主要问题。首先分析径向不平衡力的问题。左侧为吸油腔，右侧为压油腔，吸油腔压力低，压油腔压力高，吸、压油腔之间存在压力差，在这个径向间隙中，油液的液压力是怎么分布的呢？理论分析表明，沿着泵体与齿顶的径向间隙，压油腔的高压力逐渐分级下降到吸油腔的低压力，这条黑色的曲线就是液压力的分布图，这些逐渐降低的液压力的合力 F，就形成了作用于传动轴上的径向不平衡力。会对泵的正常工作产生什么影响呢？有哪些好办法和措施呢？引导学生思考并一步一步分析和解决问题，并回到前面对应的设问问题（5 分钟）</td>
</tr>
</table>

续表 1

教学目的	教学实施方式	教学内容设计
分析困油现象产生的原因、危害，引导学生思考消除困油现象的方案	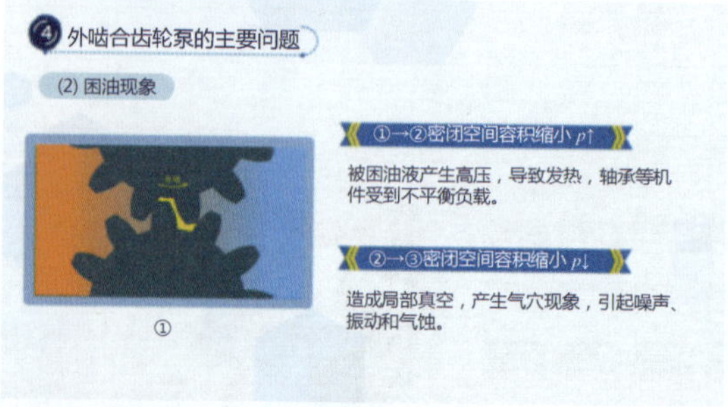 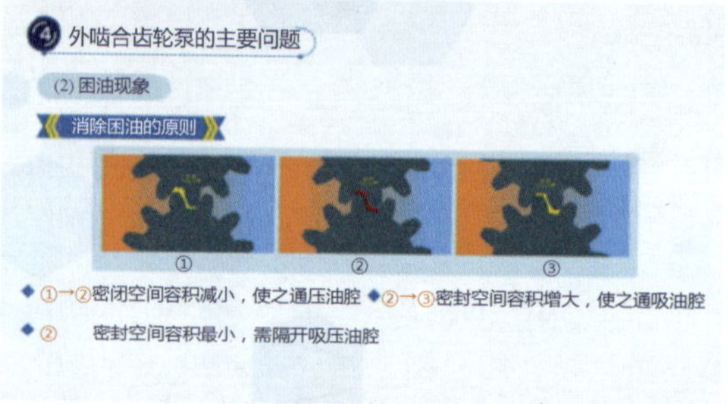 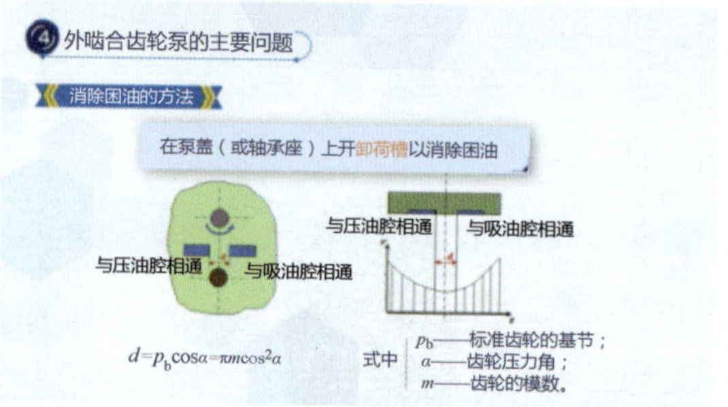	为了保证齿轮泵能连续地吸油和压油，就要求啮合轮齿的重叠系数 $\varepsilon>1$，就是当一对轮齿尚未脱开啮合时，另一对轮齿已进入啮合，这样，在这两对轮齿之间就形成了一个封闭空间，这个密闭空间的容积会随着泵的转动变小又变大，称为困油现象，用动画进行展示。会对泵的正常工作产生什么样的影响呢？如何解决呢？引导学生思考分析和解决问题（5 分钟）
分析泄漏现象产生的原因、危害，引导学生思考改善泄漏现象的解决方案	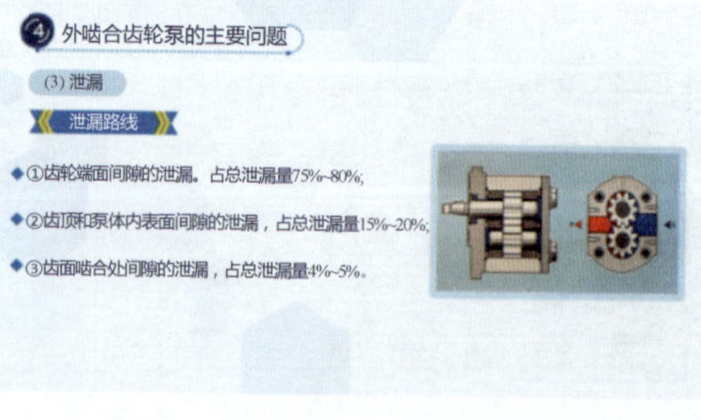	液压泵中组成密封工作容腔的零件做相对运动，就一定会有间隙，有间隙就会产生泄漏，逐一分析外啮合齿轮泵的三条泄漏途径，并引导学生思考改善泄漏的措施。引导学生在日常生活和工作中出现问题不要紧张，关键要冷静分析问题并找到解决措施（4 分钟）

续表 1

<table>
<tr><th>教学目的</th><th>教学实施方式</th><th>教学内容设计</th></tr>
<tr><td></td><td>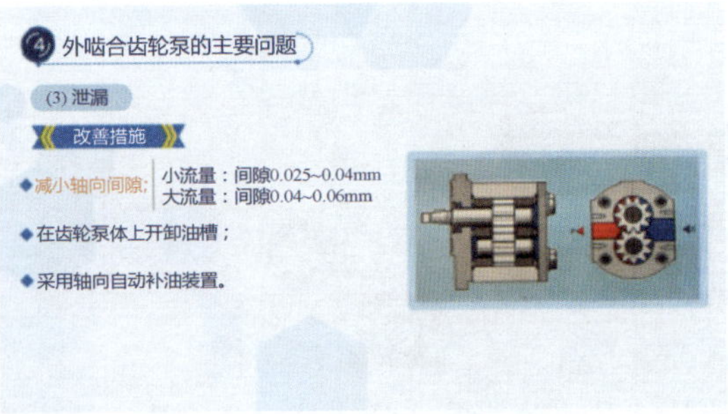
</td><td></td></tr>
<tr><td>总结外啮合齿轮泵的优缺点，掌握特点才能很好地应用</td><td>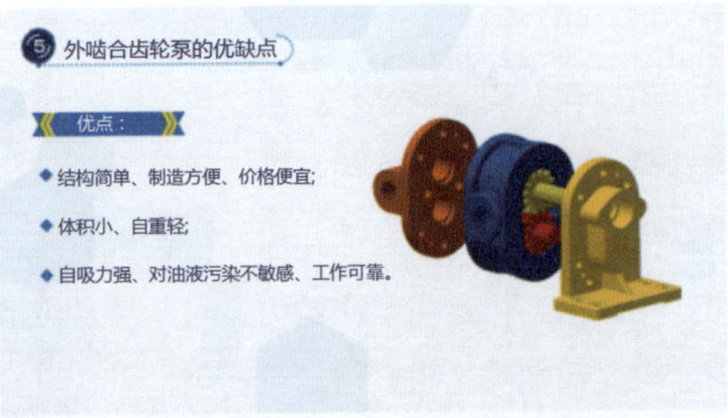
</td><td>根据工作原理结构和工作中存在的特点，总结出齿轮泵的优缺点，并根据优缺点分析齿轮泵的应用场合。引导学生在日常生活和工作中根据自己的特点选择适合自己的方式，做到有的放矢（2 分钟）</td></tr>
<tr><td>外啮合齿轮泵的工程应用实例</td><td>

</td><td>结合实际应用，如汽车中液压转向助力泵多为齿轮泵，飞机的起落架收放机构是由液压系统来提供动力源的，准确来说是由齿轮泵来提供动力源的，使学生能把课堂所学知识与工程应用有机结合，并引导学生跟踪前沿发展技术，做到学以致用（2 分钟）</td></tr>
</table>

续表 1

<table>
<tr><th>教学目的</th><th>教学实施方式</th><th>教学内容设计</th></tr>
<tr><td></td><td>
</td><td></td></tr>
<tr><td>课后知识巩固</td><td>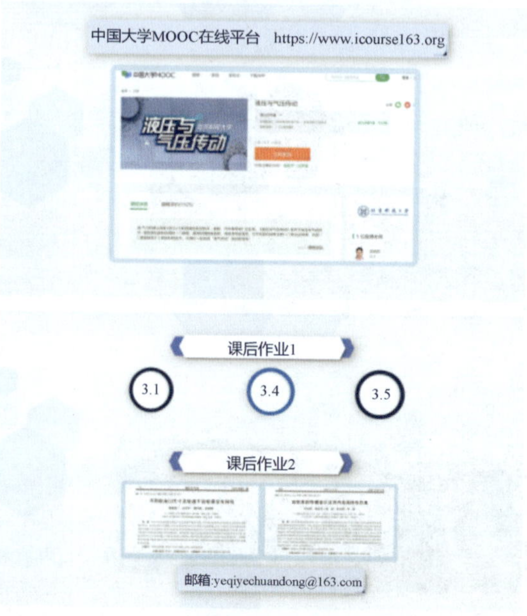
</td><td>课程结束前，布置学生课下进行 MOOC 课程学习，布置课后作业进行课程复习和巩固，进行相关科技文献的阅读（1 分钟）</td></tr>
<tr><td>反思问题拓展思维，开拓思维，培养创新能力</td><td>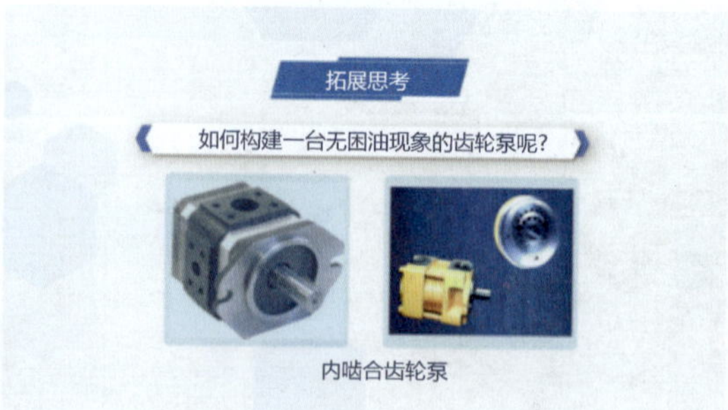
</td><td>布置拓展思考题：请同学们思考有没有无困油现象的泵呢？培养学生开拓思维和创新能力（1 分钟）</td></tr>
</table>

六、教学效果分析

本节课是"液压与气压传动"课程的"齿轮泵"部分，课堂讲授液压与气压传动系统中典型动力元件——外啮合齿轮泵的工作原理、结构特点、存在的问题和解决途径，以齿轮泵的工程实际应用为切入点和延伸线，将专业知识和思政元素自然相融，在实现学生专业知识、创新意识和工程实践能力培养的同时，实现对学生的价值观塑造和思想引领。本节课的重点是外啮合齿轮泵的工作原理、外啮合齿轮泵工作中的主要问题，教学难点是外啮合齿轮泵工作中的主要问题。通过采用多样化的教学手段和方法，包括多媒体教学、实物道具（见图 8）、中国大学 MOOC 在线平台（见图 9）、启发式教学方法等，提高讲授内容的生动性，显著激发了学生的学习兴趣和参与课堂的热情，提升了学习效果。

本课程的教学效果获得校内外同行和学生的优异评价。(1) 本课程在教育部第二轮本科教学评估过程中被抽中成为机械工程专业唯一的检查课程，专家评价为"优"。(2) 本课程的近五年督导评价均为"优"。(3) 本课程的近五年学生评价均为"优"，且郑莉芳老师连续 3 次位列"近三年学生评教"全院排名前 3 名。

图 8　实物道具

图 9　中国大学 MOOC 在线平台

从触发器的发展演变看科学发展观

尤 佳

课程名称 数字电子技术

课程性质 专业基础必修课

专　　业 自动化、测控、智能、物理

授课对象 本科二年级学生

课程简介：

“数字电子技术”课程是由自动化学院开设的、面向电类专业大二学生的一门专业基础必修课程。该课程于2007年获教育部首批国家级“双语教学示范课程”称号，并于2015年获北京科技大学研究型教学示范课程称号。

课程教学采用全英文教材，中英双语授课，主要讲授数字电子技术的基本理论和分析设计方法。内容包括：数字的概念，常用数制和码制，典型门电路的功能、结构及参数，逻辑代数基本定理和定律，逻辑函数的化简，组合逻辑电路的分析与设计，加法器、数值比较器、译码器、编码器和数据选择器，同步和异步时序逻辑电路，555定时器，半导体存储器和可编程逻辑器件，数/模、模/数转换电路、数字系统设计初步等。通过该课程的学习，学生能够具有分析数字电路和设计简单数字系统的能力。

数字电子技术课程在教学内容上注意跟国际接轨，侧重对电路的理解和实际应用，增加了深受学生欢迎的数字小系统设计等环节，加强了学生的工程意识，培养了创新思维和设计能力，还让学生体会到理论与实际应用的联系与区别。课程的教学手段丰富多样，更贴近学生与新技术，采用雨课堂等教学辅助平台，并建立课程讨论QQ群；考核方式更加注重过程考核，偏重理解与实际应用，采取展示答辩、开放性题目等多种形式。考试成绩及毕业生反馈表明，数字电子技术的教学模式使学生更加热爱专业、习惯阅读专业外文文献，并具有较好的创新精神及工程意识。

教师简介：尤佳，北京科技大学自动化学院副教授，电工电子技术系副主任，数字电子技术课程负责人。科研方向为智能感知、数字图像处理。主持并结题国家级双语教学示范课程、北京市人才培养共建项目-在线开放课程、北京科技大学研究型示范课程等课程建设项目，带领团队获得北京科技大学教育教学成果奖一等奖1项、二等奖2项，个人获得全国高等学校青年教师电工学课程教学竞赛二等奖、北京科技大学青年教学骨干人才称号等。

课程蕴含的思政元素分析

数字电子技术课程有较强的应用性、实践性，是信息技术和人工智能的基础，与时代的发展紧密结合，符合辩证唯物主义和科学发展观，包含着丰富的育人元素。通过在课堂教学知识点讲授中引入思政教育，能够从不同的哲学角度帮助学生形成正确的世界观、人生观、价值观；养成科学的思维和发展的眼光，能正确看待我国科技发展的优势和不足，并愿意为之努力。课程的思政点主要如下：

一、课程背景有助于民族自豪感和职业责任心的激发

在“绪论”环节，通过播放《大国重器》等相关科技影片的精彩片段作为课程的暖场视频，结合我国在人工智能、大数据、量子通信等高科技领域所取得的世界领先地位，树立起学生的民族自豪感。同时，也不避讳我国高端芯片自主研发的瓶颈，通过“中兴危机”“中美贸易战”对中国半导体产业的冲击，引导学生认识集成电路核心技术的重要性，同时将集成电路的发展历程与我国的发展历程进行对比，启发学生认识科技差距，尤其面对当前国际格局之动荡，国家发展、民族复兴亟需相关人才，由此激发学生的爱国情怀和学习兴趣，建立专业荣誉感和职业使命感，激发同学们踏实学好基础知识，用个人的实际行动为中华民族的伟大复兴添砖加瓦的决心和信心。

二、课程内容有助于正确的三观和集体意识的建立

在同步时序逻辑电路工作特点的讲解中，类比国家政令的下达，只有坚持一个核心，令行禁止，国家发展才能迅速有效。电路的学习过程，由简单到复杂，由单一功能的电路到性能完善的电路，无不体现出集体力量的强大。在各个独立电路的讲解中，可以以电路喻人，每款电路都有其优点和缺点，就像同学们一样；在集体中，对每个人要看到其优点、发挥其优势。在综合电路的讲解中，分析各环节的作用，提出集团作战的必要，如同集体中每人发挥所长，就能收到更好的效果。数字小系统的大作业中，更是以小组为单位布置任务，让大家合理分工、发挥所长，配合完成一个较复杂的任务，切实体会集体的力量。

三、教学形式有助于工程思维和科学发展观的培养

复杂电路的分析有时感觉无从下手，我们就引导学生“抓主要矛盾，忽略次

要因素，抓问题实质”和“抓重点、求同存异”，培养同学们基于科学的辩证思维方式。在各种触发器的介绍中，我们以触发器的功能和触发方式的演变为主线，让同学们体会发现问题、解决问题、再发现问题、再解决问题的科学探索过程及发展的观念，并进一步引申到国家的发展也不是一蹴而就的，需要不断的改革，而改革前后出现这样那样的问题也是正常的，随着发展会慢慢地合理解决。在实践环节，通过“用以促学，学以致用”的不断迭代，借助数字小系统设计引导学生体会理论与实践的辩证关系，培养学生应用所学知识解决实际问题的能力。

教案设计

一、教学目标

通过本课时课程的学习，预期达到如下教学目标：

（1）理解触发器的工作原理及记忆方法；

（2）牢记各种不同触发器的功能表与逻辑符号；

（3）掌握不同触发器的不同动作特点；

（4）会分析触发器的输入、输出情况；

（5）培养学生的科学发展观。

二、教学内容分析

触发器是具有记忆功能的基本单元电路，是构成各种时序逻辑电路的基础元器件。触发器的电路结构形式有多种，它们的触发方式和逻辑功能也都各不相同。掌握好这些触发器的动作特点和逻辑功能是学好时序逻辑电路的重要基础。

（一）教学重点

（1）触发器的记忆功能；

（2）触发器的逻辑功能；

（3）触发器的逻辑符号。

（二）教学难点

（1）触发器的工作原理的理解；

（2）不同触发器的不同动作特点。

三、教学对象分析

本课程的授课对象大学二年级的本科生。这一代学生，独生子女居多，自我意识强烈，强调个性和自我感受，自律能力较弱，集体意识不强，目标理想模糊。由于大多数孩子受到家庭的重视和精心培养，物质条件较好，抗挫折能力较弱，遇到问题和困难容易退缩；作为年轻人，也容易冲动，夸大问题的影响和严重性，易产生偏激的认识。

四、教学手段与方法

本节课程的内容是触发器的发展演变。最基本的 RS 触发器简单但性能上还有很多缺陷，正是通过不断的发展演化，才成为现在比较成熟好用的边沿触发的 D 触发器或 JK 触发器。授课过程中通过抛锚式教学法，不断地提出触发器的问题，带领同学们逐个去解决，以此来体会发展变化的过程，并形成科学的发展观。然后以类比法，引导同学们正确地看待当前遇到的困难和问题：问题并不可怕，只要不懈地努力和改进，终将会解决。最后，引申推广，进一步向学生指出，国家的发展也是如此，初期可能会有各种各样的不尽人意，要学会用发展的眼光看问题，对社会上的不好现象不要灰心和气馁，这是社会主义初级阶段的必然；我们要有“迎难而上”的勇气，不断地改革和发展，帮助国家建设得越来越好！

五、教学过程（见表1）

表1　教学过程

教学内容	教学策略
1. 基本 RS 触发器	
（1）复习组合逻辑电路。以三人表决电路为例，引出组合逻辑电路的特点： 功能特点：当时的输出仅由当时的输入决定；构成特点：仅用门电路即可。 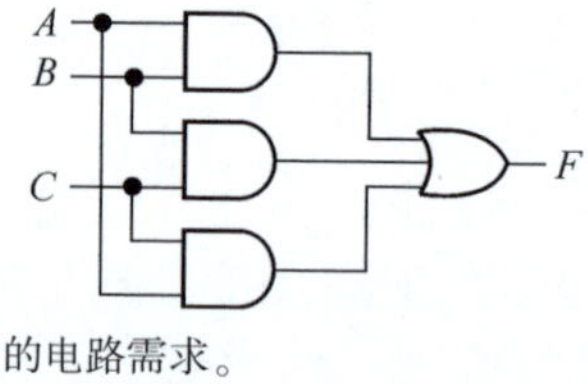 （2）提出其他形式的电路需求。 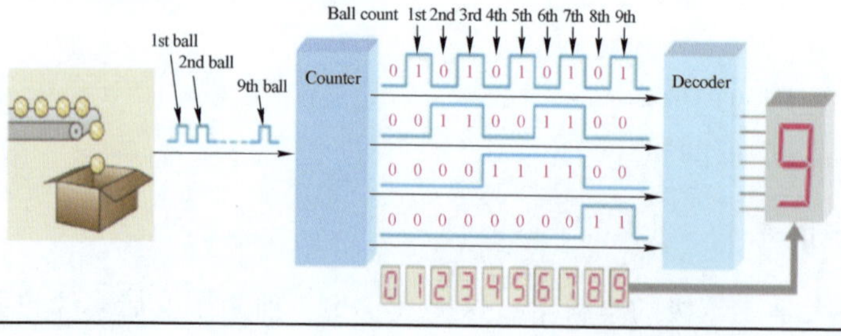 	在 PPT 中打出组合逻辑电路的特点 讲述为主，引导学生思考 PPT 授课视频

续表 1

<table>
<tr><th>教学内容</th><th>教学策略</th></tr>
<tr><td>例：网球自动计数电路。输入的都是同样的脉冲，电路却要依次给出不同的计数结果。
（3）引入时序逻辑电路，分析电路特点：
功能特点：具有记忆功能，即当时的输出不仅由当时的输入决定，还与原来的输出有关；构成特点：记忆元件。</td><td>在 PPT 中打出时序逻辑电路的特点设问：时序逻辑电路的记忆功能如何实现？</td></tr>
<tr><td>（4）引出本节内容：触发器。</td><td>在黑板上写上本节内容的标题：触发器。并给出英文名称 Flip-Flop</td></tr>
<tr><td>基本 RS 触发器结构的介绍。
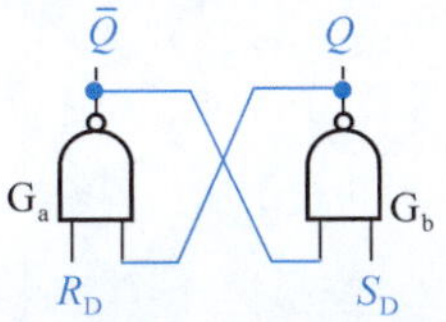
</td><td>逐渐引导学生思考：如何构成一个具有记忆功能的元件？</td></tr>
<tr><td>没什么特殊元件，就是两个与非门即可构成。但有两根重要的反馈线。
然后介绍一下输入端与输出端。</td><td>重点提示：反馈线！</td></tr>
<tr><td>（5）基本 RS 触发器功能的分析。逐一讨论在输入端的各种（四种）可能组合下，输出会出现的状态。尤其是“禁止”的功能。
基本 RS 触发器功能表
<table>
<tr><th>R_D</th><th>S_D</th><th>Q $\bar{Q}$</th></tr>
<tr><td>1</td><td>1</td><td>保持原状态</td></tr>
<tr><td>0</td><td>1</td><td>0 1</td></tr>
<tr><td>1</td><td>0</td><td>1 0</td></tr>
<tr><td>0</td><td>0</td><td>禁止状态</td></tr>
</table></td><td>通过 PPT 的动画功能来逐一分析

同时在黑板上以板书的形式列写基本 RS 触发器的功能表</td></tr>
<tr><td>（6）结合功能表对触发器的功能进行小结，并分析有效电平，指出 RS 触发器输入端名字的由来与意义。</td><td>结合黑板上的表格，将触发器各种功能填入表格中</td></tr>
<tr><td>（7）引入 RS 触发器的逻辑符号，教会学生从逻辑符号中读出有用信息。
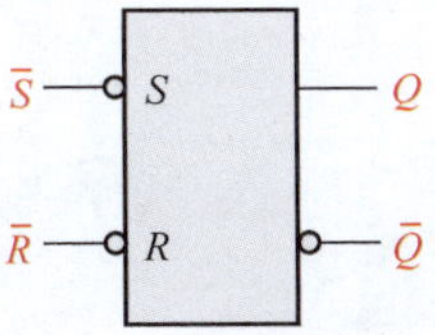
</td><td>PPT 中给出符号</td></tr>
<tr><td>（8）课后思考：可否使用两个或非门构成基本 RS 触发器？如果能的话，功能表如何？与与非门构成的 RS 触发器比较异同。</td><td>引导学生对功能的记忆要看相应的触发端是否有效，而非“0”“1”</td></tr>
</table>

续表 1

教学内容	教学策略
2. 触发器触发方式的发展演变	
（1）基本 RS 触发器的不足： 输入端一旦有变化，输出端立刻有反应，不可控 ——引出引入脉冲控制的必要； （2）门控 RS 触发器的结构： 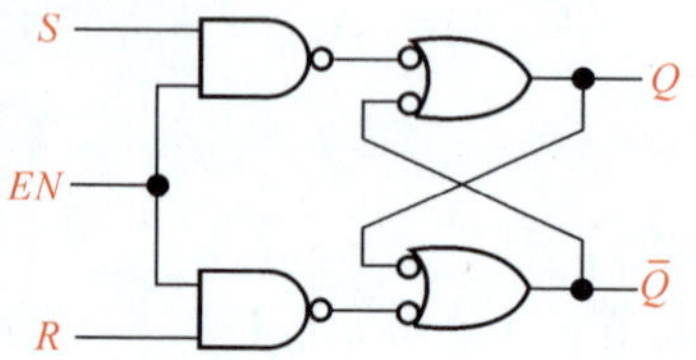 （3）例题 1： 题目内容：根据给定的控制脉冲与输入端的波形，画出两个输出端的波形。 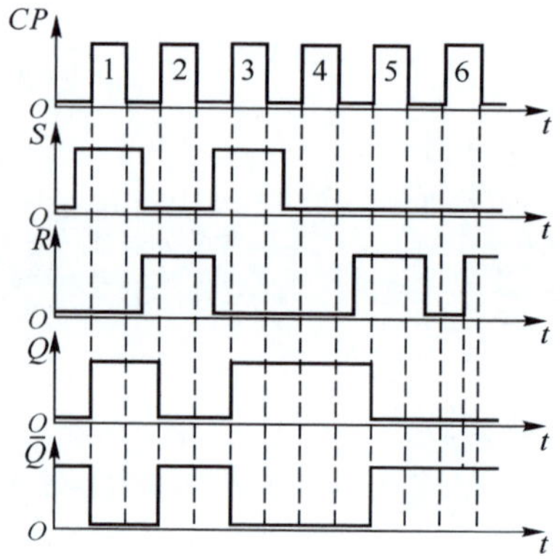 （4）例题 2： 针对例题 1，在脉冲有效期间对输入端（S 端）加入干扰信号，重新判断两个输出端的波形，并进行比较。 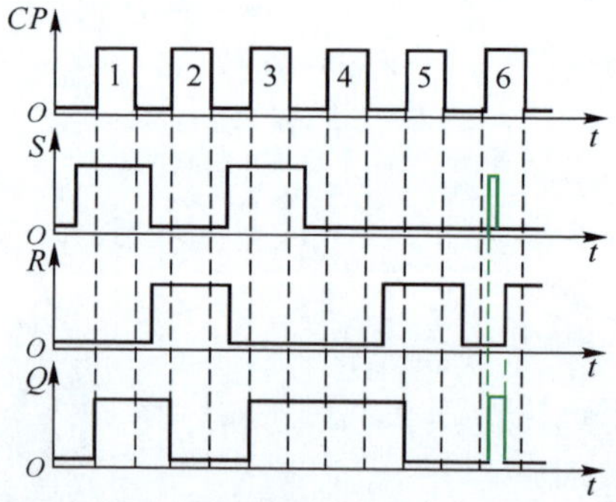 （5）通过此例题的分析，发现问题： 可控 RS 触发器抗干扰能力不强，需要改进。 （6）问题：如何改进可控 RS 触发器？引入新的结构——主从结构。	设问：如何解决此问题？——加入控制脉冲 如何加入脉冲？ 由 PPT 给出 提问：脉冲怎样控制输出？ 工作原理与基本 RS 触发器进行比较 提问回答的形式让学生一起来画输出波形 例题目的：对可控 RS 触发器的功能进行练习，加深印象，使学生记住可控 RS 触发器的功能表 例题目的：引导学生思考——可控 RS 触发器的功能是否完善？抗干扰能力如何？ 思政点： 对研究问题思路的小结：不断的发现问题，并改进电路

续表 1

教学内容	教学策略
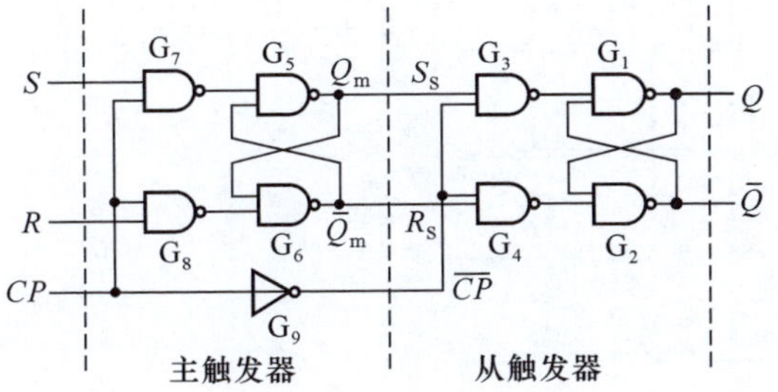	通过 PPT 以图表的形式讲述主从结构的动作特点
（7）对主从结构的触发器进行分析，以得出主从触发器的动作特点： 分两步走——主触发器打开时，接受输入信号；从触发器打开时，封锁输入信号，触发器进行动作。	
（8）根据主从触发器的动作特点，分析该触发器的抗干扰能力： 比可控 RS 触发器加入干扰的机会少了。	先进行理论分析
（9）练习——使用主从触发器重做例题 2。 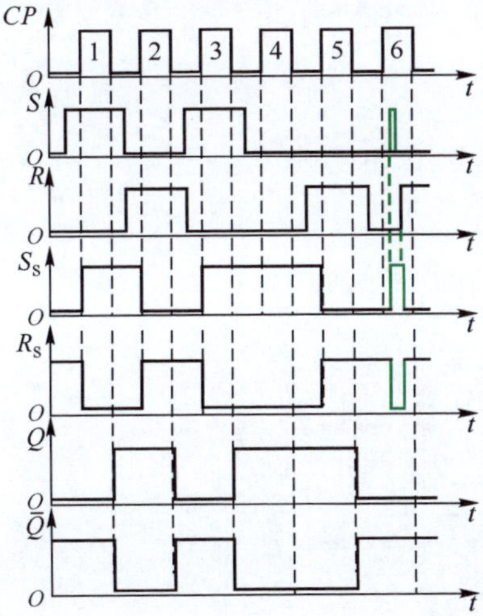	练习目的：通过题目的分析，使学生确实感受到主从触发器的抗干扰能力加强了
（10）再加入新的干扰：有些干扰主从触发器也无法屏蔽。	思政点： 再发现问题，再改进电路

续表 1

教学内容	教学策略
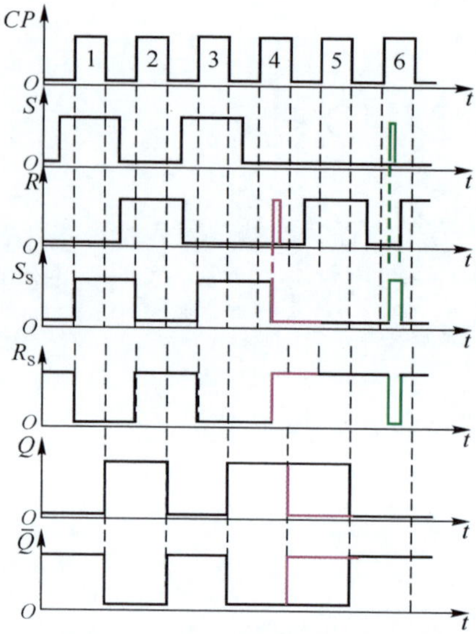 （11）引导出边沿触发结构： 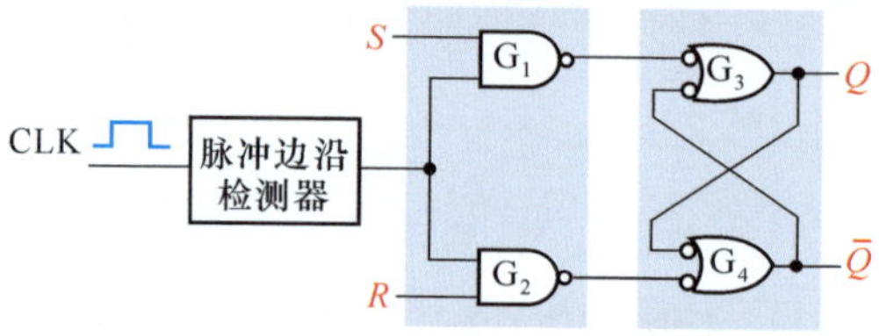 （12）再次重做例题 2，检验边沿触发结构的抗干扰能力。 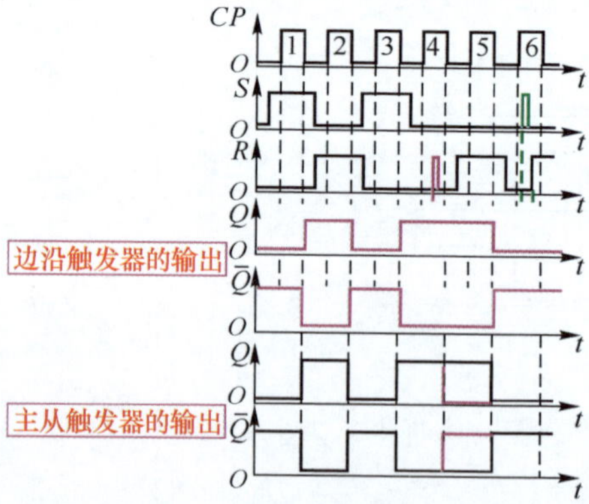	通过 PPT 详细分析边沿触发器的实现办法和工作情况

续表 1

教学内容	教学策略

3. 触发器逻辑功能的发展演变

（1）提出新问题：RS 触发器有约束，如何解决？

（2）使用单输入：引出 D 触发器

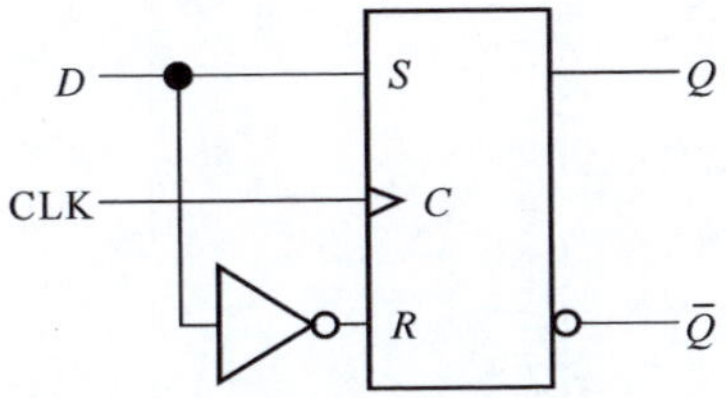

教学策略：采用类比推理法教学

（3）例题巩固 D 触发器的功能：

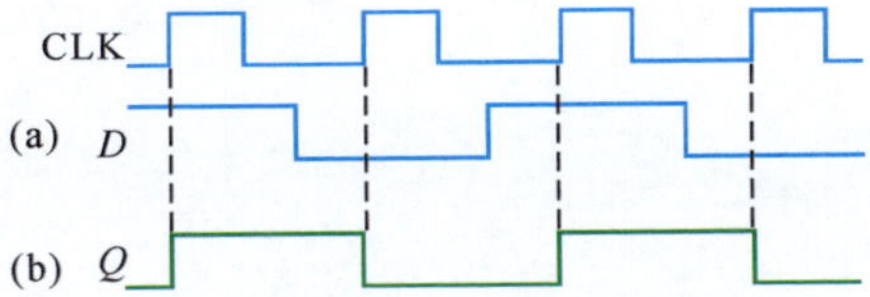

教学策略：D 触发器的逻辑功能分析

（4）单输入功能太少，如何保持两输入端，但是去除约束？引入 JK 触发器。

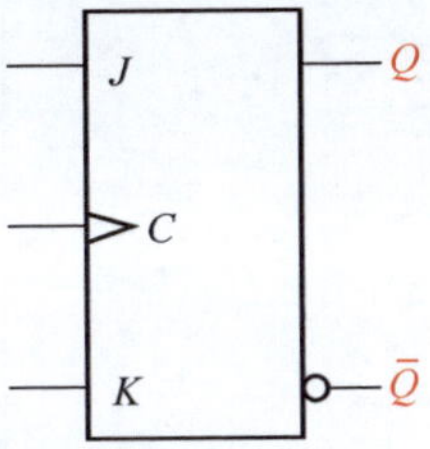

教学策略：思政点：提出新问题

（5）JK 触发器内部结构和工作原理分析。

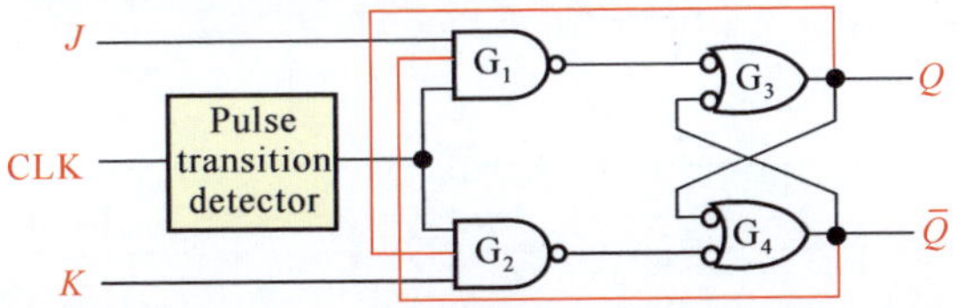

教学策略：再次强调“反馈”的重要性！

逻辑功能表

INPUTS J	INPUTS K	INPUTS CLK	OUTPUTS Q^{n+1}	OUTPUTS $\bar{Q}^{n+1}$	COMMENTS
0	0	↓	Q^n	$\bar{Q}^n$	No change
0	1	↓	0	1	RESET
1	0	↓	1	0	SET
1	1	↓	$\bar{Q}^n$	Q^n	Toggle

教学策略：重点分析两输入端都为有效电平的时候，并与 RS 触发器的逻辑功能进行比较

续表 1

教学内容	教学策略
4. 几种边沿触发器的分析练习	
（1）常用的边沿型的触发器逻辑符号： 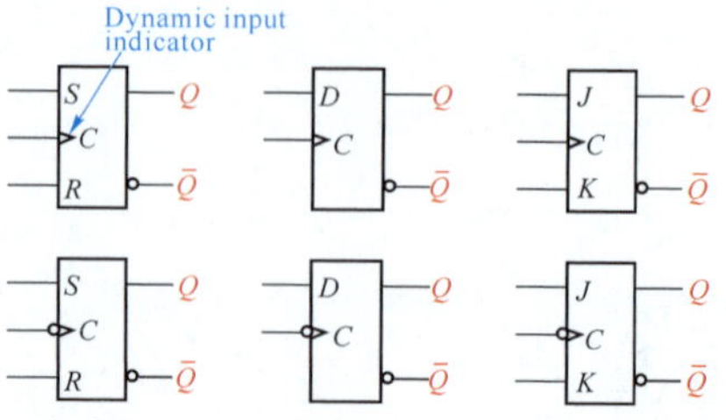 (a) S-R　(b) D　(c) J-K （2）一些分析练习： 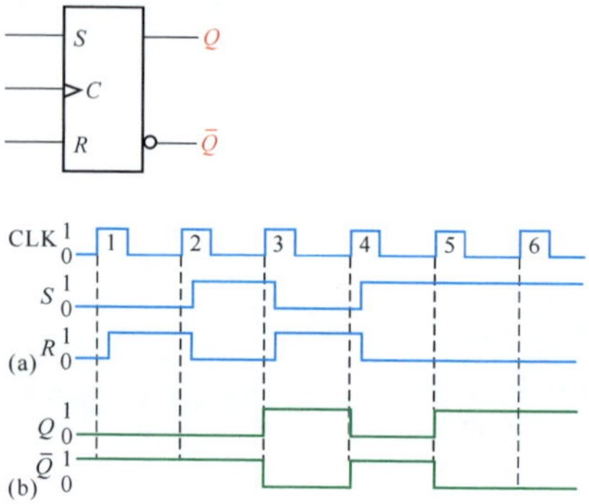 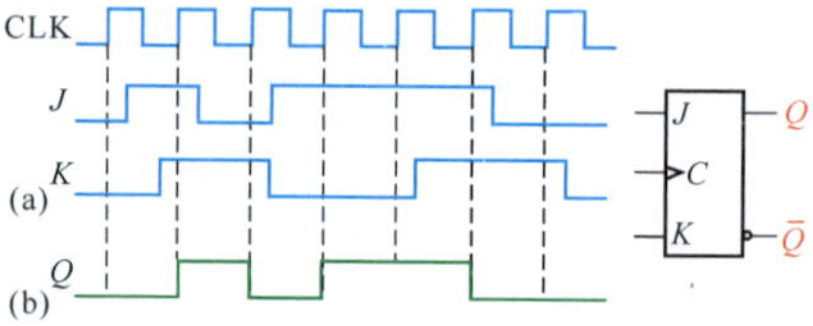 （3）归纳总结	采用引导分析法教学 以同学课堂练习的形式为主 思政点： 总结提升——科学的发展不是一蹴而就，需要发现问题→解决问题→再发现问题→再解决问题…… 推广到个人：生活学习中遇到的困难，怎样调整心态、积极解决 推广到国家：社会发展中遇到的问题，如何理性对待

六、教学效果分析

通过本课程的学习，学生不仅掌握了数字电子技术的基础知识和基本分析设计方法，初步具备利用常用的中大规模集成电路的能力；同时也建立了良好的工程意识和严谨的逻辑思维，具有发展的眼光和合作的科学精神，以及良好的团队集体意识。尤其通过思政教育的渗透，同学们形成了正确的世界观、人生观和价值观，具备了更开阔的胸襟和广阔的思维，具有大局意识、团队精神；能树立起民族自豪感和责任心，能正确看待我国科技发展的优势和不足，能用发展的思维来看待社会。

数字小系统答辩

2、设计过程中的体会与创新点？对本设计及本课程的建议等。

我们小组的创新点在于我们在原始设计的基础上多加了许多新功能，比如手动控制夜间行驶，以及模拟汽车通行电路的实现。

我们在设计数字小系统的过程中充分体会到了模块化设计思想的重要性，设计出一个完整的电路绝对不是一蹴而就的，而是一个一步步解决问题的过程，同时，模块化设计也更利于小组的分工，让我们小组内部分工明确。

我们认为本次设计过程中有两个阶段比较难，第一个阶段是刚开始着手构思电路框架的时候，在这个阶段要大致想好实现电路的功能需要有哪几个模块，每个模块的重要芯片是什么。然后开始按照思路搭建初始电路，从一些简单的功能开始实践；第二个比较难的阶段是查错、完善功能阶段。在连接好初始电路后，会发现有很多功能很难实现，或者和预想的功能不太一样，这就需要思考如何在现有电路的基础上进行改进，如果实在改进不了，就尝试换一种方法来实现（比如我们的发球模块）。这一阶段是最消耗时间与精力的，但当成功设计电路并实现电路功能的时候，会感觉很有成就感，在思考的过程中也会提升自己利用理论知识并实践的能力。

1） 电路设计中发现的问题？ 如何解决问题的？

在设计随机数模块曾有过两种方案：一，使用555定时器，因设计问题最终没能实现；二，查询相关资料可以运用模电知识，根据按键时长对电容进行不同程度的充电，最终反映为不同的输出数，但与我们的小系统设计需求不符。最终我们选择对课程中所学时序逻辑电路进行加工，得到现在结果。

2） 设计过程中的体会与创新点？对本设计及本课程的建议等。

在设计过程中，我们经历了选题—构思—分工—设计—组合—改进，这一整套流程，在这个过程中，我们体会到了团队合作的重要性，也学会了如何更好地合作；当我们的电路出现某一问题时，我们能够一起思考，讨论，改正错误，比起独自苦思冥想，还是与他人交流意见来的更有效率。

- 在实际测试电路时，我们发现通过按键开关分别代表甲乙两方的输入时，在电子拔河绳上的反映太慢了，导致游戏的可玩性较低，所以我们对电路进行了简化与修改，使得最后的拔河游戏能够进行的更加顺利。

2）设计过程中的体会

- 将大问题分解成小问题，逐个击破是解决问题的有效方法，但是要注意最后还要将分块后的各个模块的解决方案结合起来组成最终的方案，要注意方案的整体性。
- 实际的问题并不总是与理论上分析的情况一样，实际出现的问题常常是较为复杂的，需要认真分析与实验。

课程收获体会

QQ交流视频

数字小系统答辩视频

网络空间安全与治理

宁焕生

课程名称　广义网络空间专题
课程性质　专业选修课
专　　业　计算机等信息类专业
授课对象　本科生、研究生
课程简介：

“广义网络空间专题”课程依托网络空间命运共同体理念，结合“特色化、精品化、国际化”等信息类专业优势，系统创建了以“网络空间命运共同体”为核心理念的课程思政体系。从网络空间（网络空间命运共同体），网络使能物理空间（绿色地球理念等），网络使能社会空间（和平共处理念等），网络使能思维空间（全球化合作共赢理念等）方面，将我国网络空间网络安全战略和网络空间国际合作战略等内容，系统设计为网络空间概念与内涵、网络空间安全治理与法律建设、发展趋势与卡脖子技术、网络空间生存与健康，以及人才培养五个方面。通过由浅及深的授课方式，将思政教育理念融合到专业课程教学之中。

该课程立足“立命、修身、担当、共享”等课程设计与人才培养需求，坚持课程建设面向“世界科技前沿、经济主战场、国家重大需求、人民生命健康”，探索了一套综合教材建设、课程教学、基地建设、国际化培养的综合考评机制，全方位构建了网络空间领域思政课程示范课程的可持续发展及保障机制。

教师简介：宁焕生，北京科技大学计算机与通信工程学院教授，网络空间北京市国际科技合作基地主任，北京市网络空间大数据内容分析与应用工程研究中心副主任，第八届教育部科技委委员，国际工程技术学会会士（IET Fellow）。

课程蕴含的思政元素分析

一、以立命为要求，教学专业知识

课程设计要结合课程特点与四个面向（世界科技前沿、经济主战场、国家重大需求、人民生命健康），内容尽可能做到高精尖专。网络空间领域竞争激烈，学生需要了解网络空间建设、安全与治理等核心技术，如芯片、操作系统、基础软件与工具等，既是提升个人核心竞争力的关键，也是国家掌握网络空间主权和话语权的基石，需要从生存立命的角度去理解教与学的责任。

二、以修身为要求，塑造价值理念

坚持网络空间命运共同体理念，需要正确的价值观引领，如通信网络与数据中心建设涉及的绿色环保理念，反对网络暴力、网络诈骗的文明用网理念，不搞网络霸权、不干涉他国内政的和平共处、合作共赢理念。

三、以担当为要求，厚植家国情怀

维护国家网络空间主权，建立绿色清朗的网络空间环境，是构建网络命运共同体的关键。研究生需要了解国际、国家、社会及个人层面的网络空间安全与治理、法律法规；利用社交网络优势开展正确的舆情引导、大规模人群健康筛查与追溯、疫情防控大数据汇聚与处理等。

四、以共享为要求，拓宽国际视野

创建北京市网络空间国际合作基地、网络空间国际会议等平台与机制，拓宽国际视野，倾听国际声音，做到求同存异。坚持网络空间和平发展理念与国际合作普惠理念，推动在网络空间优势互补、共同发展，共享互联网发展成果。

教案设计

一、教学目标

（一）知识目标

（1）掌握网络空间安全与治理的概念、内涵和基本内容，了解本章内容设计思路。

（2）通过国内外典型网络空间安全事件，认识网络空间安全与治理的重要性及必要性。

（3）掌握网络空间命运共同体理念在网络空间治理（国际、国家、社会及个人层次）中的具体体现，结合具体实例，融会贯通网络空间命运共同体理念在网络空间主权、国际协调、网络空间法律建设等方面的思政内容。

（二）能力目标

（1）通过分析与课程内容相关的网络空间安全实例，培养学生网络空间安全和责任意识、忧患与风险意识等；

（2）了解国家层面的网络空间安全与治理内涵，以及我国网络空间安全与治理的理念和政策，增强网络空间主权意识和治理责任感。

（三）思政目标

（1）培养学生运用思政知识分析复杂问题的能力；

（2）激发学生在学习专业知识的同时，融会贯通专业知识和思政知识的能力；

（3）通过思政教育，培养学生学习兴趣的同时，培养其网络空间主权意识和社会责任感，理解我国网络空间治理理念和原则等。

二、教学内容分析

（一）教学内容

主要围绕网络空间安全与治理概述与网络空间安全与治理进行。其中网络空间安全与治理概述包括典型国内外网络空间安全事件、网络空间安全简介、网络空间治理定义、内涵及主要内容等内容；网络空间国际安全与治理主要包括网络空间治理手段、各国网络空间治理措施，以及网络空间命运共同体理念在我国网络空间治理中的体现等内容。

（二）教学重点

该节内容的教学重点在于网络空间安全与治理的层次和内涵、我国网络空间主权理念、相关法律及国际主张，以及国家网络空间安全的内涵和举措。

（三）教学难点

如何帮助学生更好地理解国家网络空间主权诉求与网络空间命运共同体理念的辩证统一关系，是本节教学的难点。

三、教学对象分析

主要授课对象为计算机及信息类专业的本科生与研究生，也可以是对网络空间感兴趣的其他专业学生。

四、教学手段与方法

(1) 用课件展示主要授课内容，用数据及实例对网络安全事件等案例进行讲解；

(2) 通过国内外网络空间治理方法的对比，加深学生对不同国家的网络空间治理理念和方法差异性的认识；

(3) 采用提问、小组讨论等互动方式，进行启发式授课，促进学生思考。

五、教学过程

(一) 教学设计思路

(1) 由生活经历作为切入点，引导学生进入教学主题；

(2) 从网络空间安全与治理的知识结构出发，引出各部分具体授课内容；

(3) 通过课堂互动、研讨等形式，加深对网络空间主权、治理、协作等内容的深入理解，以及从网络空间主权与治理角度理解网络空间命运共同体理念。

(二) 教学主要过程

1. 问题导入、本章内容与结构

提问1：结合疫情防控，谈谈你对网络舆情引导必要性的看法。

该问题的目的是启发学生思考，让学生认识到有效的网络舆情引导是维护健康网络环境的关键举措之一。

提问2：处理一起网络诈骗，可能需要追究哪些平台、团体或个人的责任？

该问题用来提醒学生提高对网络诈骗的警惕性，同时也让学生了解公安机关处理网络诈骗案件的复杂性（牵扯到人员、地点、服务器所在地、ISP等）。

列举国际国内出现的典型网络空间安全事件，并说明这些事件所带来的严重后果。充分利用多媒体教学，层层递进，引导学生思考网络空间治理的重要性和必要性。此外，还介绍了全国商业网站违法案例和不良信息举报受理情况统计数据，提醒学生用网安全和注意隐私保护。

向学生提问，询问大家接触过哪些网络安全事件，使学生了解网络空间安全与治理不仅涉及到国际、国家和社会层面，也涉及到个人生活的诸多方面。同时，让学生归纳网络空间安全与治理的内涵，培养分析问题的能力（图1）。

图 1　教学过程

2. 网络空间安全与治理定义及内涵

给出网络空间安全、网络空间治理的相关定义，并比较网络安全、信息安全和数据安全等概念之间的异同。使用由浅至深的教学方法，让学生理解各种概念之间的联系。在此基础上，阐述网络空间安全的重要性，以及各层次的网络空间治理内容（图 2 和图 3）。

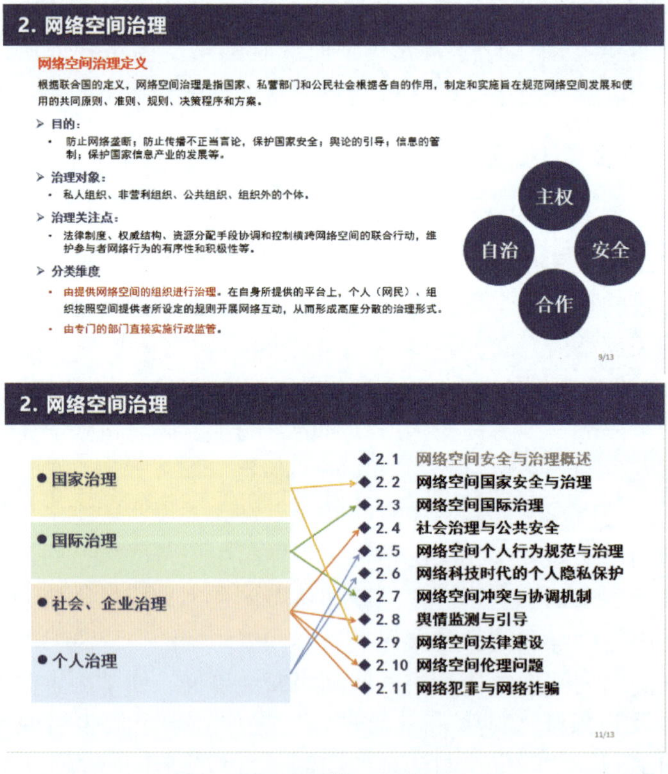

图 2　各层次网络空间治理内容

图 3　课堂教学与研讨过程

3. 网络空间国家安全与治理

从国家层面，阐述对网络空间有哪些治理手段，这些治理手段具有怎样的作用、适用于什么场景等。

介绍美国、日本、英国、新加坡、法国、韩国、欧盟、德国、瑞士等国家和地区的网络空间治理措施及治理理念（图 4）。

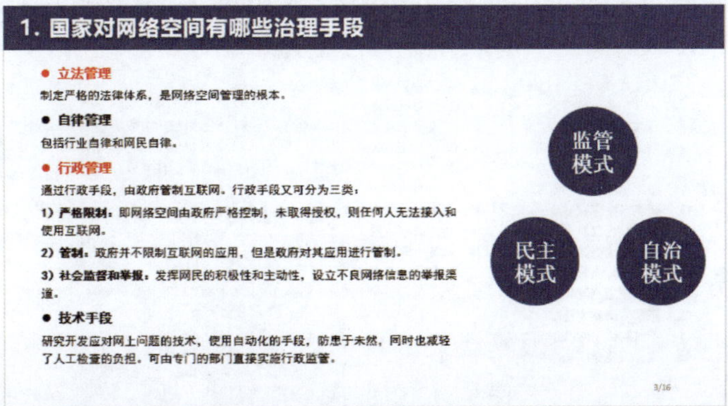

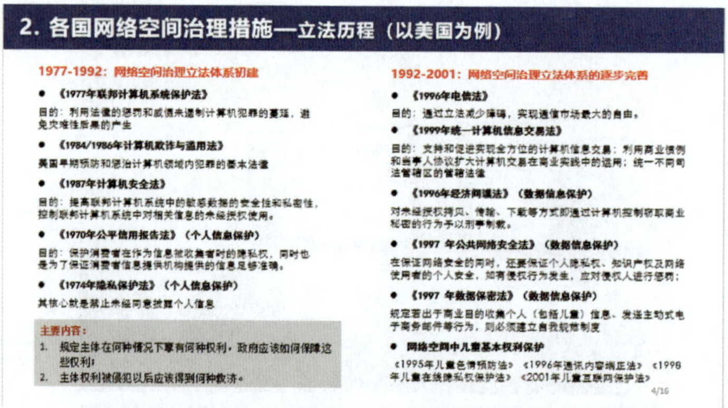

图 4　网络空间国家安全与治理

结合我国《国家网络空间安全战略》，从立法、行业技术要求等方面介绍我国网络空间治理主要对策；阐述习近平主席关于推进全球互联网治理体系变革的“四项原则”和构建网络空间命运共同体的“五点主张”。同时阐述国家网络空间主权诉求与人类网络空间命运共同体理念的辩证统一关系（图5）。

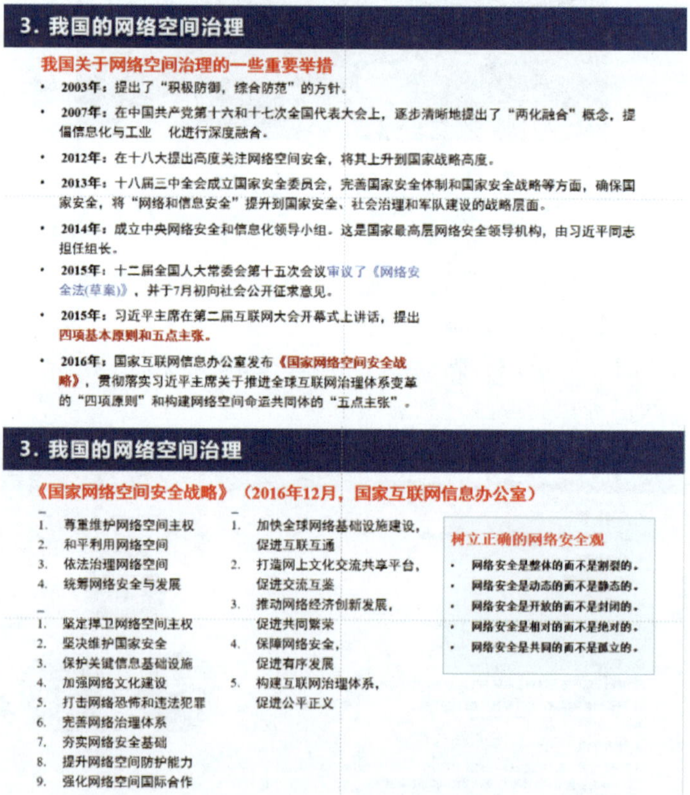

图 5　我国的网络空间治理

4. 课堂讨论与小结

最后，课堂设置了 5 分钟的小组讨论，让学生结合国家层面的网络空间安全与治理，谈谈网络空间命运共同体理念的重要性与必要性。

调研学生讨论情况，掌握学生对网络空间命运共同体等理念的认识情况，结合学生理解程度，阐述构建网络空间命运共同体理念的重要性与必要性，倡导各国（地区）共同努力，共同构建和平、安全的网络空间环境。

六、教学效果分析

（1）课程考核评价机制建设与目标达成度好。针对课程建设，探索了一套综合教材建设、课程教学、实践和基地建设的综合考评机制，以促进课程建设可持续发展。全面完成了教材（在国内外众多高校使用）、线上线下课程、基地（北京市国际科技合作基地、北京市工程技术研究中心）及今日头条科普栏目建设（图 6~图 8）。

图 6　系列科普教材

图 7　合作基地与工程中心

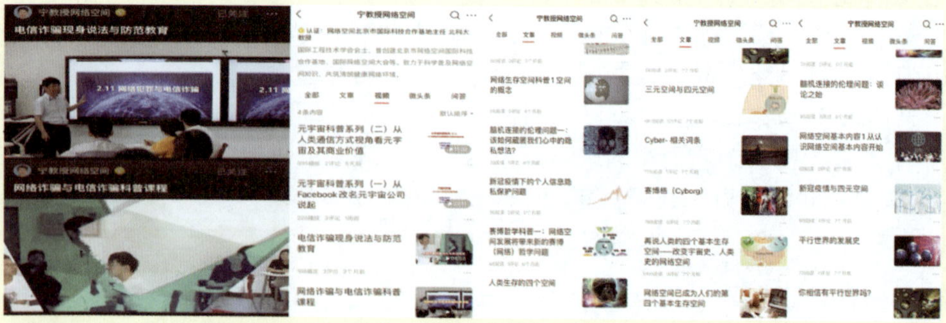

图 8　今日头条科普专栏

（2）校内外同行和学生评价高。课程获得校内外同行高度评价。在校内，负责人两次应邀为印度塔塔高级代表团做主题报告；在校外，应邀为中美产教融合高水平高校建设项目研修班做 MOOC 建设培训（9 家单位 50 余位专业骨干教师），授课质量和内容得到了高度认可。线上、线下课程学生评教均为优。

（3）课程思政教学改革成效与示范辐射效果强。学生围绕网络空间安全教育与技术服务开展军地支部共建与交流；连续多年在京郊、南京、雄县、如皋、秦安等地，深入医院、社区开展助老、助农与助教实践（图 9），在多省开展健康人群调研等，学生获北京市及山东省科技进步奖等。

图 9　开展助老、助农等社会实践

新冠疫情中突出递推的动态规划应用

杨 春

课程名称 算法设计与分析
课程性质 专业必修课
专　　业 计算机、信息安全、通信工程
授课对象 本科三年级学生
课程简介：

"算法设计与分析"是计算机科学的一个重要分支，是计算机科学的基础，更是程序设计的核心。所以，算法课程对计算机系学生来说非常重要，是计算机专业学生的必修课程。同时，算法所涉及的范围十分广泛，从理论到各种实际问题的解决，无一不与算法有密切关系。作为信息安全和通信专业学生的选修课程，该课程能够帮助学生掌握算法设计中的常见方法，解决实际问题。

在学习"算法设计与分析"课程之前，学生已经学习过程序设计基础、离散数学和数据结构等专业课程，可以对于特定问题进行分析、数据结构设计和编程实现。但是，学生缺乏对于问题分析与算法设计过程的系统性认识。

"算法设计与分析"的课程教学目标是：帮助学生建立问题建模与算法设计分析的整体观，理解算法设计与分析的基本概念，掌握算法时间复杂度和空间复杂度的常见分析方法，系统地领会递归技术及分治方法、贪婪法、动态规划法和回溯法等常见的算法设计技巧和性能分析方法，了解算法设计中的一些典型问题，如计算复杂性问题和 NP 完全问题等。达到全面掌握算法设计中的各类重要思想和技巧的基本目的。能在理解的基础上，运用算法设计中的一些常见方法，去解决计算机应用中的一些复杂工程技术问题；在应用软件设计中能灵活借鉴算法设计的基本思想和技巧；能对设计的实际算法，进行一定的分析，能评估算法的实际运行性能。

教师简介：杨春，北京科技大学计算机与通信工程学院计算机科学与技术系讲师，主要从事文字识别、模式识别和计算机视觉研究。

课程蕴含的思政元素分析

“算法设计与分析”是计算机科学的一个重要分支，是计算机科学的基础，更是程序设计的核心，是计算机专业学生的必修课程。

本课程的特色就是通过大量例题让同学了解常见的算法设计方案，掌握算法设计中的各类重要思想和技巧，并能在理解的基础上，运用算法设计中的常见方法，去解决计算机应用中的一些复杂工程技术问题。

“算法设计与分析”的经典例题为了问题分析方便，多是对实际复杂问题的高度抽象，比如求最长公共字符子序列等，并没有展示其有效的应用场景。因此，从时事热点和真实科研项目中，选取体现算法思想的相关案例，可以有效地将课程思政内容融入课程教学当中。比如求最长公共字符子序列可以用于RNA序列配对，指导病毒分析和疫苗研制，进而结合新冠疫情时事热点：一方面，对奋斗在一线的英雄致敬，对学生进行爱国主义教育和道德品质教育；另一方面，展示人工智能在此次疫情期间的贡献，强调算法工程师的社会责任感和价值观。

算法是指在解决问题时，按照某种机械算法步骤一定可以得到问题结果的处理过程。只要是解决问题，不论是计算机编程还是实际生活，都需要使用算法。因此，本课程需要进一步挖掘时事热点中问题求解的算法思想，选择合适的事例，在教授算法技巧的同时，引导学生树立正确的世界观、人生观和价值观。

教案设计

下面以动态规划中的“突出递推的动态规划应用”章节为例，展示结合课程思政的“算法设计与分析”教案。

一、教学目标

主要教学目标包括以下三点：

（1）学生理解动态规划（Dynamic Programming）算法策略的基本思想，理解其把求解的问题分成许多阶段或多个子问题，然后按顺序求解各子问题，并以最后一个子问题作为初始问题解的做法；

（2）理解动态规划算法的三个典型性质，即最优化原理（最佳原则/最优子结构）、无后向性（无后效性）、有重叠子问题；

（3）以最长公共字符子序列问题为例，介绍动态规划算法策略的实现过程；深入掌握设计标准动态规划算法的步骤：分析最优解的性质并刻画其结构特征、递推地定义最优值、以自底向上的方式或自顶向下的记忆化方法（备忘录法）计算出最优值、根据计算最优值时得到的信息构造问题的最优解。

二、教学内容分析

本章节的主要内容为通过求最长公共字符子序列问题了解突出递推的动态规划应用的算法设计方法。

教学重点：

（1）学生了解求最长公共字符子序列问题，掌握基于递推的动态规划应用的算法设计方法。

（2）学生可以在理解的基础上，利用动态规划方法求解其他应用问题。

教学难点：

（1）涉及动态规划法的设计与分析，比较抽象且难懂。因此在教学过程中，通过动画展示算法的执行过程。

（2）理解动态规划法的分析技术以及算法优化策略。在基本方法介绍的基础上，介绍改进算法和算法的其他应用，如求解最长单调递增子序列。通过多个示例，让学生掌握基于递推的动态规划应用的求解。

三、教学对象分析

（一）知识基础

本课程教学对象为计算机、信息安全和通信工程专业大三本科生学生，前序已经学习过程序设计基础、数据结构和离散数学课程，具有对于特定问题进行分析、数据结构设计和编程实现的能力。

（二）认知特点和学习风格

对于大三本科生，学生已经明晰自己的专业方向，因此在授课过程中要根据学生课程发展需求，主动进行引导，如使用真实笔试题目以及科研中的实际应用作为例题等。为激发学生的学习热情，在课堂教学中应注重应用部分的展示，通过贴近生活的实际应用案例，帮助学生深刻理解相关理论，为之后独立处理复杂工程问题奠定基础。

四、教学手段与方法

（一）教学手段

动态多媒体课件、雨课堂、板书和讲解有机结合，通过课堂讨论和互动提高学生的主动性和积极性。

（二）教学模式

根据学生的学习特点以及本章节的教学要求，形成如图1所示的教学模式图，按照问题引入、问题分析、算法设计、算法实现和分析、算法优化等步骤进行讲授。

图1　教学模式图

五、板书设计

45分钟的课堂教学使用两块黑板，如图2所示，第一块黑板书写RNA序列分析的各种算法，作为课程主线。随着课程的讲解，不断丰富板面内容，包括子序列的定义、各种求解方法的时间复杂度等，方便学生理清思路。第二块板书书

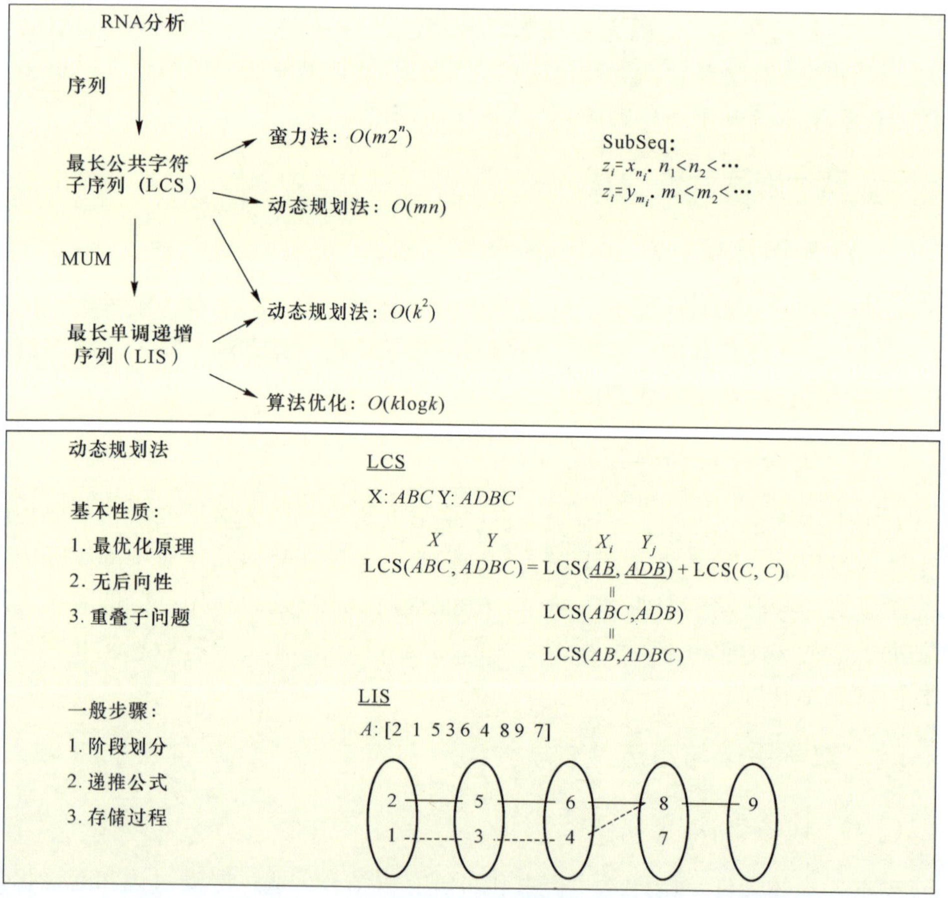

图2　板书设计图

写动态规划法的基本步骤，以及讲述动态规划方法求解最长公共字符子序列和最长单调递增子序列时的实例展示。配合课件板书区书写一些并不复杂的演算过程，书写内容视学生对课堂内容的反应灵活可变。

六、教学过程

（一）教学进程框架

本节课的教学流程设计如图 3 所示。

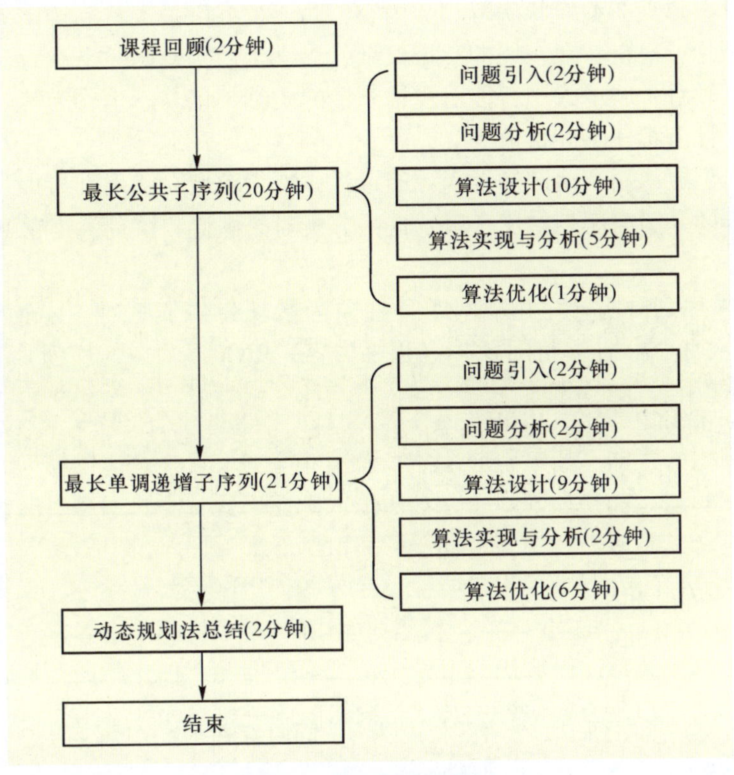

图 3　教学进程框架图

（二）教学进程详细内容

课件 PPT

根据教学框架进行详细设计，具体内容如下：

1. 课程回顾（2 分钟）

回顾动态规划方法的基本思想和基本性质，包括：

（1）动态规划方法的基本思想是把求解的问题分成许多阶段或多个子问题，然后按顺序求解各子问题。最后一个子问题就是初始问题的解。

（2）动态规划算法的问题及决策应该具有三个性质：（板书内容）最优化原理、无后向性、有重叠子问题。

（3）（板书内容）设计一个标准的动态规划算法的步骤：

1）划分阶段；

2）选择状态；

3）确定决策并写出状态转移方程（递推公式）。

2. 最长公共子序列问题（20 分钟）

A　问题引入（2 分钟）

展示时事热点新型冠状病毒相关内容，防治抗疫医护人员、钟南山院士等照片，对奋斗在一线的英雄致敬，对学生进行爱国主义教育和道德品质教育，展示人工智能对疫情防治的贡献。培养学生作为算法工程师的社会责任感和价值观。

教学视频

说明新型冠状病毒追溯病毒来源的过程，展示新型冠状病毒与蝙蝠冠状病毒的基因组序列对比，以及这些分析对研制检测试剂、疫苗和治疗药物的作用。

将 RNA 序列对比（生物学问题）抽象为最长公共子序列（Longest Common Subsequence，LCS，计算机问题）。（板书内容）RNA 序列→（序列）→LCS。

B　问题引入（2 分钟）

给出公共子序列的定义，（板书内容）Subseq：$z_i=x_{n_i}$，$n_1<n_2<\cdots$；$z_i=y_{m_i}$，$m_1<m_2<\cdots$。给出实例，让学生理解最长公共子序列问题。

> 实例：
> X：$A\ B\ C\ B\ D\ A\ B$
> Y：$B\ D\ C\ D\ B\ A$

其最长公共子序列 $B\ C\ B\ A$，长度为 4。同时存在另一组解：$B\ C\ D\ A$，长度为 4。因此解不一定唯一。本问题只要给出一个解即可。

C　算法设计（10 分钟）

重点介绍蛮力法和动态规划法求解最长公共子序列问题的方法。

（1）基于蛮力法的算法设计

通过蛮力法，让学生复习算法复杂度的计算方法，理解使用动态规划进行优化的必要性。

蛮力法基本思想：依次检查 X 的每个子序列在 Y 中是否出现。

以 LCS（$X=<A,B,C>$，$Y=<A,D,B,C>$）为例。首先给出 $X=ABC$ 的所有子序列集合 $\{\varnothing,A,B,C,AB,AC,BC,ABC\}$。然后动态展示子序列 ϕ、

AB 和 ABC 是否在 $Y=ADBC$ 中出现过，最终得到 LCS（$X=<A, B, C>$，$Y=<A, D, B, C>$）$=ABC$。

给出时间复杂度分析，当 $|X|=n$，$|Y|=m$ 时，每个子序列判断是否在 Y 中时间复杂度 $O(m)$，X 有 2^n 个子序列，最坏情况下，时间复杂度 $O(m2^n)$。（板书内容）蛮力法：$O(m2^n)$。

此外，对比 LCS（$<A, B>$，Y）和 LCS（$<A, B, C>$，Y）的过程，引导学生发现两者存在重叠子问题。如果将 LCS（$<A, B>$，Y）的结果记录下来，只需要判断 C 是否在 Y 剩余序列中出现即可。

（2）基于动态规划的算法设计

回顾动态规划法算法设计的一般思路，包括阶段划分、递推公式、存储过程。引导学生设计最长公共单调递增子序列的动态规划算法。

1）阶段划分

LCS（X，Y）的求解依赖于其前序序列 LCS（X_i，Y_j）的求解。

定义子问题为求（X_i，Y_j）的最长公共子序列参数。其中 $X_i=<x_1, x_2, \cdots, x_i>$，$Y_j=<y_1, y_2, \cdots, y_j>$，$i$ 和 j 分别为 X_i 与 Y_j 的终止位置。按照 $i=1, \cdots, n$；$j=1, \cdots, m$ 的顺序进行遍历，当 $i=n$，$j=m$，子问题就是原问题的解。

2）子问题之间的依赖关系

①若 $x_i=y_j$ 则 $z_k=x_i=y_j$，且 Z_{k-1} 是 X_{i-1} 与 Y_{j-1} 的最长公共子序列；

②若 $x_i \neq y_j$，$z_k \neq x_i$ 则 Z 是 X_{i-1} 与 Y_j 的最长公共子序列；

③若 $x_i \neq y_j$，$z_k \neq y_j$ 则 Z 是 X_i 与 Y_{j-1} 的最长公共子序列。

3）递推公式和标记函数

状态函数 $F(i, j)$：X_i 与 Y_j 的最长公共子序列长度。

$$F(i, j)=\begin{cases}0 & i=0 \text{ or } j=0 \\ F(i-1, j-1)+1 & i, j>0, x_j=y_j \\ \max\{F(i, j-1), F(i-1, j)\} & i, j>0, x_i \neq y_j\end{cases}$$

标记函数：$P(i, j)$，值为↖、↑ 、←。

$$P(i, j)=\begin{cases}\nwarrow & F(i, j)=F(i-1, j-1)+1 \\ \uparrow & F(i, j)=F(i-1, j) \\ \leftarrow & F(i, j)=F(i, j-1)\end{cases}$$

D　算法实现与分析（5 分钟）

学生能够根据伪代码给出算法复杂度分析。结合实例，学生理解和掌握代码执行过程。

首先，展示基于动态规划的伪代码。

```
LCS（X, Y, n, m）

For i←0 to n do F(i, 0) ←0 Endfor
For j←1 to m do F(0, j) ←0 Endfor
For i←1 to n do
    For j←1 to m do
        If X[i] =Y[j]
        Then F(i, j) ←F(i-1, j-1)+1
             P(i, j) ← “↖”
        Else if F(i-1, j) >= F(i, j-1)
            Then F(i, j) ←F(i-1, j)
                 P(i, j) ← “↑”
            Else F(i, j)  ←F(i, j-1)
                 P(i, j) ← “←”
            Endif
        Endif
    Endfor
Endfor
```

```
Structure_ Sequence（X, P, i, j）

If i=0 or j=0 then return Endif  //序列为空
If P (i, j) = “↖”
Then 输出 X [i]
     Structure_ Sequence (X, P, i-1, j-1)
Else if P (i, j) = “↑”
    Then Structure_ Sequence (X, P, i-1, j)
    Else Structure_ Sequence (X, P, i, j-1)
    Endif
Endif
```

其次，给出算法复杂度分析。

（1）（板书内容）计算 F 和 P：O（nm）；

（2）构造解：每步缩小 X 或 Y 长度，O（$n+m$）。

再次，根据伪代码，结合实例（$X=ABCBDAB$，$Y=BDCDBA$），展示具有代表性情况的运行结果。最后，展示最终迭代运行结果和倒推得到的子序列，如图4和图5所示。

实例:

X:　A B C B D A B

Y:　B D C D B A

	Y	B	D	C	D	B	A
X	0	0	0	0	0	0	0
A	0	0	0	0	0	0	1
B	0	1	1	1	1	1	1
C	0	1	1	2	2	2	2
B	0	1	1	2	2	3	3
D	0	1	2	2	3	3	3
A	0	1	2	2	3	3	4
B	0	1	2	2	3	4	4

	Y	B	D	C	D	B	A
X							
A		↑	↑	↑	↑	↑	↖
B		↖	←	←	←	↖	↑
C		↑	↑	↖	←	←	←
B		↖	↑	↑	↑	↖	←
D		↑	↖	↑	↖	↑	↑
A		↑	↑	↑	↑	↑	↖
B		↖	↑	↑	↑	↖	↑

图4　LCS 算法示例

	Y	B	D	C	D	B	A
X							
A		↑	↑	↑	↑	↑	↖
B		↖	←	←	←	↖	↑
C		↑	↑	↖	←	←	←
B		↖	↑	↑	↑	↖	←
D		↑	↖	↑	↖	↑	↑
A		↑	↑	↑	↑	↑	↖
B		↖	↑	↑	↑	↖	↑

图5　Structure_Sequence 算法示例

E　算法优化（1分钟）

介绍字符有重复子串（例如 RNA 匹配问题）时的优化方法。如果字符串有重复子串，可以使用 Four Russians❶ 的方法进行优化。

3. 最长单调递增子序列问题（21分钟）

A　问题引入（2分钟）

最长公共子序列仅适用于字符串长度较小的情况，在实际问题（基因序列匹配）中，RNA 或 DNA 序列的长度不适合使用最长公共子序列方法。对于大规模序列问题比对，研究者们提出了 MUMmer 系统。

MUMmer 系统引入最大唯一匹配（Maximal Unique Matches，MUM）概念，从而两个字符串的匹配等价于寻找有序的 MUM 序列的最长单调递增子序列（Longest Increasing Subsequence，LIS）。（板书内容）LCS→MUM→LIS。

将 MUM 按照 A 中出现顺序进行记号，记录每个 MUM 在 B 中的出现位置，记为序列 C（实例中为［1324765］）。则匹配问题等价于求解 C 的最长公共子序列问题，如图6所示。

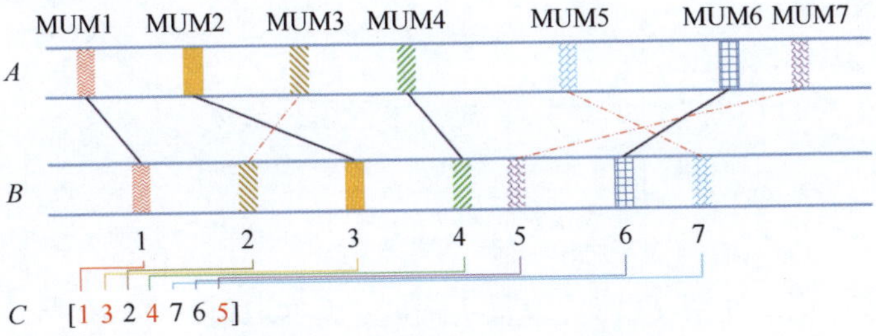

图6　基于 MUM 的序列匹配示例

❶ https：//www. cs. bgu. ac. il/~michaluz/seminar/four_ russians. pdf。

B　问题分析（2 分钟）

给出实例，让学生通过实例理解最长单调递增子序列问题的输入和输出。

实例：A：{5，6，7，1，2，8}，N=6。

其最长的单调递增子序列为 {5，6，7，8}，长度为 4。

C　算法设计（9 分钟）

（1）基于蛮力法的算法设计

学生能够给出基于蛮力法的算法实现。

枚举所有的子序列，共计 2^n 个子序列。判断长度为 i 的子序列是否为单调递增的，进行（$i-1$）次比较。总时间复杂度：$T(n) = O\left(\sum_{i=1}^{n} iC_n^i\right) \geqslant O\left(\sum_{i=1}^{n} C_n^i\right) = O(2^n)$ 。

（2）基于问题规约的算法设计

学生理解规约概念，能够根据最长公共子序列算法，给出最长单调递增子序列的算法，将问题转化为已知的动态规划问题（最长公共子序列）。

已知：一个长度为 n 的数组 A。 任务：构造数组 B，使得 LCS（A，B）= LIS（A） 构造方法：B = sort（A，ascend）
空间复杂度：$O(n+n^2)=O(n^2)$ 时间复杂度：$O(n\log n+n^2)=O(n^2)$

（3）基于动态规划的算法设计

1）阶段划分

定义子问题为求数组 A_i 的最长单调递增子序列，其中数组 A 的前序数组 A_i = <a_1，a_2，…，a_i>，i 是 A_i 的终止位置。按照 $i=1$，…，n 进行遍历，$i=n$ 时子问题就是原问题的解。

2）递推公式和标记函数

状态函数 $F(i)$：前 i 位的最长单调递增子序列长度。

$$F(i)=\begin{cases}1 & i=1\\ \max\limits_{1\leqslant k<i,\ a_k<a_i}\{F(k)+1\} & \text{otherwise}\end{cases}$$

标记函数：记录使得 F（i）取最大值时，k 的取值。

$$P(i)=\begin{cases}0 & F(i)=1\\ \operatorname*{argmin}\limits_{1\leqslant k<i,\ a_k<a_i}\{F(k)+1\} & \text{otherwise}\end{cases}$$

D 算法实现与分析（2 分钟）

学生能够根据伪代码给出算法复杂度分析。结合实例，学生理解和掌握代码执行过程。首先，展示基于动态规划的伪代码。

LIS（A，n）

```
F(1)←1
P(1)←0
For i←2 to n do
    F(i)←0
    P(i)←0
    For j←1 to i-1 do
        If A[i] < A[j] && F(i) < F(j)
        Then F(i)←F(j)
             P(i)←j
        Endif
    Endfor
    F(i)←F(i) +1
Endfor
```

Find_ Path（A，F，P）

```
Tmp←F(1)
k←1
For i←2 to n do
    If Tmp< F(i)
    Then Tmp←F(i)
         k←i
    Endif
Endfor
While P(k) ≠ 0 do
    输出 A[k]
    k←P(k)
Endwhile
```

其次，给出算法复杂度分析。（板书内容）LIS→$O(k^2)$。

（1）LIS：$O(n^2)$；

（2）Find_ Path：$O(n)$。

最后，展示最终迭代运行结果和倒推得到的子序列，如图7所示。（板书内容）辅助学生理解。

实例:

A: {2 1 5 3 6 4 8 9 7}, n=9

	1	2	3	4	5	6	7	8	9
A	2	1	5	3	6	4	8	9	7
F	1	1	2	2	3	3	4	5	4
P	0	0	1	1	3	4	5	7	5

解：{2, 5, 6, 8, 9}，长度为5。

图7　LIS问题实例求解示例

E　算法优化（6分钟）

（1）优化问题引导

通过提问的方式，让学生回顾离散数学的偏序关系，引导学生思考利用比较运算（<）的传递性，来进行比较次数的优化。

可以优化的步骤：$A[i] < A[j]$ && $F[i]<F[j]$

优化思路：虽然 A_i 不是单调的，但是 A_i 的解是单调递增的。利用传递性：$A>B$，$B>C \to A>C$，减少无效比较。

（2）LIS问题算法优化

首先，给出基于二分查找的算法改进策略。

```
LIS_ FAST (A, n)

M[1]←A[1]
N[1]←1
P[1]←0
L←1
For i←2 to n do
    j = lower_bound (M, L, A[i])
    If j = L+1
    Then M[L+1]←A[i]
         N[L+1]←i
         L←L+1
    Else if M[j]>A[i]
         Then M[j]←A[i]
                   N[j]←i
         Endif
    Endif
    If j=1
    Then P[i]←0
```

```
    Else P[i]←M[j-1]
    Endif
Endfor
```

其中，lower_ bound（*，*，val）在 first 和 last 中的前闭后开区间进行二分查找，返回大于或等于 val 的第一个元素位置。若所有元素都小于 val，则返回 last 的位置。

```
Find_ Path(A, N, P, L)
---------------------------------
k←N[L]
While P(k) ≠ 0 do
    输出 A[k]
    k←P(k)
Endwhile
```

其次，给出算法复杂度分析。(板书内容）LIS→$O(k\log k)$。

(1)（板书内容）LIS_FAST：$O(n\log n)$；

(2) Find_ Path：$O(n)$。

最后，通过实例，展示最终迭代运行结果和倒推得到的子序列，如图 8 所示。

实例:

A: {2 1 5 3 6 4 8 9 7}, n=9

	1	2	3	4	5	6	7	8	9
A	2	1	5	3	6	4	8	9	7
M	1	3	4	7	9				
N	2	4	6	9	8				
P	0	0	2	2	4	4	6	7	6

LIS的解：{2, 5, 6, 8, 9}，长度为5。

实例代码

图 8　LIS 问题优化算法实例求解示例

4. 动态规划总结（2 分钟）

(1) 动态规划法总结：

1）动态规划算法的核心是解决蛮力法和分治法的重叠子问题冗余，利用空间换时间。

2）动态规划算法通常基于一个递推公式及一个或多个初始状态，当前子问题的解将由上一次子问题的解推出。使用动态规划来解题只需要多项式时间复杂度，因此它的计算时间比蛮力法等方法要快许多。

（2）布置作业：基于计蒜客平台布置动态规划法的作业。

七、教学效果分析

本章节的教学设计符合大三学生的认知规律和实际水平，由新冠病毒引入，有效增加学生的兴趣；由动画展示、学生讨论等营造出的教学氛围将非常有效地提高学生的主动性，加深学生对算法过程的理解，有助于学生掌握本节课的学习内容。因此，学生在学习本章节内容时，将有较好的积极性和主动性，可以获得理想的学习效果，实现本章节的教学目标。

在引入阶段对奋斗在一线的英雄致敬，对学生进行爱国主义教育和道德品质教育。通过展示人工智能在此次疫情期间的贡献，培养学生作为算法工程师的社会责任感和价值观。同时，通过课后作业统计学生利用动态规划方法解决特定问题能力的掌握情况。

互联互通，让世界更美好

谢永红　罗　熊

课程名称　离散数学

课程性质　专业基础课

专　　业　计算机、信息安全、人工智能等

授课对象　本科二年级学生

课程简介：

离散数学是现代数学的一个重要分支，以研究离散量的结构和相互间的关系为主要目标，是计算机及相关学科基础理论的核心课程。它的主要内容包括数理逻辑、集合论、代数结构、图论四部分。通过学习该门课程，使学生掌握计算问题的离散化、形式化知识与方法，利用数理逻辑、集合论、代数结构和图论相关的基础知识与专业理论，对计算问题进行形式化描述；掌握离散系统的数学描述方法，合理运用于计算问题的形式化表示、逻辑演算、逻辑推理和构建计算模型；掌握离散数学相关的综合及系统知识，对信息技术相关的系统与模型进行分析与设计，并能够对计算问题进行形式化证明。同时，培养学生的抽象思维能力，为学生进一步学习后续课程打下基础。

对于刚刚开始接触专业课程的大二同学，离散数学是面向计算机、信息安全、人工智能及计算机相关专业开设的一门专业基础课程，与后续的很多专业课有着紧密的联系。通过将德育教育与离散数学课程紧密结合，将思政育人元素纳入课程教学的重要条目和课堂讲授的重要内容，努力培养学生的理想信念、政治信仰和社会责任，把对学生的世界观、人生观、价值观的塑造和培养融入课程，将教书育人的责任落实在课堂教学上，实现授课中知识传授与价值引导的有机统一。

教师简介：谢永红，北京科技大学计算机与通信学院计算机系副教授。主要从事知识工程、知识发现、自然语言处理理论与技术研究。获北京市高等教育教学一等奖、二等奖各一项。

罗熊，北京科技大学计算机与通信工程学院教授、博导。主要从事数据挖掘与机器学习、人工智能研究。教育部高等学校计算机类教学指导委员会"计算机专业开放教育体系建设和教材建设专家委员会"委员。

课程蕴含的思政元素分析

教育是国之大计，党之大计。“培养什么人，是教育的首要问题”。我们应该将所有课堂作为育人主渠道，将思想政治教育有机融入各门课程的教学和改革，实现知识传授与价值引领的有效结合，实现立德树人的润物无声，进而实现培养社会主义建设者和接班人，培养一代又一代拥护中国共产党领导和我国社会主义制度、立志为中国特色社会主义奋斗终身的有用人才的根本任务。

近年来，各国纷纷把发展人工智能产业作为提升国家竞争力的重大战略，加紧出台规划和政策，围绕核心技术、顶尖人才等强化部署，力争在新一代科技革命中掌握主导权。尤其是受中美贸易战的影响，核心技术缺乏的问题引起社会各界的普遍关注，很多专家和各级领导纷纷提出加强数学在工业界的作用是解决“卡脖子问题”的关键点。

离散数学兼具数学学科的抽象、推理特性和计算机学科的应用特性，这为离散数学提供了丰富的思政元素。数学学科历史悠久，有丰富的数学发展历史和传奇的数学家生平，这些不仅可以培养同学们严谨认真的科学态度和实事求是追求真理的精神，而且可以增强学生的文化自信、提高爱国情怀；数学之美在于抽象，离散数学的概念多、难理解、定理证明逻辑性强，授课中通过问题背景的介绍训练提炼问题、抽象思维的能力；通过直接问题的分析提高逻辑推理、计算分析的能力；通过内涵思想、观点、方法的提炼提高解决问题的能力，并使同学们理解科学的世界观和方法论对于科学研究的重要性。计算机学科发展迅猛，在社会的方方面面都起着非常重要的作用，与各行各业都有着非常紧密的联系。对于刚进入专业课学习的大二同学，给同学们展现出计算机科学与技术、信息安全、人工智能等专业所需要解决的问题及其与整个国家和人民生活的密切关系，培养学生的专业兴趣以及专业认同感和自豪感是事关国家发展的大科学。离散数学作为一门专业基础课，与计算机学科很多专业课程有着紧密的联系，授课中可以通过各种实例分析和问题引导，将思政元素引入课程教学；通过专业领域问题的举例、分析与解决，可以使同学们了解离散数学与计算机学科的关系与影响，培养应用数学方法解决实际问题的能力，建立专业自豪感；通过社会、国计民生问题的举例、分析与解决，建立社会责任感，让同学们了解中国共产党的初心和使命，增强对党和国家的热爱和民族自信心和自豪感，坚定为祖国信息技术基础、信息安全保障、人工智能发展而奋斗的担当和责任感。

教案设计

下面以“图的连通性”这一章的课堂讲授为例，介绍“离散数学”课程思政的案例。

一、教学目标

（1）初步了解图的连通性与计算机后续课程的联系；
（2）理解通路和回路的定义、分类和表示方法；
（3）理解距离的概念和性质。

二、教学内容分析

图的连通性是图论部分的基本内容，跟生活和工作的很多方面都有联系。

首先要让同学们了解本章三部分内容的基本关系；进一步通过对操作系统和计算机网络的基本介绍，将其抽象成图的通路及回路判断等问题，让同学们一方面了解专业课程与离散数学课程的关系，另一方面体会将实际问题抽象为数学问题的过程和方法；第三，通过引入思政元素——国家“一带一路”建设的目标和意义，了解党的初心与使命，并引出路径的概念；第四，介绍路径相关的概念；第五，学习相关定理加深基本概念。

（一）教学重点

（1）路径及相关概念的定义；
（2）路径的表示。

（二）教学难点

本节内容基本没有难点，由于同学的专业课知识不足，对图的连通性与计算机后续课程的关系理解稍有点难度。

三、教学对象分析

本课程之前已经学习了离散数学中的数理逻辑、集合论及代数结构，图论部分有关图的基本概念已经学习完成。

本课程的教学对象是刚刚开始接触专业课程的大二同学，对专业还没有明确的认识，因此应该逐步地引入专业课的相关知识。

四、教学手段与方法

（1）主要基于认知结构教学论（简称 KM 教学论），通过引入章知识逻辑结构概图及与后续专业课程的关系图，帮助同学们快速了解新知识的框架和关系；

通过思维形式注记图帮助同学们快速总结新学的知识。

（2）通过雨课堂、PPT、黑板相结合的教学手段，呈现教学内容，并通过问题引入、课堂提问等方式提高学生们的参与度和积极性。

（3）选择适当实例，实施案例教学的“课程思政”。

（4）始终坚持潜移默化地对同学抽象能力的培养。

五、教学过程

（一）上一章内容回顾（3 分钟）

通过上一章的知识逻辑结构图（见图 1），对图的基本概念进行回顾，中间穿插与同学们的问答互动。特别是关于欧拉定理的复习；另外，对图中顶点间以及边之间的邻接关系重点强调，引出图中不邻接点之间经过若干条边连接的情况。

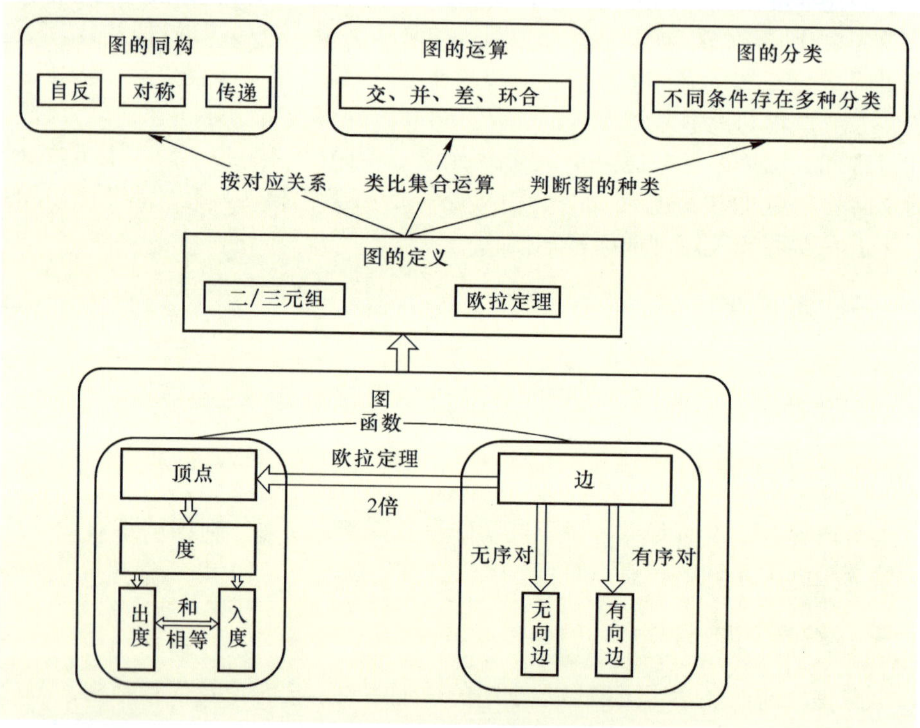

图 1　图的基本概念知识逻辑结构图

（二）本章内容的基本概述（4 分钟）

1. 本章整体内容之间关系的介绍

通过本章知识逻辑概图让同学们初步了解本章的三部分内容及它们之间的基本联系（见图 2）。

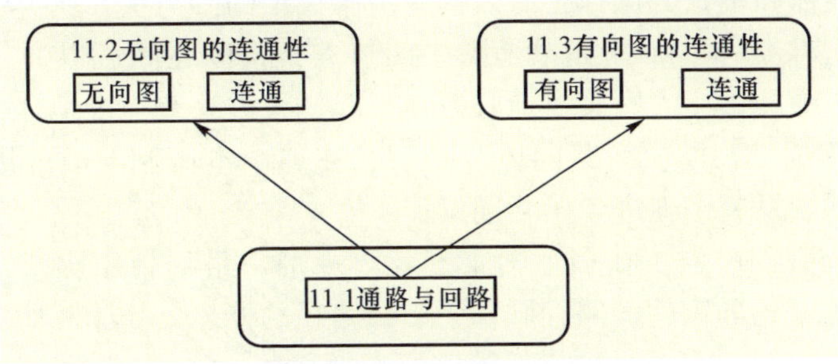

图 2　图的连通性知识逻辑结构概图

2. 介绍图的连通性与计算机部分专业课程间的联系

通过提问操作系统的主要功能，引出操作系统的进程递归和并发进程死锁的检测问题，引导学生初步建立其与图的连通性的关系；通过对计算机网络的表示、网络优化等基本知识的介绍，引导学生初步建立图的连通性可能与计算机专业知识间的联系（见图 3），激发同学们的学习兴趣。

知识能力扩展：现实问题如何抽象为数学问题，数学建模能力的引导与培养。

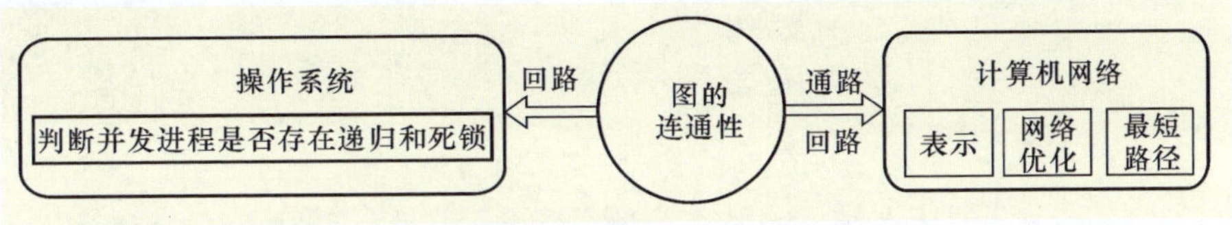

图 3　图的连通性与计算机专业知识间的关系图

（三）通路与回路（35 分钟）

1. 通过思政元素，进行问题的引入：“一带一路”问题（5 分钟）

（1）从丝绸之路引出：中国古代的丝绸之路，是连接亚洲、非洲和欧洲的古代陆上商业贸易路线，最初的作用是运输古代中国出产的丝绸、瓷器等商品，后来成为东方与西方之间在经济、政治、文化等诸多方面进行交流的主要道路。

（2）如今的“一带一路”建设：中国政府积极推动“一带一路”建设，加强与沿线国家的沟通磋商，推动与沿线国家的务实合作，实施了一系列政策措施，努力收获早期成果。

（3）让同学们了解到“一带一路”建立政策沟通、设施联通、贸易畅通、资金融通、民心相通的多维度互动，促进了世界的互联互通，积极发展与沿线国家的经济合作伙伴关系，共同打造政治互信、经济融合、文化包容的利益共同体、命运共同体和责任共同体，有效提升沿国人民的参与感、获得感和幸福感。

（4）进一步延伸：各国如果是图中的节点，各国之间可以通过各种方式建立联系就是图中的边，大家紧密地联系在一起。人类只有一个地球，各国共处一个世界，要倡导“人类命运共同体”意识，在追求本国利益时兼顾他国合理关切，在谋求本国发展中促进各国共同发展。

（5）目前我国已与130多个国家签署“一带一路”合作协议，通过“一带一路”示意图中各国家间的路径联系，引出路径的概念，如图4所示。

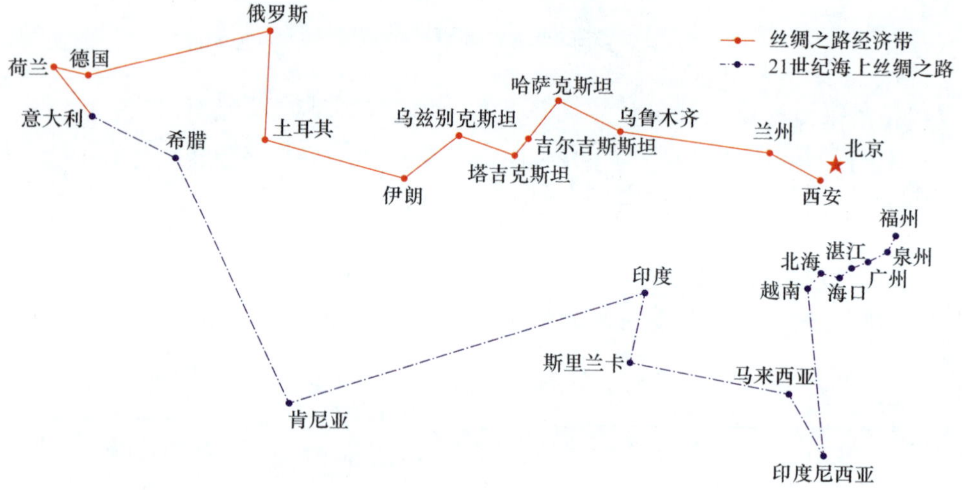

图4 “一带一路”示意图

2. 路径及相关概念的介绍（8分钟）

（1）路径定义：给定图 $G=<V, E>$，设 $v_0, v_1, \cdots, v_n \in V$，$e_1, e_2, \cdots, e_n \in E$，其中 e_i 是关联结点 v_{i-1}，v_i 的边，交替序列 $v_0e_1v_1e_2\cdots e_nv_n$ 称为联结 v_0 到 v_n 的路径，称 v_0 为该路径的始点，v_n 为该路径的终点。

回路：始点和终点相同的路径。

（2）初级路径：若一条路径中经过的所有结点 $v_0, v_1, \cdots, v_n$ 均不相同，则称该路径为初级路径，也称作通路或轨。

初级回路：一条回路，除始点与终点相同外其余结点均不相同，则称该路径为初级回路或者圈。长度为奇数的圈称为奇圈，长度为偶数的圈称为偶圈。

（3）简单路径：若一条路中经过的所有边 $e_1, e_2, \cdots, e_n$ 均不相同，则称该路径为简单路径或迹。

简单回路：一条回路经过的所有边均不相同，则称该回路为简单回路或闭迹。

注意：初级路径必定是简单路径，初级回路必定是简单回路，反之不一定成立。

（4）长度：路径 P 中所含的边数称为路径 P 的长度。

长度为奇数的圈称为奇圈，长度为偶数的圈称为偶圈。

注意：环（长为 1 的圈）的长度为 1，两条平行边构成的圈长度为 2。无向简单图中圈的长度不小于 3，有向简单图中圈的长度不小于 2。

3. 实际举例（3 分钟）

通过这个标定图，加深各类路径、回路的含义；并进一步补充途径的表示问题。

例 1：在图 5 中分别找出一条基本路径、简单路径、基本回路和简单回路。

解：路径：$v_1e_2v_3e_3v_2e_3v_3e_4v_2e_6v_5e_7v_3$；基本路径：$v_4e_8v_5e_6v_2e_1v_1e_2v_3$；简单路径：$v_5e_8v_4e_5v_2e_6v_5e_7v_3e_4v_2$；基本回路：$v_2e_1v_1e_2v_3e_7v_5e_6v_2$；简单回路：$v_2e_5v_4e_8v_5e_7v_3e_3v_2$。

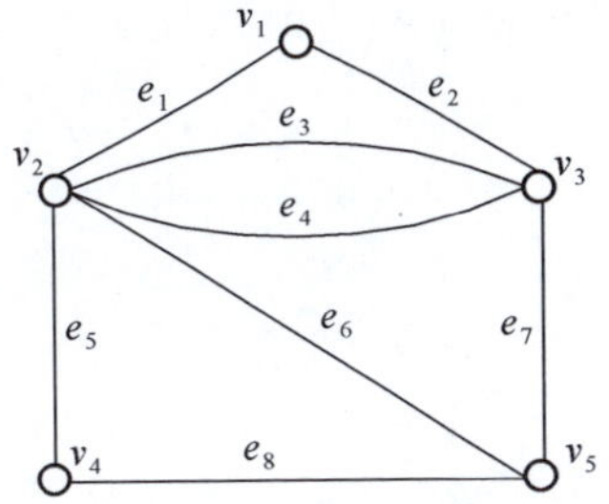

图 5　例 1 图

4. 路径表示法（3 分钟）

结合例 1 及图 5，说明以下几种路径表示法：

（1）定义表示法；

（2）只用边表示法；

（3）只用顶点表示法（在简单图中）；

（4）混合表示法（顶点表示法基础上标示平行边）。

5. 针对表示法，进一步说明（6 分钟）

长度相同的圈都是同构的，因此在同构意义下给定长度的圈只有一个。

在标定图中，圈表示成顶点和边的标记序列。只要有两个标记序列不同，就认为这两个圈不同，称这两个圈在定义意义下不同。

例 2：无向完全图 K_3 的顶点依次标定为 a，b，c。在定义意义下 K_3 中有多少个不同的圈？

解：在同构意义下，K_3 中只有一个长为 3 的圈。但在定义意义下，不同起点（终点）的圈是不同的，顶点间排列顺序不同的圈也看成是不同的，因而 K_3 中有 6 个不同的长为 3 的圈：$abca$，$acba$，$bacb$，$bcab$，$cabc$，$cbac$。如果只考虑起点（终点）的差异，而不考虑顺时针逆时针的差异，应该有 3 种不同的圈，当然它们的长度都是 3。

6. 定理及其推论（5 分钟）

（1）定理 1：在一个具有 n 个结点的图中，如果从结点 v_j 到结点 v_k 存在一条路径，则从结点 v_j 到结点 v_k 存在一条不多于 $n-1$ 条边的路径。

（2）定理证明：

证明前启发：结合中小学时学习的间隔问题，对应到这里所要用到的 $m+1$ 个节点构成的通路，首尾不相同的情况下，共有 m 条边，强调知识的延续性及概念间的联系。

证：如果从结点 v_j 到结点 v_k 存在一条路径，则该路径上的结点序列是 $[v_j \cdots v_i \cdots v_k]$。

如果在这路径上有 m 条边，则序列中必有 $m+1$ 个结点。若 $m>n-1$，则必有结点 v_s，它在序列中不止一次出现，即必有序列 $[v_j \cdots v_s \cdots v_s \cdots v_k]$，在路径中去掉从 v_s 到 v_s 的这些边，仍然得到一条从结点 v_j 到结点 v_k 的路径，但此路径比原来的路径的边数要少。如此重复进行下去，必得到一条从结点 v_j 到结点 v_k 不多于 $n-1$ 条边的路径。

证毕。

（3）推论：在具有 n 个结点的圈中，若从结点 v_j 到结点 v_k 存在一条路径，则存在一条从结点 v_j 到结点 v_k 不多于 n 条边的路径。

7. 距离的概念（5 分钟）

图 $G=<V, E>$，结点 v_i，$v_j \in E$，从 v_i 到 v_j 的最短路径长度称为结点 v_i 到 v_j 的距离，记为 $d(v_i, v_j)$。若从 v_i 到 v_j 不存在路径，则定 $d(v_i, v_j)=\infty$。

距离满足以下性质：

（1）$d(v_i, v_j) \geqslant 0$；

（2）$d(v_i, v_i)=0$；

（3）$d(v_i, v_k)+d(v_k, v_j) \geqslant d(v_i, v_j)$（三角不等式）。

引申：将此距离的性质与直角坐标系中两节点间的距离性质对比，强调一致性，提醒大家学习时一方面要建立与已有相关知识的联系，另一方面也要注意概念的一致性对比。

（四）小结（3 分钟）

通过思维形式注记图（见图 6），帮助同学们总结本小节的知识，强调要点：

（1）理解通路和回路的基本概念。

（2）理解距离的概念和性质。

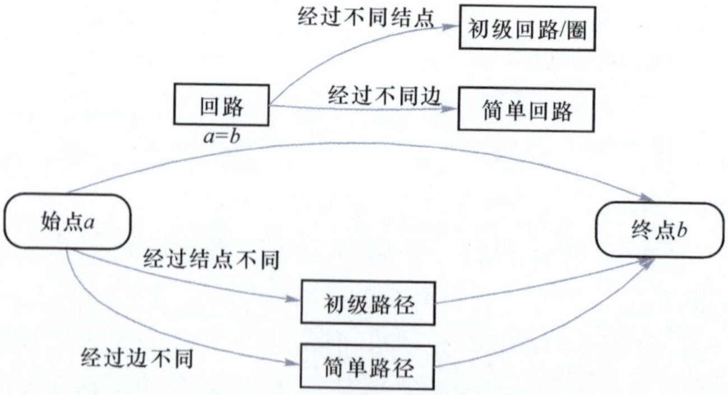

图 6　本小节思维形式注记图

“离散数学”的全部课程资源可通过 https：//www. icourse163. org/course/USTB-1206407811 在中国大学 MOOC 平台获得（见图 7）。

图 7　罗熊教授在中国大学 MOOC 平台“离散数学”的授课视频

六、教学效果分析

本节课的教学设计符合大二学生的认知规律和实际水平，通过专业课程的相关性分析、“一带一路”的思政要素引入、知识回顾及问题引导等方式，能够有效地吸引同学们的注意力，加深对路径及相关概念的理解，并提升同学们分析问题、抽象的能力和建立知识关联性的意识。因此，同学们在学习本章节内容时，有较好的积极性和主动性，可以获得理想的学习效果，实现本章节的教学目标（见图 8）。

图 8　教学效果展示

通过“一带一路”的思政要素引入，对学生进行全球命运共同体的教育，培养同学们的社会责任感和正确的价值观。

从黎曼积分到勒贝格积分，挖掘实变函数中的“真善美”

刘 宇

课程名称 实变函数

课程性质 专业必修课

专　　业 数学与应用数学、信息与计算科学、统计学

授课对象 本科三年级学生

课程简介：

实变函数论是19世纪末、20世纪初由法国数学家勒贝格创立的。它是数学分析中微积分理论的发展与深入。数学分析主要研究定义在区间上或区域上的连续函数，而实变函数研究的对象是更广泛的一类函数，即定义在可测集上的可测函数类。这使得微积分理论可在更宽泛的条件下来运用，微分和积分的运算更加对称与完美。

实变函数论给数学带来的影响是巨大而深刻的。它促进了泛函分析的诞生，并通过泛函分析影响着微分方程理论、计算数学和近代物理学等。实变函数的概念、结论与方法，已广泛运用于偏微分方程、积分方程、傅里叶分析、逼近论等学科。现代概率论已完全建立在测度论与勒贝格积分论的基础上。勒贝格积分被看作是现代分析的开端，由此可见实变函数论对于现代数学的重要性。所以，实变函数论是数学与应用数学专业及相关专业的一门重要的专业基础课。

通过讲授“实变函数”这门课程，一是传授相关数学理论、方法，二是注重抽象思维能力、逻辑推理能力，以及对问题的综合推广与举证能力的培养。从而帮助学生树立正确的价值观、哲学观和世界观，引导学生爱国、爱党、爱校、爱专业。

教师简介：刘宇，北京科技大学数理学院教授。主讲“实变函数”“数学物理方程”本科生课程以及“偏微分方程”研究生课程。主持2项教学研究项目，作为主要参加者获1项教学成果奖，参编教材1部。发表科研论文60余篇，其中SCI检索论文40余篇，主持各类科研项目10余项。

课程蕴含的思政元素分析

2017年5月4日，习近平总书记在考察中国政法大学时指出，中国的未来属于青年，中华民族的未来也属于青年；同时强调，广大青年人人都是一块玉，要时常用真善美来雕琢自己。为深入贯彻落实习近平总书记关于教育的重要论述和全国教育大会精神，贯彻落实中共中央办公厅、国务院办公厅《关于深化新时代学校思想政治理论课改革创新的若干意见》，把思想政治教育贯穿人才培养体系，全面推进高校课程思政建设，发挥好每门课程的育人作用，提高高校人才培养质量，教育部颁布了《高等学校课程思政建设指导纲要》，并于2020年6月8日组织召开“全面推进高等学校课程思政建设工作视频会议”。在此次会议中指出：课程思政是专业课程与弘扬真善美的结合。专业知识是人类在追求真善美的过程中逐步发展积累起来的。所有的专业课都天然蕴含着真善美的元素。作为最重要的数学专业课程之一的“实变函数”，这一点尤为突出。下面将从真和美的角度来介绍一下“实变函数”这门课程中蕴含的思政元素。

一、实变函数中的“真”的体现

数学的“真”体现的是数学的真理性。实践是检验真理的唯一标准，真理也是在一次又一次的否定与自我否定中不断推进的。在教学过程中要体现教育学生做真人，探究知识、追求真理，培养他们的科学精神。这些在实变函数的教授过程中有多处体现。比如，在介绍勒贝格积分产生的历史背景时，我们首先介绍黎曼积分存在的一些缺陷，所以数学家要寻求一种新的积分，在这个过程中，也不是一帆风顺和一步到位的。最早是法国数学家约当通过引进约当测度和约当可测集来克服黎曼积分只能对形状规则的集合上的振荡不激烈的函数进行积分，但是由于约当测度只能满足有限可加性，导致对一些较为常见的集合上的有界函数，还是不能考虑它的可积性，例如，［0，1］区间上的狄利克雷函数就不可积。后来法国数学家波莱尔的学生勒贝格在他的博士论文中引进了现在实变函数论的核心——勒贝格积分，从而彻底解决了这个问题。通过这个过程的介绍，让学生们了解到了数学家在追求真理的过程中锲而不舍的精神，并教育学生在认识事物本质的过程中也要有这种坚持不懈的精神。

还有就是，学生往往能欣赏实变函数的“真”也不容易。在不同的条件下，真理所呈现的“面目”也可能不一样，我们要为学生揭开真理的本来面目。教师可通过对比分析的途径让学生来感受和体会到数学的“真”。比如，在讲授函数列的控制收敛定理时，一定要把数学分析中关于函数列积分和极限交换的条件与现在的条件进行比较，让学生了解到，勒贝格积分框架下，积分和极限交换次序不需要函数列一致收敛的条件。通过这个对比可知控制收敛定理的奇妙性（其实这也是反映了一种“美”），也让大家知道学会去探究定理成立的条件，知道如何让定理成立的条件在最弱的情况下能够成立。

最后，数学的“真”有时会被淹没在形式演绎的海洋里，需要教师大力挖掘而提出问题并揭示本质，用朴素的道理讲清楚本质也是让学生欣赏数学的“真”的重要途径。比如，在数学分析中，学生们知道了定义在区间上的函数是黎曼可积的两个重要条件和三个充分条件。这些条件的证明对于初学数学分析的学生来说理解起来比较困难，形式也比较抽象，没有让学生对函数的可积性有个直观的认识。而在学习了实变函数的测度和积分之后，通过阐述黎曼积分和勒贝格积分之间的关系可知，几乎处处连续是函数黎曼可积的充要条件，从而明白了要使函数可积，函数的振荡不能太剧烈的道理。比如，实变函数中对康托集的构造和性质进行了介绍，该集合的复杂性给理解带来了困难，构造的过程也会让人产生偏差，表面上看，感觉该集合是可列集，但后面关于该集合基数的定理表明它是不可列集。所以在学习康托集时要用比较朴素的道理把本质给学生讲清楚，让学生们在生活中也学会这种“透过现象看本质”的本领。

康托集

二、发现实变函数中的“善”

数学知识推动社会科技与文明的发展，以其独特的方式为人类文明的发展服务，这是数学“善”的表现。更进一步，数学应用的广泛性，是数学“善”的集中表现。数学的理论往往比数学的应用要更先进一步，所以它的应用具有一定的隐蔽性，即在看不见的地方，数学也处处发挥着作用。因此，数学往往成为社会文明、科技进步的“幕后”英雄。比如，实变函数在图像处理和信号处理领域的应用就具有这种隐蔽性。众所周知，傅里叶变换和小波变换是在信号处理和图像处理中起着非常重要作用的两类变换，而这两种变换对应的空间恰好是勒贝格空间，用到了实变函数的一些基本理论。还有就是，实变函数在概率中的应用也不是一眼就能看出的，只有当两门课程都完全学完后，进行对照，才能理解其中的奥秘。具体的说，概率论中的概率就对应实变函数中的勒贝格测度；事件对应着可测集；随机变量对应着可测函数；期望对应着勒贝格积分；依概率收敛对应着依测度收敛等。前苏联著名的数学家柯尔莫哥洛夫与辛欣共同把实变函数的方法应用于概率论。1933 年，柯尔莫哥洛夫的专著《概率论的基础》出版，书中第一次在测度论基础上建立了概率论的严密公理体系。这些都是实变函数作为幕后英雄的“善”的体现。

三、欣赏实变函数中的“美”

除了具有数学的对称美、简洁美、统一美、奇异美等，实变函数中的美还包括与课程内容相关的实质美、方法美、过程美、精神美等。对美的追求要贯穿于整个教学过程中。让学生体会到美就在我们平时学的“实变函数”课程内容中。

“实变函数”课程中，数学结果的形式之美、简洁之美和表达之美无处不在。像伯恩斯坦定理和勒贝格可测集的卡拉希奥独利条件所体现的简洁之美；勒贝格积分框架下的微积分基本定理的形式之美；控制收敛定理的表达之美等。

实变函数里面有三个重要的表述：任一可测集“差不多”是开集或者闭集；任一可测函数“差不多”是连续函数；任一点点收敛的可测函数列集“差不多”就是一致收敛列，这是英国著名数学家利特伍德给出的三条原理，恰好是对称美和简洁美以及统一美的体现。实变函数里面研究的函数是性质最坏的函数，所以奇异美是别的课程所不具有的。比如，之前我们提过的康托集，就是一个测度为零但基数却为阿列夫的怪异集；依赖于这个集合而定义的康托函数也是一样，这个函数是有界变差函数，但不是绝对连续函数，实变函数中的一些反例常使用这个函数。著名的德国数学家维尔斯特拉斯泽构造了一个处处连续但无处可导的函数也是惊为天人。实变函数中的许多定理的证明经常需要用巧妙的构造性方法，证明的过程逻辑性强，需要层层分析，这些体现了方法美和过程美的结合。最后，在讲授叶果洛夫定理、鲁津定理之后，由于这里涉及多名莫斯科学派的数学家，所以结合这部分内容介绍莫斯科学派兴起与前苏联在科技快速发展的关系。详细介绍叶果罗夫跟他的学生鲁津以及学生们（门索夫、辛钦、亚历山大洛夫、乌里松、苏世林、柯尔莫哥洛夫、诺维科夫、刘斯铁尔尼克等）怎么从实分析入手（见图 1），在数学领域的多个分支开展研究和延伸，并在多个领域做出了世界级的研究成果，让学生了解到数学在科技发展的过程中起到的重要作用，积极投身到数学研究中，为祖国的发展甚至民族复兴贡献自己的力量。这方面的介绍会让同学们增强爱国、爱民族的意识。

莫斯科学派

实变函数中的真善美能展示这门课程甚至数学无穷的魅力。引导学生欣赏数学的真善美这一任务依然任重而道远。通过课程思政，从而达到对学生进行科学思维方法的训练和科学伦理的教育，培养学生探索未知、追求真理、勇攀科学高峰的责任感和使命感的目的。

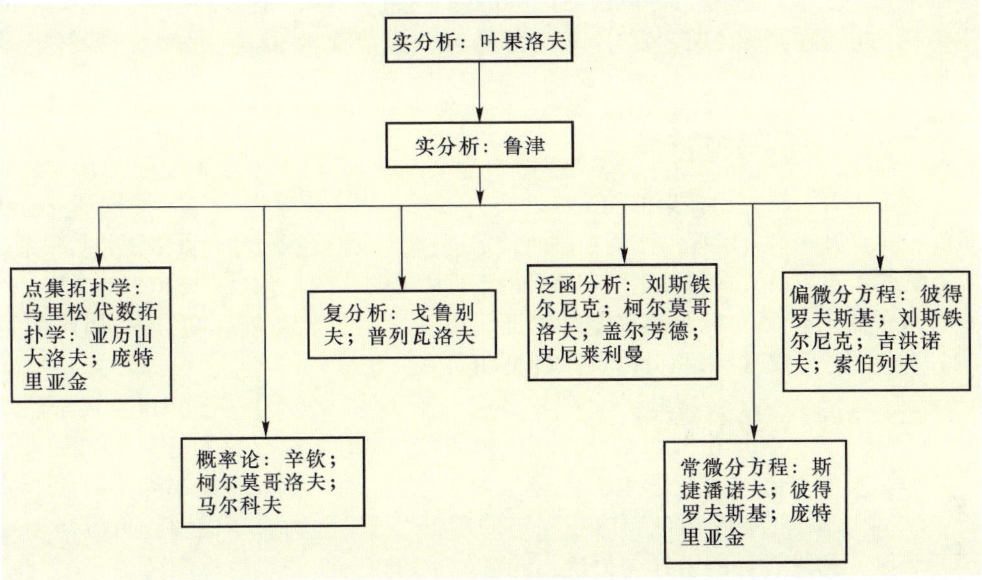

图 1　莫斯科学派代表性人物和研究学科方向

教案设计

一、教学目标

“实变函数”是数学专业重要的分析基础课之一，这一部分内容为进一步学习分析数学中的一些专门理论，如函数论、泛函分析、概率论、微分方程、金融数学等提供必要的测度和积分论基础。通过本课程的学习，使学生掌握实变函数的基本内容，加深对数学分析及有关课程内容的理解，较好地掌握测度和积分这个基本工具，并且在一定程度上掌握集的分析方法，从而提高学生正确认识问题、分析问题和解决问题的能力。

思政的育人目标：科技创新的根基在于基础研究，基础研究的根基在于数学。许多技术领域和产业的关键问题的解决都离不开对数学问题研究和探求。2020 年 9 月 11 日，习近平总书记在科学家座谈会上的讲话，表达了加强基础研究和科技创新的重大意义。加快对数学领域人才的培养和理工科领域人才数学素质的提升是高校数学教师当前面临的重要机遇和挑战。

现代数学是建立在微积分理论、勒贝格积分和泛函分析之上的分析数学。作为微积分理论的发展、深化和拓广，以勒贝格积分为主要内容的“实变函数”课程是数学、统计学、金融数学等专业的核心基础课。它的概念、方法、理论已渗透到数学的各个分支，成为了解并且真正掌握现代数学的一门不可缺少的课程。在讲授实变函数这门课程中，除了传授相关数学理论、方法，还要注重抽象思维能力、逻辑推理能力，以及对问题的综合推广与举证能力的培养。从而帮助学生树立正确的价值观、哲学观和世界观，引导学生爱国、爱党、爱校、爱专业。

二、教学内容分析

教学内容：(1) 康托集的构造和性质；(2) 伯恩斯坦定理；(3) 卡拉希奥独利条件；(4) 叶果洛夫定理；(5) 控制收敛定理；(6) 黎曼积分和勒贝格积分的联系。

教学重点：(1) 掌握几个内容涉及的定理的证明；(2) 几个重要定理的应用。

教学难点：(1) 叶果洛夫定理的证明以让学生更容易理解的方式进行讲授；(2) 黎曼积分与勒贝格积分的关系的证明。

三、教学对象分析

作为教学对象的大三学生，已经学习了“实变函数”基础课程——数学分析，掌握了基本的数学方法，有了一定的逻辑思维的能力。所以课程可以增加一定的难度，通过合理的引导与讨论，同学们也可以一步一步解决问题。

(1) 通过 PPT 穿插讲解课程中所涉及的数学家和趣事，减轻学生对实变函数的畏惧感，平稳进入教学的正常状态；

(2) 加强课堂互动，引导学生在学习过程中发现问题，思考问题，通过启发学生自主思考、主动参与，让学生体验感性认识与证明问题的差异；

(3) 详细讲授莫斯科学派等数学史，以激发学生的学习兴趣，让学生感受数学的真善美，并在实例分析的基础上进行拓展思考，扩大学生的知识面。

四、教学手段与方法

(一) 渐进式思考与比较教学方法

将“实变函数”课程的教学内容与数学分析、实变函数和泛函分析中的相关知识进行贯通融会，这样既能复习已学过的数学分析等相关知识，又可以加深对控制收敛定理的理解与应用，促进学生深入思考，培养学生创新能力和科学研究意识。问题驱动隐性穿插和渗透数学史。

(二) 教学过程中渗透数学史

在课堂上，根据讲授课程的内容和学生的听课状态，适当地穿插一些数学家的故事和言行，能调节教学节奏，活跃课堂气氛，有利于学生集中精力去听课，使得整节课都在愉悦的气氛中度过。通过讲解这些历史故事也让学生了解数学家解决数学问题的方式和数学思想。另外，数学史与教学内容的直接结合需要注重知识内容的选择。在教学上，教师需要教给学生的不仅仅是教材上的知识，而应该从更广泛的角度向学生介绍数学的思想、发展规律和背景，即讲清“来龙去脉”。让学生了解到许多数学概念和结论的形成都经历了许多数学家的观察、分析等数学思维活动。

（三）教师研究型教学与学生研究型学习相结合

在这个教学过程中，教师要引导学生探索解决实际应用问题，学会把问题适当简化，一层一层分析和修正模型，直到能解决问题，从而提高学生应用数学的能力。另外还要鼓励学生“在学习中研究，在研究中学习”。也就是要鼓励学生不要满足于书本上知识，要研究和掌握书本没有的东西。为此，我们在教学过程中给基于课程教学内容而又略高于课程教学内容的科研问题，通过让学生查阅文献资料，提早接触科研训练。这样开阔了学生视野，培养了学生搜集研究资料、阅读文献以及应用数学理论解决问题的能力，逐步养成研究问题的良好习惯。

五、教学过程

（一）问题引入

17 世纪牛顿和莱布尼兹创立了微积分，19 世纪德国数学家黎曼定义了黎曼积分。可以说，黎曼积分在数学领域还有自然科学和工程领域都发挥了巨大的作用。但是黎曼积分仍具有一些缺陷，导致了人们需要寻求一种新的积分来克服它的这些缺陷。

勒贝格积分的引入

（二）教学内容

1. 第一个局限性（见图 2）

2. Riemann积分的局限性

(i) Riemann可积函数的范围较小，只适用于“差不多”连续的函数。

例：Dirichlet函数不是Riemann可积。

$$D(x)=\begin{cases}1 & x\in[0,1]\cap Q\\ 0 & x\in[0,1]-Q\end{cases}$$

上积分 $\overline{\int_a^b} f(x)\mathrm{d}x=\lim\limits_{\|T\|\to 0}\sum\limits_{i=1}^{n}M_i\Delta x_i=1$

下积分 $\underline{\int_a^b} f(x)\mathrm{d}x=\lim\limits_{\|T\|\to 0}\sum\limits_{i=1}^{n}M_i\Delta x_i=0$

比较：Lebesgue可积函数的范围较大，它包括闭区间上所有的Riemann可积函数。

图 2　第一个局限性

教学环节设计：引起学生的注意，使学生注意观察黎曼可积的函数范围比较小，引导学生寻找具体黎曼不可积的函数例子。

2. 第二个局限性（见图3）

(ii) 微积分基本定理

定理：若$f(x)$在$[a, b]$上可微且$f'(x)$在$[a, b]$上连续，则：

$$\int_a^x f'(t)\mathrm{d}t = f(x) - f(a)$$

· 1881年Volterra做出一可微函数，其导函数有界但不是Riemann可积。

比较：在Lebesgue积分的框架下，微积分基本定理成立的条件只要求函数是绝对连续即可。

图3　第二个局限性

教学环节设计：引导学生探究微积分基本定理成立的条件，让学生了解到学习数学定理的方法。另外，教育学生敢于挑战权威。

3. 第三个局限性（见图4）

(iii) 积分与极限交换次序(一般要求一致收敛)

对点点收敛的函数列，在Riemann积分意义下极限运算与积分运算不一定可交换次序，即：

$$\lim_{n\to\infty}\int_a^b f_n(x)\mathrm{d}x = \int_a^b \lim_{n\to\infty} f_n(x)\mathrm{d}x$$ 不一定成立。

例：设$\{r_n\}$为$[0,1]$中全体有理数(因为其为可数集，故可把它排成序列)，做$[0,1]$上的函数列：

$$f_n(x)=\begin{cases}1 & x\in\{r_1,r_2,r_3,\cdots,r_n\}\\ 0 & x\in[0,1]-\{r_1,r_2,r_3,\cdots,r_n\}\end{cases}\qquad n=1,2,3,\cdots$$

则$\{f_n(x)\}$在$[a, b]$上Riemann可积。

但是

$$\lim_{n\to\infty} f_n(x)=D(x)=\begin{cases}1 & x\in[0,1]\cap Q\\ 0 & x\in[0,1]-Q\end{cases}$$

不是Riemann可积。

比较：Lebesgue积分的意义下，函数列只需几乎处处收敛和存在非负可积的函数控制函数列中的每个函数即可，这就是控制收敛定理。

图4　第三个局限性

教学环节设计：引导学生考虑是否可以把函数列积分和极限交换次序的条件减弱，如何减弱？通过举例说明一致收敛的条件过强，这样会在应用上带来诸多的不便。

4. 第四个局限性（见图5）

(iv) 积分交换次序(重积分与累次积分的关系)

定理：若I是矩形$[a, b; c, d]$，$f(x, y)$在I上连续，则：

$$\iint_I f(x, y)\mathrm{d}x\mathrm{d}y=\int_a^b \mathrm{d}x\int_c^d f(x, y)\mathrm{d}y$$

比较：在Lebesgue积分的框架下，积分交换次序所需的条件要少得多，这就是Fubini定理。

图5　第四个局限性

教学环节设计：引导学生考虑累次积分与二重积分的关系如何把条件减弱，让学生了解到实变函数研究的许多成果是在最弱的条件下得到的。同时也提到，黎曼积分的完备化是勒贝格积分。顺便也给学生讲授一下历史上的其他两次完备化（见图6）。

从完备化的角度来看：Lebesgue积分是Riemann积分的完备化。

Riemann可积函数类对极限运算时不封闭。

例：定义一个Riemann可积的函数列。

$$f_k(x)=\begin{cases}1 & x=r_1,\dots,r_k\\ 0 & 其他\end{cases}$$

其中

$\{r_k\}$是由0,1以及$\frac{1}{2^n}, \frac{3}{2^n}, \cdots, \frac{2^n-1}{2^n}$ $(n=1, 2, \dots)$ 组成的数列。

$f_k(x)$在$[0,1]$有有限个间断点，所以是Riemann可积的。

但是它的极限：$\lim\limits_{k\to\infty} f_k(x)=f(x)=\begin{cases}1 & x\in\{r_k\}\\ 0 & 其他\end{cases}$

不是Riemann可积的。

附：历史上的另两次完备化

(1)有理数的完备化—实数系。

有理数对极限运算是不封闭，但是在有理数系加入一部分数(无理数)后可扩张为实数系，而实数系对极限运算封闭。实数系的建立为微积分奠定了理论基础。

(2)经典函数概念的完备化—广义函数(又称分布)。

经典意义下的函数类，对极限运算不封闭。例如

$$f_k(x)=\begin{cases}\dfrac{1}{2\varepsilon_k} & |x|\leqslant\varepsilon_k\\ 0 & |x|>\varepsilon_k\end{cases},\ \varepsilon_k\to 0(k\to\infty)$$

则

$$\lim_{k\to\infty} f_k(x)=\delta(x)=\begin{cases}\infty & x=0\\ 0 & x\neq 0\end{cases}$$

该函数不是经典函数，但是它却有直观的物理意义，比如点电荷的密度，细线的线密度等。

此函数称为Delta函数(狄拉克函数)，它是广义函数。

图6　完备化

教学环节设计：通过具体的例子引导学生黎曼可积函数的不完备性，要说明不完备性所带来的弊端。让学生考虑实数的完备性具有什么重要的意义。另外，通过介绍函数的完备化，相应介绍广义函数的创始人——法国数学家施瓦兹的生平。特别是在讲授狄拉克函数时，告诉同学们许多的数学理论来源于物理和工程领域。

课程思政：在这个教学过程中，教师利用好课堂教学这个主渠道，不仅使学生体会到实变函数中的真善美，从而感受到这门课程甚至数学无穷的魅力。通过讲授这部分内容，培养学生探究知识、追求真理。引导学生欣赏数学的真善美这一任务依然任重而道远。通过课程思政，从而达到对学生进行科学思维方法的训练和科学伦理的教育，培养学生探索未知、追求真理、勇攀科学高峰的责任感和使命感的目的。

（三）课后作业

总结黎曼积分和勒贝格积分的积分思想的不同之处，找到建立勒贝格积分需要哪些新的理论。

（四）教材和参考资料

教材：邓东皋，常心怡．实变函数简明教程（第2版），高等教育出版社，2006.

参考资料：

[1] 周民强．实变函数（论）[M]．北京：北京大学出版社，1995.

[2] 周性伟．实变函数 [M]．北京：科学出版社，1998.

[3] 夏道行，等．实变函数论与泛函分析 [M]．北京：高等教育出版社，1983.

[4] 程其襄，等．实变函数论与泛函分析基础（第2版）[M]．北京：高等教育出版社，2003.

[5] Halmos. Measure theory [M]. Springer，1950.

六、教学效果分析

本单元的教学设计符合数学专业三年级学生的认知规律和实际水平，通过课件进行背景引入，让同学们意识到从黎曼积分到勒贝格积分的发展历程。

具体的体现为，由黎曼积分的局限性讲起，从四个方面展开，并穿插介绍相应的数学史和数学家，通过这些讲授让学生了解枯燥的实变函数中隐含着真善美，引导学生去发现其中的真善美。

实变函数中的数学史部分的介绍包括：

（1）数学史上的三次完备化：1）有理数的完备化——实数系；2）黎曼积分的完备化——勒贝格积分；3）经典函数概念的完备化——广义函数。

（2）莫斯科学派的发展历程，重点介绍代表性人物鲁津和他的学生以及相关成就。实变函数中的数学家包括伯恩斯坦、康托、勒贝格、狄里克莱、卡拉希奥独利、黎曼、切比雪夫、富比尼、叶果罗夫、鲁金、门索夫、辛钦、亚历山大洛夫、乌里松、苏世林、柯尔莫哥洛夫、诺维科夫、刘斯铁尔尼克等。

通过讲授，提高学生发现问题、分析问题、解决问题的能力，培养学生的创新精神和独立思考的能力。通过案例培养学生树立正确的人生观与价值观，让学生们知道自己肩负的责任，敢于承担相应的历史使命。

学生对教学效果评价见图7。

教学评价

为了更好的做好我校教学质量监控，提高教学质量，教务处做问卷调查，您的评价结果将是我们评价的重要参考依据!

课程名称：数学物理方程A　评教大类：学生评价　总评分:100.0

评价指标	评价选项				
1.老师对教学工作认真负责、讲课投入	◉非常同意	○同意	○基本同意	○不同意	○非常不同意
2.老师的授课内容对我掌握这门课程的知识很有帮助	◉非常同意	○同意	○基本同意	○不同意	○非常不同意
3.老师能引导我集中注意力，主动学习和思考	◉非常同意	○同意	○基本同意	○不同意	○非常不同意
4.老师课堂管理严格	◉非常同意	○同意	○基本同意	○不同意	○非常不同意
5.老师对授课内容掌握熟练	◉非常同意	○同意	○基本同意	○不同意	○非常不同意
6.我愿意向其他同学推荐该老师讲授的这门课	◉非常同意	○同意	○基本同意	○不同意	○非常不同意
7.老师关心我们的成长，会对我们进行价值观的引导	◉非常同意	○同意	○基本同意	○不同意	○非常不同意
8.老师衣着整洁得体，仪表朴素大方	◉非常同意	○同意	○基本同意	○不同意	○非常不同意
你有其他想对老师说的话吗?	老师板书特别好，非常适合学生一边听一边做笔记！希望老师能够坚持板书~				

教学评价

为了更好的做好我校教学质量监控，提高教学质量，教务处做问卷调查，您的评价结果将是我们评价的重要参考依据!

课程名称：数学物理方程A　评教大类：学生评价　总评分:100.0

评价指标	评价选项				
1.老师对教学工作认真负责、讲课投入	◉非常同意	○同意	○基本同意	○不同意	○非常不同意
2.老师的授课内容对我掌握这门课程的知识很有帮助	◉非常同意	○同意	○基本同意	○不同意	○非常不同意
3.老师能引导我集中注意力，主动学习和思考	◉非常同意	○同意	○基本同意	○不同意	○非常不同意
4.老师课堂管理严格	◉非常同意	○同意	○基本同意	○不同意	○非常不同意
5.老师对授课内容掌握熟练	◉非常同意	○同意	○基本同意	○不同意	○非常不同意
6.我愿意向其他同学推荐该老师讲授的这门课	◉非常同意	○同意	○基本同意	○不同意	○非常不同意
7.老师关心我们的成长，会对我们进行价值观的引导	◉非常同意	○同意	○基本同意	○不同意	○非常不同意
8.老师衣着整洁得体，仪表朴素大方	◉非常同意	○同意	○基本同意	○不同意	○非常不同意
你有其他想对老师说的话吗?	老师是我来北科后我认为讲得最好的老师了！！本来这门课还挺难的，但上刘老师的课会觉得很有意思。老师也非常负责，内容安排的很合理，上课特别流畅，课后的习题讲解还有回顾等等我感觉都非常好。加油！！希望成绩对我好点哈哈哈				

图 7　教学评价

原子结构中否定之否定的大智慧

孙长艳

课程名称 无机化学 B
课程性质 公共基础课
专　　业 材料、冶金、能动、理试
授课对象 本科一年级学生
课程简介：

“无机化学 B”是我校材料、冶金、能动、理试专业大学一年级的基础必修课，是培养上述各专业人才的重要基础课程。通过本课程的学习，使学生掌握化学反应的原理、物质结构的基础理论及元素化学的基本知识，了解与化学密切相关的社会热点、科技发展、学科渗透交叉等方面的知识，培养用化学的思想和观点解决实际问题的综合能力。教学中注意对学生进行知识、能力、素质教育，使学生具有与现代整体科学发展相适应的知识体系，形成完整的、先进的自然发展史观；注意渗透现代化学的新成果及相关领域的新进展，达到既注意本课程的科学发展前沿又起到拓宽学生知识面的效果。引导学生关注社会，树立社会责任感和远大理想，培养学生的科学精神和创新能力。

本课程是一门承上启下的课程，既与中学化学内容相衔接，同时又为后续专业课程的学习提供必要的化学基础知识储备，其主要内容包括以下三部分：

（1）气体、热化学基础、化学反应速率、化学平衡、酸碱反应、沉淀反应、氧化还原反应、配位反应等化学反应基本原理；

（2）原子结构、分子结构、晶体结构和配合物结构的基础理论；

（3）s 区元素、p 区元素、d 区元素等元素化学的基础知识。

教师简介：孙长艳，北京科技大学化学与生物工程学院教授，化学与化学工程系副主任，主要从事功能配合物材料的研究，主讲课程：无机化学 B、配位化学。

课程蕴含的思政元素分析

一、“无机化学 B”课程蕴含丰富的思政元素

（1）介绍化学史知识，增强学生民族自豪感和民族自信心，厚植爱国主义情怀。

无机化学的发展史，就是一部人类不断自我超越的历史。因此，化学史为无机化学的课程思政提供了丰富的思政资源。在无机化学课堂中，结合知识点适时地引入化学史知识，特别是我国科学家在化学发展过程中的突出贡献，如近代化学工业的奠基人之一，著名科学家侯德榜先生研发的侯氏制碱法，中国湿法冶金的开拓者——著名的化学工程学家陈家镛院士研发的湿法冶金技术，徐光宪院士在量子化学、配位化学、萃取化学、稀土化学、化学键理论等领域取得的显著成就，不但能让学生更深入地“认识化学”，了解化学的用途，同时能激发学生的民族自尊心、自豪感和爱国热情，增强学生的民族自信心。

（2）讲述科学家先进事迹，培养学生科学精神和工匠精神。

科学精神和工匠精神是科学家们特有的精神品质。化学的发展需要一批又一批孜孜不倦、精益求精的科学家，掌握化学变化中的规律，发展新的理论，研发新的产品，造福人类。教学中，结合知识点讲述科学家的故事，引导学生思考科学家们身上蕴含的科学精神和工匠精神。例如我国首位获得诺贝尔奖的本土科学家屠呦呦在历经 380 多次失败实验后，终于成功提取出了青蒿素，被誉为是“拯救 2 亿人口”的发现。从她身上，我们能学到高度的责任感、锲而不舍的科学精神和坚持真理的执着态度。

（3）挖掘化学原理中蕴含的哲学思想，培养学生辩证唯物主义世界观。

将哲学思想教育融入化学教学，可以很好地把知识性、科学性、系统性、逻辑性统一起来，帮助学生提高科学文化素质，完善知识结构并以科学的思想指导化学的学习和研究。例如化学反应四大平衡（溶解沉淀平衡、酸碱平衡、氧化-还原平衡及配合离解平衡）就体现了矛盾双方相互转化的规律，利用共轭酸碱对、氧化还原对、溶解沉淀等化学概念中所蕴含的对立统一关系，培养学生全面认识、分析和解决问题的综合能力。

二、本次课蕴含的思政元素分析

本次课是无机化学进入结构部分的第一次课，要深入微观世界，介绍原子结构的相关知识。因此，本次课既有化学史的介绍，也有科学家的故事，还有化学理论的建立过程，包含丰富的思政元素，具体分析如下：

（1）辩证唯物主义世界观教育。在介绍原子结构模型时，会根据时间顺序，

依次介绍道尔顿模型、汤姆逊模型、卢瑟福模型、玻尔模型以及量子力学模型。这些原子结构模型就遵循了否定之否定规律。从道尔顿模型的原子不可分到卢瑟福的原子由原子核和电子构成的行星模型，就是因为否定了原子不可分论，才使化学理论出现了前所未有的空前发展，也才使得量子力学模型有机会提出，这是科学发展的必然规律。但也必须跟学生强调所有模型的提出都是建立在当时的实验研究基础上的，这是理论发展的规律：科学来自实践，也只能用实践来检验。

（2）培养科学精神。在原子结构模型的发展过程中，介绍汤姆逊、卢瑟福、玻尔等科学家的故事，培养学生的科学精神。如在汤姆逊提出“西瓜式”模型前，道尔顿的原子论已经指导人们认识世界一百多年了，正是汤姆逊这种不迷信权威，敢于批判，不断创新进取的科学精神，实事求是、坚持真理的科学态度才使得科学能够不断地向前发展。而卢瑟福是汤姆逊的学生，玻尔和卢瑟福也有很密切的关系，这也向我们展示了什么是“吾爱吾师，吾更爱真理”。卢瑟福的 α 粒子散射实验被称为“最美物理实验之一”，他的成功，除了机遇以外，更重要的是精巧的实验设计和勇往直前百折不回的精神。这些都是值得我们学习并发扬光大的科学精神。

教案设计

一、教学目标

（1）了解原子结构理论的发展历史；

（2）理解微观粒子的波粒二象性；

（3）掌握微观粒子运动的基本特征；

（4）掌握四个量子数的含义和取值规则；

（5）培养辩证唯物主义世界观和科学精神。

二、教学内容分析

本次课深入微观世界，介绍原子结构理论的发展历史，讨论微观粒子运动的基本特征和量子力学模型，重点内容如下：

（1）微观粒子运动的基本特征；

（2）四个量子数的含义；

（3）四个量子数的取值规则。

本次课的难点内容如下：

（1）微观粒子的波粒二象性；

（2）四个量子数的含义。

三、教学对象分析

无机化学的授课对象是刚进入大学校园的大学本科一年级学生。他们还没有很好地适应大学的授课方式，往往感觉大学的授课内容太多，进度太快，不容易把握重点。而且，学生都来自全国不同的省份，各省份的中学对化学的要求也不尽相同，导致学生的化学基础存在很大差异。考虑到学生的这些特点，无机化学的授课自然还担负起衔接高中和大学的重任。在授课过程中，既要注重知识的讲解，又要渗透学习方式的引导；既要有知识的扩展，又要考虑不同层次学生的需求；既要注重无机化学课程的知识体系，又要为后续的化学课程的学习打好基础。

四、教学手段与方法

本课程的教学内容组织以问题引导式的研究型教学为主，创设问题情境，带领学生在解决问题的过程中完成对新知识的学习，在教学过程中充分利用多媒体课件和视频材料展示教学内容，通过举例、类比和组织课堂讨论等方式加深理解。

教学课件

五、教学过程（见表1）

表1　教学过程

内容	教学模式	教学行为	教学内容
1. 问题的导入 设计思路：回顾人们对原子结构的认识历史，总结理论发展的规律：实验事实—理论—新的实验事实—新的理论	创设问题情境	PPT 演示讲述	人们对原子结构的认识经历了几次大的飞跃，假设存在时光隧道，我们一起回到过去，看看历史上人们对原子结构的认识是怎样逐步发展的。 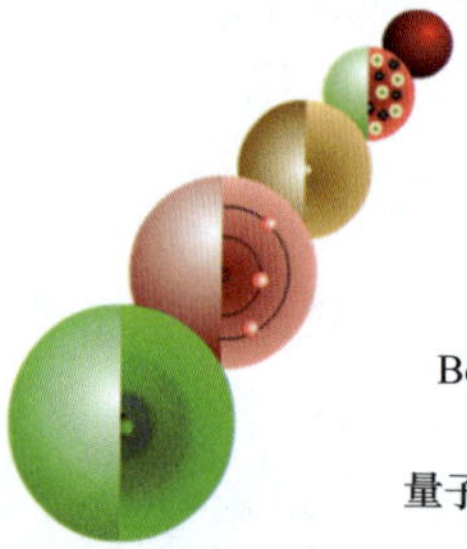 1803 年，Dalton 提出原子学说，他认为原子是构成物质的最小单位，是不能再分的。同种元素的原子质量相同，不同种元素由不同种原子组成，原子质量也不同。虽然我们现在知道这一理论是错误的，但是在那个年代，这一理论得到了广泛的认可，并在长达 100 年的时间里都指导着人们认识自然。道尔顿也被称为近代化学之父。恩格斯评价说：化学中的新时代是随着原子论开始的。 问题的提出在 Thomson 发现电子之后。1897 年，英国物理学家 Thomson 发现了电子，并且测定了电子的荷质比，电子的发现让人们意识到原子是可以再分的，于是 Thomson 在 1904 年提出了原子的"西瓜式"模型，他认为原子是由带正电的原子核和带负电的电子构成的，电子均匀地分布在核里，就像西瓜籽分布在西瓜里一样。

续表 1

<table>
<tr><th>内容</th><th>教学模式</th><th>教学行为</th><th>教学内容</th></tr>
<tr><td></td><td>启发式
引导</td><td>PPT 演示
提出新
问题</td><td>
思政元素：这是勇于否定前人取得的第一次胜利。虽然很艰难，但是这一次否定使得人们对原子结构的认识又往前迈了一大步。科学的发展就是不断地自我否定。批判质疑是科学精神的精髓。但请注意，批判质疑一定要以事实为依据。
但是这一理论很快就又被实验否定了。
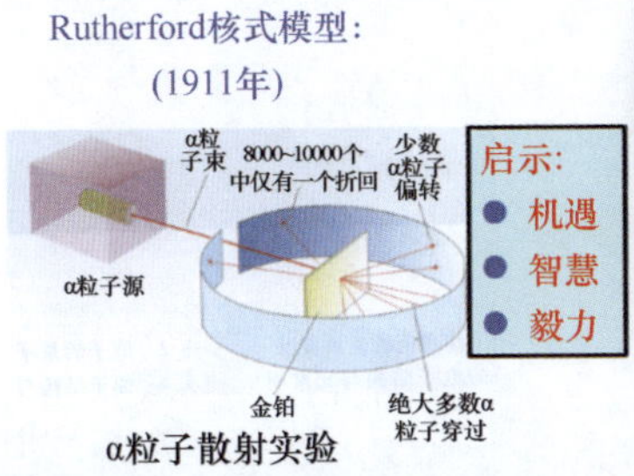

E. Rutherford
原子物理学之父
理论要点：
（1）原子中的正电荷集中在很小的区域——原子核上；
（2）原子质量主要来自原子核；
（3）电子质量很小，绕核旋转。
1906 年，Rutherfold 做了著名的 α 粒子轰击金箔实验，如果按照 Thomson 的“西瓜式”模型，用 α 粒子轰击金箔时，α 粒子应该几乎都反弹回来，但是 Rutherfold 的实验结果却是几乎所有的 α 粒子都可以直接通过，只有极少数的 α 粒子会反弹回来。为了解释这一现象，Rutherfold 提出了自己的核式模型，他认为原子是由小小的原子核和核外高速运动的电子构成的，原子核体积很小，但是集中了原子 90% 以上的质量。原子核外广大空间由高速运转的电子占据。当 α 粒子轰击金箔时，只有打到原子核的 α 粒子才能反弹回来，其他都会直接通过。这一理论很好地解释了 Rutherfold 的实验。
思政元素：这是敢于否定前人的第二次胜利！卢瑟福的实验能够成功当然和机遇有关系，但是更离不开精巧的设计和坚持不懈的努力，这些因素叠加到一起，就形成了必然的结果——成功。
<table>
<tr><th colspan="2" rowspan="2">名称与符号</th><th colspan="2">电荷</th><th colspan="2">质量</th></tr>
<tr><th>Q/C</th><th>Q/au</th><th>m/kg</th><th>m/au</th></tr>
<tr><td rowspan="2">原子核</td><td>质子（p）</td><td>1.602×10^{-19}</td><td>+1</td><td>1.7×10^{-27}</td><td>1836</td></tr>
<tr><td>中子（n）</td><td>0</td><td>0</td><td>1.7×10^{-27}</td><td>1839</td></tr>
<tr><td colspan="2">核外电子（e）</td><td>1.602×10^{-19}</td><td>−1</td><td>9.1×10^{-31}</td><td>1</td></tr>
</table>
原子序数（Z）= 核内质子数 = 核电荷数 = 核外电子数
</td></tr>
</table>

续表 1

<table>
<tr><th>内容</th><th>教学模式</th><th>教学行为</th><th>教学内容</th></tr>
<tr><td></td><td>启发式引导</td><td>PPT 演示
提出新问题</td><td>原子的内部组成
★两个大数与一个惊奇
• 原子核是原子体积的百万亿分之一！原子几乎是空的
$V_{核}/V_{原子}<1/10^{12\sim15}$
• 原子核质量占原子质量的 99.9%以上
$\rho\approx1\times10^{13}\,g/cm^3$
!! 质子电量严格等于电子电量
——深层之美
危机：连续光谱
但是按照经典力学的运动规律，原子核带正电，核外电子带负电，核与核外电子之间是互相吸引的，于是绕核高速运转的电子受到核的吸引作用，会越来越靠近核，最后落到核上。按照这一理论，原子应该是处于不稳定的状态，原子光谱应该是连续光谱，这与实验事实是矛盾的。除了放射性元素，原子都是稳定的。所以 Rutherfold 的核式模型又遇到了新的挑战。</td></tr>
<tr><td rowspan="4">2. 氢原子的光谱
设计思路：选取最简单的氢原子作为研究对象，从研究氢原子的光谱特点入手，提出问题</td><td rowspan="4">启发式引导</td><td>PPT 演示</td><td>因为原子看不见也摸不到，所以对于原子结构的研究我们需要借助其他手段。最常用的手段是光谱学手段，这一方法在原子结构的研究中起到了非常重要的作用。接下来我们先看一下完整的电磁波谱
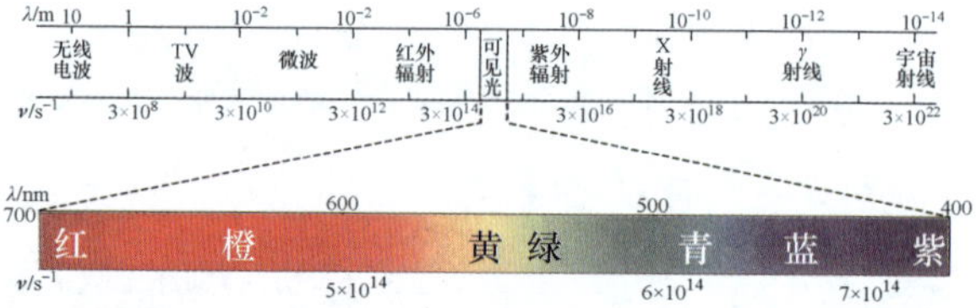
</td></tr>
<tr><td>讲述</td><td>这是完整的电磁波谱，大家熟悉的可见光只占其中很小的一部分。对复杂体系的研究，往往先选取一个最简单的模型，把这个简单的模型研究清楚了，再添加条件，让它慢慢复杂化，最后就可以把复杂的问题研究清楚了。</td></tr>
<tr><td>提问</td><td>研究原子结构，大家觉得选哪一种原子作为最简单的模型比较合适？</td></tr>
<tr><td>讲述</td><td>氢原子核外只有一个电子，是最简单的原子，所以在研究原子结构时，我们选取氢原子作为研究对象，先搞清楚氢原子的结构，再增加电子数扩展到复杂的体系。
氢气在抽成真空的容器中，通电，经过狭缝和三棱镜分光，在屏幕上都可以得到四条分立的谱线，而且这四条谱线的频率是固定的。</td></tr>
</table>

续表 1

内容	教学模式	教学行为	教学内容
		播放视频	动画展示氢原子在可见光区的四条谱线。 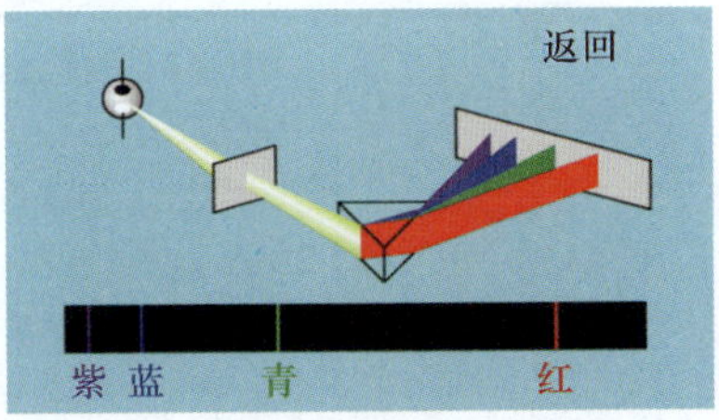 氢原子光谱
	创设问题情境	讲述	有科学家对这四条谱线的频率进行了研究，提出这四条谱线的频率是有规律的，它们符合以下公式：
	知识讲解	PPT 演示	$\nu=3.289\times10^{15}\left(\frac{1}{2^2}-\frac{1}{n^2}\right)s^{-1}$ （n=3，4，5，6）
		讲述	以上的公式称为 Rydberg 经验公式，那四条谱线被称为 Balmer 线系，后来人们又发现了氢原子在其他波段的谱线，它们的频率都符合以下公式：
		PPT 演示	$\nu=3.289\times10^{15}\left(\frac{1}{n_1^2}-\frac{1}{n_2^2}\right)s^{-1}\quad n_2>n_1$
		提问	Rutherfold 的核式模型显然解释不了氢原子的光谱，怎么办？
3. Bohr 原子结构理论 设计思路：从现有理论解释不了实验事实的矛盾出发，引导学生在解决矛盾的过程中，认识 Bohr 的原子结构理论	启发式引导	讲述	19 世纪是一个非常伟大的时代，各种新的理论争奇斗艳，伟大的科学家层出不穷。1900 年，Planck 提出了量子论，他认为微观领域的能量是不连续的，也就是一份一份的，这在当时引起了巨大的反响。1903 年，Einstein 提出了光子论，他认为光的能量与光的频率成正比。正是在这样的背景下，Bohr 提出了自己的原子结构理论。
		PPT 演示	（1）定态假设：原子的核外电子在轨道上运行时，只能够稳定地存在于具有分立的、固定能量的状态中。此时，原子并不辐射能量，是稳定的。 （2）跃迁规则：原子的能量变化只能在两定态之间以跃迁的方式进行。通常，电子处在离核最近的轨道上，能量最低——基态；原子获得能量后，电子被激发到高能量的轨道上——激发态。从激发态回到基态释放光能，光的频率取决于轨道间的能量差。 $h\nu = E_2 - E_1$ $\nu = \frac{E_2 - E_1}{h}$

续表 1

内容	教学模式	教学行为	教学内容
		提问	Bohr 的理论能否解释氢原子的光谱？
		讲述	用 Bohr 的理论很容易就可以解释氢原子的光谱为什么是分立的谱线，Balmer 线系是从高的激发态回到能级是 2 的状态时发出的光，而其他线系是两个不同能级之间的跃迁。根据 Rydberg 公式，我们可以算出每两个能级之间的能级差，假设电子离核无穷远处势能为 0，那我们就可以把氢原子核外的各能级的能量计算出来。$n_1 = 1$，$n_2 = \infty$ 时，对应的能量即为氢原子的电离能。 思政元素：这是勇于否定前人的又一次胜利！玻尔成功的秘诀：积极思考，大胆假设。
		PPT 演示	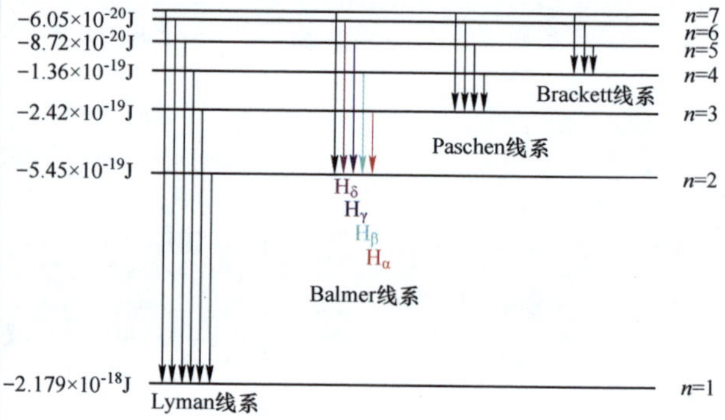
		讲述	Bohr 的原子结构理论开启了人们正确认识原子结构的大门，由于他在原子理论和原子辐射方面的卓越贡献，获得了 1922 年的物理学诺贝尔奖。他提出的量子化、能级、跃迁等概念，至今仍被广泛采用。但是 Bohr 理论也存在明显的缺陷，它解释氢原子光谱很成功，但不能说明多电子原子的光谱，也不能说明氢原子光谱的精细结构。所以还需要发展新的原子结构理论。 思政元素：看问题要一分为二，既看到缺点，也看到优点。
		讲述	1923 年，法国物理学家 L. de Broglie 认为，既然光具有波粒二象性，电子等微观粒子也具有波粒二象性。 质量为 m，运动速度为 v 的粒子，相应的波长为： $\lambda = h/mv = h/p$ $h = 6.626 \times 10^{-34}\,\mathrm{J \cdot s}$，Planck 常量 思政元素：知识迁移也是一种重要的创新方式。

续表 1

内容	教学模式	教学行为	教学内容
4. 微观粒子的波粒二象性 设计思路：介绍 L. de Broglie 的波粒二象性，引导学生通过课堂讨论来加深理解	课堂讨论	引导	L. de Broglie 用上述公式将微观粒子的波动性和粒子性联系起来了，怎么理解微观粒子的波粒二象性呢？ （1）所谓微观粒子的波动性，仅仅是指粒子的运动在某种条件下，会产生干涉和衍射等波动现象，但不意味着物理量在介质中的传播（否则就是经典波），所以德布罗意波是不可测量的； （2）所谓微观粒子的粒子性，是指在与物质相互作用时，能显示能量、质量和动量等粒子属性，但它不存在沿一定轨道运动的观点（否则是经典粒子）。 所以波粒二象性，对描述宏观物体运动规律的经典理论是不可想象的，但对微观粒子却是不可避免的。
		讲述	1927 年，Davisson 和 Germer 应用 Ni 晶体进行电子衍射实验，证实了电子具有波动性。他们两人共同获得了 1937 年的诺贝尔物理奖。 思政元素：科学来自实践，也只能用实践来检验。
5. 不确定原理与微观粒子运动的统计规律 设计思路：介绍不确定原理，通过实验和计算引导学生理解微观粒子的行为特性	启发式引导	讲述	德国物理学家 W. Heisenberg 提出了不确定原理：对运动中的微观粒子来说，不能同时准确确定它的位置和动量，其关系式为： $\Delta x \cdot \Delta p \geqslant \frac{h}{4\pi}$ 式中 Δx——微观粒子位置的不确定度； Δp——微观粒子动量的不确定度。 电子的位置若能准确地测定，其动量就不可能被准确地测定。所以，原子中的电子没有确定的轨道。
		举例	计算在原子范围内运动的电子，其速度的不确定范围。
		PPT 演示	核外运动的电子，其质量 $m = 9.11\times10^{-31}$ kg，位置的不确定范围 $\Delta x = 10^{-12}$ m。求速度的不确定范围 Δv。 $\Delta x \geqslant \frac{h}{4\pi m\Delta v} \Rightarrow \Delta v \geqslant \frac{h}{4\pi m\Delta x}$ $\Delta v \geqslant \frac{6.626\times10^{-34}}{4\times3.14\times9.11\times10^{-31}\times10^{-12}}$ $\Delta v \geqslant 5.79\times10^{7}$ m/s

续表 1

内容	教学模式	教学行为	教学内容
		讲述	由此可见，微观粒子的运动不遵循经典力学的规律。不确定原理反映了微观粒子的波粒二象性，但并不意味着微观粒子的运动规律不可认识。微观粒子所具有的波动性可以与粒子行为的统计性规律联系在一起，以“概率波”和“概率密度”来描述原子中电子的运动特征。设想两个电子衍射实验：让大量电子一次性通过狭缝或者电子一个一个通过狭缝，观察实验结果。
		PPT 演示	 结果证明：在相同条件下大量电子的一次行为和一个电子的多次重复行为是统一的。微观粒子的波动性是大量微粒运动表现出来的性质，即是具有统计意义的概率波。
6. Schrödinger 方程 设计思路：介绍 Schrödinger 方程的基本形式，通过类比的方式让学生了解坐标变换	知识讲解	讲述	既然电子的运动可以用概率波来描述，那么应该可以找到相应的波函数来表示电子的运动方式。
		PPT 演示	Schrödinger 方程： $\frac{\partial^2\Psi}{\partial x^2}+\frac{\partial^2\Psi}{\partial y^2}+\frac{\partial^2\Psi}{\partial z^2}=-\frac{8\pi^2 m}{h^2}(E-V)\Psi$ 式中 Ψ——波函数； E——总能量； V——势能； m——质量； h——Planck 常数； x，y，z——空间直角坐标
	类比	讲述	用学生熟悉的极坐标类比球坐标
	知识讲解	PPT 演示	直角坐标与球坐标的转换： 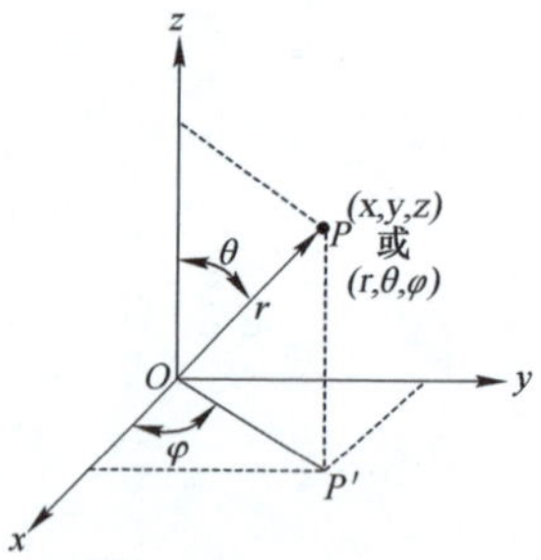 $x=r\sin\theta\cos\varphi$ $y=r\sin\theta\sin\varphi$ $z=r\cos\theta$ $r=\sqrt{x^2+y^2+z^2}$ $\Psi(x,\ y,\ z)\Rightarrow\Psi(r,\ \theta,\ \varphi)=R(r)\cdot Y(\theta,\ \varphi)$

续表 1

内容	教学模式	教学行为	教学内容
	知识讲解	讲述	通过坐标变换，得到球坐标体系中的氢原子的 Schrödinger 方程，再用分离变量的方法转换成三个分别只含有一个变量的常微分方程，然后分别求解。通常将波函数分为径向部分和角度部分相乘：$\Psi(x, y, z) \Rightarrow \Psi(r, \theta, \varphi) = R(r) \cdot Y(\theta, \varphi)$。 核外电子在原子核外空间运动，要得到氢原子 Schrödinger 方程合理的解，必须满足一定的条件，为此引进取分立值的三个参数，即量子数。
7. 四个量子数的取值和意义 设计思路：通过类比和联想，阐述四个量子数的取值与意义，加深学生对微观粒子运动规律的认识	知识讲解	PPT 演示	（1）主量子数 n： $n=1, 2, 3, 4, 5, 6, \cdots$，正整数 对应 K，L，M，N，O，P，…，电子层。 n 与电子能量有关，对于氢原子而言，电子能量唯一取决于 n。 $E=-\frac{2.179\times10^{-18}}{n^2}\text{J}$ n 越大，电子离核平均距离越远，能量越高。
		类比	主量子数表示了离核的远近和能量的高低，n 越小，表明离核越近，能量越低。就像高楼大厦，楼层越高，离地越远，越不稳定。
		PPT 演示	（2）角量子数 l： $l=0, 1, 2, 3, 4, \cdots, (n-1)$，$l$ 受 n 的限制 对应着 s，p，d，f，g，…，电子亚层。 $n=1$，$l=0$；1s 亚层 $n=2$，$l=0, 1$；2s，2p 亚层 $n=3$，$l=0, 1, 2$；3s，3p，3d 亚层 …… 多电子原子中电子的能量由 n 和 l 共同决定。 当 n 相同时，l 越大，能量越高。
		类比	角量子数的取值受主量子数限制，与 n 一起决定了能量的高低，就好比同一楼层不同的房间。同时，它还表示了原子轨道的角度分布形状。
		PPT 演示	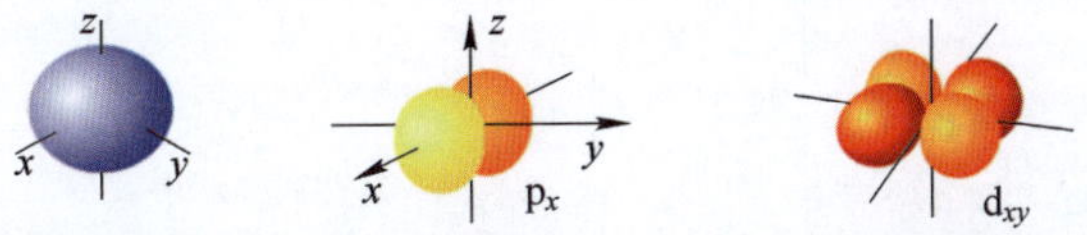 s轨道 p轨道 d轨道

续表 1

内容	教学模式	教学行为	教学内容
	知识讲解	讲述	l 不同的取值，表明原子轨道角度分布具有不同的形状。
		PPT 演示	（3）磁量子数 m： m 决定轨道角动量在磁场方向的分量，其值受 l 限制。 $m=0$，±1，±2，±3，…，$\pm l$；共 $2l+1$ 个。 m 决定原子轨道在核外的空间取向。 $l=0$，$m=0$，只一个取向； $l=1$，$m=0$，±1，代表 p_z，p_x 和 p_y 3 个不同的取向； $l=2$，$m=0$，±1，±2，代表 5 个不同的取向。 d_{z^2}，d_{xz}，d_{yz}，d_{xy}，$d_{x^2-y^2}$
		讲述	磁量子数的取值决定了原子轨道在核外空间的取向，但并不是一一对应的，只有 $m=0$ 对应着 z 轴上的轨道，其他都是组合得到的。所以，一组特定的 n，l 和 m 就可得到一个相应的波函数，称为单电子波函数，也称为轨道波函数。如：$n=1$，$l=0$，$m=0$，ψ100 即 1s 轨道。
		思考题	当 n 为 3 时，l，m 分别可以取何值？轨道的名称怎样？
		播放视频	（4）自旋量子数 m_s： 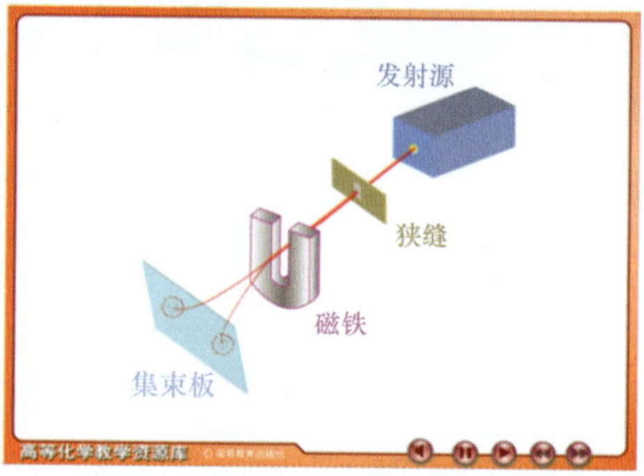 电子自旋现象的实验装置 自旋量子数
		讲述	高分辨光谱实验揭示了电子除了轨道运动之外，还有自旋运动，由自旋量子数 m_s 决定。处于同一原子轨道上的电子自旋运动状态只能有两种，分别用±1/2 来表示。
		提问	同一个原子中的电子，最多有几个量子数相同？ 思政元素：同一原子中的电子，最多只能有 3 个量子数相同，显示其独特性和不可替代性。同学们也不用追求和其他人完全一样，应该保持自己的独特性和不可替代性。

续表 1

内容	教学模式	教学行为	教学内容
	小结——总结四个量子数的取值和意义，加深印象	PPT 演示	小结： （1）一个原子轨道可由 n，l，m 三个量子数确定。 （2）一个电子的运动状态必须用 n，l，m，m_s 四个量子数描述。 （3）量子数的意义： 1）n：决定电子离核的远近； 2）l：描述原子轨道的形状； 3）m：描述原子轨道的空间取向。
作业	Page 220：5、6、8		

六、教学效果分析

本次课是学生进入微观世界认识物质结构的第一次课，通过原子结构模型的发展历史让学生逐渐建立起对原子结构的科学认识，从道尔顿的原子论到汤姆逊的“西瓜式”模型，到卢瑟福的核式模型，再到玻尔的分层排布，最后到量子力学模型，在对前人的一次次否定中，科学得到了迅猛发展。在问题引导式的研究型教学模式基础上辅以举例、类比和课堂讨论等方式帮助学生理解课程内容，课程思政内容的加入更让学生对科学发展的规律有了深刻的认识，也让学生体验了不迷信权威，敢于批判，不断创新进取的科学精神和实事求是、坚持真理的科学态度。以下是本次课中学生发在雨课堂弹幕里的一些评论，我们可以初步看出本次课的教学效果：

√ 哪来的天马行空呀？都是从事实出发的！

√ 不迷信，不盲从！

√ 实践是检验真理的唯一标准！

√ 否定之否定，太厉害了！

√ 玻尔，牛！

√ 吾爱吾师，吾更爱真理！

乙醇物性测定实验

袁文霞 樊红霞 韦美菊 柴成文 顾 聪

课程名称 物理化学实验 C
课程性质 学科基础必修课
专　　业 材料、冶金、环境等
授课对象 理工类本科三年级学生
课程简介：

物理化学实验是培养学生掌握用物理学的理论和方法研究化学变化及其规律的一门实践性很强的课程，它综合了化学领域中各分支学科所需的基本研究手段、实验技能和研究方法，对培养学生的创新思维、实践动手能力和工程思维起着重要的作用。

该课程是我校材料、冶金、环境、化学等理工科专业三年级必修的学科基础实验课程，旨在培养学生掌握基本的实验技术与实验操作技能，进一步培养学生对科学问题的独立思考能力、实验方案设计论证能力、实验数据收集处理能力、实验结果总结归纳能力并在此基础上进一步提升学生的创新思维和能力，培养具有坚实的自然科学基础、较强的实践能力及创新素质的综合性人才。

课程思政是新时代背景下提出的一种创新性的教育理念，旨在发挥专业课程所承载的思想政治教育功能，将专业课程与思想政治教育同步进行，产生协同效应，最终实现立德树人的根本任务。教学团队始终秉承“实践育人”的理念，在完成知识传授的同时，充分挖掘课程的思政元素，以润物无声的方式教授学生如何做事、如何做人，全面提升学生的家国情怀、社会责任、科学素养以及创新意识和综合能力。

教师简介：袁文霞，北京科技大学教授，自然科学基础实验中心主任。主要研究方向：宽带隙半导体 GaN 与助熔剂体系的热力学和相平衡 AlN 晶体生长过程物理化学 SiC 与金属接触化学。

樊红霞，北京科技大学自然科学基础实验中心工程师。主要研究方向：物理化学实验教学与改革。

韦美菊，北京科技大学化学与生物工程学院副教授。主要研究方向：应用量子化学。

柴成文，北京科技大学自然科学基础实验中心高级工程师。主要研究方向：实验室安全与管理。

顾聪，北京科技大学自然科学基础实验中心高级工程师。主要研究方向：物理化学实验教学与改革。

课程蕴含的思政元素分析

一、辩证唯物主义观

物理化学实验作为一门以实践教学为主的学科，处处体现着辩证唯物主义思想。如引导学生在理论中回顾实验操作，在操作中加深基础理论的学习，做到“理论联系实际”；灌输“实践是检验真理的唯一标准”思想，实验结果出来后，可对照理论内容进行验证，并强调运用“辩证的观点看问题”分析实验结果；如果教师有意识地引导学生用辩证唯物主义思想去分析问题、解决问题，不仅有利于学生灵活贯通地理解掌握知识，而且有利于培养学生科学的思维方式和辩证唯物主义世界观。

二、青山绿水的环保意识

环境保护问题是我国社会主义现代化建设面临的一个重大战略问题。化学实验过程中产生的三废（废气、废液、废渣）造成的环境污染是非常严重的，教学中应积极引入环保理念，如引用习近平总书记“绿水青山就是金山银山”的思政观点，通过展示环保图片、讲解环保案例，改变学生对传统化学污染的认识，并在教室醒目位置设置废液桶，对实验中产生的废液统一回收，使绿色文明生态观内化于心，外化于行。

三、精益求精的工匠精神

物理化学实验是一门以实践为基础的学科，要求学生在实验中认真、细致，养成良好的实验习惯，才能得到准确的实验结果。失之毫厘谬以千里，科学研究容不得丝毫的马虎和大意，实验教学中教师要严格把关，从预习、实验操作、数据记录、三废回收、报告书写等方方面面，培养学生认真、踏实的科学态度。久而久之，就能培养学生严谨认真、精益求精的工匠精神。

四、协同合作的团队意识

物理化学实验涉及仪器众多，步骤复杂，需要同学们之间团结合作、相互配合才能顺利地完成实验。例如原电池电动势实验中，同组同学需要连接工作电池、标准电池、电位差计、检流计等装置线路，打磨金属电极，组装电池等多个实验操作步骤，考验了学生实验中统筹安排能力，与同组同学团结协作的组织协调能力。因此，教师要有意识地培养学生的有序意识和团队精神，要求学生将自用的实验仪器和药品摆放整齐，不能随便动用他人的仪器和药品，公用试剂用完之后要放回原处。

五、勇于批判的质疑精神

物理化学实验中有部分设计实验，例如偏摩尔体积设计实验，学生通过查阅文献、小组讨论，自主设计拟定实验方案，在教师的建议和指导下完成实验。实验结束后，在教师引导下，分析讨论，总结成功的经验或失败的教训。偏摩尔体积实验恰恰打破了“1+1=2”的常规思维。通过这样的实验方式，鼓励学生敢于质疑文献、批判性吸收信息，培养他们独立的思考能力和正确的判断力。

六、诚信原则和法治意识

为了得到满意的实验结果，部分学生不愿意不断试错，却想着投机取巧、篡改数据。实验教师需要通过 STAP 细胞造假事件、汉芯造假事件等反面案例，帮助学生建立健全的职业道德观，在学生的心中不断强化诚信红线。此外，许多化学试剂具有危害性，化学实验教师教育学生合法使用这些试剂，绝不能偷偷拿出实验场所随意使用，通过铂盐投毒事件、硫酸泼熊事件等反面案例向学生讲清楚非法或违规使用化学药品的危害性。

教案设计

一、教学目标

（一）知识目标

（1）掌握相对法测定液体密度的原理和方法。

（2）掌握相对法测定液体黏度的原理和方法。

（3）理解偏摩尔量的物理意义，用比重瓶测定乙醇-水溶液密度，并求出一定浓度下各组分的偏摩尔体积。

（二）能力目标

（1）掌握密度瓶的使用方法并测定乙醇的密度，了解密度测定的其他方法。

（2）学会毛细管黏度计的使用并测定乙醇的黏度，了解其他测定黏度的方法。

（3）学以致用，利用乙醇物性测定实验内容，自主设计偏摩尔体积测定实验。

（三）价值目标

（1）培养学生严谨细致的科学态度和精益求精的工匠精神。

（2）帮助学生树立绿色化学、可持续发展生态文明观。

（3）客观真实记录实验数据，培养学生诚实守信的学术道德伦理。

（4）培养学生学以致用，解决实际问题的能力以及批判质疑的科学素养。

二、教学内容分析

（一）教学内容

（1）毛细管黏度计的使用及乙醇黏度的测定。

（2）比重瓶的使用及乙醇密度的测定。

（3）偏摩尔体积的概念及偏摩尔体积的测定方法。

（4）液体黏度及密度测定方法拓展。

（二）教学重点

（1）相对法测定的液体密度的原理及方法。

（2）相对法测定液体黏度的原理和方法。

（三）教学难点

（1）偏摩尔体积的概念。

（2）偏摩尔体积测定方法。

三、教学对象分析

（一）知识基础

本课程教学对象为理工科三年级学生，通过前面无机化学、无机化学实验及物理化学课程的学习，学生具备了一定的化学知识并掌握了一定的化学实验操作技能。本课程的先修课程为无机化学、无机化学实验、物理化学。

（二）认知特点和学习风格

高校大学生思想活跃，充满自信，勇于创新，具有开阔的见闻和视野，他们的学习兴趣和学习热情处于全盛时期，也是世界观、人生观、价值观形成的关键阶段。通过两年大学学习和生活，大学三年级学生既具备了学习的心理条件又有较为充分的学习心理准备，专业要求进一步明确。因此在授课过程中要根据学生课程发展需求，有意识地进行引导，让学生在完成知识学习的同时，培养他们的实践创新能力、环保意识和社会责任感，工匠精神和科学诚信伦理等科学素养，从而真正做到素质教育，达到“教书育人”的目的。

四、教学手段与方法

（一）启发式教学

学生是教学活动的主体，只有让学生积极参与到教学活动中来，才能使学生的感受与课堂教学融为一体。在与学生的互动中，教师必须能够把握互动的方向与讨论的主题。通过合适的教学设计，引导学生课堂互动与讨论，培养学生主动思考与参与的意识和能力。

（二）综合运用多种教学手段

本节课的课堂实践过程中采用了实物演示、PPT、在线课程及微视频结合的方法。丰富的课堂教学的实现方式，吸引学生注意力，为学生提供丰富的背景知识并辅助课堂教学的逐步推进。

（三）润物无声，渗透式课程思政导入

精心设计课堂教学模式，步入式引入课程思政主题。讲授天平使用时引入天平的发展历史，并拓展工匠精神；回收实验废液时引入绿色生态文明观；记录实验数据时强调学术诚信。实现寓道于教的教学效果。

五、教学过程

（一）实验室规则培训与安全教育

教学目的：让首次进入物理化学实验室的同学，了解实验室要求与规则，加强安全防护，保证实验教学安全顺利完成。

教学设计：教学视频：实验目的和要求+实验室安全防护。（27 分钟）

实验目的、要求及实验室安全防护

（二）教学任务导入

教学目的：明确实验目的和实验内容。

教学设计：提问+互动。（3 分钟）

提问乙醇的物理性质，并根据同学互动回答，引入黏度和密度的概念和本次实验的内容。

（三）乙醇密度的测定

1. 密度的定义和相对法测定液体密度的原理

教学设计：PPT 演示经典密度公式，启发引导同学得出相对法测定液体密度公式。（4 分钟）

PPT

教学内容：

（1）密度定义： $\rho = \frac{m}{V}$ （kg/m^3，g/cm^3，kg/L）

（2）相对法测定液体密度 $\rho = \frac{m_1 - m_0}{m_2 - m_0} \times \rho_2$

2. 比重瓶的结构及其测定密度的方法

教学设计：模型演示，直观了解比重瓶的构造（见图1），熟悉使用比重瓶测定液体密度的方法，穿插提问注意事项。(4分钟)

图1 比重瓶

3. 思政元素导入

教学设计：从演示密度测定使用的分析天平的精度切入，导入思政元素工匠精神。(2分钟)

天平的发展历程就是人们在精益求精中不断进步、不断突破极限的历史，是严谨细致的科学态度和精益求精的工匠精神的生动体现，使学生切实领悟到，严谨求实的精神才是科学进步的坚实基石。

4. 学生实验操作与教学设计

学生实验操作：使用相对密度法测定乙醇的密度。

教学设计：学生实验，穿插教师指导和分组讨论。(15分钟)

5. 知识+思政拓展

教学设计：提问+讨论——密度的其他测定方法有哪些，对同学的回答予以肯定，并介绍密度计法和韦氏天平法测定液体密度的方法和原理（见图2)；结合不同情况选择适宜的密度测定方法，提示学生具体情况具体分析，不能一概而论。(5分钟)

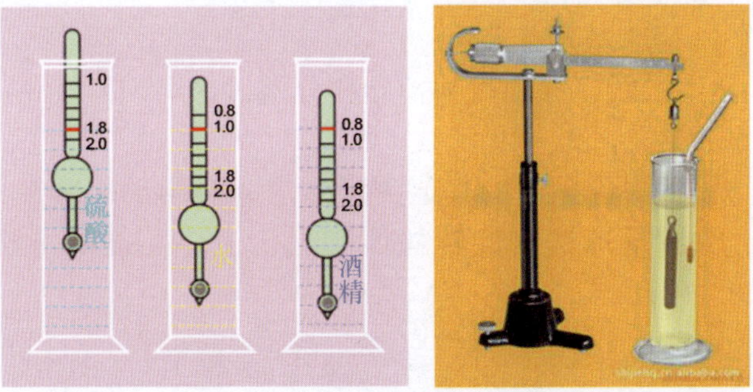

图2 密度计法和韦氏天平法

（1）利用物体漂浮在液面时 $F_{浮} = G_{计}$ 原理工作的。

（2）密度计上的刻度线不均匀，自上往下，刻度线越来越密，刻度值越来越大。密度计上的刻度值是被测液体的密度与水的密度的比值。

（四）乙醇黏度的测定

1. 黏度的定义和相对法测定液体黏度的原理

教学设计：PPT 展示黏度的定义，并启发学生推导得出相对黏度。(3 分钟)

黏度定义：

$$\eta = \frac{\pi r^4 pt}{8Vl}$$

相对黏度：

$$\eta = \frac{\rho_1 t_1}{\rho_2 t_2}\eta_2$$

2. 玻璃毛细管黏度计的结构及使用方法

教学设计：实物演示，让学生对照真实实验用具，了解奥氏黏度计的构造及使用方法（见图 3），期间提问互动注意事项。(4 分钟)

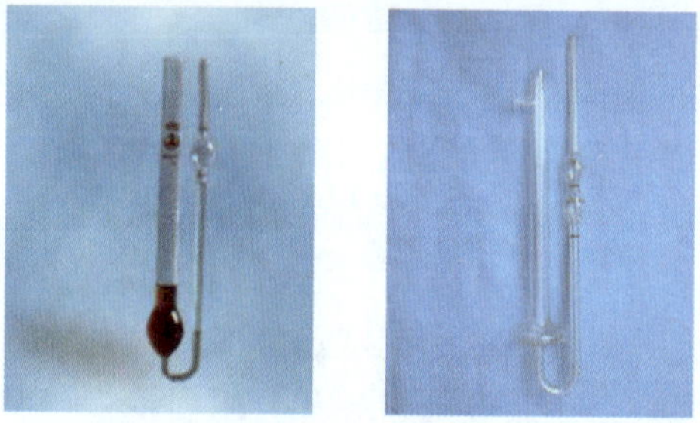

图 3　奥氏黏度计

3. 思政元素导入

教学设计：从演示中黏度计中液体的甩干切入，引导学生注意玻璃器材及实验药品使用安全，加强实验室安全教育。(3 分钟)

4. 实验操作：黏度测定

教学设计：学生实践，穿插教师指导和分组讨论。(15 分钟)

5. 知识拓展

教学设计：提问+讨论黏度的其他测定方法，对同学的回答予以肯定，使用智慧黑板+图片，介绍落球法和旋转柱体法测定液体黏度的方法和原理（见图 4）。(5 分钟)

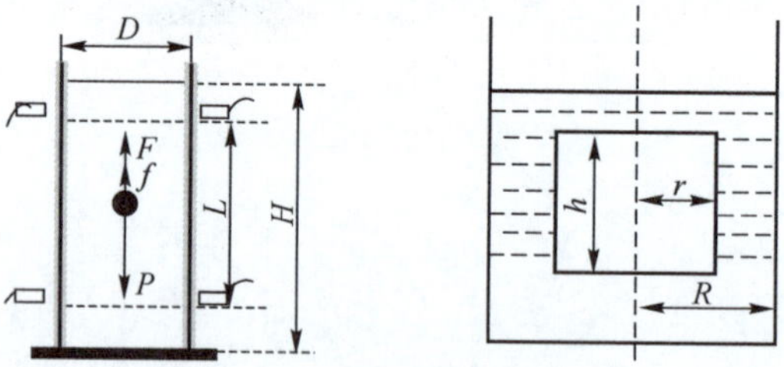

图 4　落球法和旋转柱体法

(五) 偏摩尔体积的测定

1. 概念引入

教学设计：启发+互动教学。(8 分钟)

让同学试验测定 50mL 水+50mL 乙醇，得出体积不是 100mL，引出偏摩尔体积的概念；并融入课程思政元素 1+1≠2 的科学质疑思政元素。

定义：偏摩尔体积是在等温等压下，往无限大的体系中加入 1mol 其他组分，体系体积的变化量。

对于 A、B 二组元体系：

$$V_{\mathrm{Bm}}=\left(\frac{\partial V}{\partial n_{\mathrm{B}}}\right)_{T,\ p,\ n_1} \qquad V_{\mathrm{Am}}=\left(\frac{\partial V}{\partial n_{\mathrm{A}}}\right)_{T,\ p,\ n_3} \qquad V=n_{\mathrm{A}}V_{\mathrm{Am}}+n_{\mathrm{B}}V_{\mathrm{Bm}}$$

2. 偏摩尔体积测定实验方案设计

教学设计：小组讨论。(8 分钟)

(1) 课前学生查阅文献、拟订方案，课上小组讨论，并在教师的建议和指导下修改实验方案。

(2) 设计要求

1) 根据偏摩尔体积定义，设计测定偏摩尔体积的方法；

2) 确定实验方案，写出实验步骤，列出实验仪器、试剂、用品；

3) 设计实验数据记录表；

4) 列出参考文献。

3. 偏摩尔体积测定

教学设计：根据实验方案完成实验，在教师引导下，分析讨论，总结经验教训。(20 分钟)

(六) 数据记录与处理要求

教师检查并签署实验数据，强调数据记录的科学严谨，导入科学诚信伦理思政元素。(3 分钟)

STAP 细胞造假事件、汉芯造假事件等反面案例。

(七) 整理工作

督促学生仪器复原，试剂复位，实验垃圾和实验废液分类回收（见图 5），引入绿色生态文明观。(3 分钟)

(八) 化学知识拓展

1. 去离子生产参观学习

教学设计：参观学习。(12 分钟)

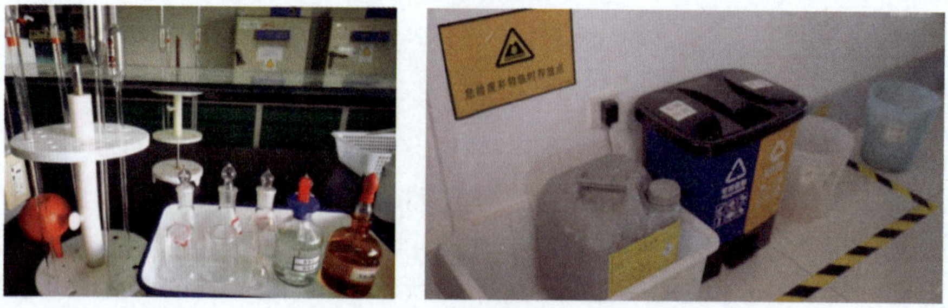

图5　整理工作

参观化学实验室去离子水制备室（见图6），介绍去离子水制备流程；了解实验室用水和生活用水的区别。

图6　去离子水制备室

2. 制作免洗洗手液

学以致用，制作免洗洗手液，加强疫情安全防护。（10分钟）

利用75%乙醇的杀菌功能，结合当前时期的疫情防护，同学自制免洗洗手液，增强安全防护意识。

DIY 洗手液

六、教学效果分析

（1）本节课是“物理化学实验”的一个综合性实验项目，教学重点是理解相对法测定液体的密度和黏度的原理；掌握使用密度瓶测定液体的密度和玻璃毛细管黏度计测定液体的黏度；了解液体偏摩尔体积的概念以及偏摩尔体积的测定方法。本节课有别于传统的知识灌输，被动式教学模式，教学设计采用启发、互动模式，并辅以PPT、视频、图片、模型演示等教学手段，激发了学生兴趣，提升了课堂效率。整个实践过程，师生之间互动交流，同学间相互协作，共同探讨解决问题，培养其主动探究、团结合作、勇于创新的精神和实践能力（见图7）。

图 7　师生间密切交流，同学间团结协作

（2）在专业基础知识教学过程中，深刻挖掘实验课程中的思政元素，以“润物细无声”的形式将工匠精神、绿色生态理念、科学诚信等思政元素进行渗透，培养学生严谨细致、精益求精的科学态度；培养学生环保意识和社会责任感；培养学生的诚实守信、遵纪守法的道德情操。教授学生如何做事、如何做人，全面提升学生的家国情怀、社会责任、科学素养以及创新意识和综合能力。

为了更直观地了解思政元素在专业知识学习中的融入情况，我们编写和分析了课程调查问卷。结果显示：在物理化学实验课堂中融入思政元素，不仅使学生掌握了专业知识，还使学生的协作能力、环保意识、实验室安全与自身防护及疫情安全防护意识得到了有效提升。

附件 1

乙醇物性测定实验调查问卷

1. 你的性别

　A. 男（58%）　　　　B. 女（42%）

2. 通过本实验的学习，你的团队合作情况是否得到了锻炼

A. 分工明确，组员积极完成分工任务（74%）
B. 一般，部分组员不能有效完成分工（19%）
C. 基本没有团队合作（7%）

3. 实验过程中的疑问是否得到了很好的解决
A. 非常好（77%） B. 较好（15%）
C. 一般（5%） D. 非常差（3%）

4. 设计实验的增加，是否达到了学以致用的效果
A. 能很好地将所学知识用于实践（85%）
B. 起到了一定学以致用的效果（10%）
C. 完全没有学以致用的效果（5%）

5. 通过实验数据记录要求的学习，你对学术诚信与道德是否有更深刻理解
A. 有（82%） B. 没有（14%） C. 不知道（6%）

6. 通过实验操作，提高了自己分析问题和解决问题的能力
A. 非常同意（85%） B. 同意（11%） C. 不确定（4%）

7. 本课程的资源里你最喜欢哪种形式（多选）
A. 视频（90%） B. 图片（85%） C. 文档（20%）

8. 通过化学实验室安全防护知识的学习，安全意识是否有了提高
A. 是（100%） B. 否（0%）

9. 在实验课中，通过垃圾分类和废液回收，是否增强了环保意识
A. 是（98%） B. 否（2%）

10. DIY 免洗洗手液的制作，是否提高了疫情自身防护意识
A. 对乙醇杀菌原理和疫情防护有了更深刻的理解（96%）
B. 没有明显提高（4%）

11. 你对本次实验课的整体效果的满意程度
A. 很满意（80%） B. 较满意（12%）
C. 基本满意（6%） D. 不满意（4%）

法律思维

王霁霞

课程名称　法理学
课程类型　学科基础必修课
专　　业　法学
授课对象　本科二年级学生
课程简介：

“法理学”（Jurisprudence）是为学校法律系本科生在大学二年级第一学期开设的一门学科基础必修课，也是专业先修课程，是以整个法律现象的共同发展规律和共同性问题为研究对象的学科。作为法学专业本科生的第一门专门课，法理学课程的目的是使学生对法学学科的基本概念、框架、法律的本质和作用等法学基本问题有初步的了解，掌握法律思维方式和研究方法，培养学生对法学学科的兴趣与思考习惯，提升学生运用法律知识分析现实案件和问题的能力，为学生学习其他法学课程奠定坚实的基础。

通过学习该课程，使同学们比较全面系统地了解和掌握关于法的基础理论，包括法学研究、法学方法论、法的本体、法的起源和发展、法的运行、法的作用和价值、法与社会等法理学的基本论题和问题；特别是对通贯整个法学体系的法学基本范畴，诸如法、权利和义务、法律关系、法律责任、法律价值等进行深刻解析；对法的要素、法律发展、法制现代化、法律方法、法治国家、法与人权等法学理论和法制建设的前沿问题进行一定的探讨；指导同学们对我国社会主义法律的基本理论进行较深入的学习和研究。

教师简介：王霁霞，教授，博士生导师，现任北京科技大学文法学院副院长，兼任中国行政法学研究会理事、国家体育总局反兴奋剂中心处罚委员会委员、行政区划与法治建设专业委员会秘书长。入选北京市青年英才计划，北京市青年教学名师获得者。主讲“法理学”“宪法学”等课程，主持国家自然科学基金项目3项，国家体育总局等国务院部委及研究中心委托立法项目20余项，发表论文20余篇，出版著作2部，参编国家级规划教材等教材2部。

课程蕴含的思政元素分析

“法理学”课程的教学内容紧贴当前学科前沿与热点问题，在讲授每个章节专业课知识的同时，都将现实中发生的真实案例与理论进行结合，培养学生对中国特色社会主义法律体系和制度的自信，激发学生的爱国热情，培养学生对中国共产党的热爱与拥护；在法律原理的讲授中穿插法律伦理与道德，培养有法律良知和底线、忠于法律、忠于国家的法律专门人才；通过案例教学、竞赛、诊所教学方式与思政元素的结合，提升学生的创新思维、实践能力与综合素质。

课程教学的重点在于使同学们比较全面系统地了解和掌握关于法的基础理论，学会运用法理学的基本理论和方法分析研究法的现象，以及能够进入后续课程的学习。法理学是一门理论程度较强的法学学科。特别在对法的本体、法的起源和发展、法的运行、法的作用和价值、法与社会的解析和研讨中，要引导同学们从关注法律的社会实践方面入手，由现象到本质、由具体到抽象地进行理论的研讨。通过学习法理学培养良好的法律理论素质和理性思维能力，领悟和把握法律思维规律。只有具备坚实的法理学理论基础，才能对整个法律现象有宏观的把握和整体的了解，才能深刻理解各种具体的法律规定和制度，才能学好其他法学学科。

“法理学”课程的思政元素主要体现在：

第一，培养学生的专业兴趣与社会责任感，增强对中国的制度自信。针对学生对专业充满迷茫但又对专业知识充满渴望的特征，在课堂讲授的过程中大量引入日常生活中的案例，积极与学生互动，激发学生的学习热情与学习兴趣。同时，针对目前在大学生中存在的重个人前途、轻奉献和责任的思想，在讲课过程中强调法学专业学生应当具有的社会责任感，培育学生树立崇高的法治理想与责任感，增加对中国的制度自信。

第二，传授法律基本知识，奠定社会主义法学专业基础。在本课程的讲授过程中，为了帮助学生打下法学其他学科的基础，重点对法学的基本概念、原理进行透彻讲解，便于学生在大二时具有较扎实的法学基础理论水平，从而为之后其他法学专业课程的学习奠定基础。

第三，培养学生法律思维及批判性思维能力，培养有法律良知和底线、忠于法律、忠于国家的法律专门人才。思维能力的培养对大学生来说比单纯传授知识更为重要。作为法学专业的学生，运用法律思维方式去思考问题与分析问题是四年专业学习的基础，同时，法学专业特有的批判性思维能力的培养也非常重要。

"法理学"课程试图在知识传授及案例分析过程中，逐步培养学生法律思维及批判性思维能力。

教案设计

一、教学目标

（一）教学任务

本单元是"法理学"课程中在法理学导论、法的概念、法的要素、权利义务、法律关系、法的价值之后讲述的专题，起到承接法的本体论、法的价值论与法的运行论的作用。这个专题也是为了帮助刚刚进入法学专业的同学了解法学专业的核心内容，主要讲述法律思维方式及法学研究方法。本单元的教学任务设定如下：

第一，讲解法律思维方式的含义、特点、局限及克服。向学生讲解什么是法律思维方式，让学生明白法律思维方式与政治、经济、道德思维方式的区别，重点让学生掌握法律思维方式的核心特点在于证据意识与规范意识，并让学生对法律思维方式的局限及克服方式有一定了解。

第二，帮助学生学会运用法律思维方式去思考和分析问题。帮助学生在学习本单元课程之后，能够运用法律思维方式去思考和分析现实中存在的典型案例或问题。

第三，介绍不同的法学研究方法及作用。从法学学科两千余年的发展历史来看，法学研究方法主要包括马克思主义哲学的阶级分析法与法社会学分析法、价值分析方法、实证分析方法、比较分析方法、逻辑和语义分析方法、经济分析方法。本单元拟对几种不同的法学研究方法及其作用进行简单介绍。

（二）教学目标

本节课设定的教学目标如下：

第一，培养学生的专业兴趣与社会责任感方面，通过课程教学及案例讨论、互动，让学生在学习专业知识的同时，突出案例与知识传授的趣味性，让学生对法学专业充满兴趣，打消认为法学专业等同于死记硬背与枯燥死板的错误观念。同时，在课程内容的编排与选择中，注重对学生社会责任感的培养，多举一些与国家、社会发展有关的案例。

第二，传授法律基本知识、奠定法学专业基础方面，通过案例分析让学生明白法律思维方式不同于大众思维方式，法律思维是以职业主义为原则的，法律思维方式的核心特点包括证据意识和规范意识，二者缺一不可。但也要让学生看到法律思维的局限性，如果存在法律本身错误的情况下有哪些纠错机制。

第三，培养学生法律思维及批判性思维能力方面，通过课程内容的讲授及案例分析引导学生学会运用法律思维方式去思考问题，举一反三地分析身边发生的法律案件。

二、教学内容分析

（一）教学重点

本节课的教学重点包括：

第一，法律思维方式与其他思维方式的区别是什么。对同一个社会现象与问题，运用不同的思维方式会得出不同的结论。经济的思维方式在于成本与效益的核算，政治的思维方式在于各种利弊的权衡，道德的思维方式在于对善恶是非进行评判，那法律的思维方式判断的是什么呢？法律思维方式是围绕合法性与非法性进行的判断，这是法律思维方式的含义。

第二，法律思维方式的特征有哪些。法律思维方式的特征包括两方面，要让学生吃透法律思维方式这两方面的特征：一个是以证据意识为核心，另一个是以法律规范为依据。这两个特征贯穿于学生四年的法学专业学习，对所有法律问题与现象的思考都离不开运用这两个特征的法律思维方式。因此，这部分是本节课程教学的重中之重。

第三，如何避免机械适用法律、陷入法律思维的陷阱。在某些情况下，如果严格适用法律，将导致极端不公正的结果，需要反思法律本身是否合理。学生应当避免陷入机械适用法律的陷阱，是本次课程第三个教学重点。

（二）教学难点

本节课的教学难点集中体现为：

第一，学生如何从日常思维转变为法律思维。法律思维方式得出的结论与日常思维方式得出的结论不同，学生应当如何从日常大众的思维方式转变成法律思维方式是第一个难点。

第二，法律思维方式的局限性及其克服。法律思维方式的局限在于面对法律本身规定有错误时可能会陷入法律规范的“陷阱”。要培养学生的批判性思维能力，能够对法律规定本身做出反思。对法律思维方式局限性进行反思与克服的方式有两种途径：一是法律内部的纠错机制，即违宪审查制度，二是法律外部的反思，即自然法理论。这两种途径在理解上都具有一定的理论难度，尤其是学生在没有学习其他部门法知识的前提下，抽象思维能力较弱，理解违宪审查制度与自然法理论具有一定难度。

（三）对重点、难点的处理

第一，采用大量案例帮助学生形象地了解法律思维方式与大众思维方式的区别。如通过我爱我家中介费纠纷案、欠债是否需要还钱案，来说明法律思维方式与大众思维方式的区别。

第二，通过中西方经典典故帮助学生了解法律思维方式的特点。如通过苏格拉底之死与妓女弗莱恩案件来说明古希腊的法律制度特点，强调古罗马在法律职业化过程中的重要作用，并让学生明白法律思维方式与职业化的关联性。又如通过圣经中记载的所罗门王断亲子案帮助学生了解法律思维方式与政治思维方式的区别。

第三，借助教学道具并结合案例讨论帮助学生掌握证据意识在法律思维方式中的重要作用。在课堂上通过“DNA 双螺旋结果”这一道具，结合白银案件的分析，帮助学生直观感受证据意识的核心地位。

第四，通过讨论式互动式教学方法，带动学生思考法律问题的热情与积极性，并通过眼神交流等方式密切关注学生的课堂反应，根据情况灵活调整授课节奏与内容。

三、教学对象分析

（一）授课对象基本特征

从学校的教学安排和课程设置情况来看，法学专业学生刚刚进入专业生活，对专业学习充满期待，对自己所学专业充满未知的迷茫。学生普遍对自己专业的第一门专业课程的学习充满期待，希望汲取更多的新知识。整体上说，“法理学”课程的授课对象具有以下特征：

第一，对专业迷茫。刚进入法学专业的大二学生对自己选择的法学专业是什么并不了解，在进入大学之前也没有受到过系统或专业的法学训练，因此，对专业普遍感到迷茫。

第二，对知识渴望。虽然对自己所学的专业并不了解，但学生学习积极性非常高，对专业知识的好奇与渴求成为大二学生学习的重要驱动力。课堂上学生能够积极发言参与讨论、课下主动与教师交流正是渴求新知识的具体表现。从与学生的交流中明显感到，学生在学习上的投入是比较多的，从课前预习到课后复习都做得比较好，经常主动思考法学问题，并能够对社会上的法律现象与问题进行简单分析。

第三，抽象思维能力较弱。尽管大二学生对学习积极主动，对知识充满渴求，但由于还没有开始系统学习法学知识，抽象思维能力较弱，在思考问题时还不能完全符合法学的要求。

（二）课程定位

根据学生的上述基本特点，“法理学”课程的定位是：

第一，培养学生的专业兴趣与社会责任感。针对学生对专业充满迷茫但又对专业知识充满渴望的特征，在课堂讲授的过程中大量引入日常生活中的案例，积极与学生互动，激发学生的学习热情与学习兴趣。同时，针对目前在大学生中存在的重个人前途、轻奉献和责任的思想，在讲课过程中强调法学专业学生应当具有的社会责任感，培育学生树立崇高的法治理想与责任感。

第二，传授法律基本知识，奠定法学专业基础。在本课程的讲授过程中，为了帮助学生打下法学其他学科的基础，重点对法学的基本概念、原理进行透彻讲解，便于学生在大二时具有较扎实的法学基础理论水平，从而为之后其他法学专业课程的学习奠定基础。

第三，培养学生法律思维及批判性思维能力。思维能力的培养对大学生来说比单纯传授知识更为重要。作为法学专业的学生，运用法律思维方式去思考问题与分析问题是四年专业学习的基础，同时，法学专业特有的批判性思维能力的培养也非常重要。“法理学”课程试图在知识传授及案例分析过程中，逐步培养学生法律思维及批判性思维能力。

四、教学手段与方法

（一）课堂教学设计思路

（1）通过案例代入进行分析，见表1。

表1　教学案例

教学主题	主案例	作用	辅案例	作用
1. 法律思维定义、运用	欠债是否需要还钱案	说明法律思维方式的特点	假离婚现象	说明经济思维方式的特点
	苏格拉底案	说明民主逻辑运用在法律案件中的悲剧与荒诞	张扣扣案	说明道德思维方式的特点
	合同骑缝章纠纷案	论证证据的关联性	所罗门王断亲子案	对比说明政治思维方式的特点
	白银案	论证证据的合法性与真实性		
	中介费纠纷案	论证规范意识在法律思维中的作用		

续表 1

教学主题	主案例	作用	辅案例	作用
2. 法律思维反思、培养	陆勇案	说明机械适用法律可能造成的错误		
	基因编辑婴儿案	说明法律大前提缺失时如何避免法律思维的局限	隐私权案	民法中法律大前提缺失可以通过类推适用解决
	纽伦堡审判	说明法律思维的局限性及克服		

（2）通过中外案例的对比，组织讨论，让学生分析中外法律现象的异同。

（3）在法律思维的讨论中，利用实物教具帮助学生直观了解知识点。

（二）教学道具

结合本次课程的教学目标及内容，为了便于学生的理解，使用表 2 所示教学道具。

表 2　教学道具

序号	道具名称	内容	用途	展示时间
1	法槌	法官使用的法槌	让学生直观了解法律的严肃性	上课与下课时
2	DNA 双螺旋结构	白银连环杀人案	让学生直观了解什么是直接证明	上课开始后 25 分钟左右

（三）板书设计

本次课堂的板书分为两类：一类是勾勒讲课的主要思路、逻辑和主线，另一类是根据课件及讲课内容设置的机动板书内容。板书设计如下：

第二节　法律思维及法学研究方法

1. 法律思维的定义
   合法性与非法性判断
2. 法律思维的运用
   （1）大前提
   （2）小前提
   （3）结论
3. 法律思维的反思
   （1）违宪审查制度
   （2）自然法理论
4. 法律思维的培养
   （1）语言
   （2）逻辑
   （3）综合

（配合课件的机动板书区）
合法性vs批判性

（四）课程思政主要形式

1. 时事热点及当下背景分析

以华为、中兴和美国禁止三个中国公司上市等热点案例为切入点，探讨法律思维、合法性及法的效力等内容如何在不同国家发生作用。包括通过讲述 TikTok 和微信在美国起诉美国政府的案例，来讲述中国如何在贸易战背景下通过法律思维来实现对中国企业海外权益的保护。

2. 价值分析与引导

教师通过案例导入的方式，尤其是新冠疫情背后折射的不同法律制度，引导学生思考，教师引导与学生参与相结合，用马克思主义立场观点和方法进行分析。通过案例引入和方法论的介绍，为学生厘清法学、法律作为现代西方舶来品如何在中国的实践中生长出中国的特色，分析中西方法律在本质上的不同，为更好地理解习近平新时代中国特色社会主义思想和依法治国理论奠定基础。

3. 在案例论述与讲解中自然融入思政元素

大量案例可以自然融入思政元素。如，通过张玉环案，学生切身感受到司法公正意味着什么。习近平总书记强调，要努力让人民群众在每一个司法案件中都能感受到公平正义。运用法律思维落实无罪推定原则，对于尊重和保障人权，维护司法公正、彰显司法文明、防止冤错案都具有非常重要的价值。

又如，通过陆勇案的讲解，告诉学生机械适用法律其实违背了法律思维。陆勇案检察院的副检察长在接受采访时说，“坚持司法为民，就是要把握住法治的出发点、落脚点都是为了依法保障和维护人民的权利。陆勇案之所以备受关注，聚焦核心就是民情的诉求。所以我们办案要体现司法为民，对人民负责，对事实负责，对法律负责”。这些案例的思政元素都是非常自然地融入的，学生可接受性非常强。

五、教学过程

（一）教学思路

本节课的课堂教学流程设计如图 1 所示。

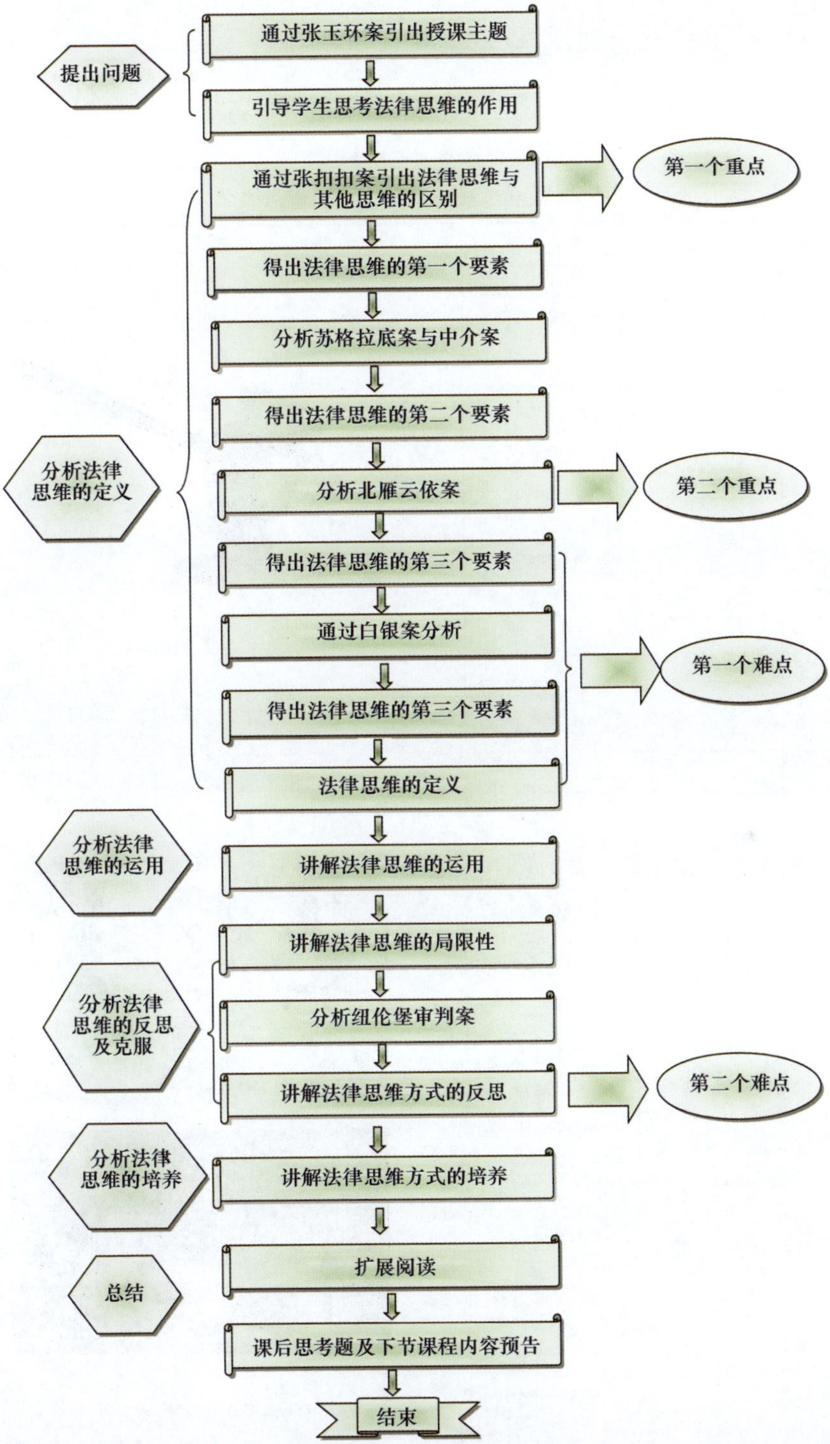
提出问题
通过张玉环案引出授课主题
引导学生思考法律思维的作用
通过张扣扣案引出法律思维与其他思维的区别
第一个重点
分析法律思维的定义
得出法律思维的第一个要素
分析苏格拉底案与中介案
得出法律思维的第二个要素
分析北雁云依案
第二个重点
得出法律思维的第三个要素
通过白银案分析
第一个难点
得出法律思维的第三个要素
法律思维的定义
分析法律思维的运用
讲解法律思维的运用
讲解法律思维的局限性
分析法律思维的反思及克服
分析纽伦堡审判案
讲解法律思维方式的反思
第二个难点
分析法律思维的培养
讲解法律思维方式的培养
总结
扩展阅读
课后思考题及下节课程内容预告
结束

图1 课堂教学流程设计

（二）教学过程安排及主要知识点脉络

围绕几个核心教学问题，本次课程的教学过程安排及主要知识点展示见表3。

表3　教学过程安排及主要知识点展示

教学步骤	教学目的	教学内容	教学设计
1. 引入主题	吸引学生兴趣，进入上课状态	引出本节课所讲内容：法律思维方式及法学研究方法	语言及动作配合，实物展示  法槌 （<1 分钟）
2. 提出问题	引导学生从案例中思考，区分法律思维与其他思维	法律思维方式与其他思维方式有什么区别	简要分析、讨论案例 （1）离婚案视频：   （2）张扣扣案； （3）所罗门王断亲子案 （<3 分钟）

续表3

教学步骤	教学目的	教学内容	教学设计
3. 分析法律思维第一个问题：定义	让学生掌握法律思维的含义，明白法律思维是基于专业基础做出的合法与非法判断	（1）用欠债是否还钱案说明法律思维与日常思维的差别	以讨论方式，由学生先从日常生活逻辑判断，再讲解  （<2分钟）
		（2）用苏格拉底案说明民主方式在法律问题上的荒诞	以讲解、分析为主  （<3分钟）
		（3）给出法律思维的定义	清晰、准确用语言表达 （<1分钟）
4. 分析法律思维第二个问题：特征	让学生深刻把握法律思维两个主要特征：证据意识与规范意识，并能够学会运用该思维去思考与分析案件	（1）法律思维方式的第一个特征：以证据意识为核心	以讨论、互动方式为主，引导学生思考，再由教师进行分析。 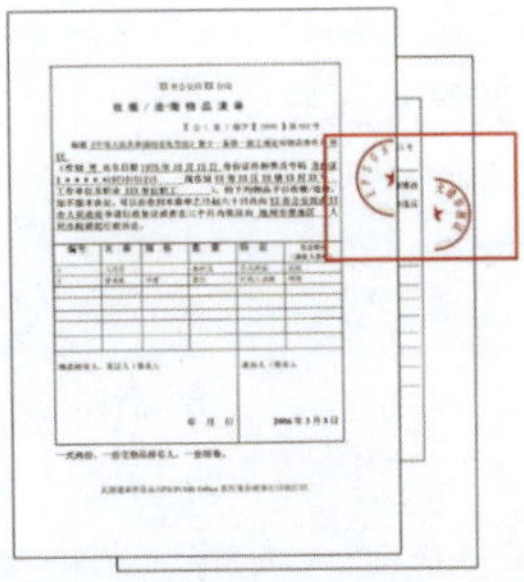 （1）用白银案及相关证物视频引出“证据”； （2）用合同骑缝章案说明证据的关联性；

续表3

教学步骤	教学目的	教学内容	教学设计
4. 分析法律思维第二个问题：特征			（3）用辛普森案说明证据的合法性与真实性  其中，辛普森案的讨论还要配合证物道具的使用，增加直观感受 （<5 分钟）
		（2）法律思维方式的第二个特征：以法律规范为依据	先讨论，再分析案件结果 用中介费案说明法律思维第二个特征 （<2 分钟）
5. 分析法律思维第三个问题：局限性及克服	让学生明白法律思维方式存在的局限性，并了解存在哪些克服方式	（1）法律思维方式的局限性：法律错误的情况下怎么办	以教师讲解为主，辅以学生的思考和讨论　用纽伦堡案件说明法律思维的局限性  （<2 分钟）
		（2）法律思维方式局限性的克服：违宪审查制度与自然法理论	以教师讲解为主，做到准确、清晰、概括性强 （<2 分钟）

续表3

教学步骤	教学目的	教学内容	教学设计
6. 总结	强化学生对课堂内容的掌握，并运用所学知识进行思考，为下一次课程做准备	（1）对课堂内容进行总结	教师讲解，简要、清晰 （<1 分钟）
		（2）扩展阅读	教师布置 扩展阅读书目（PPT、公共邮箱） （<1 分钟）
		（3）课后思考题及下一节课程预告	让学生运用法律思维思考人脸识别案件，并引出下一节课程主题预告 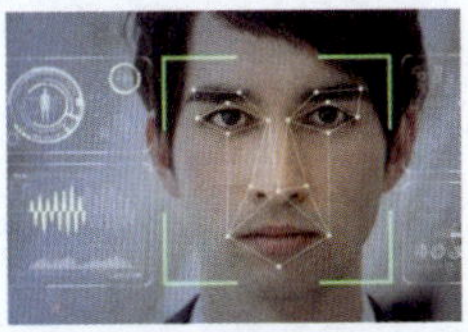 （<1 分钟）
结　束			

六、教学效果分析

基于本次课程的目标设定及内容安排，本节课的教学预期效果包括：

第一，提高学生对法学专业的认识及兴趣。通过课程讲授让学生对自己所学专业产生兴趣。兴趣是最好的老师，有了专业兴趣的引导，学生将会积极主动学习专业知识，在大学四年打下扎实的专业基础。

第二，掌握法律思维方式的基本特点。掌握法律思维方式两方面的基本特点，即证据意识与规范意识，让学生懂得如何区别法律思维方式与其他思维方式。

第三，学会运用法律思维方式去思考问题及分析一些简单的案件。学生能够尝试运用法律思维方式去看待和思考社会上发生的事件及生活中存在的问题。

第四，大致了解法学的研究方法。对法学的研究方法有大致的了解，为今后法学研究奠定基础。

从与学生交流的情况来看，课堂目标基本实现，预期效果较理想，学生普遍对法学产生较浓厚的兴趣，也开始尝试用法律视角和思维方式观察与思考身边发生的事情，同时，也通过案例对比等树立了对中国制度的自信（见图2）。

图 2　课堂情况

名师说：

作为教师，除了传道授业解惑之外，更重要的是做一名有情怀有温度的师者。因为我们面对的是许许多多处于成长过程中的个性鲜明的学生，一个个名字后面丰富的生命需要我们用心、用时间去了解和聆听。好的课堂不是给予，而是唤醒。因此，最好的教育是爱的教育，尊重学生，关心学生，爱护学生，激发每一个学生找到生命的动力系统，成为学生成长路上的引路人。

愿与学生一起在知识的海洋里遨游成长，辉光日新。

京津冀环境治理实践与案例分析

章东辉　刘凌

课程名称　社会学概论

课程性质　学科平台课程

专　　业　社会工作、法学、行政管理等

授课对象　本科学生

课程简介：

社会学是关于社会良性运行和协调发展的条件和机制的综合性具体社会科学。社会运行和发展的基础是物质资料的生产和人类自身的生产，两种生产在本质上是统一的，共同构成了人自身的存在方式。必要的资源环境条件和一定数量的人口是实现两种生产的前提，而物质资料生产活动本身所产生的生产方式成为人类社会生活的起点。

本节课在介绍社会运行物质基础相关专业知识的前提下，以京津冀协同发展战略为总案例，在理论讲授中切入对北京人口规模调控、技术创新驱动产业转型、大气污染防治、散煤治理几个具体案例的分析和讨论，帮助学生掌握核心概念及其关联，并引导学生思考环境问题的社会根源及其解决对策，延伸讨论在微观层面的个体行动对生态文明建设、“美丽中国梦”战略的影响，从而引导学生反思日常生活中参与环保的可行性和必要性，由此帮助学生增强环保行动、环保意识和社会责任感。

教师简介：章东辉，北京科技大学教授，社会学博士，研究方向主要为城乡社会学、社会工作。刘凌，北京科技大学讲师，社会学博士，研究方向主要为环境社会学、城乡社会学、社会工作。

课程蕴含的思政元素分析

本节课的思政元素主要包括：

第一，通过学习社会运行物质基础相关专业知识，引导学生形成较系统的观察和分析人口变化、技术变革、环境变迁及社会发展相关的社会现象的自主意识，从而增强学生的社会观察能力、思考和分析能力。思政元素：“不做调查没有发言权，不做正确的调查同样没有发言权”。

第二，以京津冀协同发展战略为总案例，分别通过在理论讲授中切入对北京人口规模调控、技术创新驱动产业转型、大气污染防治、散煤治理几个具体案例的分析和讨论，帮助学生掌握核心概念及其关联，并引导学生思考环境问题的社会根源及其解决对策。思政元素：“扎根中国大地，把论文写在祖国大地上”。

第三，通过延伸讨论在微观层面的个体行动对生态文明建设、“美丽中国梦”战略的影响，从而引导学生反思日常生活中参与环保的可行性和必要性，由此，帮助其增强环保行动、环保意识和社会责任感。思政元素：“大道至简，实干为要。构建人类命运共同体，关键在行动”。

教案设计

一、教学目标

本节课设定的教学目标如下：

第一，掌握与社会运行物质基础相关的专业知识。切实理解社会运行的基础包括物质资料生产和人类自身的再生产两大方面，同时，基本掌握人口数量变化、环境变迁与社会运行的内在联系，理解环境问题产生的社会根源，了解我国生态文明建设进展及美丽中国的发展构想。

第二，提升从环境与社会关系角度观察和阐释社会现象的能力。深入了解环境的社会功能、人口增长与环境变迁的关系、物质生产技术变革与环境变迁的关系，从而让学生了解社会运行的环境视角，增进其对环境与社会运行内在关联的理解。

第三，培养和树立保护环境的社会责任感，增强环境关心和环保行动力。通过课程讲授及案例分析帮助学生学会思考社会主体实践活动的环境影响，以及通过政策规制矫正非环境友好行为减少负面环境效应，恢复生态和提升环境质量的环境社会治理逻辑，并引导学生在日常生活中勇担环保责任、践行绿色生活方式。

二、教学内容分析

第一，教学内容在整体课程中的逻辑位置。《社会学概论》课程共分为四编：社会运行概述、社会运行的微观分析、社会运行的宏观分析、社会运行与社会建设。其中社会运行的物质基础是第一编社会运行概述的第二章，是帮助学生了解社会学基础知识及认识社会运行物质条件的重要内容。

第二，基本教学内容。教学内容主要围绕社会运行的物质基础，包括物质资料生产和人类自身的再生产两大方面，其中，前者主要涵盖环境的社会功能、物质生产与环境、社会运行的关系；后者重点强调人口数量变化、技术发展对社会运行的影响。同时，结合案例分析，将讲授焦点定位于环境问题的表现、社会根源及社会治理三块内容上。

第三，教学重点、难点及其处理。本课程的讲授重点是讲解人口数量变化、环境变迁与社会运行的关系，以及环境问题产生的原因、应对理论与实践情况。课程难点在于分析环境变迁、技术变革、人口增长与社会运行的关系机制，引导学生形成从环境社会学视角观察社会现象的自主意识，培养其批判性思维能力。

通过先引出社会运行的物质基础是物质资料再生产与人类自身的生产，分别阐释人口增长、环境变迁相关的理论观点，引导学习思考二者之间的关系；另一方面，通过分析技术变革、物质生产与环境变迁的联系，进而帮助学生形成“环境-社会（人口增长、技术变革、物质资料生产）”相互作用的图式。最终，分析京津冀环境治理实践案例，让学生从生态文明建设和“美丽中国梦”角度思考环境问题的形成及其社会治理实践。

三、教学对象分析

教学对象的专业背景和年级均较复杂，包括社会工作、行政管理、法律等多个专业，来自多个年级的本科生。其共同特点是：对社会学专业有一定兴趣，同时，具有不同水平的社会学相关学科知识积累，均希望系统地了解社会学专业的研究对象、理论、方法和前沿研究。

与此同时，本科阶段的学生抽象思维和逻辑思考能力相对较弱，理解部分社会学专业的核心概念、基础理论等仍有一定难度。

四、教学手段与方法

第一，案例分析教学法。授课过程中通过引入环境治理方面的实践案例，帮助学生理解环境变迁与社会运行之间的内在联系，并掌握环境问题产生的社会原因，以及开展环境社会治理的重要性。

第二，互动式教学法。课堂前中后各部分均有与教学内容直接相关的提问，通过归纳、提炼学生对问题的回答，了解学生对相应知识点的掌握情况，并相应地对理解误区、盲区或薄弱点进行纠正、补充和强化。

第三，灵活运用PPT、板书等教学工具。本节课程主要采用PPT与课堂板书相结合的方式，帮助学生更好地掌握抽象概念、概念关系和理论逻辑。

五、教学过程

本节课程的教学过程主要包括五大部分（如课程目录所示），各部分的具体展示如下。

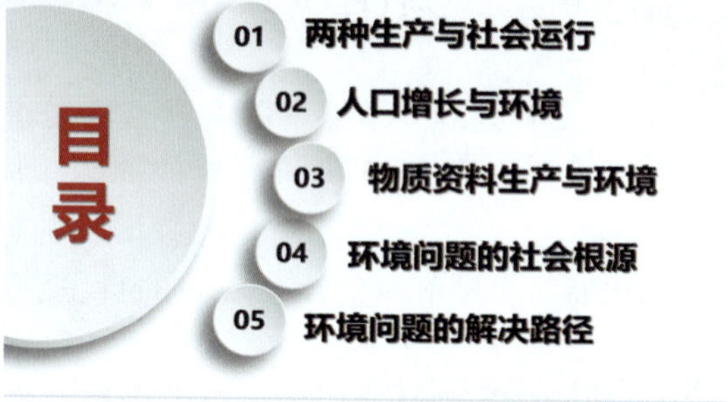

第一，两种生产与社会运行。根据教材内容介绍人类自身再生产和物质资料再生产的基本概念，并引导学生思考两者与社会运行及环境之间的关系，即四者之间是否相关？是线性相关还是非线性相关？是正相关还是负相关？相关关系是否存在时间先后联系？这个问题是贯穿本课程的一条线索。与此同时，在该部分引出环境的功能及其变化的趋势，为后面提及环境变迁相关内容铺垫。课程内容主要包括以下三张PPT展示。

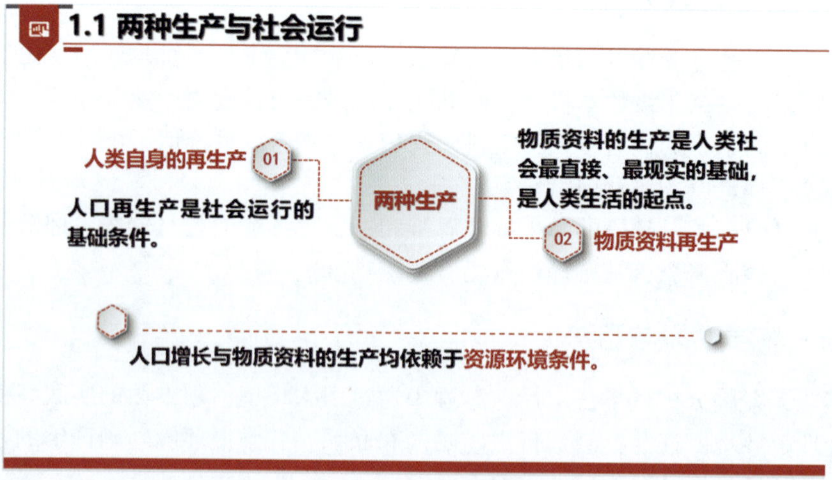

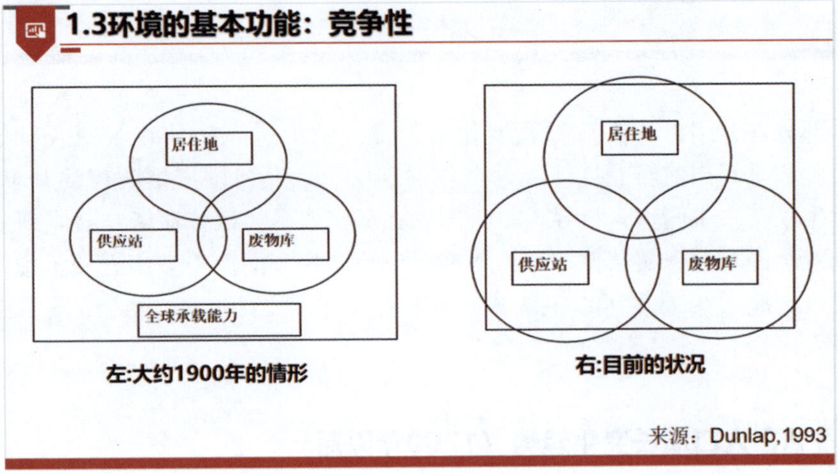

第二，人口再生产与环境。通过图示分析呈现世界人口的数量变化和增长率变化趋势，对比中国和美国人口自然增长率和机械增长率，并在此基础上总结出人口增长（人口再生产）的基本事实。然后，回到第一部分的提问：即人口再生产、社会运行、资源环境和物质资料再生产之间相互关系如何？该部分着重讨论：人口增长是不是一个问题？由此扩展至消极派、积极派学者对这一问题的阐释和分析模型：PEOT 模型、IPAT 模型。

接着，引导学生将理论模型联系生活实际，以北京市人口调控政策为例说明大城市如何应对与人口数量增长相关的社会问题。让学生能将对理论模型的理解融入对北京市人口调控政策案例的观察和感知中，锻炼学习将理论与社会现象相联系的思考方式，并对人口数量变化与社会运行、资源环境、物质资料再生产之间的关系有更切实的观察和理解。最后，以“人口数量变化与环境诸要素相互关系模式”图进行小结阐述。该部分的 PPT 展示如下。

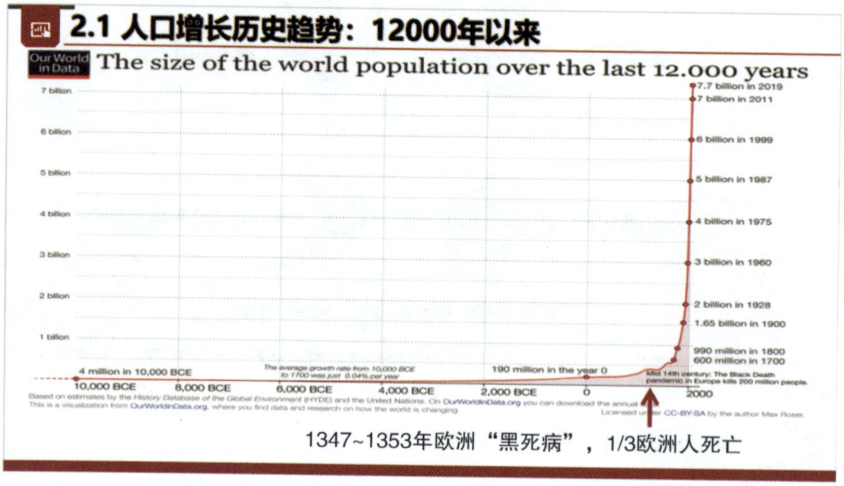

本部分在介绍世界人口数量变化时，提到欧洲黑死病导致欧洲人口数量骤减，由此联系到当前新冠疫情蔓延全球的现实，以及各国疫情防控的基本情况。引导学生思考：中国作为世界人口大国，在经济水平、医疗服务、技术研发等条件不如发达国家的现实条件下，为何能在疫情防控方面取得突出进展？中国在新冠肺炎疫情应对中展现了以人为本、家国情怀、大国担当，由此激发学生的爱国、爱党之情。

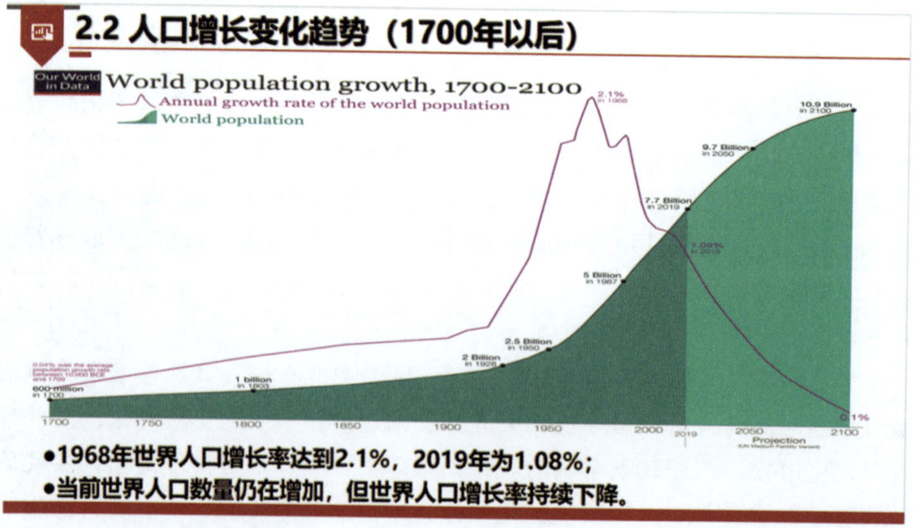

2.3 美国人口增长率的变化

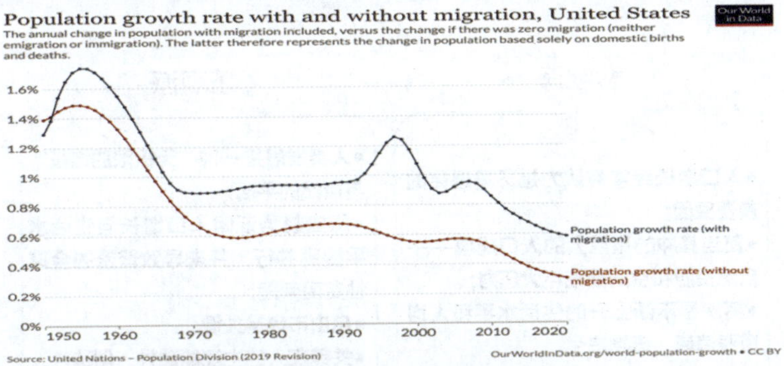

●2020年，美国人口自然增长率0.3%，机械增长率0.58%。

2.4 中国人口增长率的变化

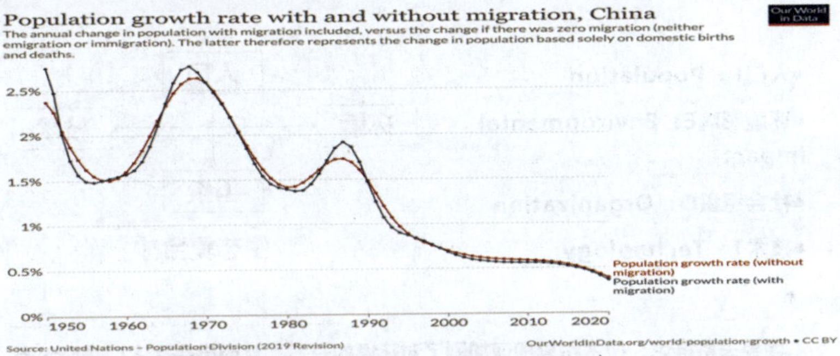

●2020年，中国人口自然增长率0.39%，机械增长率0.36%；为何美国人口增长率高于中国？这说明什么？

2.5 世界人口增长的基本事实

01 2017年超过75亿，2022年预计到80亿。

02 从人类历史整体看，最近300年增长极为迅猛，指数级人口爆炸。

03 从全球看，分布不均衡；发达国家缓慢甚至减少，发展中国家增长快速。

http://www.countrymeters.info/ 实时人口增长数据

https://ourworldindata.org/world-population-growth 世界各国家和地区的人口增长历史数据

2.7 人口增长及其影响的争论

悲观派

- 人口增长经常被认为是环境退化的首要原因；
- 首当其冲的是巨大的人口规模——自然资源和空间面临巨大压力；
- 其次是不断上升的生活水平和人均资源消耗，废物产生。

乐观派

- 人类发展是一种“无极限的增长”与自然的平衡；
- 历史趋势证明人口增长与生活水平提高并行，并未导致普遍的全球性贫困问题；
- 自由市场是关键；
- 关键在人的主观能动性，创造性，聪明才智。

2.8 邓肯：PEOT模型，生态复合体

- 人口P：Population
- 环境影响E：Environmental impact
- 社会组织O：Organization
- 技术T：Technology

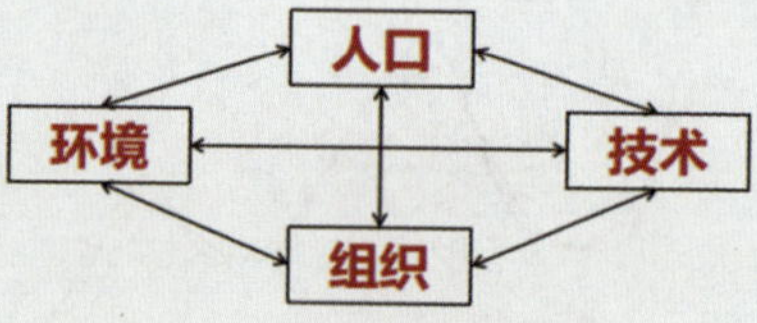

生态复合体

1. 因果关系推论：技术积累加速加剧了对环境的开发，从而带来了人口转变和组织革命（Duncan，O. 1964，75）。
2. 人口增长、技术变革、城市化发展会产生更大的负面环境影响。

2.9 埃利奇：IPAT模型

将环境影响视为人口、技术和富裕程度的函数

$$I=P\times A\times T$$

I（环境影响或压力，Environmental Impact）=P（人口，Population）×A（富裕水平，Affluence）×T（技术，Technology，支持富裕水平的特定技术）

在其他要素保持不变的情况下，人口增长或消费增加，产生污染的技术使用增加，都会导致环境影响的增大。

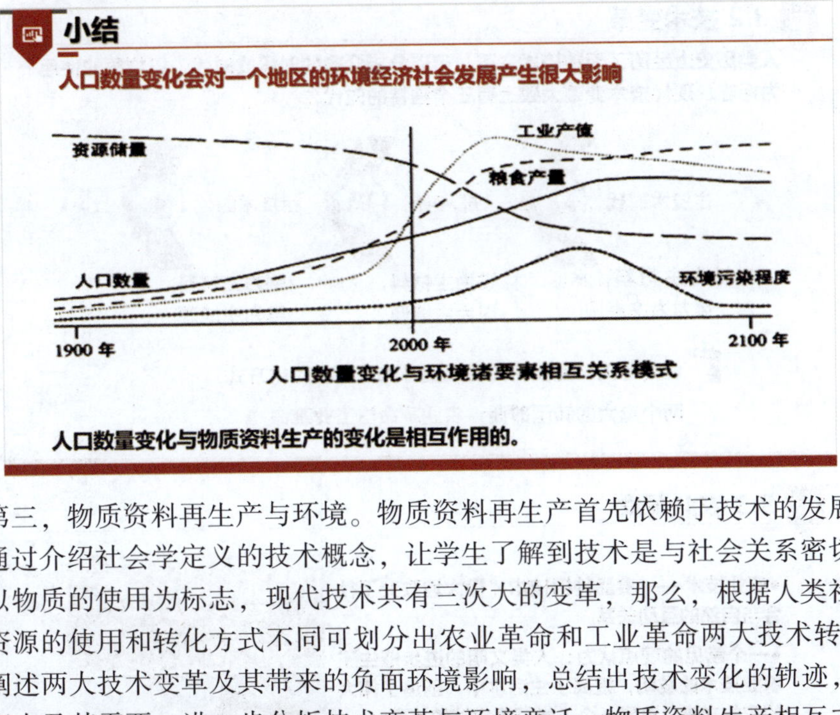

第三，物质资料再生产与环境。物质资料再生产首先依赖于技术的发展和变革，通过介绍社会学定义的技术概念，让学生了解到技术是与社会关系密切相连的。以物质的使用为标志，现代技术共有三次大的变革，那么，根据人类社会对自然资源的使用和转化方式不同可划分出农业革命和工业革命两大技术转型期。通过阐述两大技术变革及其带来的负面环境影响，总结出技术变化的轨迹，即服务于资本及其需要。进一步分析技术变革与环境变迁、物质资料生产相互之间的联系，由此引申出对于技术驱动产业转型以解决环境问题的案例的思考。

结合京津冀协同发展战略中，以科技创新驱动产业转型（例如：河北国华定州电厂以科技创新为依托实现“近零排放”），从而解决经济增长与环境保护矛盾关系的案例，引导学生思考技术在物质生产、环境治理方面何以为及如何为的问题。

3.1 什么是技术?

- 什么是技术?技术是我们制造"东西"和做"事情"的方法；在制造"东西"和做"事情"的过程里，我们组织和再组织社会关系以及我们与环境的关系。
- 一个例子：眼前的教室。
- 没有技术能从它所包含的社会关系中剥离出来，技术把个人同各种社会关系（由近及远）相连，也与自然环境相连。

这意味着不存在完全"客观"或"中立"的技术，因为技术的存在是为了满足人们的需求，而需求是由社会关系界定的。

注：技术概念、技术变革及其影响的分析引自肖晨阳教授（美利坚大学社会学系教授，中国人民大学社会学系兼职教授）的总结。

3.2 技术变革

人类历史上经历了无数技术变革，可以分成众多的时段或时代，以物质的使用为标志。现代技术变革大致上有三个独特的时代：

古技术时代：木材为主材料，水力、风力为主能源

铁器时代：铁为主材料，煤为主能源

新技术时代：钢为主材料，电为主能源

划分的关键是我们对自然资源的使用和转化方式

两个重大的转型时期：农业革命与工业革命

3.3 农业革命

- 农业技术——食品种植技术，极大地改变了社会与自然的互动关系。
- 一个常见的观点认为：人类文明的进步催生了农业技术的发明，提高了生活水平，创造了伟大的农业文明，这是一个人类征服自然的故事。
- 先有人口的增长，带来粮食的压力，然后才有农业技术。

人类社会在历史上一直在破坏环境，农业革命给与了人们更大的能力去影响和改造环境。

3.4 工业革命

●现代社会学学科的催生者：社会贫困、失业等问题。

●催生了新的社会阶层和工业城市。

●城市生活形式造成了人类社会与自然界分隔的错觉：城市“建筑森林”。

●工业时代的技术变革以极大地提高人工合成物的生产为主要目的。这带来了扩大的资源需求，人类社会由此以前所未有的规模和速度在改变自然，比如：塑料、钢铁等。

●工业革命的两个重大后果：资源枯竭和极大量的废弃物，这都会造成生态失衡。

3.5技术发展的轨迹

01 由于技术变革对社会关系的重大影响，我们必须关注其发展轨迹—重点是谁掌控技术发展。

02 技术进步并没有一个所谓的“自然演进”的方向。技术总是被人类价值观和追求左右。

03 掌控技术进步进程和方向的社会组织有：大学、政府和企业集团。

04 研发资金（资本）是掌控技术发展轨迹的主要方式：政府资助、企业集团、大学

资本集团掌控了技术发展的轨迹

3.6技术变革、环境变迁、物质生产的关系

1.人口增长带来对**物质资料生产、环境空间**的需求，并为技术变革**提供智力**支持。

2.技术变革提升**物质资料生产效率**，增加**人类对环境的影响**能力、范围和规模。

3.物质生产提升为**技术变革提供条件**，为人口增长提供物质基础，加大、加速了**环境资源的开发利用**。

人口增长、技术变革、物质生产都是人类社会运行、发展的重要内容，社会运行依赖于环境。

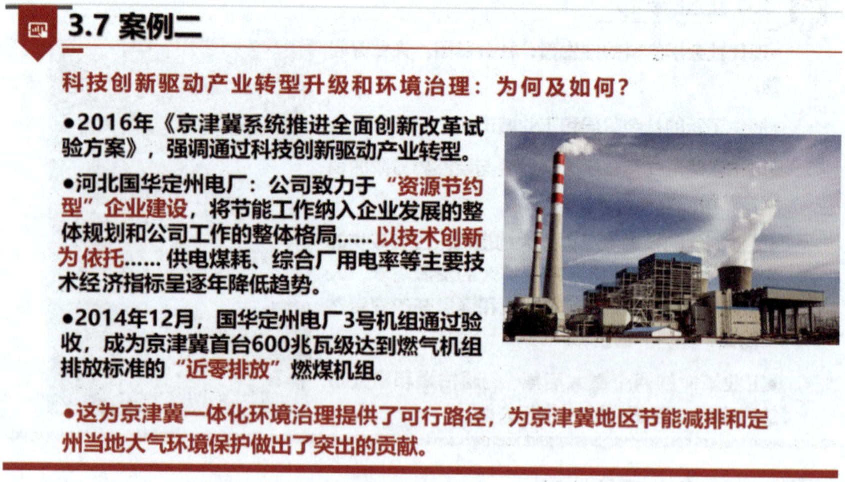

第四，环境问题的社会根源。从社会学角度来说，产生环境问题的原因在宏观、中观和微观上都有不同的理论阐释。通过讲解人类例外主义范式和新生态范式，市场失灵和政府失灵，公地悲剧，分别介绍从以上三个层面阐释环境问题的社会根源的基本逻辑。最后，以柴静的雾霾调查“穹顶之下”[1]为例，引导学生讨论北京雾霾在宏观、中观、微观三方面的成因，从而加深其对相关内容的理解。

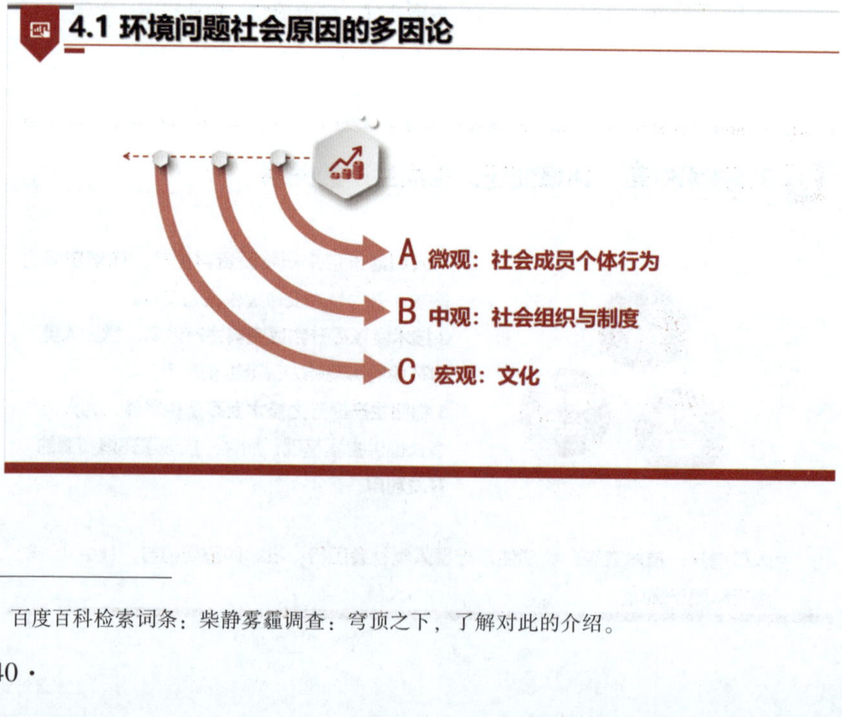

[1] 百度百科检索词条：柴静雾霾调查：穹顶之下，了解对此的介绍。

4.2 两种不同的文化取向

人类例外主义范式 Human Exemptionalism Paradigm（HEP）

新生态主义范式 New Ecological Paradigm（NEP）

1.因为人类有文化，是**不同于其他动物的、独一无二的主体**；

2.**文化的发展是无限的**，文化变迁相对于生物特征变化更迅速；

3.**人群之间的差异**是由有文化的社会引起的，因此，这种差异可以**通过社会改变**，甚至消除；

4.文化的累积意味着进步可以无限发展，并最终**使所有社会问题得到解决**；

5.这导致一种错误观念，即**环境的承载能力是无限的**，由此**否定了资源匮乏的可能性**。

4.2 两种不同的文化取向

人类例外主义范式 Human Exemptionalism Paradigm（HEP）

新生态主义范式 New Ecological Paradigm（NEP）

1.社会生活由许多相互依存的生物组成，**人类只是其中普通的一员**；

2.复杂的因果关系和自然之网中的复杂反馈，常导致有目的的**社会行为产生难以预期的后果**；

3.经济增长、社会进步及其他社会现象都存在**自然的和生物学上的限制性**；

4.这揭示了工业社会中人类认识的偏差，因此，**转变这种价值范式上的偏差，是解决环境问题的重要途径**，同时，也由此**促进环境社会学的发展**。

4.3 中观原因：市场失灵与政府失灵

环境保护的成本

政府失灵

政府失灵的表现：环保法律法规不健全或执行不到位，导致环境破坏者承担较小成本，社会承担较大成本，环境污染和生态失衡趋势未得到有效的遏制。

市场失灵

市场失灵的表现：对企业来说，环境保护具有负外部性（产生外部成本），环境污染可获得正内部性（产生内部收益），为获取市场竞争胜利，企业不愿意保护环境。

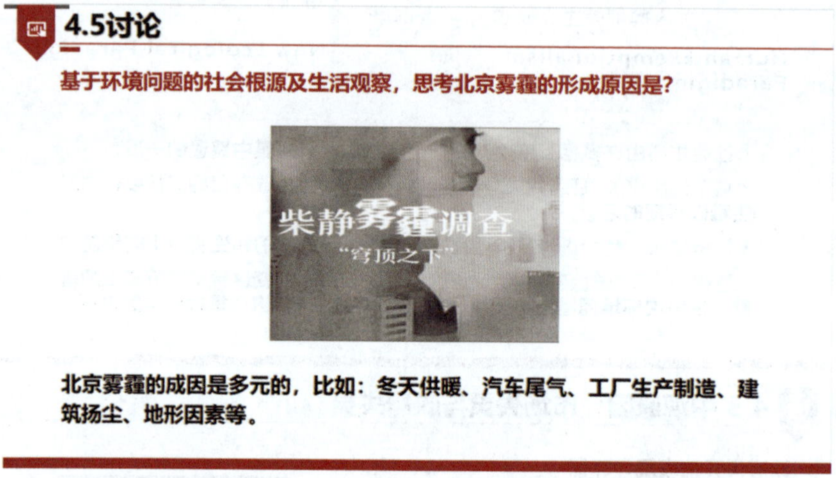

第五，环境问题的解决路径。结合京津冀及周边地区大气污染防治政策，尤其是散烧煤治理研究，分别举例说明从宏观、中观、微观各层面采取的治理措施，从而说明环境问题的解决策略，取决于对环境问题的归因。

结合课堂的整体介绍，延伸讨论：基于日常生活实践场景，从微观层面分析，社会个体行动对环境保护、生态文明建设和实现“美丽中国梦”目标的重要性和可行性。同时，引发学生思考社会个体在生态文明建设进程中的责任感和使命感，以及如何将之落到实处。

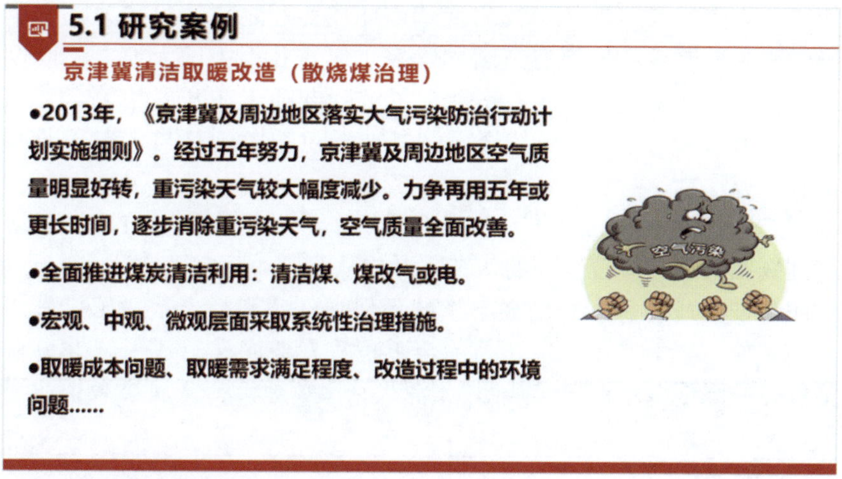

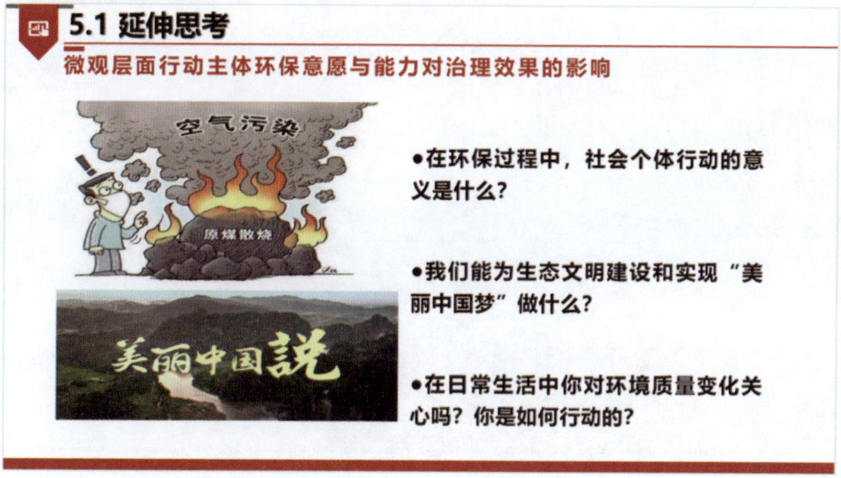

六、教学效果分析

本节课程较好地达到专业学习与课程思政的预期效果。

第一，案例引入激发了学生的学习兴趣，帮助学生理解和掌握社会运行物质基础相关概念体系。如同学们在教学评价中反馈到：“老师上课生动有趣，会用专业的知识和形象的案例给我们带来实用的知识。”“老师对待教学认真负责，语言生动，条理清晰，举例充分恰当，对待学生严格要求，能够鼓励学生踊跃发言，使课堂气氛比较积极热烈。”还有同学在“你有其他想对老师说的话吗？”留言：“老师的课讲得很清楚、很有条理，和同学们互动很多，会引导同学们思考，很喜欢上老师的这节课，感谢老师，老师辛苦了！”

第二，学生对人口增长、技术变革、环境变迁之间的内在关联有更深入的社会学思考。课后，班上有三名同学表示愿意扎根中国大地，积极投身环境社会学研究和环境问题的调查实践，了解到老师正在开展相关交叉研究项目时，主动要求参与京津冀传统金属制品业绿色技术创新与生态工业共同体培育路径研究课题。

第三，基于理论知识的学习和案例分析，学生能从环境与社会互动角度对环境问题及其治理有较全面的认知，形成从日常生活实践入手参与到环保、生态文明建设实践的意识，增强学生的环保责任感和社会使命感。暑期来临时，社会工作、法学专业学生还与冶金工程等专业同学组建了“北京科技大学授渔缘梦—绿创金企调研实践团”，深入京津冀地区，开展小微企业绿色转型调研。

中国人际沟通的辩证思维

李 怡

课程名称 沟通与交流
课程性质 文化素质必修课
专　　业 工科专业
授课对象 机械学院本科一年级学生
课程简介：

“沟通与交流”课程通过课堂讲授与课后实践、线下理论与线上互动等多种教学途径，切实提高大学生与社会与他人的沟通交流能力，引导其养成科学文明的语言习惯和行为方式，促进其素养全面提升，为顺利踏上社会奠定坚实基础。课程内容主要分为三大版块八个主题：一是基础版块，包括沟通概说、沟通心理、沟通障碍与对策三个主题，意在从宏观角度概括介绍人际沟通交流的基本方式；二是技能版块，包括家庭沟通、职业沟通、跨文化沟通三个主题，意在从微观角度向学生介绍最常用的沟通技能和训练方法；三是拓展版块，包括沟通艺术、沟通礼仪两个主题，意在介绍人际沟通交流过程中的礼仪与礼节，是对技能版块的延伸拓展。

“沟通与交流”课程秉承以人为本与全面发展的教育理念，以培养大学生文化视野与创新思维为教育目标，既有理论上道德规范教育，又有实践上沟通方式演示；既有宏观上沟通礼仪整体概括，又有微观上大学生日常生活个案阐释，具有足够的学术广度与社会深度，在研究型教学视野下综合运用多种教学方式，力求实用、新颖、概括，突出文化素质课程的学术性、实践性与特色性。课程推崇多元综合的大文科教育，寻求不同学科门类的相同点、结合点，努力做到“打通文史哲社、贯穿古今中外”，有效整合与共享线上线下教育资源，形成学习、实践、培养、涵化的矩阵化育人模式，凸显文化素质教育的大学气魄与时代特色。

教师简介：李怡，北京科技大学人文素质教育中心副教授，历史学博士，主要从事中国传统文化、大学生文化素质教育研究。

教案设计与课程蕴含的思政元素分析

一、教学目标

（1）在知识学习方面，通过中国人际沟通的辩证思维教育，使学生对中国人际沟通与礼仪的内涵和方法、相关人文社会科学理论具备深入了解与全面把握。

（2）在能力培养方面，经过中国人际沟通的辩证思维教育，培养学生的思维能力，发展其个性、激发创造力，进而具备未来发展所需的核心竞争力与时代领导力。

（3）在文化传承方面，在中国人际沟通的辩证思维教育中融入核心价值观教育，培养学生文化自信，使学生明确人际沟通与中华文化血脉相连，使其主动吸纳并传承中华优秀传统文化。

二、教学内容分析

（一）辩证思维的中华文化来源

中国先民认为世界上万事万物均发展变化并处于普遍联系之中，任何事物都包含着相互对立的两个方面，而对立的两方面是相互联系、相互依存、相互包含、相互转化的，事物之间既相互对立又趋于统一。在这些合乎辩证法的重要思想中，普遍联系和对立统一思想堪称中国辩证思维的主流，其承认矛盾、分析矛盾、解决矛盾，善于抓住关键洞察事物发展规律进而感知世界、认识世界。

《易经·系辞上传》："天尊地卑，乾坤定矣。卑高以陈，贵贱位矣。动静有常，刚柔断矣"，这种思维方式是把事物分成对立的两极，天与地、贵与贱、动与静、刚与柔等；又曰："一阴一阳之谓道，继之者善也，成之者性也"，即是以阳为正、以阴为反，太极为合。《易经》中天地互通、阴阳消长等思想即为辩证法思想，对后世影响极为深远。儒家所推崇的"中庸之道"是为典型的辩证思维。《中庸》："君子中庸，小人反中庸。君子之中庸也，君子而时中"，"执其两端，用其中于民"。所谓"时中"，即在天地自然之道的正中运行，既不太过，又无不及；所谓"用中"，即在过与不及之间加以折中，取其中道。中庸的基本思想就是把对立统一起来，这是辩证法的实质。先秦以后的儒家，尤其是宋明理学家对辩证思想多有继承与发扬，如张载"一物两体"、程颢"物极必返（反）"、朱熹"理一分殊""一本万殊"等。

道家的辩证思想复杂而有系统。《道德经》："有无相生，难易相成，长短相形，高下相倾，音声相和，前后相随"，指出矛盾双方既相互依赖而存在、相互对立而统一，又可互相影响、互相转化。魏晋唐宋时期的道教发展吸收佛家理论阐发老子思想，发展了道教的教理教义，使其更具思辨性和理论性。同时，作为医家理论核心的阴阳思想是中国辩证思维的突出特质。《黄帝内经·素问·阴阳应象大论》："阴阳者，天地之道也，万物之纲纪，变化之父母，生杀之本始，神明之府也，治病必求于本。"《黄帝内经》确立了中医的阴阳学说，明朝张景岳在《类经·阴阳类》中更是为"阴阳"下了定义，"道者，阴阳之理也。阴阳者，一分为二也。""一分为二"四字紧抓阴阳要领，揭示了其最一般的规定性，清楚地阐明了朴素的辩证思想。

总之，在中国先哲看来万事万物在发展过程中虽然相互对立、相互矛盾，但绝非水火不容、你死我活，而是你中有我、我中有你，也可互联互通、互济互补，从而通过动态运动以至和合的圆满状态。中国辩证思维以追求和谐、协调为目的，讲求不偏不倚的中庸哲学，倾向于在事物发展变化中寻求根本的调和与统一。

（二）中国人际沟通辩证思维的表现

中国人辩证思维深受中华文化涵养浸润，其既不同于那种将对象看作静止的、孤立的形而上学思维，也不同于那种把思维形式看作是既成的、确定的形式逻辑思维，其讲求从正反、对立两个方面去体悟万事万物的运动变化，崇尚矛盾的调和统一，不太注重矛盾对立面之间的差异、排斥、斗争，尤其不提倡矛盾对立面之间的方枘圆凿、格格不入。可以说，中国人这种辩证思维非常有利于人与人之间和睦相处，可促进社会的和谐稳定、人类的和平发展。

从所达目标来看，中国人际沟通希望达到和谐、圆满；从认知和过程来看，中国人看问题从整体维度加以把握；从行为表现来看，中国人处理问题采取折中方法，因此中国人际沟通的辩证思维也包含三个维度：矛盾观念，中国人的思维承认矛盾观念；认知变化，从认知取向看中国人承认变化；行为变化，中国人认为人的行为会随形势发生变化。中国人善于用联系的观点看待问题，承认变化、容纳矛盾，处理人际关系时追求和谐并采取折中方法。中国人认可“各美其美，美人之美，美美与共，天下大同”的理念，中国人希望实现人人和谐，天下大美。这充分体现了中国人在为人处世方面的思维方式，遂为我们提供了深入了解中国人行为方式与价值体系的有效路径。

当前中国人的价值观念和社会心态变得越来越具有世界意识，其精神生活的全球化特征日渐明显，风险意识、环保意识、诚信意识、平等意识、公共服务意识及对他文化的宽容意识逐渐养成。因此，与这个世界沟通，实质上就是与这个世界上的人进行沟通，而且必须是有目的的沟通，可以说，无论我们在做什么，或者想做什么，要想获得成功，必须学会善于与人沟通。只有适应时代发展变迁，了解中国人特有的思维方式，才能在人际沟通中有的放矢，取得良好的沟通效果。

三、教学对象分析

（1）“00后”工科生价值观念需正确引领。在“00后”工科生的成长环境里，有众多媒体在对其传播价值观念。“00后”工科生群体对于自媒体尤为关注，而自媒体的价值观趋于平民化、自主化，各种思想观念参差不齐。“00 后”工科生正处于价值观形成的关键时期，教师在课上对“00 后”学生的价值观影响与课下网络价值观对学生的影响，两者之间存在竞争关系。因此，教师需要课上课下通过线上线下多管并用的方式方法提升师生共同体效能，加强对大学生价值观念的正确引导。

（2）“00 后”工科生人际沟通能力有待提升。自 2017 年大类招生以来，“沟通与交流”课程一直是机械学院大一新生的院级必修课。当前，作为“00 后”的工科大学生，同学们离别家乡共聚北科大，在与人交往中难免会有沟通障碍或人际摩擦。研究表明，“00 后”工科大学生往往基于有限的生活经验，形成以自己为中心的主观世界元素，在互动过程中双方以“心身舒适”感受为中心，以自身主观判定为评价标准，根据有限的经验逐渐建构起对他人的理解，并对此坚信不疑而缺乏有效验证，同时无意识或有意识地通过表情、行为、情绪等信息做出反馈，最终建构起对双方稳定的积极或消极理解，而期间缺乏有效觉察贯穿于沟通心理过程的各个阶段。据此，“00 后”工科生需在思维认知领域加以推进以切实提升其人际沟通能力。基于以上分析，课程以课程思政为引领，以中式思维教化为手段，以沟通交流内容为切入，加强对“00 后”工科大学生的文化素质教育。

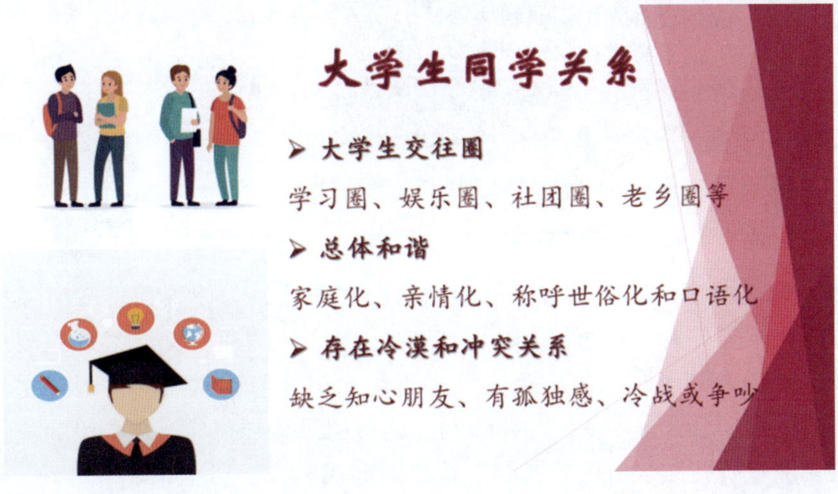

四、教学手段与方法

（1）运用多种教学方法，注重教与学的双向互动。作为北京科技大学文化素质课程教学改革的重中之重，“沟通与交流”课程教学方式与方法凸显理工特色、多样鲜活，以研究型教学统筹引领互动式教学、案例教学、启发式教学、讨论法教学、直观演示教学等多种教学方法，以师生学术共同体理念不断推进教与学的关联互动，加强课程的理论与实践相结合、教师授课与学生论辩相结合，调动大学生思考传统文化和社会现实的自觉性、积极性，提高其分析和解决问题的实际能力。

师生学术共同体理念视野下，课程教与学的双向互动可以分为三个层面，即技术层面、内容层面和精神层面。如果说第一个技术层面的“文化议题的课堂讨论、自由发言”的互动更近于“术”的话，那么第三个精神层面“以言传身教培养人文情怀”的互动则更近于“道”。其中“术”是手段、“道”是目的，而第二个内容层面“贵和尚中的辩证思维介绍分析”的互动则是一座直接沟通“术”与“道”的桥梁。同时，为使教学方法的使用达到良好效果，教师会积极引导学生进行适当的小组讨论、合作学习、辩论式学习等，师生之间、生生之间的不断互动有利于调动课堂气氛并达成教学目标，使学生成为课堂真正的参与者和拥有者。

（2）改进课堂学术实践与展示活动的形式方法。为使课程思政引领文化素质教育内化于工科大学生的行为举止、思维习惯，“沟通与交流”课程要求每个班级以“大学生与沟通交流”为主题进行学术讲演与课堂展演，所有同学可结合自己兴趣特长自行报名，但均需参与。前者通过教师指导，以小组为单位辅以PPT进行课堂研究性学习成果展示；后者则形式多样，可为话剧、相声、小品、歌舞剧等现场展演或是微电影拍摄，二者的所有参与者按照贡献大小在平时成绩中给予体现。该方法自实施以来，深受广大同学喜爱，大家参与程度日渐高涨，不少微电影作品被学生上传至B站、腾讯视频等网站，产生较大社会影响。

“沟通与交流”课程不仅课堂上有课件、有视频，还组织学生讨论、辩论，发表自己的沟通心得或外出参观体会，将讲授、欣赏、讨论、评价等多种教学方法灵活运用，使学生将理论原理运用于生活实践，能够举一反三、学会思考，遂达到教学方式方法改革应用的创新性、体验性与高效性。这种课内研究性学习与课程实践相结合的方式极大地调动了大学生学习、研究的积极性，锻炼其语言表达、逻辑思维等综合素养，取得了良好的育人效果。

（3）探索课内外教辅结合、理论加实践的新型道路。“沟通与交流”课程在教学中树立正确的课程观、质量观与学生观，尊重大学生的自主性和创造性，采用全方位立体化教学模式，包括课堂讲授与随堂演示、课程讨论与课堂练习、课下辅导与网络拓展等形式，灵活多样地开展课堂教学与实践活动。课程尝试推行文化素质诊所式教学，通过与校团委社团部合作推动文化素质教学从理论教学转为理论实践结合，始终让学生参与到文化实践中去，运用人文社会科学理论解决具体问题；努力实现第一课堂与第二课堂、教师课堂引导与学生课外学习的有机结合，积极探索教辅结合的文化素质教育新模式。

课程除了第一课堂的讲授、观摩、研究、实践，更与丰富的第二课堂活动联系起来，不仅与“求是学会”“演讲社”等学生社团共同开展辩论赛、主题演讲活动等，还与校园文艺活动相结合，鼓励学生进行话剧、舞台剧的排练演出等。同时，本人担任几个文化类学生社团指导教师，支持鼓励大学生创办文化类APP、参与各类文艺社团，并发掘课堂上人文知识丰富、文化素养较高的拔尖人才，推荐参加学校、北京市大学生人文知识竞赛等。这种以刊促建、以赛促建的形式联通第一与第二课堂，提升了课堂教学的辐射维度，取得良好的教育成效。

五、教学过程（见表1）

表1 教学过程

<table>
<tr><th>教学目的</th><th>教学内容</th><th>表达方式/教学方法</th></tr>
<tr><td colspan="3">1. 开篇提出问题</td></tr>
<tr><td>通过概念引出问题，鼓励学生带着思考进入上课状态</td><td>（1）“沟通”一词最早出于《左传》，意思是开凿沟渠使两水相通。随着时代变迁，现代沟通学的定义是：为了满足人生发展的需要，人们在大脑思维与现实交往中，借助语言与非语言系统进行的一系列信息传递交换的社会行为过程。
（2）那么中国人人际沟通的决定因素是什么？又如何从文化的视角加以审视呢？今天所讲专题是课程的基础理论部分，意在使同学们深入理解中国人人际沟通的思维方式。</td><td>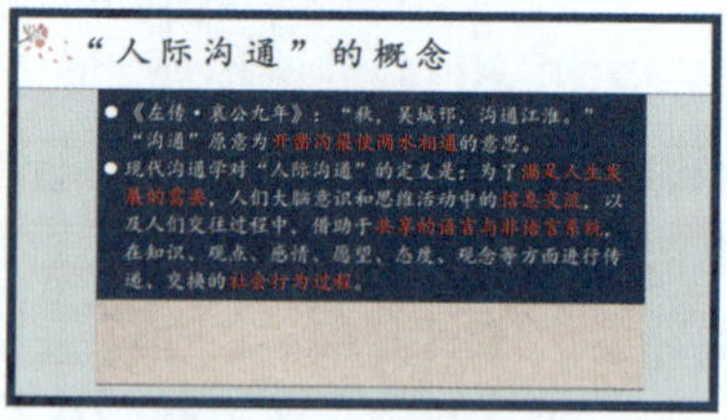

教学方法：概念分析教学、任务驱动教学
PPT</td></tr>
<tr><td colspan="3">2. 以沟通情景作为导入</td></tr>
<tr><td rowspan="2">通过生活化的沟通实例拉近距离，在温馨和谐的气氛中展开分析讨论</td><td>（1）兄弟两人因为彼此考试成绩的比对发生矛盾，甚至打起来了，父亲看到会怎么处理？
（2）中国的父亲常常是各打五十大板，要求兄弟两人先各罚站半小时进行反思，然后分别叫过来对其询问并加以开导。</td><td>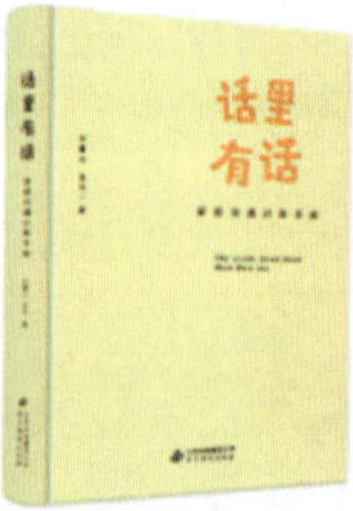

教学方法：案例教学、互动式教学</td></tr>
<tr><td>弟弟：“我考试98分，哥哥考了48分，所以我就嘚瑟了一下，没想到他火了，就动手了。”
父亲：“那我让你罚站半小时，你亏不亏？”
弟弟：“不亏！上次也是我和哥哥发生矛盾，不知为什么您只让哥哥罚站，没惩罚我，后来哥哥把我打得更惨！”
父亲：“那你以后要怎么做？”
弟弟：“不在哥哥面前嘚瑟了，要尊重哥哥！”</td><td>
教学方法：案例教学、情景教学</td></tr>
</table>

续表 1

<table>
<tr><th>教学目的</th><th>教学内容</th><th>表达方式/教学方法</th></tr>
<tr><td rowspan="2">通过生活化的沟通实例拉近距离，在温馨和谐的气氛中展开分析讨论</td><td>父亲：“去把你哥叫进来”
“想得怎么样了？”
哥哥：“我错了，不应该动手打弟弟。”
父亲：“那我为什么让你弟弟和你一起罚站？”
哥哥：“您是顾及我当哥哥的面子。”
父亲：“那你以后要怎么做？”
哥哥：“关心爱护弟弟，要有当哥哥的样子！”</td><td></td></tr>
<tr><td>归纳总结：这是中国父亲处理家庭关系的艺术，就是“和”的艺术，因为家和才能万事兴！</td><td>

教学方法：分析总结教学</td></tr>
<tr><td colspan="3">3. 分析评价沟通案例</td></tr>
<tr><td>结合时代进程引出中国人崇尚和谐的沟通模式</td><td>改革开放以来，随着城镇化进程的加速，今天的中国从血缘地缘的传统人伦社会向城市社区的现代人际社会转化，但中国人心中最重视的还是与自己血脉相连的家庭、家族，但越是亲人越是亲戚却越不好处理内部矛盾问题，因为公说公有理、婆说婆有理，所以清官难断家务事。</td><td>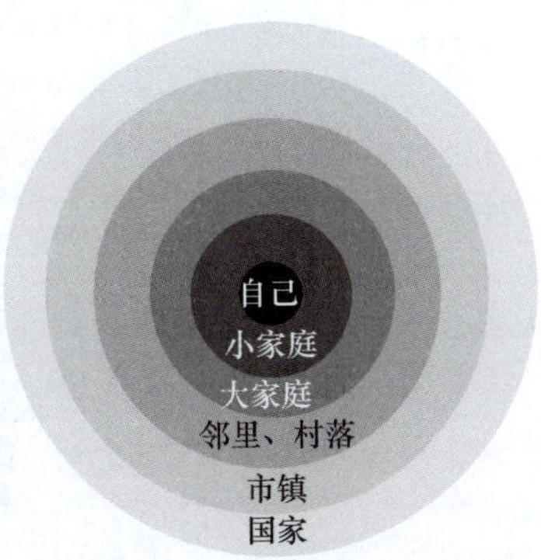

教学方法：启发式教学、互动式教学</td></tr>
</table>

续表 1

教学目的	教学内容	表达方式/教学方法
结合时代进程引出中国人崇尚和谐的沟通模式	那要怎么办？我们来看这篇《中国人实用思维的理论研究》南京师范大学心理学博士论文，作者认为中国人从祖先、家族、子孙三个维度强调家庭和睦的重要性，所以常常使用情感、道德的方式来调合情理之间的矛盾，因为判断对错、惩罚分明不仅无法解决问题，更主要是无法使家庭成员认同和谐、和睦这一核心价值理念。	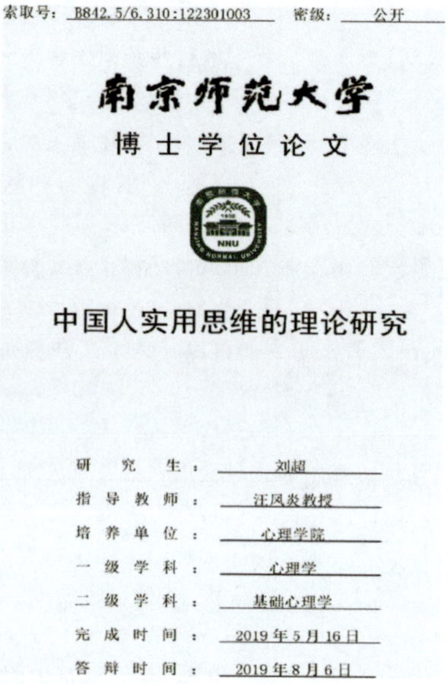 索取号：B842.5/6.310:122301003 密级：公开 南京师范大学 博士学位论文 中国人实用思维的理论研究 研究生：刘超 指导教师：汪凤炎教授 培养单位：心理学院 一级学科：心理学 二级学科：基础心理学 完成时间：2019年5月16日 答辩时间：2019年8月6日 教学方法：理论分析教学、互动式教学
4. 介绍中国人的辩证思维		
在案例加分析基础上，通过引入当前学术界研究成果提升学生理论认识	（1）四川大学彭华教授在《中国传统思维的三个特征：整体思维、辩证思维、直觉思维》(《社会科学研究》2017年3期）一文中指出，中国人认为万事万物不断变化并相互联系，事物都包含着相互对立的两个方面，对立面相互依存又相互转化。 （2）中国的辩证思维以追求和谐、协调、统一为目的，崇尚矛盾的调和统一，不太注重矛盾对立面之间的差异、排斥、斗争，尤其不提倡矛盾对立面之间的格格不入、你死我活。 （3）中国人的辩证思维不重矛盾而重调和，所以我们常说祸福相依、物极必反、以柔克刚、有容乃大！	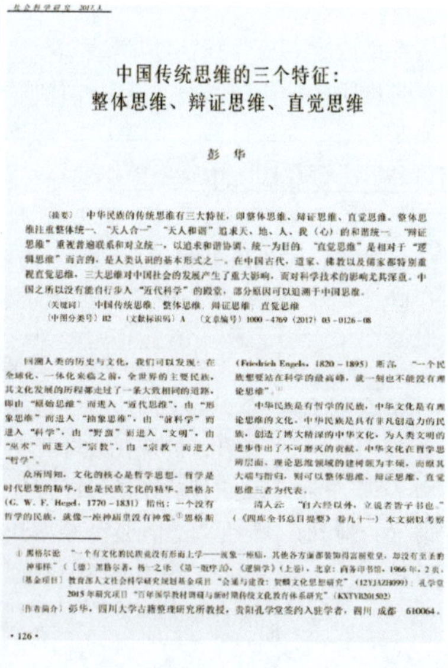 中国传统思维的三个特征： 整体思维、辩证思维、直觉思维 彭华 〔摘要〕中华民族的传统思维有三大特征，即整体思维、辩证思维、直觉思维。整体思维注重整体统一、"天人合一""天人和谐"追求天、地、人、我（心）的和谐统一。"辩证思维"重视普遍联系和对立统一，以追求和谐协调、统一为目的。"直觉思维"是相对于"逻辑思维"而言的，是人类认识的基本形式之一。在中国古代，道家、佛教以及儒家都特别重视直觉思维。三大思维对中国社会的发展产生了重大影响，而对科学技术的影响尤其深重。中国之所以没有能自行步入"近代科学"的殿堂，部分原因可以追溯于中国思维。 〔关键词〕中国传统思维 整体思维 辩证思维 直觉思维 〔中图分类号〕B2 〔文献标识码〕A 〔文章编号〕1000-4769（2017）03-0126-08 ·126· 教学方法：理论分析教学、启发式教学

续表 1

教学目的	教学内容	表达方式/教学方法
	5. 分析中国人际沟通的辩证思维	
从传统儒家文化剖析辩证思维，提升学生文化认知	（1）中国人际沟通的辩证思维源于我们注重和谐的“贵和尚中”传统。 （2）贵和尚中，就是主张通过不偏不倚的中庸方法来调和、统一事物之间的矛盾，有矛盾也是求同存异、和而不同，努力实现和谐局面的长治久安，这就是贵和尚中的辩证性。 （3）贵和尚中的辩证思维使得中国人非常注重维持集体的利益，努力实现和谐局面的共生共融。	 教学方法：任务驱动教学、互动式教学
	6. 剖析中国人际沟通辩证思维的形成原因	
在大历史、大社会中深入解析处在上层建筑深处的思维方式背后的诸多形成因素，以此拓展学生视野、启发学生心智	原因是多方面的： （1）地域原因，我们是黄土文明，安土重迁，重血缘、亲缘、地缘。 （2）经济原因，男耕女织的小农经济，让我们勤劳而关注现实幸福。 （3）政治原因，两千多年封建社会中央集权制度，重人治、重秩序、重伦理。 （4）文化原因，唐代以来儒、释、道三家融合，重视人格修养、关注人生价值。 （5）在前四者基础上形成的本质原因，就是中华民族的民族性格，其源于五千年文明的积淀以及 1840 年以来东西文明的碰撞，更是中华民族生生不息、不断前行的根本动能，我们的民族性格可以概括为：天行健、君子以自强不息，地势坤、君子以厚德载物！	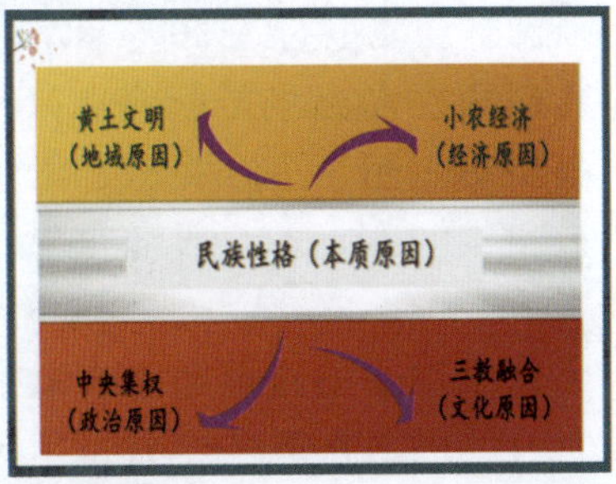 教学方法：分析总结教学、启发式教学

续表 1

教学目的	教学内容	表达方式/教学方法
在大历史、大社会中深入解析处在上层建筑深处的思维方式背后的诸多形成因素，以此拓展学生视野、启发学生心智	结合2020年以来全国人民在以习近平总书记为核心的党中央正确领导下全国人民众志成城、奋勇抗疫的伟大事迹，阐释中华民族伟大的民族精神以及其深远厚重的影响力。	 教学方法：启发式教学、互动式教学
7. 教学内容总结		
引用习近平总书记的经典论述回应开篇两个问题，并进行总结	（1）中国人的人际沟通深深植根于我们这片热土千百年来孕育形成的思维文化模式，而正是基于此形成了中国人独有的沟通方式。 （2）习近平总书记指出：“中华优秀传统文化是中华民族的精神命脉，是涵养社会主义核心价值观的重要源泉，也是我们在世界文化激荡中站稳脚跟的坚实根基。” （3）文化的发展滞后于经济政治的发展，因此思维文化模式对中国人际沟通的影响力注定历久而弥新。	 教学方法：理论分析教学、启发式教学
8. 布置研究性学习题目并引出下次课内容		
强化学生对课堂内容的掌握，并运用所学知识为下一次课程做好准备	（1）研究性学习题目：“中西人际沟通的思维文化模式差异性研究”。 （2）要求以研究小组为单位研读材料并提交研究报告，有问题随时通过小组群、课程群、课程网站进行沟通。 （3）下次课将在此次理论课基础上学习《大学生人际沟通与交流》，以做到理论联系实际。提醒同学们带着问题积极进行课前预习。	 教学方法：研究型教学、启发式教学

续表 1

教学目的	教学内容	表达方式/教学方法
9. 提升课程思政价值维度		
明确思政教育应是当今文化素质教育时代思修的发展趋势	（1）爱尔兰诗人叶芝：“教育不是注满一桶水，而是点燃一把火。”教育的本质是人点亮人，课程的本质是激发禀赋。 （2）“沟通与交流”课程始于知识与技巧、中于文化与素养、终于价值与信仰，为大学生成长成才构筑坚实基础。 （3）“课程有思政、课堂有德育”，努力以文化素质课程为载体，把学科知识转化为育人资源，实现知识传授与价值引领的和谐融汇、有机统一。	 教学方法：分析总结教学、启发式教学

板书设计

中国人际沟通的辩证思维
一、沟通案例
二、辩证思维
三、原因分析
四、课堂小结
五、研究性学习题目

六、教学效果分析

（一）教学评价

（1）课堂注重师生互通、案例理论互补，达到课程思政教育目标。由于事先做了前期教学调查并布置了预习任务，教师对学生知识储备与学习兴趣具有初步了解，学生对即将学习内容也有了较为充分的心理准备和知识基础，因此课堂教学进行得较为顺利，师生之间能够形成良好互动。课程采用多样化教学手段，通过引证典型沟通案例对中国人际沟通贵和尚中的辩证思维以及其产生的文化背景进行了详细深入、通俗易懂的解析，通过习近平总书记精辟概括升华立意，课堂气氛张弛有度、理论分析学生信服，实现了课程思政的预期目标。

（2）课堂教学理念贯彻实施需要依赖有效教学途径。一方面教学要有针对性，做到有的放矢；要采用各种教学手段，充分发挥学生的主观能动性。当代大学生思维活跃、视野开阔、能力很强，只要教师积极引导，他们就会有非常出色的表现。另一方面在学时有限的情况下，沟通案例的细节描述与辩证思维的学理分析要做到有机结合，既不能偏离课程宗旨，又要适应当代大学生需求特点，既能释疑解惑亦要赏心悦目。本堂课程教学在这一点上做得较好，受到了学生的广泛欢迎。

（3）课堂需以课程思政推进文化素质教育深入发展。新时代文化素质课程要以课程思政为先导，以全面提升大学生能力与素养为根基，充分弘扬文化育人宗旨，以博大精深的中国文化经典和文化理念构筑起青年学生的精神彼岸，实现文化素质教育从“单一化”向“多维化”、从“边缘化”向“基础化”的转变。同时，在教改项目“以通识教育理念引领文化素质课程研究型教学复合模式构建”[1]推进下，课程努力遵循理念与方法相结合、历史与现实相结合、广度与难度相结合、成效与兴趣相结合的原则，凸显文化素质课程的大学风范与文化气魄。

（二）学生评价

（1）“中国人际沟通的辩证思维”这堂课我真的十分喜欢，好遗憾这么快就结束了。李怡老师的讲解十分生动有趣，很抓我的耳朵，通过老师细心讲解和学理分析，我知道了原来我们中国人的人际沟通有着厚重的思维模式与文化基础，今后一定要多读书才能真正把握人际沟通的要旨！在读书这条

[1] 北京科技大学青年教学骨干人才培养计划资助项目（2021JXGGRC）。

路上，李怡老师就是指引我前行最亮的灯塔，“胸藏翰墨虚若谷，腹有诗书气自华”，我立志要多读书，做一个像李怡老师那样学识渊博、才华横溢、玲珑剔透的女子。

——机械 2004 汪玥

（2）在这里，我想对李怡老师表示感谢，让我能够在枯燥的专业学习后感受到沟通礼仪与中国文化的熏陶。本堂课程内容十分丰富，李怡老师讲授生动活泼而富有哲理，整个过程中有精彩的学术推理、有激烈的课堂讨论、有搞笑的情景再现、有多样的课堂体验，上课好轻松、好快乐，关键还收获满满！“沟通与交流”这门课程简直就是一个大宝藏，标准的“金课”！

——机械 2003 刘子奥

（3）听李怡老师的课程真是一种美妙的体验，妙语连珠频频显现、师生互动时时呈现！课程激发了我对知识的渴求、对学习的热爱，更让我对中华文化产生了浓郁的兴趣，我会在未来的大学生活中继续探寻文化的意义与价值！其实有很多想说的，但也不知道怎么组织语言。就是希望到了这门课结束的时候，我能发现一个全新的自己，找到一个全新的、美好的看待生活的角度！很感谢老师的陪伴，谢谢您！

——机械 2010 杨传朕

（三）今后提高方向

（1）教学理念需进一步明确课程思政与文化素质课程相互交融的时代价

值。课程思政为文化素质课程发展提供新高度、新观念、新方向，二者同向交融、以文化人，课程需积极将思想政治教育、道德情感教育与文化素质教育的价值理念、精神要素相互结合，这样的两两融合不但可以引导大学生思想理念与专业技术的价值取向，而且丰厚的文化素养还可以孕育、激发其人生理想和专业灵感，这样会极大地增加文化素质教育的辐射维度，要做有中国情怀、有时代温度的文化素质教育。

（2）教学内容需不断提炼课程思政赋予文化素质课程的中国理论中国话语。课程通过贯彻中华优秀传统文化、革命文化、社会主义文化等引导学生进行深度思考、多元学习产生聚焦与连环效应，突出课程的综合性、立体性与特质性，进而提升工科大学生的综合素养。在课程思政视域下，文化素质课程内容设置要克服传统仅以知识传授为本位的弊端，推崇凝练精华专题形式的多元综合性课程建设，以此整合人文社会科学相关理论体系与学科内容，提炼中国理论中国话语，最终通过课程教学实现知识传授、价值塑造和能力培养的多元统一。

（3）教学方法需以课程思政引领研究型教学深入开展。未来将以课程思政为引领、以自身中国传统文化研究专长为牵引，教师教以教研结合为上、学生学以研究性学习为主，推进文化素质课程研究型教学建设。在研究型教学视野下灵活运用多种教学方法，以师生学术共同体理念不断推进教与学的关联互动，构筑教学理念、教学内容、教学方法、教学途径与教学评价五位一体的研究型教学复合模式，调动大学生思考传统文化和社会现实的自觉性、积极性，提高分析解决问题的综合能力，为其成为德智体美劳全面发展的社会主义建设者和接班人奠定坚实基础。

“三元一体”思政教学模式的探索与实践

李晓静　刘应文　崔文娟

课程名称　财务分析
课程性质　专业选修课
专　　业　经济管理
授课对象　本科学生
课程简介：

会计学是全球通用的商业语言，财务报告运用数字精准、全面地勾勒出了企业的全部财务特征，是企业与投资者、资本市场、政府机构进行沟通、传递信息的纽带和桥梁。作为商业领域中的一门基础学科，对于培养财务思维、从财务视角来理解和描绘商业活动大有裨益。具备理性专业的财务思考能力和娴熟运用财务逻辑进行决策是管理者职业发展生涯中必须具备的专业素质。

财务分析课程历来是经济管理学院专业课程体系中的经典课程。财务信息是企业主要商业活动的高度提炼。本课程采取循序渐进的方式，以财务报表为主线，应用一种巧妙的教学逻辑，带领学生学习如何从繁复的数字迷宫中把握关键的财务预警信号，识别财务信息噪声的多发领域，辨别盈余管理以及虚假信息的常用手段，从财务角度理解数字背后的商业本质，为顺利阅读四大财务报表奠定基础，对企业的财务状况进行较为全面的评价，能更有效地应用财务信息辅助决策。

课程思政元素将浸润式贯穿课程始终，并重点突出大数据背景下的会计职业道德、风险意识与企业家精神等方面，实现增强学生的中国特色社会主义道路自信、理论自信、制度自信和文化自信。

教师简介：李晓静，管理学博士，北京科技大学经济管理学院副教授。先后获得北京市教育教学成果一等奖（排名三）、北京科技大学名师、青年教学骨干人才、北京科技大学教学成果一等奖、研究生教育奖、先进个人、优秀共产党员等各类奖项荣誉 30 余次。

崔文娟，北京科技大学经济管理学院副教授。

刘应文，北京科技大学经济管理学院讲师。

课程蕴含的思政元素分析

充分挖掘和运用课程蕴含的思想政治教育资源，将思想政治教育贯穿于教学全过程，培养和强化学生们在面对日益复杂的国际政治经济环境和日新月异的国内社会环境时，能够坚守“法制、爱国、敬业、诚信”等社会主义核心价值观，发挥课程思政在道德修养、人文素养以及价值引领层面的魅力，已经成为高校育人任务中的重要内容。

结合“财务分析”课程的特点，思政教育将从培养学生职业道德修养、提高学生遵纪守法意识、弘扬“企业家精神”三个角度开展，并通过具体的教学过程实现思政小目标，最终实现“三元一体”课程思政人才培养大目标。思政元素、思政实践与价值传递的联系如图 1 所示。

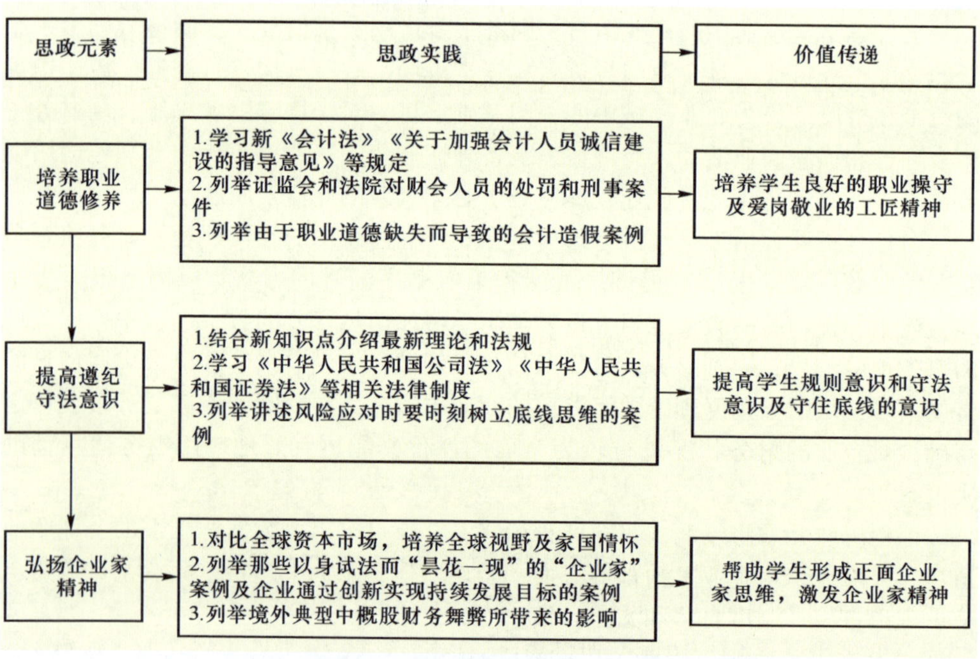

图 1　思政元素、思政实践与价值传递的联系

一、培养职业道德修养：知识传授中加强核心价值观的引领

习近平总书记指出，要培育和践行社会主义核心价值观，发挥社会主义核心

价值观对国民教育的引领作用。但是在资本市场中频发的会计丑闻事件，财会人员面临着职业诚信质疑和职业信任危机，使得会计这个职业遭受着前所未有的“信赖危机”。当财会人员面临利益诱惑和职业道德规范两难时，助其摆脱利益诱惑，推动他们做出正确抉择的动力就是他们形成的职业道德修养。而高校就是培育财会从业人员良好职业道德修养的主阵地，相关专业课程思政就是所采取的具体行动措施。对此，将职业道德教育融入“财务分析”课程之中有助于学生形成良好的职业操守，培养学生爱岗敬业的工匠精神，有助于学生形成正确的价值观。

在实际教学活动中，结合职业道德修养的相关内容，准确选择实施思政教育的切入点，合理把握专业知识传授与思政教育之间的契合点，以会计职业价值观为引导，在课程中融入社会主义核心价值观的职业道德元素。从财务角度出发，师生共同探索企业故事，以警示会计人员必须遵守职业道德规则，注重讲信用、讲信誉、信守承诺对会计职业的重要性。在理论学习方面，利用移动课堂等先进设备，组织学生学习新《会计法》《关于加强会计人员诚信建设的指导意见》等规定，通过列举证监会和法院对那些不遵守职业道德的会计人员的进行处罚和一些刑事案件，来解读其中的相关处罚条例；在实践方面，通过列举国内外会计造假案例，揭示由于会计从业人员职业道德的缺失，导致企业操纵利润、粉饰报表等行为频繁发生，进而对资本市场发展及对中小投资者经济利益带来损害，最终对我国社会经济的稳定与发展带来严重的后果。

二、提高遵纪守法意识：知识传授中根植核心价值观

党的十九大报告指出，法治是社会文明的基石，与社会主义核心价值观紧密相关。通过法治推动社会主义核心价值观建设，把社会主义核心价值观融入法治建设，是新时代坚持依法治国和以德治国相结合的必然要求。同时，由于财会专业的特殊性，使社会对财会从业人员遵纪守法等综合素质要求更为严格，对此，以会计知识为载体加强对学生思想政治教育，提高其规则意识和守法意识，具有较强的说服力和感染力，将职业道德教育融入课程教学中，运用好课堂教学这个重要渠道，也有助于将课堂主功能发挥到最大限度。

法治对企业发展起着引领、规范和推动作用，企业在日常生产经营过程中，如筹资、投资等，必须遵守相关法律法规。而今天在校园中学习的财会专业学生就是明天社会中从业的会计人员，因此，在“财务分析”授课过程中，充分挖掘并提炼课程中蕴含的思政教育元素，在教学过程中结合新知识点介绍最新理论和法规如《中华人民共和国公司法》《中华人民共和国证券法》等相关法律制度，有利于提高财会学生对于依法治国理念的理解，提高学生的法治道德修养。课程中必然存在不少德育因子可以继续挖掘。例如，现代社会是一个充满风险的

社会，此次新冠肺炎疫情的爆发，正是一个严重的风险点，为防止再次出现这种极不安全的情况，预防风险是首要的。但是在风险应对时要时刻树立底线思维，坚守法律底线。习近平总书记指出：“既要看到有利的一面、又要看到不利的一面。形势有利时，善于看到潜伏着的不利因素，做好应对不利因素的准备；形势不利时，善于把握蕴藏着的转机，坚定扭转不利局面的信心”。在课程教学过程中，融入法律法规等底线的思政教育问题，培养他们在生活中、工作中守住底线的意识，对培养学生的法律法规意识以及职业素养等具有非常重要的价值和意义。

三、弘扬“企业家精神”：知识传授中强调价值观的同频共振

2020年7月21日，习近平总书记在企业家座谈会上指出，要“激发市场主体活力，弘扬企业家精神，推动企业发挥更大作用实现更大发展。”这对我国各类市场主体，是巨大的鼓舞和激励。特别是即将到来的“十四五”中充满了各种各样的机遇和挑战，怎样才能顺利抓住机遇迎接挑战，是每一位企业家所面临的新问题。而习近平总书记希望企业家能够做到增强爱国情怀，勇于创新，诚信守法，承担社会责任，拓展国际视野。这五个方面的期盼，正是对新时代“企业家精神”的高度概括。“风好正是扬帆时，不待扬鞭自奋蹄。”当正在茁壮成长的新一代企业家拥有全局的眼光，能够站到时代的高度，中国经济一定能够不断创造新成就。为此，只有从源头上抓好财会人才的技术培养与思想教育，才能从根本上形成企业家思维，激发出企业家精神。

将“财务分析”的教学内容和思政教育内容进行融合，将社会主义核心价值观等一系列德育元素融入“财务分析”教学章节中去。但是挖掘课程思政元素并不是一蹴而就的，必须遵守循序渐进原则，尽可能寻找“财务分析”课程内容与课程思政的结合点，以达到育人的目标。例如，通过对比全球资本市场，培养学生全球视野，培养学生形成科学的政治认同、文化认同，培养学生心系民族发展的家国情怀，将爱国主义教育巧妙地融入课程相关知识点中；在课程中融入社会主义核心价值观的诚信元素。诚信是影响企业财务报表信息质量的关键因素，授课过程可以选择列举那些以身试法而“昙花一现”的“企业家”案例，教育学生诚信立身、诚信做人、诚信创业；以树人为核心，以立德为根本，以创新为重点，推进创新教育与专业教育有机结合。可以通过列举企业通过创新的生产经营方法、新的资源配置方式及满足市场需要的新产品和劳务来实现企业持续发展的目标，培养学生树立创新意识；企业社会责任就是企业在追求利润的同时，也要担负起对员工、对消费者、对社区和环境的责任。通过列举境外典型的红筹股财务造假事件给中国企业和企业家所带来的负面影响，指出提高会计人员的社会责任感是针对会计信息失真的有效对策，具有极高的现实意义。

教案设计

一、教学目标

“财务分析”课程的教学目标旨在训练学生掌握系统的财务分析方法，通过分析财务报告，提高学生如何利用财务信息来评估和分析公司的价值，如何通过海量财务数据信息，以评估公司的实际财务状况和财务绩效，运用数字精准、全面地勾勒企业财务特征，为企业、投资者、资本市场、政府机构决策提供财务分析的技术支持。

中国传统文化源远流长、博大精深，“财务分析”课程具有很强的专业性特征，其教学实践应兼具知识传授和思政育人的功能，融入中国传统文化思想，发挥专业课思政教育的作用。因此，“财务分析”课程拟将社会主义核心价值观、诚信文化等思想融入教学实践中，不仅实现拓展学生视野、启迪学生思想的目标，更要强化课程对学生思想道德和人文精神的培养，发挥了课程思政立德树人的功能，以专业课程为载体，传播社会主义核心价值观和中国传统文化思想。

二、教学内容分析

“财务分析”是财会专业中后阶段开设的一门重要的专业必修课，有一定的专业性与综合性。为了能让学生更扎实地掌握所学习的知识点，在讲授的过程中会更多地应用到案例教学与实践教学方法，其也是一门非常适合融入思政教学的课程。但是正如习近平总书记在全国高校思想政治工作会议上做出的重要指示：“要遵循思想政治工作规律，遵循教书育人规律，遵循学生成长规律，不断提高工作能力和水平。”对此，在开展教学时，必须坚持循序渐进的原则。在教会学生们基本知识时，教师循序渐进地按照课程内容分周分次进行讲授，教会学生们如何进行数据分析，从数据角度分析公司的经营状况，并且能够快速识别数据中可能存在的造假成分。在循序渐进过程之中，教师也能充分挖掘其中的思政元素，加强财务分析与课程思政的结合，提升教学效果。

鉴于此，“财务分析”课程的主要教学内容见表1。

表1　融入思政元素的财务分析课程对教学内容安排

周次	教学内容	课程知识点	思政育人效果
1	财务报表分析概述	了解财务报表分析的产生与发展，掌握财务报表分析的概念、作用；通过梳理财务报表体系，阐述资本市场信息披露规则，以及资本市场中的违规披露和处罚	培养学生树立正确的会计伦理观念，心怀祖国，为国家资本市场的健康、持续发展奉献青春

续表 1

周次	教学内容	课程知识点	思政育人效果
2	财务报表分析基础	讲述财务报表分析基本方法，通过案例教学、小组讨论让学生掌握资产负债表、利润表、现金流量表的相关分析风险点	教育学生财务人员职业道德缺失以及财务造假所带来的严重后果
3	资产负债表质量分析	阐述合理资产配置与如何提高资产使用效率，注意讲述生产合规性；阐述适度负债经营符合现代企业财务管理思想，但在经营中应避免高杠杆资本结构，有效控制财务风险	教育学生树立绿色经营思想，培养学生信守契约精神，向学生们传递诚信是市场经济基本信条的理念
4	利润表质量分析	阐述收入与费用的主要分析思想，讲述成本控制是企业永恒的主题，不断增大研发投入、改进工艺水平和装备水平，是企业降低成本的最根本手段	培养学生爱国主义情怀，发挥工匠精神，攻克“卡脖子”技术瓶颈，大国重器，任重道远
5	现金流量表质量分析	资金就如同一个企业的血液，是企业持续发展的重要来源。以乐视的资金断裂为典型案例，分析乐视陷入财务危机的根源及乐视提出的相应对策	培养学生稳健经营的理念，杜绝激进冒进的投机思想，强化风险意识和底线意识
6	企业财务指标计算与分析	通过引导学生对比同行业不同企业之间的财务指标，揭露虚假财务信息的社会现象，剖析动机和原因及违规违法的巨大成本和牺牲	树立学生的规则意识和守法精神
7	财务报告其他重要信息分析	阐述股东财务管理的目标，指出“财富最大化”已经不是当今企业财务管理的唯一目标，在实现利润获取的同时，需兼顾环保、社区利益、公益事业等一系列社会责任	树立利润追求与社会责任的协调发展理念，培养学生公益思想和社会责任意识
8	小组案例制作与汇报	要求学生以小组为单位，选取典型案例，收集上市公司财务报告，分析财务数据，制作分析报告，PPT 形式进行课堂展示	要求学生以学习任务为核心，以价值观为引领，充分调动自身主观能动性，增强团队成员之间的协作能力，强化学生社会主义核心价值观

三、教学对象分析

本课程主要面对经济管理学院相关专业的高年级学生，该阶段学生已经具备了一定的专业知识和社会实践能力，可以通过多样化的教学组织形式，促进学生综合能力素质提升的同时，滴灌思政思想，实现思政教学目标。

四、教学手段与方法

本课程将以财务信息质量评价教学为主线、以课程思政元素贯穿于教学全过程，通过更新教学内容、创新教学手段，实现专业理论教学与思政教育的有机融合。采取的措施主要包括：

（1）案例教学为主的课堂授课。课堂教学是讲授基础理论的基本手段。对于财务报表分析与设计核心教学内容，利用多媒体课件、大量采用微案例的教学方式，帮助学生掌握财务报表分析技术。

（2）案例分析报告选读。国内外资本市场中有丰富的代表性案例，案例分析资料来源广泛。课程将推荐经典的财务报表分析教材和参考书，布置与本课程主干内容相关的前沿和综述性阅读材料，帮助学生了解财务报表分析理念和方法的发展动态，学会分析和辨别财务信息质量评价过程中的思政元素，树立正确的人生观、世界观和价值观。

（3）综合模拟训练。以钢铁企业为背景，融入社会公益捐赠、环保投入等思政元素，结合工业企业，设计综合性模拟训练。学生以团队形式完成作业，锻炼了团队合作精神。

（4）财务分析报告撰写与答辩。结合之前提炼的课程思政元素和教学素材，5 人一组选择代表性案例撰写财务分析报告并进行答辩。或者设置若干专题，由学生独立查阅文献、组织材料，撰写研究报告并制作 PPT，汇报所选专题中财务报表知识点及其思政元素；通过教师点评和课堂讨论，帮助学生树立正确的人生观、价值观和世界观。

（5）多媒体课程资料。选择与财务报表分析相关的视频资料等形式，帮助学生了解开展财务报表研究的基本途径、财务舞弊带来的重大负面影响，认识财务报表分析领域蕴含的人文情怀、社会责任、职业伦理、创新精神等思政价值。

（6）改革课程考核方式。本着全方位育人、全过程考核的理念，课程成绩将由多部分构成，涵盖教学全过程，包括考勤、课堂表现、作业、综合模拟训练、财务分析报告撰写和答辩、期末考试等。通过科学设题和有机融合，思政教育的培养目标及其知识点将集中体现在课堂互动、专题汇报、考试等环节中。

五、教学过程

（一）滴灌“课程思政”精髓

具体实现方法包括查找 CSSCI 等高水平文献，从理论方面归纳总结课程思政的内涵；课题组教师充分研讨、深入挖掘专业课程中所蕴含的思政元素，既遵循专业课程建设的规律和逻辑，又遵循学生群体思想观念变化规律和认知规律，细化教学目标，调整教学方法，在兼顾课程教学内容的理论性、学术性、实践性及前沿性的同时，着力强化思想政治教育的内涵和导向。采取研讨、听课、临摹等方式向课程思政的标杆示范课程进行学习。

（二）“课程思政”教学路径

通过三种课程思政教学路径实现课程思政：

（1）浸润式课程思政教学路径。“财务分析”课程不局限于专业基础知识讲授，教学形式及考核形式灵活多样，因此拟探索浸润式课程思政教学路径，即充分提炼专业课中蕴含的商业伦理、社会责任、文化诚信等价值理念，将课程思政元素嵌入课程大纲、教学、考核等所有环节，实现知识传授与价值引领有机融合的浸润式课程思政育人。

（2）嫁接式课程思政教学路径。1）教学环节嵌入价值观引领教育：邀请财务领域的权威专家，以线上或线下方式进入课堂，解读中国资本市场若干热点难点问题，提升学生的家国情怀和学术志趣（见图2）；2）教学环节嵌入价值观共鸣教育：邀请案例主人，以线上或线下方式进入课堂，提高学生价值观共鸣度，培养学生的行业理想；3）考核环节嵌入社会认知教育：以财务分析报告小组答辩竞赛为考核形式，引入企业专家评委，培育学生对会计伦理等方面的社会认知。

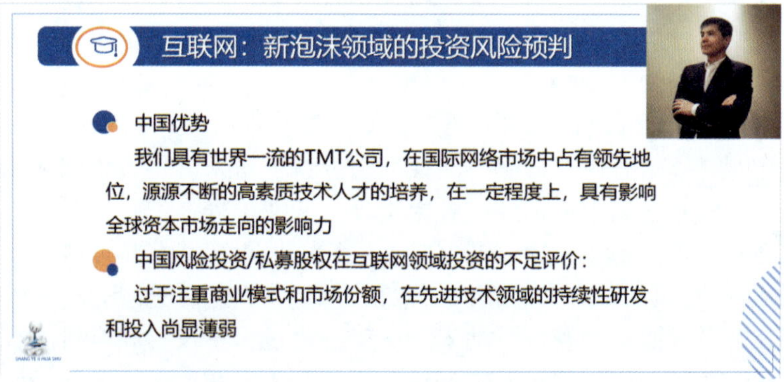

图2　财务专家进课堂：专业学习与爱国精神并举

（3）外援式课程思政教学路径。依托于校外资本市场等校外软件硬件资源优势补充课程思政育人，实现行业认同度、行业情怀培养。课外时间带领学生赴重点单位补充思政教学，培养学生的行业认同度和行业感情，拓展视野，强化行业理想，去实地认知，激发学生的社会责任感。

（三）思政案例助力思政教育

结合“财务分析”主要章节，同时应用自主采集与二次开发两种方式，设计、选择、开发具有“知识传授与价值引领”双重特征的典型专业案例，并在课程中进行实践，探索学生的价值引领效果。

案例 PPT

六、教学效果分析

授课过程中，通过各类信息化远程手段与学生进行沟通交流，及时解决学生在课程内容接受度、课程传授方式、课程学习进度等方面的问题。在此基础上了解到本课程的教学效果十分显著，教学设计也符合大学生的认知规律，无论是相关知识点的掌握、学习兴趣的提升还是价值观的构建，都给学生提供了极大的发展空间，实现了寓道于教和寓德于教的教学目标。

（1）学生对于知识点的掌握较为扎实，具备运用所学知识对具体问题进行分析并且提出相对应解决思路的能力。同时，通过将课程思政元素融入教育之中，有助于将专业知识与思政教育有机结合起来，不仅可以丰富专业知识内涵，同时还可以使专业知识更加具有深度，真正做到“三全育人”要求，回归育人的教育本质。

（2）结合新技术进行授课，提高课堂的活跃度。随着信息技术的快速发展，基于网络教学平台展开教学过程会提高时代感以及对学生的吸引力，加快课程思政同专业知识的高度融合。例如，通过线上或线下邀请财务总监进课堂等方式，对接企业财务资源与实际案例，深入了解企业实践过程；解决在 5G、物联网、AI、区块链、企业数字化发展趋势下，如何计量数字资产、如何保护数据隐私、如何控制数字风险，以及掌握大数据分析技术，高效提取、分析、处理海量财务信息等问题。基于这种创新，运用新技术进行授课使得课堂氛围更加活泼，不仅课堂教学效果良好，而且还扩展了学生视野。

（3）不断创新教学方法，真正走入学生内心，实现共鸣的效果。在实际开展教学时，一直坚守时代性的原则。随着社会的快速发展，人们对于财务报表有了更多更新的认识，为此在进行财务分析授课时，应当结合最新最热的案例将最新知识点传授给学生，以发挥“财务分析”这门课程的魅力，提高学生们的学习兴趣和学习效果。同时，采取“润物细无声”的教学方式，将专业课程教学与蕴含的德育因子有机结合，在破解专业知识中的难点问题时，潜移默化地将核心价值观根植到学生的内心，提升教学的亲和力，得到学生们的强烈反响。

（4）采取积极的“财务分析”考评体系，从学生和教师两个角度进行考评，根植全方位育人、全过程考核的理念。从学生角度分析，不但要注重知识点层面的考评以及学生实践层面的考核，也需要加强对学生价值观层面的考核力度；从教师角度分析，根据课程综合性特点进行多维度评价方案，并将考评目标落实到各个章节之中，由此来提升考评的有效性。这种考评体系不仅可以及时发现课程教学中出现的知识点掌握不足问题，也可以及时了解到课程思政方面出现的不足，进而可以改进教学方法，完善教学内容，提高课堂教学效率和效果。

经过精心的教学设计和有序的课堂实施，本课程教学效果优异，特别是在教学内容和设计中引入了思政内容，让课程教学内容和目标更加富有"内涵"。例如，"创业财务"教学设计实施后，促进了大学生对当前国家创新创业大政方针的了解，并能在不断探索创业者特质过程中，树立正确的价值观和人生观。此外还有多个课程设计模块，比如"树立正确的IPO信仰""财务舞弊的代价"等，都能起到上述效果（见图3）。"财务分析"课程设计秉承立德树人的教学目标，激发学生担当意识和爱国情怀，培养端正诚实的财务报表职业观，对大学生树立正确的人生观和价值观起到引领作用。由于本课程教学效果突出，已经被北京科技大学评为教学质量"免检课堂"。

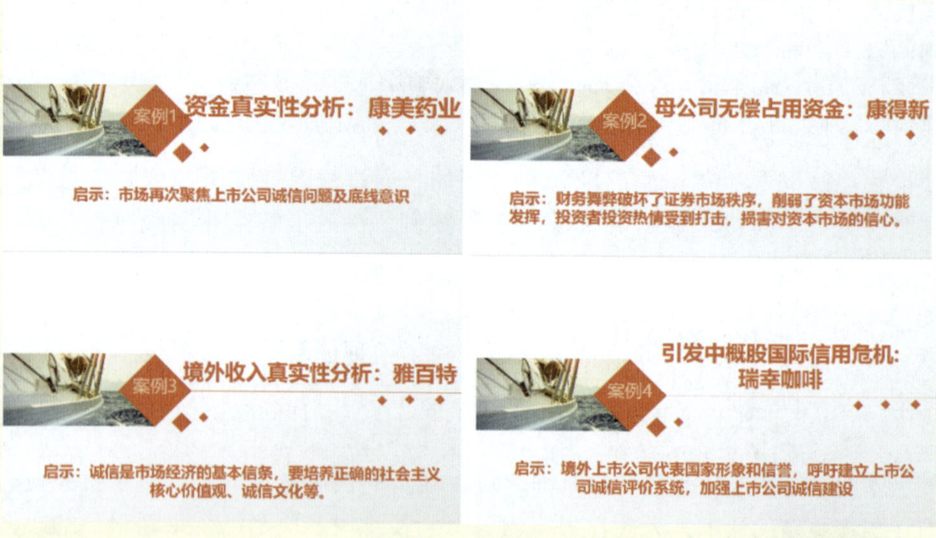

图3 课程案例设计

新生入学教育会 PPT

“创业者特质和创业历程”混合式教学内容设计

邓立治

课程名称 商业计划书制作与演示设计

课程性质 专业选修课

专　　业 工商管理、工程经济、国际经济与贸易、会计学、金融工程

授课对象 本科三年级学生

课程简介：

“商业计划书制作与演示设计”是创新创业教学体系中的核心课程之一。本课程采用混合式教学方法，让学生掌握商业计划书制作的基本概念、原理与方法，精通商业计划演示设计和沟通。同时，培养创新能力，塑造商业计划思维，达到培养学生具有奉献社会的意识和爱国热情。

课程重点内容包括64个知识点和16个制作工具方法，具体重点内容包括商业计划书的基本概念、风险投资、企业介绍、产品与服务、行业与市场、营销计划、生产运营、公司管理、财务计划、风险控制与资本退出、商业计划书演示设计等。

课程包括以下几个方面的能力培养目标。(1) 培养学习有目的地收集、获取所需要的学习资源，自主地学习和应用课程相关理论的能力；(2) 培养学生的批判性思维，学生能够辩证地分析与解决问题的能力；(3) 培养学生的演示沟通能力；(4) 塑造商业计划思维，培养创新创业能力，达到培养学生具有奉献社会的意识和爱国热情。

教师简介：邓立治，北京科技大学经济管理学院副教授、硕士生导师，管理学博士，创新创业研究中心负责人。美国得克萨斯大学阿灵顿分校创业教育访问学者，教育部万名优秀创新创业导师。有十余年“商业计划书制作与演示设计”课程教学和实践经验，先后受邀为100多所高校师生举办过“商业计划书制作与演示设计”课程培训和讲座，培养创业教师600多名。获得过“全国高等学校创新创业工作先进个人”“北京市高等教育教学成果奖一等奖”“优秀创新创业课程奖”“北京高校优质本科课程”等多项荣誉和奖励。

课程蕴含的思政元素分析

国家大力提倡“大众创业、万众创新”，习近平总书记也给当代大学生提出了新的要求，指出大学生“要扎根中国大地了解国情民情，在创新创业中增长智慧才干，在艰苦奋斗中锤炼意志品质”。可以说，创新创业课程是思政教育的天然“舞台”。课程组在“商业计划书制作与演示设计”课程中不断引入课程思政相关内容，在商业计划书制作和演示设计学习的基础上，通过案例教学、项目式教学、探究式教学等多种方法和手段，引入爱国情怀、个人素质和科学观塑造等思政内容，秉承立德树人的教学目标，激发学生的担当意识和家国情怀，培养创新创业精神，为大学生树立正确的人生观和价值观起到引领作用。

教案设计

一、教学目标

（一）专业目标（专业知识传授与能力培养）

（1）阅读创业特质论经典文献，了解创业特质论的起源、困境和发展。

（2）学习和了解国内外典型创业者（包括大学生创业者）的创业历程和关键节点，探究成功创业者拥有的综合素质和能力结构模型。

（3）组队寻找和访谈身边的知名创业者，从多个方面和角度在课堂研讨创业者拥有的关键特质，激发学生的学习热情和培养创新创业能力。

（二）育人目标（思政目标）

（1）通过对国内外典型创业者案例学习和身边创业者访谈，探究创业者的能力结构模型，了解国家创新创业的大政方针，培养学生的创新创业精神，激发学生的担当意识和爱国情怀。

（2）通过学生组队进行项目式和探究式教学设计，培养大学生的竞争意识与合作思维，不断提升自信心和推理逻辑能力。

二、教学内容分析

课程难点问题包括混合式教学方法实施和相关知识点应用。（1）贯彻混合式教学方法的总体思路，引入项目探究式教学、课堂研讨式教学和模拟竞赛式教学方法，将创业教学与创业项目相融合，强化案例分析、小组讨论、头脑风暴、模拟竞赛等方式，实现从以知识传授为主向以能力培养为主的转变、从以教师为主向以学生为主的转变、从以讲授灌输为主向以体验参与为主的转变，调动学生学习的积极性、主动性和创造性。(2) 商业计划书制作中商业计划书系统结构、产品介绍、行业与市场分析、商业计划书演示等内容是本课程的学习难点。

创业者特质探索部分教学内容主要包括以下内容。

(一) 国内外经典文献阅读

提供一些经典文献供课外阅读，如《创业特质论的困境与出路》《先前经验能促进创业成功吗》《创业能力结构模型》等，让学生系统地了解创业者特质研究与发展的过程，学习创业能力结构模型和各个能力点，具备一定的知识基础。

(二) 典型案例与相关知识的慕课学习

课程团队已经开发了“商业计划书模块化制作与演示设计”慕课供学生课外学习，该慕课已经在中国大学慕课平台和学堂在线平台上线。在该慕课的第二章有专门的章节讲授创业者特质，并系统地讲授了成功创业者“五角星”模型。此外，在该慕课的第十二章，提供了多个大学生创业案例访谈，比如，“空气拨片”创业团队创始人访谈、“贝壳衣家”创业团队创始人访谈。以上慕课内容能让大学生系统地了解创业者的心路历程和具备哪些创业者特质。

创业团队组成

(三) 创业者特质探究式学习和研讨

在经过理论和案例学习后，本课程要求学生组建项目团队，就“创业者特质”主题进行创业者研究和访谈。要求学生找寻身边的创业者，或者是找寻一些典型创业者的文献资料，进行“创业者特质”主题研究，并在课堂上进行分组演示和群体研讨，激发学生的学习热情，也促进学生对当前国家创业环境和政策的理解。

“创业者特质”教学内容设计遵循“知识+案例+实践+研讨”的学习思路，让学生系统性地了解创业者的品质特征，为大学生树立正确的人生观和价值观起到引领作用。

三、教学对象分析

本课程主要面对经济管理学院大三同学，该阶段学生已经具备了一定的专业知识和社会实践能力，可以通过混合式教学模式提供多种形式的教学设计，不断促进学生综合能力素质提升。

四、教学手段与方法

在本主题教学设计中，采用了多种教学方法。

（一）案例教学法

通过国内外典型创业者案例（包括大学生创业者案例），引导学生从中掌握理论知识，理解创业者的艰辛困苦，了解国家的创新创业政策，做到从案例中讲清知识，从案例中引入思政。

（二）混合式教学方法

由于创新创业课程侧重实践，所以本课程大部分知识学习都通过慕课进行，在“创业者特质”这一学习模块，在“商业计划书模块化制作与演示设计”中提供了教学的理论和案例教学，满足了学生的知识需求。在课后组队进行“创业者特质”探索性研究，在访谈和研究身边典型创业者后，在课堂上进行分组演示，并在老师的引导下进行共同研讨，激发学生的担当意识和爱国情怀。

五、教学过程

在本主题教学设计中，主要分为以下步骤。

（一）“创业者特质”教学设计和学生告知

在上一个学习模块结束时，告知学生“创业者特质”模块学习的要点和过程。

（1）课后学习教师提供的经典文献。

（2）课后学习“商业计划书模块化制作与演示设计”的第二章和第十二章相关“创业者特质”理论和创业者访谈内容。

（3）按照以往分组，在身边寻找普通创业者，或者是知名创业者，通过网络和数据收集相关资料，以团队名义准备一份以“创业者特质”为主题的实践案例。

（4）在课堂教学2小时中，每组都将就自己的内容进行分析，各组同学在老师的引导下，就创业者特质相关问题进行研讨。

（5）教师和各个团队将对各队表现进行匿名打分评价，并计入期末总成绩。根据团队合作、现场演示、问题研讨等多个方面对各组的团队探究式作业进行评价，评价者包括任课教师，也包括各个团队对其他团队的评价。

（二）经典文献与慕课学习

经典文献与慕课学习是学生知识学习的基础，课程教师将选取相关文献发放给学生供课外阅读和学习，并指导“商业计划书模块化制作与演示设计”慕课学习的章节，包括大学生创业者访谈内容，为下一步分组进行“创业者特质”调研及访谈搭建知识和访谈基础（见图1~图3）。

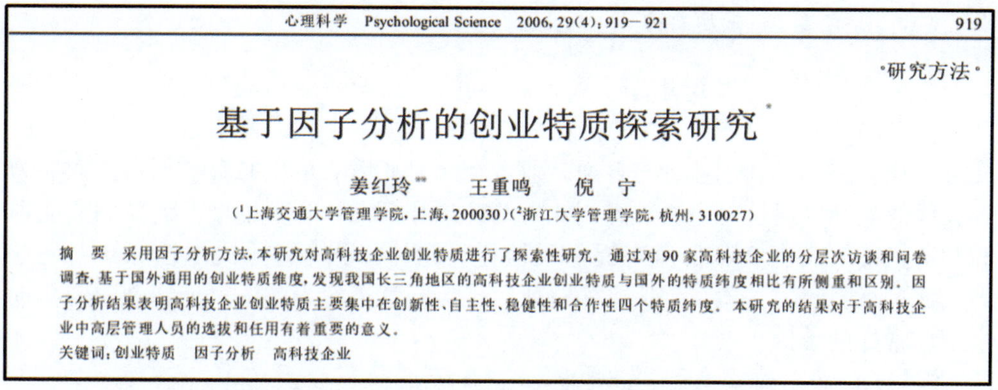

心理科学 Psychological Science 2006, 29(4): 919－921　919

·研究方法·

基于因子分析的创业特质探索研究*

姜红玲[1]**　王重鸣[2]　倪　宁[2]

([1]上海交通大学管理学院，上海，200030)([2]浙江大学管理学院，杭州，310027)

摘　要　采用因子分析方法，本研究对高科技企业创业特质进行了探索性研究。通过对90家高科技企业的分层次访谈和问卷调查，基于国外通用的创业特质维度，发现我国长三角地区的高科技企业创业特质与国外的特质纬度相比有所侧重和区别。因子分析结果表明高科技企业创业特质主要集中在创新性、自主性、稳健性和合作性四个特质纬度。本研究的结果对于高科技企业中高层管理人员的选拔和任用有着重要的意义。

关键词：创业特质　因子分析　高科技企业

图1　相关文献学习

图2　线上慕课大学生创业者访谈案例学习

图3　课堂大学生创业者访谈案例学习

（三）课堂展示与研讨

学生在分组后，部分组的同学会通过对身边创业者的访谈和整理，在课堂展示创业者的特质（见图 4~图 6）。比如曾经有一组学生就访谈了组内某位学生的父母，让大家感受到创业者与普通就业者在面对环境、承担职责、创新创业能力等方面的差异。通过对身边熟悉创业者的访谈和探究，为学生培养创新创业能力和塑造正确的人生观和价值观提供了榜样。此外，还有部分同学选取知名创业者，通过材料收集，展示创业者的特质，也为同学了解当前国家创新创业现状提供了非常好的案例。

图 4　课堂研讨

图 5　疫情期间线上课程研讨

俞敏洪 PPT

比尔·盖茨 PPT

图 6　分组学生部分课堂展示 PPT

六、教学效果分析

经过精心的教学设计和有序的课堂实施，本课程教学效果优异，特别是在教学内容和设计中引入了思政内容，让课程教学内容和目标更加富有“内涵”。例如，在“创业者特质探索”教学设计实施后，促进了大学生对当前国家创新创业大政方针的了解，并能在不断探索创业者特质过程中，树立正确的价值观和人生观。此外还有多个课程设计模块，比如“商业计划演示竞赛”“创业案例研究”等。“商业计划书制作与演示设计”课程设计秉承立德树人的教学目标，激发学生担当意识和爱国情怀，培养创新创业精神，对大学生树立正确的人生观和价值观起到引领作用。由于本课程教学效果突出，已经获评教指委“优秀创新创业课程奖”，被北京市教委评为“北京高校优质本科课程”（2020）。

爬虫背后的科学伦理和法治意识

武 森 魏桂英

课程名称 数据挖掘
课程性质 专业选修课
专　　业 大数据管理与应用
授课对象 本科三年级学生
课程简介：

"数据挖掘"为高校"大数据管理与应用"专业的主要专业课程，具有较强的专业性、实践性。数据挖掘涉及数据库、机器学习、模式识别、统计学、人工智能、知识获取、数据可视化等许多领域，在"大数据管理与应用"课程体系中具有重要作用，对"大数据管理与应用"专业人才培养具有重大意义。根据经济管理学院本科生规范课评选小组对2019~2020学年第二学期本科生规范课的参评课程进行评选和推荐，本课程已进入规范课名单。

本课程主要内容包括：数据挖掘相关的概念，为数据挖掘进行数据准备的方法，聚类分析、分类与预测、关联规则等主要数据挖掘方法，数据挖掘的应用现状与发展趋势等。通过本课程的学习，使学生了解和掌握数据挖掘的基础理论和应用领域，熟悉数据挖掘的数据预处理技术，了解数据挖掘的过程和主要的数据挖掘方法，并能对数据挖掘结果进行有效评估，最终使学生可以针对实际应用问题设定数据挖掘任务、选择恰当的数据预处理技术与数据挖掘方法，并能对数据挖掘结果做出评估与解释，达到学以致用、可灵活运用数据挖掘技术解决各领域实际问题的目标。

本课程的目标不仅注重培养学生独立思考与团结协作的能力，注重启发学生发现实际问题并深入思考，提高学生学以致用解决实际问题的能力；更要重视培养学生科学伦理意识，锻炼学生思辨能力和科学思维，塑造学生数据安全保护、个人隐私保护等法治意识，激发学生科技报国的家国情怀和使命担当。

教师简介：武森，北京科技大学经济管理学院管理科学与工程系教授，经济管理学院党委书记，主要研究方向为数据科学与管理决策。

魏桂英，北京科技大学经济管理学院管理科学与工程系副教授，主要研究方向为大数据分析、商务智能、管理评价。

课程蕴含的思政元素分析

一、数据挖掘课程蕴含的思政元素分析

数据挖掘是数据应用和数据价值开发的关键环节，涉及数据获取、数据预处理、聚类分析、分类与预测、关联规则等主要数据挖掘方法。数据挖掘技术在社会、经济、生活以及商业、制造、金融、医疗等各行业中得到了广泛深度应用，在推动经济发展、完善社会治理、提升政府服务和监管能力等方面发挥了重要作用。因此，数据挖掘课程在传授知识体系的同时，对学生正确价值观的引领尤为重要。在课程教学过程中将马克思主义立场观点方法的教育与科学精神的培养相结合，提高学生正确认识问题、分析问题和解决问题的能力，注重培养学生的法治意识和科学伦理精神，培养学生的科学思维和思辨能力，激发学生科技报国的家国情怀和使命担当。

首先，引导学生热爱自己的专业，努力学习专业知识，在国家建设网络强国、数字中国、智慧社会的道路上贡献自己的力量，激发广大学生爱国主义情怀和民族自豪感。根据《“十四五”大数据产业发展规划》的总体目标，到2025年，大数据产业测算规模突破3万亿元，年复合增长率保持在25%左右。大数据行业具有巨大发展潜力，数据挖掘技术应用越来越广泛，受到了学术界和产业界的广泛关注，是目前开发和应用最活跃的领域之一。

其次，数据挖掘在社会、经济、生活以及商业、制造、金融、医疗等各行业中得到了广泛深度应用的同时，也引发了很多社会问题、科学伦理问题、法治问题。数据挖掘课程讲授中要引导学生思考数据挖掘技术的应用产生的影响，培养学生科学伦理意识。在数据挖掘中，重视伦理规范，遵守相应的法律法规，以弘扬数据挖掘的正面效益，更好地服务社会、造福人类。

再次，大数据与各行业领域融合持续深化，产业监测、资源调配、行程跟踪等大数据创新应用场景加速迭代。引导学生针对数据挖掘得出的结论辩证地进行思考审视并进一步通过实践检验，进一步培养学生的思辨能力和科学思维。

另外，数据挖掘技术还存在很多难点，例如高维数据挖掘，复杂数据中复杂知识的挖掘，数据安全、数据隐私和数据完整性保护等，这些难点阻碍了数据挖掘助力社会发展的速度与效果。该课程将培养学生探索未知、追求真理、勇攀高峰的责任感和使命感，同时，激发学生科技报国的家国情怀和使命担当。

二、本案例涉及的课程知识蕴含的思政元素分析

在当代信息社会里，尤其在信息技术日益高度发达的今天，作为一种随着时代不断翻新变化的犯罪形式，信息犯罪日益凸显。近年来大数据行业相关的案件量大幅上升，大数据行业可能涉及的法律风险包括非法获取计算机信息系统数据、非法侵入计算机信息系统罪、破坏计算机信息系统罪、侵犯公民个人信息罪、侵犯商业秘密、侵犯著作权罪等。本案例针对数据获取过程中使用爬虫可能带来违法犯罪问题为切入点，在讲授数据获取与数据预处理知识点时，一定要在传授数据获取和预处理相关专业知识的同时让同学们了解数据相关的基本法律常识，在数据收集、清洗、转移、应用过程中一定要遵守相应的法律法规。

非法或不正当收集使用个人信息、个人信息泄漏等是数据获取阶段存在的主要问题。爬虫技术常用于获取网页上大量的公开信息，将信息整理清洗后用于数据挖掘后续工作。然而是否可以将任何可以公开浏览的信息视为公共财产，利用爬虫技术自行取用存在较大争议。爬虫的道德边界与法律边界理应受到有关学者以及从业人员的关注。爬虫技术本身是中立的，但技术中立并不代表采用该技术就不构成侵权或严重情况下不触犯刑律。通过该案例引导学生思考数据挖掘需要遵守的法律法规并加深学生对数据为生产要素的理解，塑造学生数据安全保护、个人隐私保护的法治意识。

教案设计

一、教学目标

（一）知识目标

（1）通过本课程的学习，使学生获得必要的数据挖掘的基础知识，理解数据获取、数据准备的概念及其与数据挖掘的关系，使学生真正明确数据挖掘各基础概念的区别与联系，为后续课程学习奠定良好基础。

（2）掌握数据获取的主要方式、数据准备的主要内容。可以辨析不同数据获取方法的特点以及主要应用场景。

（3）能够完成数据净化、数据聚集、数据精简等操作。理解各数据预处理方法的数理基础以及对后续数据分析的影响。

（二）能力目标

（1）通过知识的学习，充分理解数据挖掘领域的基础知识，能够熟练掌握主要的数据获取与数据预处理方法，能够在未来的管理决策中对数据挖掘相关理论与方法灵活应用。

（2）通过案例分析讨论环节的设置，提升培养学生的科学思维和思辨能力，

锻炼学生的团队合作能力与沟通表达能力，引导学生主动探求新知识。

（3）通过对案例涉及的法律条文的分析，提高学生法治意识，培养学生明辨是非的能力。

（三）价值目标

（1）引导学生深入挖掘数据获取与用户信息保护、信息系统数据、著作权保护的关系，明确数据获取的法律边界，塑造学生数据安全保护与个人隐私保护的法治意识。

（2）帮助学生明确技术的中立性以及技术与伦理道德的关系，理解技术对伦理道德可能带来的潜在影响，正确认识科学伦理，培养学生科学伦理意识。

（3）激励学生对技术可能引发的社会问题进行思考，引导学生培养自我保护意识，激发学生辩证思考能力，启发学生质疑精神。

（4）帮助学生明确大数据行业发展的内外部环境，理解数据挖掘的发展机会与现实阻碍，增强对我国技术创新与发展的信心，激发学生爱国主义情怀与使命担当。

二、教学内容分析

（一）教学内容

本案例主要阐述在数据挖掘过程中必需的数据获取与数据准备有关技术，帮助学生在课程伊始明确数据获取、数据准备对于数据挖掘的重要意义，重点讲述数据获取、数据准备、数据挖掘等基础概念，获取数据的主要方法，数据准备的主要内容，鉴于此，本案例的教学内容主要包括：

（1）数据获取、数据准备的概念及其与数据挖掘的关系。结合数据挖掘的现实案例介绍数据获取、数据准备对于数据挖掘整体工作的重要性，引导学生重视数据获取与数据准备工作，建立对数据挖掘整体工作流程的认识。

（2）介绍数据获取的主要方式。引导学生思考合理的数据获取方式的特点，阐述数据获取的主要方式可能涉及的道德与法律风险，引导学生深入探究数据获取的实质，进而培养学生职业道德。

（3）介绍数据准备的主要内容。本部分主要介绍数据净化、数据聚集、数据应用变换、异常值处理、数据标准化、数据泛化、数据精简、属性子集选择、主成分分析、数据抽样的常用方法，使得学生了解各数据处理方法的数理知识，了解各种数据准备方法对后续分析的影响，进而掌握常用的数据准备方法，提高数据处理能力。

（二）教学重点

（1）本案例的第一个教学重点是介绍数据获取、数据准备与数据挖掘的概念及联系，这种关系的梳理的关键点是向学生展示数据挖掘的全过程，帮助学生理解数据挖掘各步骤的关联性，提高学生对数据获取以及数据准备的重视程度。

（2）本案例的第二个教学重点是介绍数据预处理的主要方法。理解数据应用变换的概念，掌握异常值处理、数据标准化、数据泛化、数据聚集等数据应用变换的主要方法及不同方法的影响。理解数据精简的概念，掌握属性子集选择、主成分分析、数据抽样等数据精简方法及不同方法的影响。该部分的重点在于帮助学生明确各方法的主要适用背景以及不同方法的区别。

（三）教学难点

本案例的教学难点集中体现为：

（1）掌握数据挖掘过程中数据获取的主要方式。了解爬虫等数据获取方法应遵守的准则。技术本身是中立的，但是其应用方式的不同将产生不同的影响，具有违法风险。如何让学生明确数据获取的道德与法律边界，培养法治意识是本案例的难点之一。更进一步地，如何让学生明确技术使用须遵循的科学伦理，培养职业道德。

（2）介绍数据预处理的主要方法。如何有效帮助学生掌握不同数据预处理方法的应用场景，使其能够在不同应用背景、数据基础下选择恰当的数据预处理方法。通过简单的数学示例让学生掌握各方法的特点以及主要的应用过程，帮助学生在使用的过程中理解方法。

三、教学对象分析

（一）经济管理学院大数据管理与应用专业三年级本科生的特点分析

1. 知识基础

经过大一和大二两年时间的学习，学生完成了部分基础课与部分专业课，通过基础课程比如“微积分”“线性代数”，锻炼了学生的理性思维能力，通过专业课程比如“数据库原理”，掌握了专业相关的基础知识。学生对于专业有关新知识的学习充满期待，希望进一步掌握专业技能。但是，缺乏对专业知识的梳理，知识较为分散，且未深入展开专业领域思想政治教育。

2. 发展特点

大三本科学生正处于人生发展的关键时期，专业课学习程度将影响其对所学专业的理解，乃至影响其后续择业与学业深造。系统化梳理专业知识，为后续专业学习奠定良好基础是这一阶段学习的重点。

另一方面，学生正处于人生观与价值观的重要形成期，坚定信念、形成信仰，引导学生树立正确的人生观、价值观，培养其意志力以及挑战精神，对于这些学生而言十分重要。

（二）根据学生特点，本案例教学的定位

（1）传授知识。从学生渴望知识的角度出发，学生已具备一定基础知识的储备，缺少专业知识，因此以专业知识的重点，为学生夯实专业基础知识，对学生已有的知识进行梳理，提升学生对于专业的理解，帮助学生建立专业知识框架。同时就涉及的专业知识进行深入讲解，在学生理解的基础上，使其可以灵活应用各类知识。

（2）培养职业道德、法治意识。通过案例讨论分析，使学生深入解读案例，明确法律对于爬虫技术的限制，理解爬虫对于公民个人信息保护、信息系统维护的利与弊，培养个人隐私信息保护意识，使学生明晰技术对于伦理、道德等可能带来的潜在影响，引导学生遵守科学伦理。

（3）能力提升。思辨能力的培养是大学教育的关键与核心，明辨是非的能力对于学生人生发展具有重要意义。本案例试图通过理论结合实际案例的方式，结合小组讨论，培养学生明辨是非的能力，引导学生自主探求新知识，培养其自主能力。

四、教学手段与方法

本课程的教学内容采用多种教学方法相结合的方式，发挥学生的主体作用，实践性教学主要包括学生阅读和查找资料，通过爬虫程序抓取数据实验演示、案例分析讨论等方式。内容上基于时事不断调整教学使用的案例，跟进数据挖掘最新技术，并及时将技术动态、应用动态以及有待解决的问题在教学中体现，引导学生主动探索新知识，培养学生求知的热情与动力，增强学生的自觉性与创造力。本课程具体采用的教学方法如下：

体验式教学。通过爬虫实验演示，让同学们对数据获取方法、过程、数据表现形式有具体的深刻的感性认识。以爬虫获取的数据为切入点，帮助学生熟悉数据预处理的过程，引导学生明确数据预处理的必要性。

启发式教学。通过爬虫实验，引入爬虫引发犯罪的案例，引发学生课堂互动与讨论，引导学生明确数据获取与用户信息保护、信息系统数据、著作权保护的关系，明确数据获取的法律边界，塑造学生数据安全保护与个人隐私保护的法治意识。

综合课件、实验演示、视频、课堂提问、互动交流等多种教学手段激发学习兴趣，寓教于乐。对于基础知识，以课件讲授为主，达到学生深入理解的目的。对于数据挖掘需遵守的道德法律限制，通过案例辅助学生理解，达到生动易懂的效果。

五、教学过程

（一）教学课堂时间

课程时间将控制在两个课时（每个课时 45 分钟）。

（二）课堂讲授思路

（1）教师介绍数据获取、数据准备与数据挖掘的关系，做课程引导发言，使学生掌握基础知识，了解本节课程在整体课程中的位置，对整体课程结构有清晰认知，明确课程的要求和重点。

爬虫演示视频

（2）结合 PPT，教师与学生进行互动式授课，引导学生通过理解结合记忆的方式掌握知识。

（3）实验演示，通过代码展示以及现场操作演示爬虫的过程，帮助学生深入理解什么是爬虫，使学生了解数据爬取过程、爬取数据的格式等，引导学生思考数据爬取中应注意的问题。

（4）组织案例分析分组讨论，鼓励学生针对案例拓展思路，并形成各个小组的具体看法和结论。教师就学生讨论情况进行点评，引导学生明确数据挖掘中的法律与道德边界，培养法治意识与科技伦理意识。

（5）布置课后作业，引导学生主动探求更多有关案例，通过对有关资料的收集整理对爬虫的法律、道德边界更加明晰。

本案例的课堂教学过程采用以下流程，如图1所示。

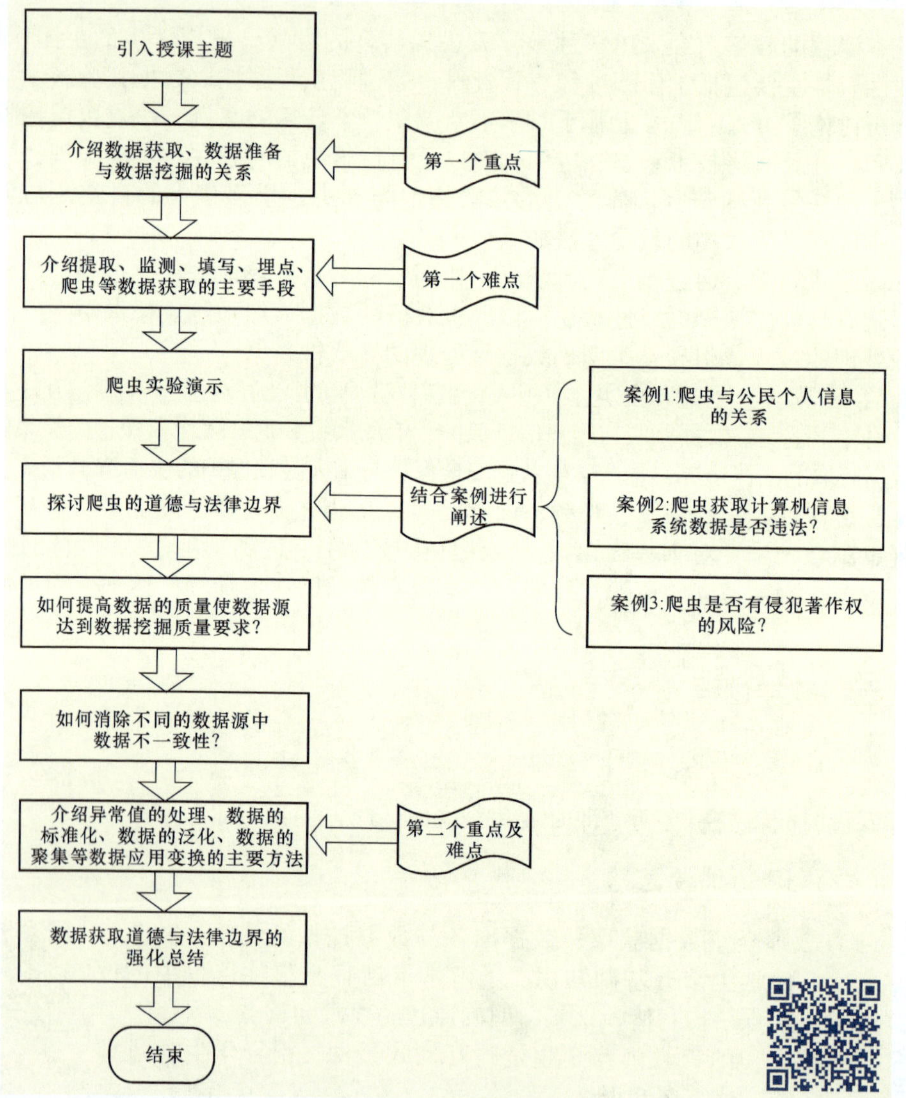

图1　教学过程示意图

（三）教学案例的思政元素挖掘

（1）案例1：爬虫与公民个人信息的关系，见表1。

表1　案例1：爬虫与公民个人信息的关系

案件由来	赵某为牟利，使用自己编写的爬虫程序窃取APP及网站的用户信息，后使用微信聊天的方式出售给钱某某（另案处理）包括姓名、联系方式等内容的公民个人信息约20万条，非法获利共计人民币2.4万元。赵某违反国家相关规定，窃取公民个人信息后向他人出售，情节特别严重，其行为已构成侵犯公民个人信息罪，判处有期徒刑三年二个月，并处罚金人民币四万元，没收违法所得。
相关法律条文	《中华人民共和国刑法》第二百五十三条之一　违反国家有关规定，向他人出售或者提供公民个人信息，情节严重的，处三年以下有期徒刑或者拘役，并处或者单处罚金；情节特别严重的，处三年以上七年以下有期徒刑，并处罚金。 违反国家有关规定，将在履行职责或者提供服务过程中获得的公民个人信息，出售或者提供给他人，依照前款的规定从重处罚。 窃取或者以其他方法非法获取公民个人信息，依照第一款的规定处罚。 单位犯前三款罪的，对单位判处罚金，并对其直接负责的主管人员和其他直接责任人员，依照各该款的规定处罚。
风险分析	在《中华人民共和国网络安全法》中并没有直接说明爬取网页公开数据是违法，司法解释明确规定了入罪10种情形，包括非法获取、出售或提供行踪轨迹信息、通信内容、征信信息、财产信息50条以上的；非法获取、出售或提供住宿信息、通信记录、健康生理信息、交易信息等其他可能影响人身、财产安全的公民个人信息500条以上的；非法获取、出售或提供前两项规定以外的公民个人信息5000条以上的；违法所得5000元以上的等。根据这段解释，爬取不公开的涉及隐私的数据显然是违法的。对于行踪轨迹信息、通信内容、征信信息、财产信息这四类高度敏感信息，可能影响人身、财产安全的公民个人信息以及其他个人信息，“非法提供”和“非法获取”都可以入刑。

（2）案例2：爬虫获取计算机信息系统数据是否违法，见表2。

表2　案例2：爬虫获取计算机信息系统数据是否违法

案件由来	孙某某雇佣被告人李某某为其编写京东账号注册软件，租用服务器，购买境内、外手机号码，破解京东登录的加密算法，自动构造包文，调用京东注册接口，通过Proxy池或者宽带拨号频繁更换IP地址的方式以避免命中京东反爬策略，用程序对接打码平台，绕过京东账号注册过程中使用的验证机制，批量注册京东账号，后通过淘宝店及QQ聊天的方式出售已注册成功的京东账号。孙某某违反国家规定，侵入国家事务、国防建设、尖端科学技术领域以外的计算机信息系统，获取该计算机系统中处理的数据，情节特别严重，其行为构成非法获取计算机信息系统数据罪，判处有期徒刑四年，并处罚金人民币五十万元，没收违法所得。李某某为他人提供专门用于侵入计算机信息系统的程序、工具，情节严重，其行为构成提供侵入、非法控制计算机信息系统程序、工具罪，判处有期徒刑一年六个月，并处罚金人民币一万元，没收违法所得。

续表 2

相关法律条文	《中华人民共和国刑法》第二百八十五条　违反国家规定，侵入国家事务、国防建设、尖端科学技术领域的计算机信息系统的，处三年以下有期徒刑或者拘役。 违反国家规定，侵入前款规定以外的计算机信息系统或者采用其他技术手段，获取该计算机信息系统中存储、处理或者传输的数据，或者对该计算机信息系统实施非法控制，情节严重的，处三年以下有期徒刑或者拘役，并处或者单处罚金；情节特别严重的，处三年以上七年以下有期徒刑，并处罚金。 提供专门用于侵入、非法控制计算机信息系统的程序、工具，或者明知他人实施侵入、非法控制计算机信息系统的违法犯罪行为而为其提供程序、工具，情节严重的，依照前款的规定处罚。 单位犯前三款罪的，对单位判处罚金，并对其直接负责的主管人员和其他直接责任人员，依照各该款的规定处罚。
风险分析	对于非公开的数据，通过钻漏洞的方式侵入获取，违反网站意愿，即会触发非法获取计算机信息系统数据罪。例如在本案例中，京东已采取反爬策略，孙某某仍雇佣李某某利用漏洞获取数据，其行为构成非法获取计算机信息系统数据罪。对于国家事务、国防技术、尖端科学领域等受到法律保护的特定类型的数据或信息，侵入系统即直接触碰法律红线。

（3）案例 3：爬虫是否有侵犯著作权的风险，见表 3。

表 3　案例 3：爬虫是否有侵犯著作权的风险

案件由来	周某某在互联网上架设了某电影网站。该网站能采集、聚合、链接乐视、土豆等国内各大视频网站的影视作品资源，并能屏蔽被链网站影视作品的片头广告；网站的网页内编辑设置有影视作品目录、索引、内容简介、排行榜等栏目，供用户点击浏览。网站设立后周某某即加入了两个广告联盟，采取在网页上刊登收费广告的方式，收取用户点击、浏览影视作品后产生的广告费。经统计，周某某通过广告联盟共收取广告费约 53 万余元。 周某某以营利为目的，未经著作权人许可，通过信息网络向公众传播（视为发行）大量他人影视作品，非法经营额达 53 万余元，属情节特别严重，其行为已构成侵犯著作权罪，判处有期徒刑三年，缓刑三年，并处罚金人民币十五万元，没收违法所得。
相关法律条文	《中华人民共和国刑法》第二百一十七条　以营利为目的，有下列侵犯著作权情形之一，违法所得数额较大或者有其他严重情节的，处三年以下有期徒刑或者拘役，并处或者单处罚金；违法所得数额巨大或者有其他特别严重情节的，处三年以上七年以下有期徒刑，并处罚金： （一）未经著作权人许可，复制发行其文字作品、音乐、电影、电视、录像作品、计算机软件及其他作品的； （二）出版他人享有专有出版权的图书的； （三）未经录音录像制作者许可，复制发行其制作的录音录像的； （四）制作、出售假冒他人署名的美术作品的。

续表 3

风险分析	周某某实施的是聚合以后的加框链接行为，链接技术本身是中立的，但技术中立并不代表采用该技术就不构成侵权或严重情况下不触犯刑律。周某某使用技术架设电影网站的目的在于获取广告费，符合《刑法》规定的“以营利为目的”。周某某以营利为目的，未经著作权人许可，通过信息网络向公众传播他人作品，其行为构成《刑法》第二百一十七条规定的侵犯著作权罪。 爬虫获取公开信息后，若通过信息网络向公众传播，就涉及他人作品的著作权，因此在利用爬虫获取的公开信息时应当对利用的目的、方式多加注意，增加自身著作权意识，提高版权保护意识，尊重原创者劳动。侵犯著作权是一个耳熟能详的罪名，无论是否通过爬虫获取信息，我们都应时刻注意此类问题。当今很多人版权意识不够，网络上存在许多侵权现象，“十四五”期间将加快推动完善著作权法律制度体系，推动著作权法配套法规修订，制定实施版权工作“十四五”规划。

六、教学效果分析

基于本次课程的目标设定及内容安排，充分利用答疑时间、电子邮箱等形式建立课堂反馈机制，与学生就知识内容、教学方式、接受程度等方面进行沟通交流，将从以下方面评价本次教学效果：

（1）学生可明确数据获取、数据准备与数据挖掘的概念及其联系，激发学生学习专业知识的兴趣。

（2）学生了解并掌握数据获取的主要方法，可分辨不同数据获取方法的特点，特别地，针对爬取，了解爬取数据应该遵守的法律准则，明确爬取数据的道德边界，学生形成数据安全保护、个人隐私保护的法治意识。案例讨论分析的引入激发了学生的学习兴趣，达到了以兴趣带动学生法治意识培养的基本目的。在本教学案例的实施过程中，学生学习态度端正，进一步提高了探求知识的动力，引导学生思考，提高学生的思辨能力。通过实际案例讨论的方式，增加学生对时事的关注程度，扩展了学生的视野。

（3）学生在了解数据准备主要方法的同时，深入理解数据挖掘结果对个人的影响，培养学生科学伦理观念，学生明确技术对社会伦理道德的潜在冲击，学生可自主思考技术应用需遵守伦理规范，以弘扬数据挖掘的正面效益。

（4）学生在辨析数据精简主要方法的同时，了解应用实例，灵活掌握主要方法，了解数据挖掘领域存在的核心和难点问题，知晓大数据行业发展当前的机遇与挑战，理解数据挖掘的发展机会与现实阻碍，增强对我国技术创新与发展的信心，激发学生爱国主义情怀与使命担当，培养学生面对困难勇攀高峰的挑战精神。

（5）学生了解数据准备方法、数据精简方法对数据挖掘结果的影响，对数据挖掘过程有全局性认识，辩证思考数据挖掘结果的检验标准，提高学生思辨能力，培养学生质疑精神，培育学生科学思维。

（6）在遵循知识框架递进逻辑的基础上，通过与学生沟通交流，以学生易于接受的逻辑对课程内容进行编排，使得教学内容更为突出，思政教育能春风化雨滋养学生，提高教学效果。

课堂反馈：

（1）我认为最重要的一点是使用爬虫应该坚持道德底线，不违法，也不应该违背道德。同时，对于被爬的企业或组织而言，需要更进一步完善自己的反爬措施，对于隐私信息具有更严格完善的保密机制，让爬虫无处可爬。

科技的不断发展造就了越来越智能化的当今社会，但随之应运而生的是一系列相关的违法犯罪问题。诚然，随着相关法律法规的健全与完善，有关爬虫的使用会越来越规范化。法律法规的约束是必需的，但更为重要的是做一个有道德底线的网络人、爬虫人，因为没有什么能比自我约束更加有效。学习了解防范爬虫的犯罪风险的知识，拒绝从爬虫入门到犯罪入狱。

（2）在如今的时代，数据就是资源，爬取他人的数据盈利相当于偷取他人的资源。

（3）避免爬虫数据泄漏危及国家安全和公共安全：在对所抓取的数据信息进行数据存储时，要考量数据的存储位置是否安全，以及是否有信息安全的保障措施；还要避免非法数据流转导致数据泄漏，并避免将重要数据和有一定规模的数据存储在境外服务器中，以免给国家安全和公共安全造成隐患。

（4）在信息时代，“爬虫”作为一种十分常见的数据抓取技术，可以在互联网中大量、精准获取自己所需要的信息，还可以利用信息进行数据的共享和分析。但是技术的使用是有边界的，“爬虫”技术的使用必须以法律为准绳，对于他人的隐私、行业机密等数据的非法获取是有可能构成犯罪的。

因此，对于行业从业者，应时刻警惕法律问题，不可超出法律范围使用“爬虫”技术；对于企业来讲，要加强相关的风险规避，建立强有效的系统来保护商业秘密；对于个人来讲，在互联网上要注意保护好自己的个人隐私，减少个人信息被非法获取的可能性。

（5）综合来看，网络爬虫技术抓取数据行为的法律边界，应当兼顾权利人、网络服务提供者和社会公众利益，防止技术恶意使用行为。同时，由于数据逐渐成为驱动企业创新的重要资源，从激励创新的角度，需要维护公平、自由的市场竞争秩序，把握数据合理保护与防止数据垄断之间的平衡。

作为我们个人数据研究者，首先不能突破法律的底线，对于有关国家安全、商业机密以及个人隐私的信息绝不能滥用爬虫技术窃取；其次，也要考虑到如“机器人协议”这样的互联网规范，充分尊重信息公布者的意愿，避免引起法律纠纷。

(6) 数据的获取途径越来越多，获取的方式也越来越容易。但要恪守自己的本心，不做违背良心、违背道德、违反法律的事。要时刻关注获取数据的风险，保证不陷入其中。

(7) 就我们学生而言，目前更多的是以开源数据集来训练模型，例如淘宝虽然不让人直接爬取，但在阿里云数据集上会有他们选择公开的购物数据，通常都是填写邮箱等信息便可下载。技术本身是无罪的，要看使用技术的人做了什么。总而言之，爬虫有风险，爬取须谨慎。

英语广告文体与为国创新设计

梁晓晖

课程名称 英语文体学
课程性质 专业选修课
专　　业 英语
授课对象 本科三年级学生
课程简介：

"英语文体学"作为外国语学院英语系大三（上）专业选修课，从训练创新思维的思维模型——逆转思维——入手，将语言学知识应用于文学、广告、报刊、科技等领域英语材料的字、词、篇文体特征分析中，聚焦不同语域材料的解读方法与翻译策略，提升本科高年级学生英语语言的跨学科应用能力、学术论文撰写能力。近年来，外国语学院聚焦外语人文与科技融合，着力培养具有跨学科能力的"外语+其他学科知识"复合型外语人才，其中，英语系的语言与科学方向确立了立足"外语+语言科学/科技翻译"的授课模式。本课程是英语系课程改革中具有跨学科特点的专业课程，是外国语学院构建工科类大学中外语"新文科"专业体系中的组成部分。

同时，"英语文体学"也是课程思政新形态尝试的成果。"英语文体学"依据课程内容特点，将四种文体分析前的思维模型导引部分、文学文体的名著文体分析部分置于中国大学慕课网的线上教学，并利用负责人录制的公开讲座、喜马拉雅音频等网络资源，将主体课堂延展到社会青年学子，重视学生的道德情操养成、创新能力培养、实践能力提升，实现了课上课下一体化、能力培养与价值养成相融合的教学模式，响应国家倡导的"新文科"建设中对提高学生实践力与创新力的核心要求以及"三全育人"中教育就是要立德树人的核心理念。

教师简介：梁晓晖，北京科技大学外国语学院教授，博士生导师。清华大学英语语言文学方向博士。中国认知诗学研究会常务理事，中国文体学研究会理事。主要从事英国文学、英国当代历史小说、认知诗学研究。2016 年获北京市高等教育教学名师称号，2017 年获北京市高等教育教学成果二等奖，2020 年获首届全国高等学校外语课程思政教学比赛大英组二等奖。

课程蕴含的思政元素分析

本课程依据内容特点，将思政元素有机融入课程教学的每一个环节。内容上课程将英语语言学与美学、广告学、媒体传播、科技交流四方面进行结合，从中建立课程思政体系，提升大学生心理素质，传播社会主义核心价值观，培养建设社会主义的新时代青年。具体蕴含的思政元素如下：

（1）在掌握文学文本的词语偏离、句法构成、叙事结构与视角的基础上，提升对文学经典的分析鉴赏能力，吸收人生成长养分。具体操作：在分析文学经典中的文字应用以及人物的情感和人际困扰时，与大学生成长历程相结合，应用心理分析理论，在中国大学慕课网的慕课讨论群开辟专栏，任课教师与助教一起从大学生自身恋爱、人际、理想出发，解决学生每天发生的在学习与思想上的实际问题。

（2）利用从文学文体学所获得的知识进入广告文体学，参与广告设计，提升为中国产品走出去而研发的创新能力。具体操作：将广告设计方法系统讲授之后，与国产产品在外销时遇到的困境结合，鼓励学生爱国创新，并为国产产品设计对外营销广告，当背负着一个民族的责任时学生的学习热情得以高涨。

（3）让学生在了解媒体意识形态表达的语言风格基础上，增强对国际不同势力支持的报刊宣传的分析能力，形成对国际局势的独立评判能力。具体操作：结合国际势力有关香港问题、疫情问题以及不同政治事件互相矛盾的报道，帮助学生具备清醒的头脑，认清各种报道的文体特点以及背后的意识形态，培养国际事务的评判能力。后疫情时代鼓励学生在思想和能力上都要韬光养晦，为中国梦的实现贡献自身力量。

（4）通过对科技用语的英语语言表层结构与深层结构的对比，提升翻译准确度与实践能力，为国际科技信息交流做贡献。具体操作：深入研究科技材料的翻译准则，培养一丝不苟的科学精神，为国际科技互惠做出贡献。

教案设计

一、教学目标

“英语文体学”的总体教学目标，既尝试纠正以往学生以绩点为中心的学习目的，培养心理素质与道德情操，又努力服务外院新文科建设的课程改革，做到跨学科融合。

“英语文体学”教授的是英语语言学知识应用于不同专业领域英语文体的实用性阅读方法与分析和翻译能力。传统英语课程，更为强调英语的字词知识以及与英语相关的文学文化知识，本课程在知识型传授理念的基础上，更强调对学生实际应用能力的培养，并强化学生对国际形势与人生价值的判断与思考能力。尤其是近年来，相当一部分学生难以承受个人生活矛盾与知识爆炸带来的学习压力，手机控与网瘾成风；学生功利化倾向严重，考证成为学习终极目标，对知识的创新应用能力不足；学生个人理想与家国情怀连接不足，遇到社会矛盾要么淡然相对，要么采取极端态度。在此背景下，本课程探索思政教育与专业教育的有效融合方式，做到让学生听、思结合，学、做结合，以三全育人为宗旨，全面提升思辨与创新能力。

具体教学目标如下。

（一）知识目标

（1）利用英语语言学有关词、句、篇构成的规律以及发生变体的文体效果，使学生学会在宏观上从材料整体结构把握全文脉络，提升专业材料的阅读速度；

（2）同时使学生学习在微观上从材料语言不同文体特点攫取内在的隐含信息，进一步提高学生的英语语言基本功及针对不同文体文章的分析与翻译技巧。

（二）学术目标

利用文体学的分析模式，通过学习文学文体以及广告、新闻、科技等实用文体在词汇、句法、篇章上各自所具有的特点，具备文本与语料分析的学术论文写作能力。

（三）能力目标

（1）鉴赏能力：在掌握文学文本的词语偏离、句法构成、叙事结构与视角的基础上，提升对文学经典的分析鉴赏能力，吸收人生成长养分。

（2）创新能力：利用从文学文体学所获得的知识进入广告文体学，参与广告设计，提升为中国产品走出去而研发的创新能力。

（3）评判能力：让学生在了解媒体意识形态表达的语言风格基础上，增强对国际不同势力支持的报刊宣传的分析能力，形成对国际局势的独立评判能力。

（4）翻译能力：通过对科技用语的英语语言表层结构与深层结构的对比，提升翻译准确度，为国际科技信息交流做贡献。将英语语言学与美学、广告学、媒体传播、科技交流四方面进行结合，建立课程思政体系，提升大学生心理素质，传播社会主义核心价值观，培养建设社会主义的新时代青年。

二、教学内容分析

(1) 讲解部分：利用从文学文体学所获得的知识与知识结构，在导入逆转思维模型的基础上，讲解广告文体学，从词、句、构图等不同方面讲解广告文体特点，图文结合方式，尤其注重创新思维广告在应用逆转思维时的具体方法。

(2) 分享部分：将以往学生设计的创新思维广告，与学生分享，尤其注重学生在为国产产品，包括国产大“秦”汽车、华为折翼手机，设计广告时注入的新思维与爱国情怀。

(3) 设计部分：让学生自主设计国产“大疆”无人机的广告，要将文理思维相互结合，创新思维与对国家的责任相结合。

(4) 陈述部分：教师批改学生设计作业后，学生代表陈述自己在英文文字与图文结合上的设计理念，教师提出可供修改之处，继续提升学生的创新力与实践力。

三、教学对象分析

本课程针对外国语学院英语系本科大三的学生。这个阶段的学生具有以下特点：

(1) 学习压力非常大。大三是本科阶段课程压力最大的一年，所有专业课都开始集中开设，从大一大二的基础课一下子上升为专业课，学生经常遇到一个月要读几本书、完成几篇论文的窘境。

(2) 前途压力大。此时对未来的选择已经近在眼前，大多学生已经明确是出国深造还是留在国内考研，还是直接就业。而考研深造的学生一下子要面对更多的学习压力。

(3) 情感困扰。大三开始谈恋爱，或者遭遇情感困扰，或者遇到与家人在未来问题上的意见分歧的情况开始明显增多，这也是大家在人生中感到困惑的阶段。

凡此种种，教会大家英语快速阅读方法以提高知识掌握与完成作业的效率至关重要，而此课程所包含的慕课恰恰针对这一问题。同时，在知识汲取的基础上，灌输大家为国创新的豪情，对克服眼前的情感困惑、学习压力能起到事半功倍的作用。而本教学阶段的广告创新设计拟在解决这一问题。

总之，为实现课程总体目标，本课题将英语文体学的每一个板块进行分解之后，依据当代大学生心理需求、学习习惯、工作方式等特点，经过多年研究，创立出每一个板块与大学生人生成长与社会实践创新力相结合的具体方式。在教学大纲、具体内容、授课方法等方面进行全方位创新性探索，建构一套具有系统性、科学性、实践性并兼具趣味性的文体学课程思政模式。首先针对当代大学生见识广博、思维敏捷、物质精神生活都更为丰富，但在恋爱、学习、生活中仍会遇到各种烦恼与困惑的状况，探讨文学作品中人物的理性与感性均衡，并梳理经典文学阅读与生活的相关性。同时本课程将国家目前在国际竞争中所遭遇的困难，对广告设计与科技翻译在工作中的重要性，进行全方位讲授，从而帮助学生进行创新设计与精准翻译。另外通过报刊中意识形态讲授，将批判性思维能力与跨学科思维能力有机融入课程的教学过程之中，提升学生的社会责任感与奉献精神，帮助其既能评判西方媒体价值观渗透，又具有自觉弘扬社会主义核心价值观的意识，以及服务社会主义建设的能力。课程还纳入了负责人近年来拍摄的慕课、喜马拉雅等线上教学资源。

四、教学手段与方法

（一）慕课线上与线下结合法

有效把握英语文体学的不同板块教学对于培养学生跨学科力、实践力、创新力的重要作用，突破传统的、工具式的教学方式，立足于新型课程思政理念，除讲授传统的英语文体学理论知识与分析手段之外，深入挖掘英语文体学在实用文体中对学生的行为与思想上的影响。充分利用负责人近年来录制的网络教学资源，包括“中国大学慕课 MOOC”平台慕课《恋爱中成长——读奥斯汀生活》《跨学科·英语读写思维模型》；“喜马拉雅”平台音频课《梁晓晖的人文阅读坊：创新思维公开课》等，实现课上课下联合培养，以生动有趣、实用有效的方式实现立德树人的教育目标。

本教学时段加入《跨学科·英语读写思维模型》中“逆转思维”的视频内容，将逆转思维所带来的创新方法融入广告的创新设计之中，提供创新设计的方法论的总结。

（二）课上内容与课下实践融合

专为课程四大板块设计出具有趣味性与引领性的研究与实践任务，引导学生学以致用，将课程所学应用于跨学科文献查找、国有科技产品创新广告设计等实际工作，增强文科生的研究与实践能力，通过将所学知识应用于工作实处来提升社会责任感，培养建设社会主义的时代新人。

而本教学时段依据课程总体原则，力求在“理论方法总论”以及“文学文体学”的基础上，将所学习到的英语语言分析与鉴赏力应用于英文广告的图文赏析之中。并将课堂所学积极应用于课下作业以及课外活动实践的不同领域创新广告设计之中。

（三）知识汲取与为国创新意识融合

改革教学方法，培养“新文科”跨学科人才。本课程提出人才培养的多维跨界理念，既应用英语语言学理论知识，同时融入心理学、广告学、传媒学等相关知识，培养为社会主义建设贡献力量的青年学子，使其既具备良好的跨学科素养，又具有思辨能力，形成正确的人生观和价值观，成为为中国梦而奋发图强的当代学子。

本教学时段特别强调知识汲取与为国创新意识的相互融合，将课程所学应用于不同领域的国有产品的创新型设计，包括文化领域与科技领域，精心挑选课堂的每一个案例，既保证实用性，与现实接轨，又保证思政教育“润物细无声”地进行，将育人培养与课程更细腻地结合。鼓励学生课下设计新型图文结合的英文广告。讲解往届学生为华为产品的设计理念，如何体现创新能力。

PPT

五、教学过程（见表1）

表1 教学过程

教学步骤/教学目的	教学内容	表达方式和教学设计
1. 作业检查 （1）巩固上一课知识；更加深入地为学生答疑解惑； （2）检查学生线上学习完成情况； （3）引导学生思考，课文《什么是真正的幸福》中的幸福理念。	观看慕课《跨学科·英语读写思维模型》的逆转思维部分之后，问题讨论，引入课文中的观念	 The Secret of True Happiness. 什么是真正的幸福？ Happiness = fun（synonym） Happiness vs. Pain（antonym） 启发式学习：通过师生互动，引导学生思考怎样运用逆转思维进行创新。 （<5分钟）

续表 1

教学步骤/教学目的	教学内容	表达方式和教学设计
2. 引入主题 （1）激发学生学习兴趣； （2）引导学生思考，怎样应用反义词的临时构建形成逆转思维。	反义词临时构建法（Construction of Antonyms） 反义词构建	（1）固有含义相反反义词（“dress/undress”，“tie/untie”）； （2）非语言固有反义词（坐飞机时“米饭”和“面条”的选择）。   从生活实例入手，介绍反义词的临时构建，从中怎样形成逆转思维。 （<5 分钟）
3. 运用逆转思维 1 利用逆转思维，帮助学生快速抓取文章要点。	逆转思维与英语阅读（Construction of Antonyms & English Reading）	Sample reading “The Secret of True Happiness”. Task: Find and explain sentences with contrasted meanings differentiating happiness from fun. 通过利用“幸福”与“痛苦”这一对反义词的临时同义词关系，以及“幸福”与“快乐”这一对词的临时反义关系，帮助学生用逆转思维快速抓取课文要点。 （<15 分钟）

续表 1

教学步骤/教学目的	教学内容	表达方式和教学设计
4. 运用逆转思维 2 培养逆转思维不仅能帮助学生的学习，也对学生的生活以及工作有重要意义。	逆转思维在生活中的运用（Practice in Life） 逆转思维	广告设计案例： 《猫和老鼠》案例  抗“疫”广告案例  分享逆转思维与创新设计案例。 （<10 分钟）
5. 英文广告文体特点 （1）掌握英文广告的字、句文体特点； （2）掌握破除规则逆转思维广告的创新设计理念。	广告设计方法	（1）Everyday, colloquial language and short and simple sentences.（e. g. Nike Just do it. 耐克广告） （2）Wide use of adjectives and adverbs, to give evaluative description of the advertised products or services.（e. g. Du pont Better things for better living.） （3）Making use of puns, idioms and other rhetorical devices or imperative sentences and questions.（e. g. Nobody buys a fridge that doesn't even preserve its design.） （4）Use imperative sentences and questions.（e. g. Pond's eye sticker Feast your eyes.） 总结式教学为学生提供具体有效的广告设计方法，让学生掌握广告设计规则。 （<20 分钟）

续表 1

教学步骤/教学目的	教学内容	表达方式和教学设计
6. 往届优秀作品分享与中国文化“走出去”设计 （1）通过分享往届学生的作品，向学生提供更多的思路； （2）通过分享中国古诗词融入设计的理念，服务中国文化走出去。	广告设计作品分享	（1）灵感来源：给我一个支点我能撬起整个世界。 设计特点：符合天圆地方审美，对称。 面向市场：北美洲，南美洲（广告中，地图显示为南美洲和北美洲，且广告词为英语）。  （2）充分利用传统古诗词的意蕴进行建筑、花瓶设计的优秀案例。 Making full use of traditional Chinese poetry to design architecture and vases.  PPT 图片展示，让学生更加直接地感受逆转思维在广告设计中的运用。 （<10 分钟）
7. 实际运用——学生自主设计 通过自主设计帮助巩固学生对于逆转思维的运用。	国有科技产品的英文广告设计以及自己 P 图搭配	（1）分小组，为国产科技产品大疆无人机精灵 Phantom 4 Pro 设计创新广告，注意图文配合，充分利用逆转思维实现抓人眼球、尽显产品特点的效果； （2）小组展示其组员代表设计的 Phantom 4 Pro 广告简图与简要说明语。 实操性学习：让学生通过广告设计，了解中国文化、提高逆转与创新思维能力。 （<20 分钟）

续表 1

教学步骤/教学目的	教学内容	表达方式和教学设计
8. 布置课后作业 （1）帮助学生利用逆转思维进行英文书籍的快速阅读； （2）帮助学生利用逆转思维实现思维创新。	书籍阅读、广告设计	（1）观看、阅读《什么是正义》（“What is Justice”）视频片段以及书籍片段； （2）为国产科技产品大疆无人机精灵 Phantom 4 Pro 设计创新广告，注意图文配合，充分利用逆转思维实现抓人眼球、尽显产品特点的效果。 学生利用逆转思维与广告设计原理阅读书籍，并为国产“大疆”无人机设计广告。 （<5 分钟）

六、教学效果分析

本课程在英语系大三阶段教授针对不同英文材料的快速阅读方法以及文体特点分析，通过学以致用的学习以及课上课下一体化的练习，实现了以下教学效果：

（1）改进教学方法突破同质化培养：针对英语专业学生重视文学知识、缺乏多元能力的现状，通过文理融合思维模型教学法，以图示法打通文学经典与科技材料的逻辑肌理，注重新时代国家对外语人才的多元要求和学生的个性化要求。

（2）拓展教学内容实现思想引领：分析文学经典中的文字应用以及人物的情感和人际困扰，与大学生成长历程相结合，应用心理分析，通过慕课讨论群的专栏，从学生自身恋爱、人际、理想出发，解决学生每天发生的实际问题。

（3）开发配套网络资源解决读写困境：针对学生只重字词造成的英文读写困难，利用配套网络资源优化并训练课堂所学，形成课上课下联动的“分级阅读活动”与培养心理素质的课程思政立体化路径。

1）课程思政在中国大学 MOOC 平台、喜马拉雅平台上线，被誉为“人生价值引领与知识性培养兼具”（图 1）。

图 1　课程思政在中国大学 MOOC 平台、喜马拉雅平台上线

2）课程思政讲座：第四场“逆转思维：为中国梦而奋斗的研发创新路径”讲座上线现场7000余人，被网上师生称为“一场触及灵魂的讲座”（图2）。

图2 逆转思维：为中国梦而奋斗的研发创新路径

3）课程思政类慕课《〈理智与情感〉的生活智慧——英文文学名著多维导读》及改版《恋爱中成长：读奥斯汀生活智慧》在中国大学MOOC上线，引导大学生心灵成长，开课六轮，选课总人数14800人，网评高达5.0分（图3）。

图3 《〈理智与情感〉的生活智慧——英文文学名著多维导读》
及改版《恋爱中成长：读奥斯汀生活智慧》

4）《跨学科·英语读写思维模型》荣登“学习强国”（图4）。

图4 《跨学科·英语读写思维模型》

"日语运用+时代思维"之化学反应式解读与翻译政府文件

王书玮

课程名称 时代中国

课程性质 素质拓展课程

专　　业 所有专业

授课对象 全校学生（有日语基础）

课程简介：

"时代中国"是北京科技大学外国语学院为全校学生开设的一门核心素质课程，每学期开设一个班（40人），本课程结合日语专业知识解读当代中国。课程分为三个模块：（1）解读年度中国流行词汇的日文翻译，透过热词看中国的年度热点，使同学们了解当代中国。（2）阅读中国政府工作报告日文版，并研究日本版的翻译特点，为做好外宣翻译提供智力支持。（3）阅读日文版马克思主义理论相关著作和社会主义核心价值观相关译文，并研究其翻译历史及特点。

课程理念及开课背景是习近平总书记在全国教育大会上指出的要用好课堂教学这个主渠道。思想政治理论课要坚持在改进中加强，提升思想政治教育亲和力和针对性，满足学生成长发展需求和期待，其他各门课都要守好一段渠、种好责任田，使各类课程与思想政治理论课同向同行，形成协同效应。课程目标是在让同学们了解当代中国的同时提高自己的日语水平，分析政府工作报告中的翻译问题，做好外宣翻译，讲好中国故事，助力中国文化走出去，构建人类命运共同体。

教师简介：王书玮，北京科技大学外国语学院教授，硕士生导师，外国语学院亚欧语系教师党支部书记，首批全国高校"双带头人"教师党支部书记工作室负责人。主要研究方向：日本近代文学、中日比较文学、日汉汉日翻译。

课程蕴含的思政元素分析

习近平总书记在全国高校思想政治工作会议上强调：“高校立身之本在于立德树人。只有培养出一流人才的高校，才能够成为世界一流大学。”所以本课程的最终目的在于“立德树人”，培养合格的社会主义接班人。课程实施立德树人过程如图 1 所示。

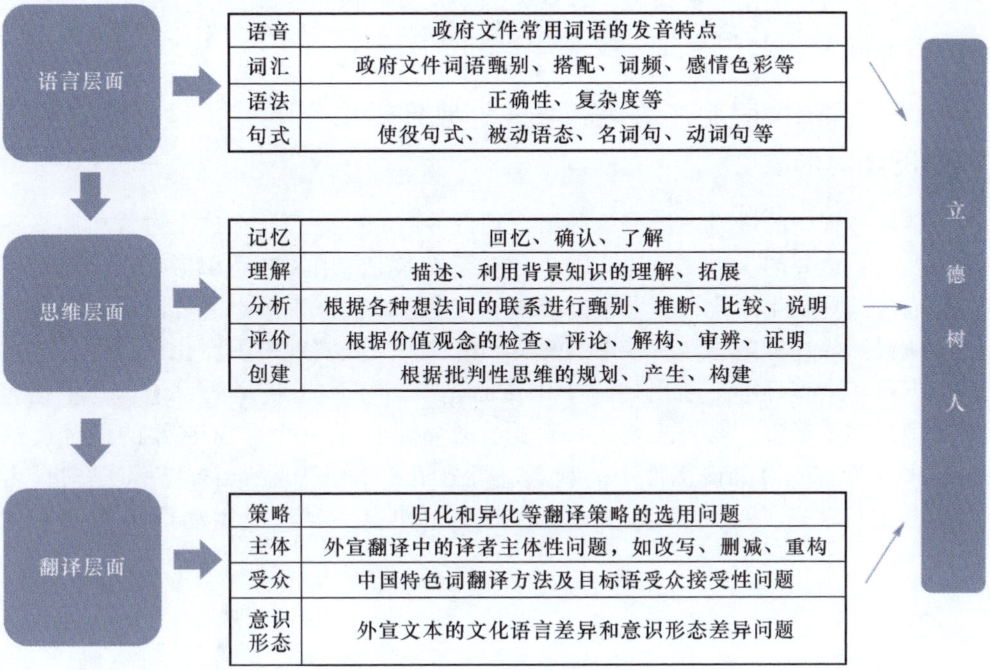

图 1　课程实施立德树人过程图

一、语言层面上注重夯实基础，提高同学们的专业水平

语言行为发出者要赢得语言行为接受者的信任，构建可信的修辞品格必须对所用词汇进行严格甄别。外宣翻译的译者在选择词汇的时候需要对能够体现不同价值观的词汇进行甄别，这就要求译者本身对源语言和目的语均有深入理解，通过语言层面的选择可以促使他国的译文读者受众增进对一个国家政治环境、政治理念、国家治理体系等方面的了解和认同，一定程度上消除他们对政治文献源语国的误解和偏见，营造一个有利于该国在世界范围内全方位谋求发展的国际舆论

环境。这就要求译者首先具备扎实的源语言及目的语的语言功底和专业的翻译能力。

二、思维层面上融入社会主义核心价值观，培养学生爱国主义情怀

通过对教材和课程内容所体现时代性的深度挖掘，在思维层面上注重社会主义核心价值观引领。在引导学生对源语言的理解过程中所用到的背景知识环节中将德育内容有机地融合进专业课程，使两者相互促进、协调发展。简而言之，在思维层面上，爱国教育和社会主义核心价值观的熏陶，是其最为基本的两个维度。方法上则由近及远、由表及里、引人入胜地引导学生理解社会制度的历史性变革和国家取得的历史性成就，在扎实的文本研究和文献调查的基础上，把家国情怀自然渗入课程方方面面，实现润物无声的效果。

三、翻译层面上注重培养学生甄别意识形态的差异性，树立我国良好的国际形象

翻译过程中的最后一步是由源语言到目的语的翻译。而在这个过程中，意识形态是十分重要的一个侧面。我国与日本等资本主义国家在意识形态领域差异巨大。通过选择归化异化等翻译策略处理外宣翻译中的意识形态差异，译者既要考虑淡化或消除这种差异性所带来的冲突和碰撞，又要实现中国文化外宣的最终目的。近些年来，日本不断出现“中国威胁论”等不利于我国的言论，严重损害了我国的国家形象。要想改变这种言论，外宣翻译是一个非常有效的途径，这也要求译者首先对翻译文件中的观点进行分析，本课程另一个着力点是对译者主体性进行塑造，使之不能与国家的政策相冲突，要积极主动地维护国家的形象。

教案设计

一、教学目标

通过本课程的学习，让学生能够运用“时代思维”来思考和认识中国。“时代思维”在本课程中可以理解为使同学们理解和认同当前中国社会倡导的社会主义核心价值观，并让学生在了解当代中国的同时提高自己的日语水平，同时能够考虑到中日文化差异和日本人是如何理解当代中国的，课程还将引导学生理解当今中国如何为世界提供中国方案的同时，也能够让同学们看到世界是如何看待中国的，最终使学生能够具有全球化的广阔视野和在不同文化背景下进行阅读理解与翻译研究的能力，使其思想意识及道德情操上升到一个新的水平，为构建人类共同体做出贡献。

课程教学目标如图 2 所示。

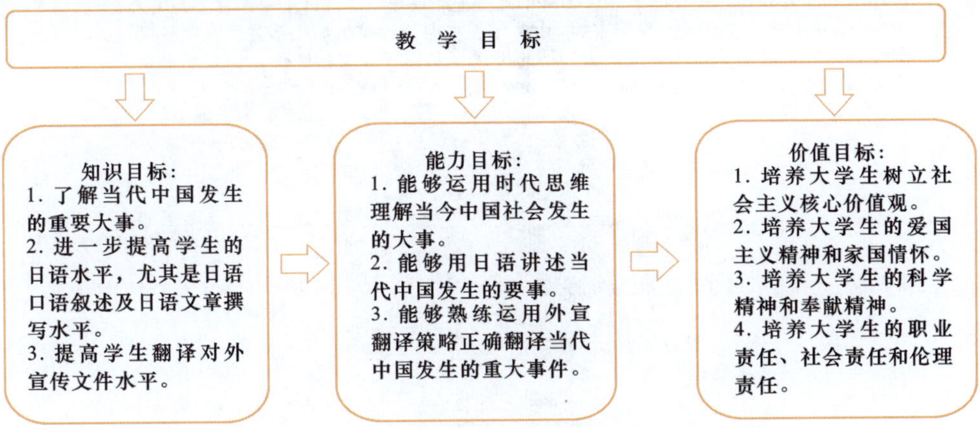

图 2　教学目标示意图

二、教学内容分析

（一）教学内容

以本课程中的第二个模块，即阅读日文版中国政府工作文件及两会热点，研究其中的翻译问题中的第三讲内容为例进行说明。教学内容为学习“庆祝改革开放 40 周年，8 个要点读懂习近平”的中日双语新闻（选自《人民中国》2018 年 12 月 18 日版面）。教学知识点的教授流程如图 3 所示。

翻译过程中的注意事项：

（1）翻译之前需要弄清楚原文背景，这里指党的十一届三中全会的“改革开放”政策的制定情况。背景知识的介绍需要涉及 1978 年十一届三中全会的历史，新中国成立之后的国情、老一辈无产阶级艰苦奋斗的历史以及当时的国际大环境。学生们了解了上述历史才能够理解我党当时为什么果断制定改革开放的国策。

（2）具体翻译环节中对词汇、词组及句型的筛选过程是外宣翻译的重点，需考虑外宣翻译的特点及目的进行筛选。教师在近义词辨析环节中可以融入社会主义核心价值观，培养学生崇高的理想、高洁的情操，坚定学生对社会主义文化的自信，感受社会主义制度的优越性。同时还须让同学们了解全球视域下的中国传统文化的魅力，这样才能坚定他们对外宣翻译的信心。进入 21 世纪以来，人类文化发展形成了“向东看”的趋势，传统中华文化中“人本”“包容”“和平”“平等”“自然”的东方哲学中的核心理念在世界范围内逐步得到认可，由此确立同学们的文化自觉，之后到“四个自信”中的文化自信。

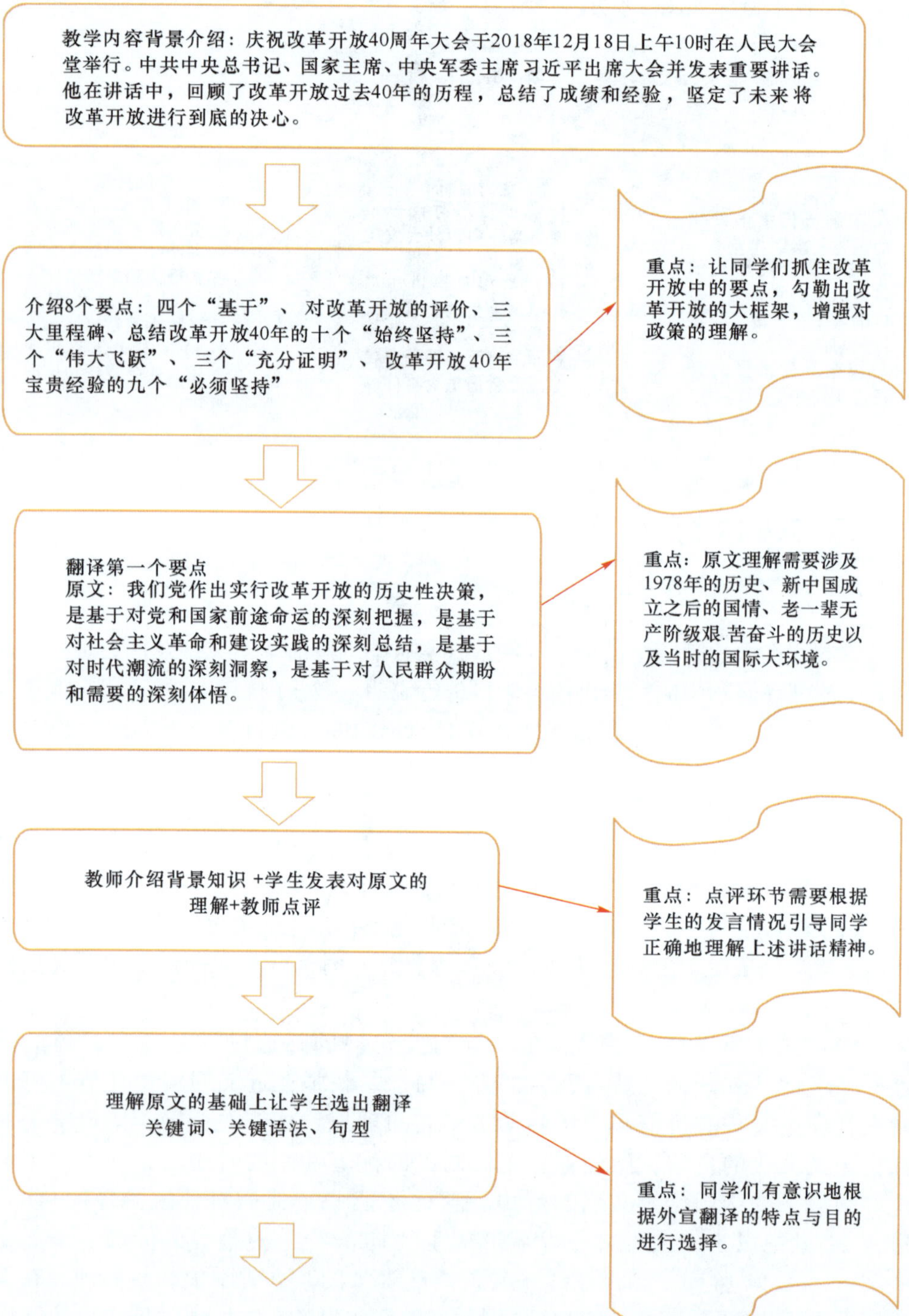
教学内容背景介绍：庆祝改革开放40周年大会于2018年12月18日上午10时在人民大会堂举行。中共中央总书记、国家主席、中央军委主席习近平出席大会并发表重要讲话。他在讲话中，回顾了改革开放过去40年的历程，总结了成绩和经验，坚定了未来将改革开放进行到底的决心。
介绍8个要点：四个“基于”、对改革开放的评价、三大里程碑、总结改革开放40年的十个“始终坚持”、三个“伟大飞跃”、三个“充分证明”、改革开放40年宝贵经验的九个“必须坚持”
重点：让同学们抓住改革开放中的要点，勾勒出改革开放的大框架，增强对政策的理解。
翻译第一个要点
原文：我们党作出实行改革开放的历史性决策，是基于对党和国家前途命运的深刻把握，是基于对社会主义革命和建设实践的深刻总结，是基于对时代潮流的深刻洞察，是基于对人民群众期盼和需要的深刻体悟。
重点：原文理解需要涉及1978年的历史、新中国成立之后的国情、老一辈无产阶级艰苦奋斗的历史以及当时的国际大环境。
教师介绍背景知识+学生发表对原文的理解+教师点评
重点：点评环节需要根据学生的发言情况引导同学正确地理解上述讲话精神。
理解原文的基础上让学生选出翻译关键词、关键语法、句型
重点：同学们有意识地根据外宣翻译的特点与目的进行选择。

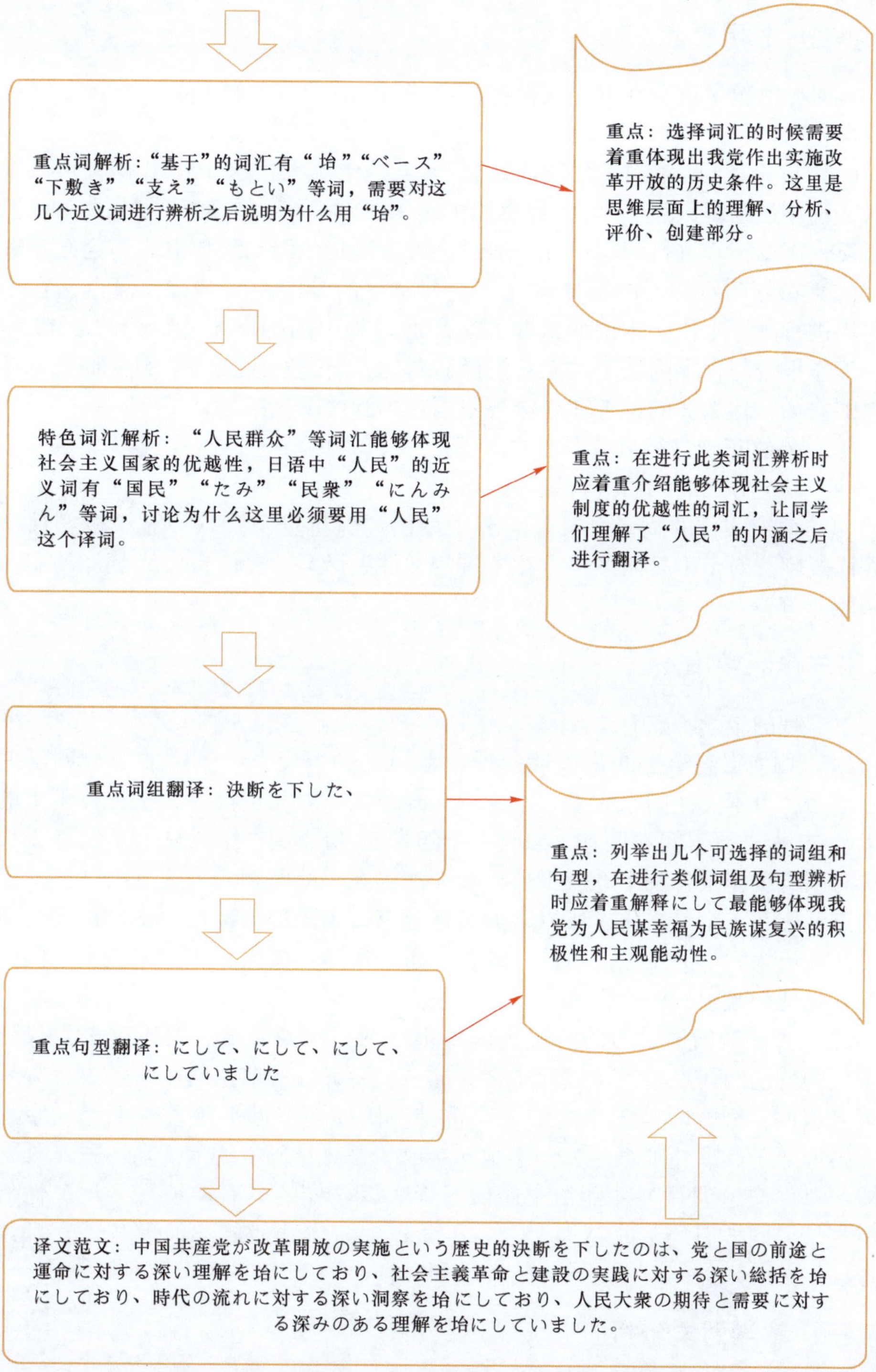
重点词解析：“基于”的词汇有“培”“ベース”“下敷き”“支え”“もとい”等词，需要对这几个近义词进行辨析之后说明为什么用“培”。
重点：选择词汇的时候需要着重体现出我党作出实施改革开放的历史条件。这里是思维层面上的理解、分析、评价、创建部分。
特色词汇解析：“人民群众”等词汇能够体现社会主义国家的优越性，日语中“人民”的近义词有“国民”“たみ”“民衆”“にんみん”等词，讨论为什么这里必须要用“人民”这个译词。
重点：在进行此类词汇辨析时应着重介绍能够体现社会主义制度的优越性的词汇，让同学们理解了“人民”的内涵之后进行翻译。
重点词组翻译：決断を下した、
重点句型翻译：にして、にして、にして、にしていました
重点：列举出几个可选择的词组和句型，在进行类似词组及句型辨析时应着重解释にして最能够体现我党为人民谋幸福为民族谋复兴的积极性和主观能动性。
译文范文：中国共産党が改革開放の実施という歴史的決断を下したのは、党と国の前途と運命に対する深い理解を培にしており、社会主義革命と建設の実践に対する深い総括を培にしており、時代の流れに対する深い洞察を培にしており、人民大衆の期待と需要に対する深みのある理解を培にしていました。

图3　教授流程图

（二）教学重点

本课程的教学重点在于如何做好政府部门工作报告的外宣翻译。此处又体现在四个方面：

（1）首先让同学们了解国家的政策。党的十九大报告中指出“青年兴则国家兴，青年强则国家强”，青年肩负祖国未来，然而当代大部分大学生对政治比较淡漠，需要精心进行课堂设计，通过多种方法将他们的兴趣引导到这方面来。

（2）做好政府文件的翻译首先要培养学生的爱国主义精神，懂得站在中国的立场进行翻译工作。本课程采取方法是通过将中国翻译团队翻译的2019年度政府工作报告与日本网站上的相关翻译做对比，通过对比让同学们了解究竟什么是中国立场，什么样的词汇才能体现中国立场和中国自信。

（3）能够正确进行外宣词汇的辨别，尤其是能够选择体现我国大国风范的政治性、外交方面的词语进行翻译。

（4）政府文件的翻译尤其要培养学生的职业伦理与责任。对于机密性文件的翻译规则、对于中日两国中存在争端的文件翻译等，要履行作为翻译的职业责任和职业道德。

（三）教学难点

本课程的教学难点有二：

（1）如何提高学生的积极性和课堂参与度。当代大学生中的部分同学并不关心政治，更不关注国家大事。本课程在开课之前对北京科技大学在校生中的部分学生79人进行了问卷调查，回收有效问卷58份。调查结果显示，仅有24%的同学对政府工作报告及十九大报告比较关注，更多的同学的关注点在社会上发生的热点话题和二次元文化。所以，如何通过有效手段提高当代大学生对当代中国的关注度成为教学的难点。对此，课程尽量采用多种授课方式，寓教于乐的设计课堂，把他们吸引到课堂中来。

（2）大多数同学学习的时候表现得很浮躁，眼高手低。对于这个当代年轻人中较为普遍的弱点，教学过程中会穿插一些翻译界的前辈的故事和翻译界发生的著名事件，努力培养学生们的工匠精神。例如随习近平访美的翻译周宇的事迹。她毕业于武汉外国语学校，中学6年成绩一直是班级的前3名。进了外交部也要经过“魔鬼训练”才能给主席做翻译。以这样的具有典型性、示范性的具体事例培养同学们的工匠精神，之后再通过大量实践使同学们理解外宣翻译的特点。

三、教学对象分析

本课程的教学对象来自全校各个专业，整体分析当代大学生的特点如下：

（1）思维活跃，自我意识较强。从年龄上来讲，当代大学生处于人生观、价值观、世界观的形成阶段，接触的新事物多，讲求思维独立，对教师不再轻信盲从。这一特点对教师的教学质量形成了较大的挑战。

（2）生活、学习网络化。当代大学生被称为“网络的原住民”，这是信息时代的一大特点。网络的存在使得当代大学生的学习、生活方式都发生了巨大变化，网络是他们获取信息的平台，也是方便快捷的社交平台。

（3）理想信念的缺失比较明显。当前社会主义建设进入新时代，新旧思想的碰撞、多元文化的冲突与渗透使得尚未发展成熟的大学生在信仰上感到茫然，而优胜劣汰的经济生存法则又加剧了他们的信仰危机。

（4）相当一部分同学崇尚二次元文化、三次元等非主流文化。这部分同学对社会主义核心价值观充满不信任，加上内心的孤独、渴望被关注，导致在行为上会出现一些标新立异、追求另类的趋势。如何把这部分同学拉回到正常的轨道上来应引起教育界的足够重视。

四、教学手段与方法

考虑到当今大学生的如上特点，在教学方法上需要特别下功夫。本课程的教学形式多样、方法灵活，主要有情景化、故事化、互动式、讨论式、探究式以及案例式。

将同学们以 4～5 人为一组进行授课。前半节课是教师讲授时间，后半节课分为三个部分：前 15 分钟是小组讨论及讲述时间，中间 10 分钟是小组发表时间，最后 20 分钟是小组互评及教师点评时间。此外，在教学形式上、课下预习复习上、使用网络上均使用了不同的手段及方法，主要理念如图 4 所示。

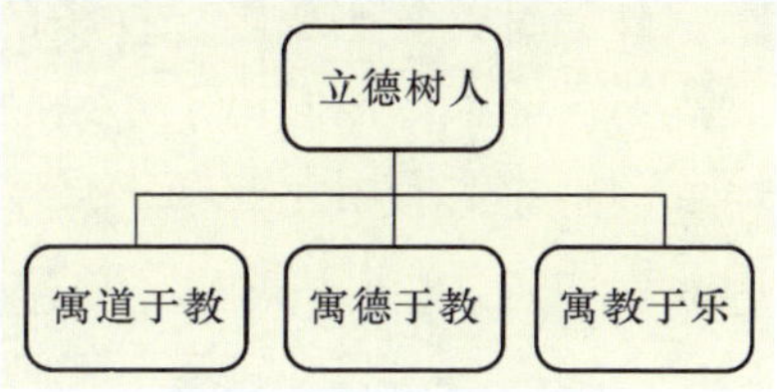

图 4　教学理念

（一）寓道于教

首先需要界定本课程的“道”究竟是什么？老子在《道德经》第一章中开篇就是“道可道，非常道。”老子的“道”指的是生成宇宙的本原和实质，可以理解为原理、原则、真理、规律等。教师的责任在于指导学生探索真理，使学生能够拥有透过现象看到本质的能力。落脚到本课程的“道”则体现在翻译之“道”。习近平总书记在党的十九大报告中强调，“推进国际传播能力建设，讲好中国故事，展现真实、立体、全面的中国，提高国家文化软实力。”外宣翻译作为一种特殊形式的翻译，是塑造国家形象、展现中国魅力的重要手段。然而，由于中日文化背景、汉日语言表达方式以及汉日政论文体写作风格存在差异，外宣翻译实践中，译者有必要正确发挥主观能动性，灵活采用翻译策略，外宣话语既要保持中国特色，又要注意中外话语融通。我国的翻译之“道”是从道安、玄奘翻译经书时的直译，到严复的在“信”字，再到傅雷的“神似”和钱钟书先生“化境”中的意译，而外宣翻译则要在这些传统的翻译之“道”的基础上加上塑造国家形象，讲好中国故事的翻译之“道”。

（二）寓德于教

儒学经典《大学》开篇第一句“大学之道，在明明德。”这里明确指出了大学的宗旨在于弘扬光明正大的品德，学习和应用于生活，使人达到最完善的境界。“德”字落脚到本课程中，除了培养同学们的爱国主义情怀之外，就是培养同学们作为翻译的职业道“德”。近年来，随着中国文化“走出去”国策的推行，翻译在文化传播中不可或缺的重要作用得到充分肯定，翻译的重要性进一步凸显并受到学界和媒体的普遍关注。然而，目前存在的翻译原则与方法、译者的选择与责任以及翻译观念、标准、价值取向等涉及中国文化外译的一些根本性问题未得到解决，这些问题在很大程度上影响中国文化在海外接受与传播的效果。授人以鱼不如授人以渔，培养学生作为职业的译者的伦理责任和职业道德是本课程不可推卸的责任。爱因斯坦曾说：“没有良心的科学家犹如幽灵一般，没有良心的科学家是道德沦丧，是对人类的犯罪。科学家必须以高度的道德心和责任感，自觉而勇敢地承担起神圣的、沉重的社会责任。”“大多数人都以为是才智成就了科学家，他们错了，是品格。”本课程的目的之一就是培养有“品格”的译者，培养他们用专业知识报效祖国、用专业成果发展祖国、用专业成就荣耀祖国的责任。

（三）寓教于乐

利用当代大学生熟悉网络喜爱网络的特点，课下作业要求他们运用网络获取与课上内容有关的信息，以小组的形式进行课上发表。例如最近的课堂有的小组提出的话题就是习近平主席访问欧洲三国。在讨论习近平主席访欧的问题上同学们不仅运用了专业知识，还了解了欧洲的历史、“一带一路”的国家政策的影响力，甚至有同学树立了发挥自己的专业特长将来要为“一带一路”做出一份贡献的想法，让同学们感受到了钻研知识的乐趣。

另外，每节课程中都安排了小组讨论，让每位同学首先在政府工作报告中选择重点词汇，或者能够体现中国主流价值观的词汇，再让他们研究翻译特点，最后老师点评翻译用语是如何体现中国立场的，小组讨论和小组发表让同学们感受到翻译的乐趣。另外，在情景化小组讨论上用日语模拟向外宾叙述中国故事，小组成员之间相互讨论政府报告在翻译时的词语使用问题。

最后两节课会安排实景演示，以小组为单位让同学们分别扮演日本来宾和中方接待人员，让中方接待人员为日本来宾介绍中国政策和中国故事。之后通过小组点评及教师点评让同学们意识到在叙述中国故事中的优缺点，以此让同学们感受到学外语的乐趣。

五、教学过程

（一）教学大过程（每学期）

每个学期的课程分为三个模块：

（1）解读年度中国流行词汇的日文翻译（4学时）；

（2）阅读日文版中国政府工作文件及两会热点，研究其中的翻译问题（8学时）；

（3）阅读日文版马克思主义理论和社会主义核心价值观，研究其中的翻译问题（4学时）。

时代中国（八讲）PPT

（二）教学小过程（每节课）

教学小过程见表1。

表1　教学小过程

教学步骤	教学目的	教学内容	教学设计
1. 导入	引起学生关注	介绍日文版《习近平治国理政》在日本的发行情况 参加过亚洲文明对话大会志愿者活动的同学引出亚洲文明对话大会内容	小视频+学生介绍（8分钟）
2. 提出本节课的学习目标	让学生带着任务有目的的学习	提出本节课的知识目标、能力目标、价值目标	PPT展示+说明（3分钟）
3. 介绍外宣翻译理论、原则与技巧	外宣翻译原则 可能用到的翻译理论：直译归化、意译异化、功能翻译、目的翻译	外宣翻译规范必须坚持“政治等效”的根本原则，坚持“内外有别”“外外有别”“含而不露”的三大原则。坚持“三着力”“三贴近”的总原则，着力于创造有利的国际舆论环境，着力于建立我国的良好国际形象，着力于维护我国的国家安全和稳定；贴近我国国情，贴近国外信息需求，贴近国外思维和习惯（丁燕《国家形象与外宣翻译规范策略探析》）。此外，根据具体词汇、词组及句型翻译介绍本节课能够用到的翻译理论的内容与使用方法	PPT展示+讲解（20分钟）

续表 1

教学步骤	教学目的	教学内容	教学设计
4. 具体词语句式分析	引导学生找出关键词、词组和句型，培养学生对政府文件关键词汇的敏感度	（1）提供原文（通常为一个段落）； （2）精读原文； （3）介绍背景知识； （4）同学发表理解； （5）教师进行原文理解点评； （6）寻找关键词翻译； （7）理解词语在原文中意义； （8）确定所使用的翻译理论； （9）提出几个候补译词； （10）词义辨析后确定最终翻译； （11）寻找关键词组； （12）理解词组在原文中意义； （13）确定所使用的翻译理论； （14）提出几个候补词组； （15）词组辨析后确定最终翻译； （16）确定关键句型的使用，具体操作同上。 在语言维度上，通过语音、词汇、语法、句式的翻译塑造不同的意识形态和政治立场，坚持外宣翻译的“内外有别”“外外有别”“含而不露”的三大原则。 在思维维度上，通过记忆、理解、分析、评价、创建的思维过程坚持“三着力”的原则，即着力于创造有利的国际舆论环境，着力于建立我国的良好国际形象，着力于维护我国的国家安全和稳定。 在翻译维度上，注意运用外宣翻译策略，在译者主体性、受众以及意识形态等方面坚持“三贴近”原则，也就是贴近我国国情，贴近国外信息需求，贴近国外思维和习惯	4～5 人为一组讨论，教师随时观察讨论进程及学生们的翻译难点 （25 分钟）
	提升学生的思考及辨析能力	各小组发表最后翻译	小组互评 （15 分钟）
5. 教师点评	引导学生思考什么样的翻译能够体现中国立场	教师将各小组的翻译从语言层面、思维层面、翻译层面进行对比分析，引导学生找出能够体现中国立场，适合政府文件的翻译方式	教师讲解、分析 （10 分钟）
6. 拓展知识	引导学生思考同样的词语和句式在非政府文件中的翻译方式	让同学们思考其他政府文件中的相近表达	学生讲解 （5 分钟）

六、教学效果分析

从目前的教学情况来看，大多数同学还是乐在其中的。通过如上的教学形式，本课程首先做到了把学生吸引到了课堂上。具体效果如下：

（1）同学们通过课程学习了解了当代中国发生的大事。这点在阅读十九大报告的模块中体现得尤其明显。进入十九大报告的模块的第一讲就是十九大报告中的标题的翻译。在进入标题翻译之前的课堂作业就是让同学们回去细读十九大报告。通过十九大报告中对过去五年的工作和历史性变革的回顾，同学们了解了过去五年国家在经济建设、全面深化改革、民主法治建设、思想文化建设、生态文明建设、强军兴军方面、港澳台工作、外交工作以及全面从严治党方面取得的显著成效。有同学表示，平时只是零碎地看新闻了解一些，没有这次通读的机会，根本不知道国家取得了这么多成绩。

（2）了解了中国在世界中日益上升的国际地位，并为此感到骄傲自豪。课堂上向同学们介绍《日本经济新闻》上刊登的介绍习近平总书记的一篇文章《习近平“有望为中国夺回世界强国地位的伟业开辟道路”》时，同学们纷纷表示很骄傲国外媒体这样关注我们的领导人，而且这样高度评价我们的领导人。

（3）培养了同学们的爱国情怀，培养了他们积极向上的人生观、价值观和世界观，促进学生专业知识和思想政治素养的综合提高，并将社会主义核心价值观内化于心。

（4）同学们在为祖国骄傲自豪的同时也感到了肩上的重担，心中装满了用专业知识报效祖国、用专业成果发展祖国、用专业成就荣耀祖国的责任。15 级日语专业高之恒同学说她可以自豪地跟自己的日本朋友讲述当今中国的重大事件了。

（5）提高了同学们的日语水平，提高了他们对外宣翻译高频词汇、特色词汇和语法句型的敏感度与辨析度，以及用日语讲好中国故事的水平。

（6）同学们掌握了汉日翻译技巧，了解了作为外宣翻译的中国立场和职业责任以及工匠精神。学生们表示通过课堂学习认识到了翻译虽然是精神产品的生产，但同样需要树立工匠精神。像周宇、孙宁前辈翻译那样培养严谨的工匠精神，力求对自己的翻译过程一丝不苟，精益求精。

全球化坐标下的中国古典文化

秦晓惠

课程名称 西方语境下的国学经典

课程性质 通识公共课

专　　业 所有专业

授课对象 本科学生

课程简介：

本课程精选了自先秦至今近3000年历史上代表中国传统文化精髓的国学经典文本，在向学生分析展示这些文本的语言价值、美学价值、文化价值与思想价值的同时，也让学生了解到这些文本如何走出国门，走向世界，并在世界范围内产生了持续的、深远的影响。

本课程的教学重点是介绍中国古典文化，尤其是国学典籍在西方被翻译、介绍、研究、普及的历史与现状；培养学生阅读、赏析古典国学文本的兴趣与能力；培养学生的国学素养与人文素养；传播中国古典文化的核心价值观；培养学生的全球化意识与跨文化交际能力。本课程的教学难点是梳理并清晰地展示中国国学重点典籍在西方被翻译与传播的历程；创建国学文本被西方世界传播与普及的案例资源库；培养学生的文献检索、文献阅读、文献综述、论文写作等开展科学研究的基本能力与素质。本课程以现代计算机、互联网与多媒体技术为支撑，试图通过文字、声音、图像等输入模式，营造课内课外、线上线下一体的英语学习环境，形成以学生自主学习能力、协作能力和知识应用能力为目标的多元互动教学模式。

教师简介：秦晓惠，北京外国语大学外国语言学及应用语言学博士，美国约翰霍普金斯大学、英国牛津大学访问研究员，“Interactive Learning Environments”“Language Teaching Research”等SSCI期刊审稿人。主要从事英语教学、典籍英译、世界英语与中国英语方向研究，在SSCI、A&HCI、CSSCI、中文核心与其他重要语言学期刊发表论文26篇，出版专著2部，教材1部；主持国家社科基金项目1项，北京市社科基金项目1项，北京市教委项目1项，中央高校基本科研业务费项目4项，校级项目12项；入选北京科技大学“青年教学骨干人才”计划，获得“我爱我师”我心目中最优秀的老师称号，北京高校第六届青年教师教学基本功大赛二等奖，参与国家级一流本科生课程建设1门，北京市优秀教材1部；获批省部级教育教学奖3项。

课程蕴含的思政元素分析

中华民族上下五千年的历史长河中诞生了浩如烟海的文化典籍。它们是中国传统文化的重要载体，是传统文化的静态体现，是古代先贤智慧和思想的物质载体，不仅成为中国人民的精神文化遗产，更构成了人类命运共同体的宝贵文化财富和文化宝库。

2014 年 5 月 4 日，在北京大学师生座谈会上，习近平总书记指出：“中华优秀传统文化已经成为中华民族的基因，植根在中国人内心，潜移默化影响着中国人的思想方式和行为方式。”2018 年 8 月 21 日至 22 日，在全国宣传思想工作会议上的讲话中，习近平总书记强调“中华优秀传统文化是中华民族的文化根脉，其蕴含的思想观念、人文精神、道德规范，不仅是我们中国人思想和精神的内核，对解决人类问题也有重要价值。”

本课程的思政元素在于，一方面中国传统文化的核心成果，堪称中国文化精华的国学经典文本不仅是中华民族珍贵的文化遗产，还对西方乃至世界历史和文明进程产生了巨大而深远的影响。学习这些经典文本不仅可以学习中国几千年来一脉相承的古典文化的精髓，更是对人格品质、爱国情怀的熏陶和濡染。另一方面，通过英语这一全球工具媒介语言传播中国古典文化，可以提高学生的英语阅读、写作、翻译水平，并推动学生从英文角度学习国学经典作品，达到对原文别具一格的理解，从而弥补单语思维之缺憾，激发学生的文化学习热情，提高他们文学鉴赏水平与人文素养。更重要的是，从构建国家软实力，贯彻“中国文化走出去”的战略大局来看，我们不仅需要让学生了解中国传统文化成果，更需要让他们了解这些经典文本在西方世界被学习、介绍、翻译、研究、传播的历史与现状。学习如何以符合国际规则的方式、用国际接受的语言传播中国文明，这是中国文化发展的重要组成部分，是辅助中国文化在世界范围内获得更大话语权利的有力工具。唯有知己知彼，方能培养出真正具有文化自信，具备跨文化交际能力的国际人才。

教案设计

一、教学目标

（1）将本课程建设成为中国核心古典文本的学习、展示、研究与交流平台。中国传统文化的核心成果，堪称中国文化精华的国学经典文本不仅是中华民族珍贵的文化遗产，还对西方乃至世界历史和文明进程产生了巨大而深远的影响。通过分析古典文本的思想价值、社会价值和文化价值，培养学生爱读经典、爱学经典、爱研经典的学习意识和学习习惯，吸取中国传统文化精华的营养，使其成长为一个有历史荣誉感和现实责任感的全面人才。

（2）将本课程建设成为新时代美学教育的平台。习近平总书记在全国教育工作大会上提出了"培养德智体美劳全面发展的社会主义建设者和接班人"的重要论断，将"美育"置于重要的地位。蔡元培也曾经提出"以美育代宗教"的观点，并力图将美育纳入现代教育学科体制之中。中国人民的"伟大创造精神、伟大奋斗精神、伟大团结精神、伟大梦想精神"正是体现于融汇了一代一代中华儿女自强不息的伟大生命力和感召力的古典文本里。通过展示、分析、感受古典文本的美学价值，培养学生的审美趣味和审美能力，使之成为理性思维与感性思维平衡发展的全面人才。

（3）将本课程建设成为中国文化传出去、走向全球的窗口。从构建国家软实力，贯彻"中国文化走出去"的战略大局来看，除了需要让学生了解中国传统文化成果之外，还需要让他们了解这些经典文本在西方世界被学习、介绍、翻译、研究、传播的历史与现状。学习如何以符合国际规则的方式、用国际接受的语言传播中国文明，这是中国文化发展的重要组成部分，是辅助中国文化在世界范围内获得更大话语权利的有力工具。唯有知己知彼，方能培养出真正具有文化自信，具备跨文化交际能力的国际人才。

二、教学内容分析

本课程以精心选取的具有典型世界意义的经典文本为基本载体，依托具体案例，使课程思政元素与教学案例内容实现无缝对接和有机互融，建立两者生成性的内在契合关系。具体的教学内容分析如下：

（1）基于《论语》文本，依托外交仪式国家元首赠送《论语导读》法文版原著的案例，展现中国传统核心价值观的历史渊源以及孔子与《论语》在西方世界的传播历史和巨大影响。

（2）基于《道德经》文本，依托海德格尔、黑格尔、尼采等哲学家的《道德经》思想溯源案例，展现中国古典哲学思想与西方哲学思想在世界思想舞台上的交融互动。

（3）基于《诗经》文本，依托国外顶级名校的《诗经》研究传统案例，展现中国古典文学对西方学术发展的影响。

（4）基于《楚辞》文本，依托某全球电商平台关于该书的销售历史、销售记录与读者评价，展现中国古典文学在西方普通读者中的传播范围与接受程度。

（5）基于《古诗十九首》文本，依托美国汉学家针对该书的全球开拓性创见研究案例，展示中国古代人民生活中所蕴含的朴素价值观以及当代西方学术界对该文本的研究传统与研究现状。

（6）基于陶渊明五言诗文本，依托西方多位汉学家显性的陶渊明情节的案例，展示西方学者对陶渊明诗歌文本与陶渊明思想价值的探索历程。

（7）基于唐诗李白主要诗篇文本，依托李白诗歌对美国当代意象派文学代表人物的影响案例，展现李白诗歌文本在西方文学流派发展进程中所起的推动作用。

（8）基于唐诗杜甫主要诗篇文本，依托西方世界对杜甫情怀的认同与推崇的案例，进一步展现杜甫的伟大人格代表了全世界普世的价值观，孕育杜甫的文化是人类历史上最为悠久与优秀的文化。

（9）基于唐诗白居易主要诗篇文本，依托其在全球各地图书馆被收藏的案例，展现白居易诗歌译作在全世界的出版情况和在全球图书馆的收藏情况。

（10）基于宋词苏轼词选文本，以国外教材的苏轼作品选集为案例，展现苏轼作品在西方中国文学教材中的地位以及苏轼文本在西方大学教育中传播与接受的历史与现状。

（11）基于宋词李清照词选文本，依托该文本在国外世界文学选集中的收录情况，展现李清照作品在世界文学史中的坐标和地位。

（12）基于小说《红楼梦》文本，依托全球两个全译本的翻译历程与翻译特色比较，揭示《红楼梦》文本在西方学者和中国本土学者眼中不同的呈现方式以及中国文化在东西方学者视野中的不同映照。

（13）基于小说《西游记》文本，依托以该小说为蓝本的美国电影创作，展现《西游记》文本在西方大众传播媒介电影中的解读与呈现。

（14）基于戏剧《牡丹亭》文本，依托该剧的世界巡回演出案例，展现古典文本的另一种世界传播方式，即依托《牡丹亭》文本的舞台演出传播。

三、教学对象分析

本课程面对的教学对象绝大多数是理工科专业背景的本科生。基于笔者十多年从事大学英语教学对非英语专业本科生的观察和分析，本课程的教学对象存在以下三大特征：（1）缺乏对中国传统文化典籍的深入了解；（2）缺乏对中国传统文化与世界文化互动的初步认知；（3）缺乏用英语语言表达本国文化的语言素材和基本结构。这三方面能力的缺失固然与大多数学生的理工科背景有关，但从一定程度上也反映了学生人文素养的缺失和以往英语课程教学重点的偏失。

四、教学手段与方法

本课程积极创新教学方法和手段，以研究型教学为基本的实施参考框架，以“情景化学习”“合作式学习”“研讨式学习”为中心思路，创造性地进行教学设计，如开展启发式、互动式、任务驱动式等多元化的教学手段，具体实施的教学方法如下。

（一）文献调研

培养学生基本的文献检索和文献调研能力，包括中外文献的主要数据库查询知识、基本检索方式、关键词设置、文献摘要阅读、文献过滤、文献选择等开展学术研究文献调研必备的技术和能力（见图1）。

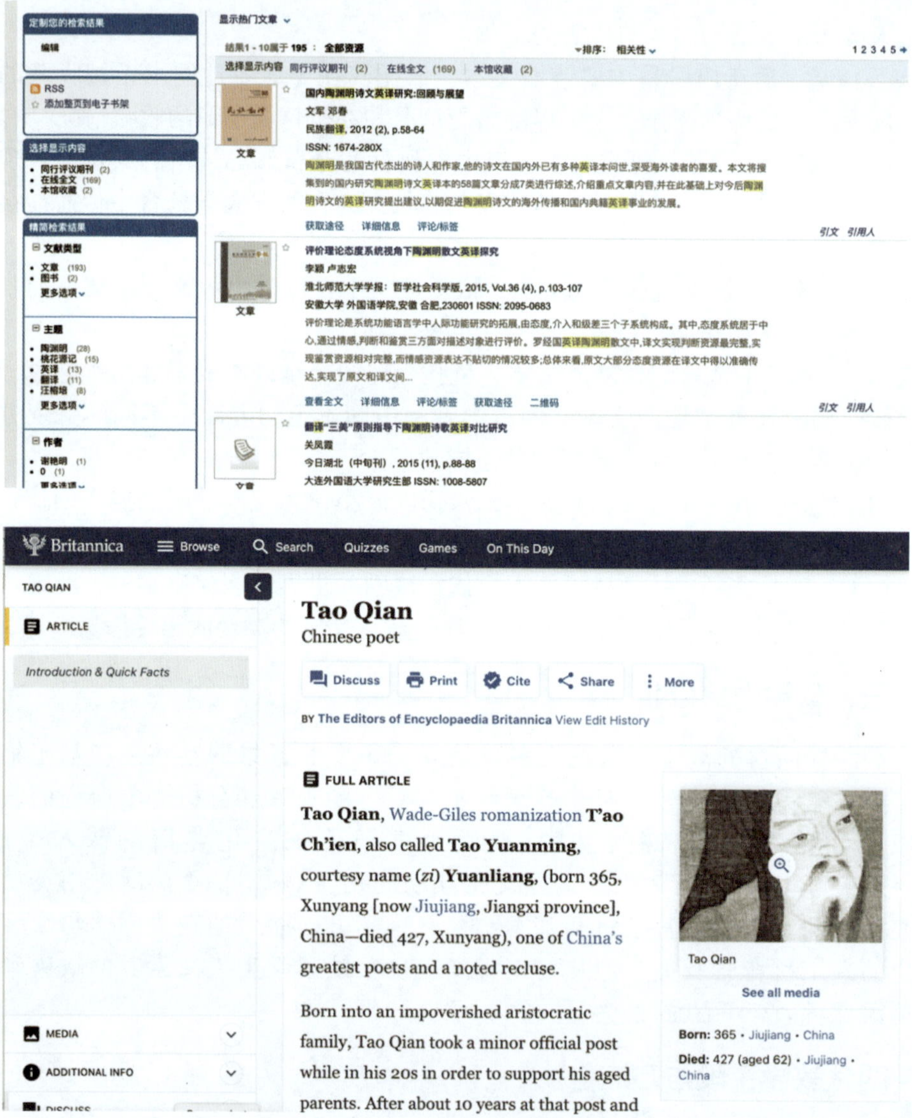

图1 文献调研

（二）英汉文本对比分析

汉语文本分析培养学生基于文本的语言特征（词汇、句法、语篇等特征）和非语言特征（历史、文化、政治等特征）分析文本的思想价值、文学价值和美学价值的能力。英语文本分析鼓励学生通过在语音、词汇、句法、语篇层面的英语语言特征分析与英汉特征对比分析，发现汉语文本语言特征在英语语言的表现方式及其背后深层次的文化、历史原因（见图2）。

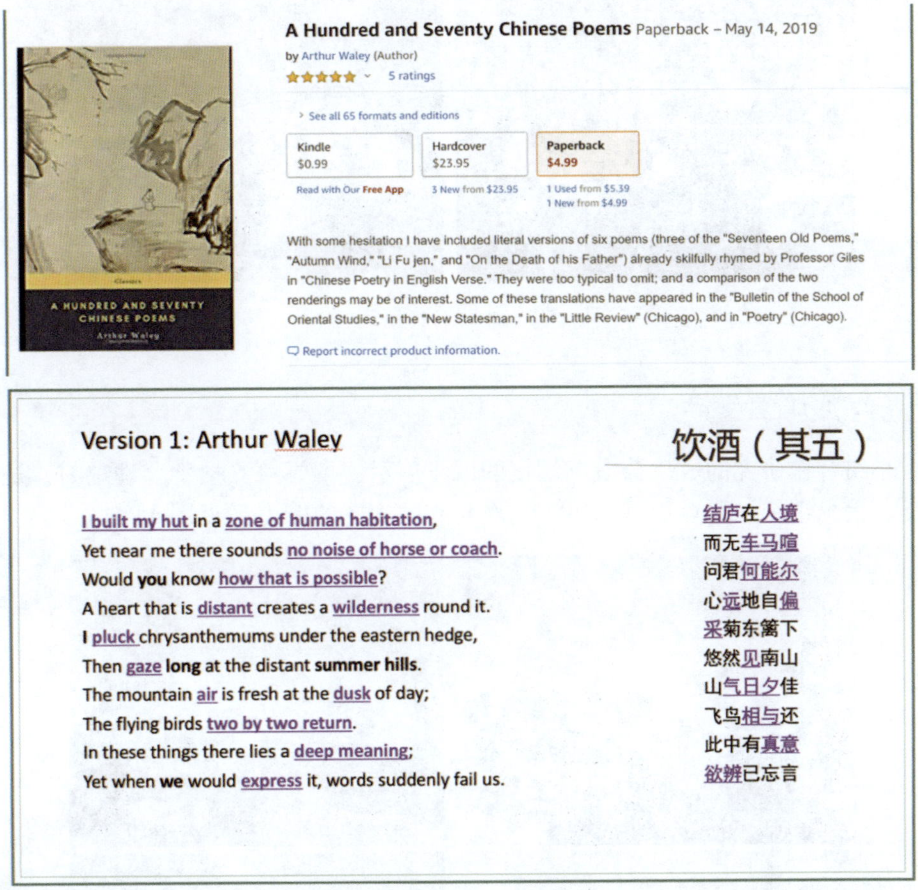

图2　英汉文本对比分析

（三）小组合作研究

鼓励学生以小组的形式开展合作研究，并着重训练学生在合作研究整个环节链条中所需要的各方面基本能力，包括文献检索、文献综述、自主选题、文本分析、信息综合、分工合作、文稿撰写、逻辑展示和流利表达的能力（见图3）。

图 3　小组合作研究

（四）课堂展示

小组合作研究的成果为案例汇报的课堂展示，主要培养学生合理选材、逻辑分类、信息组织、要点提炼、PPT 制作与有效表达的能力（见图 4）。

图 4　小组成果汇报课堂展示

（五）戏剧表演

戏剧表演作为一种以语言对话为核心的艺术形式，在锻炼学生语言表达和思想感悟方面发挥着重要的作用。本课程鼓励学生选择某部小说或戏剧英译本选段，安排学生分组排演话剧，让学生试图站在西方的视角，亲身感受与生动呈现古典文本的西方解读（见图5）。

图5　戏剧表演

（六）诗歌朗诵

朗诵，是把文字作品化为有声语言的创作活动。中国古典诗词的音律特点决定了朗诵与诗词的理解如影随形，密不可分。本课程鼓励学生大声朗诵古典文本，通过抑扬顿挫的声律结构和特征，体会古典文本的音律美以及在音律中所传达的深刻情感（见图6）。

图6 诗歌朗诵

（七）多模态教学

通过视频、音频等丰富多样的多模态形式展示中国传统文化与经典文本的艺术形式，让学生以更直观、更感性的方式感受古典文化的魅力，让古典文本所承载的情感、思想与价值直抵人心（见图7）。

图7 多模态教学

（八）中国诗词大会

以央视诗词大会为实施范本，在班级诗词大会组委会的组织下，以班级为单位，组织《中国诗词大会》知识竞赛（见图8）。以“赏中华诗词，寻文化基因，品生活之美”为宗旨，通过集信息性与趣味性为一体的诗词知识竞赛，重温经典诗词，继承和发扬中华优秀传统文化。

图 8　中国诗词大会

五、教学过程

本课程的教学过程依托中国古典文本的海外传播案例，实施过程包含四个模块：教师案例讲授、学生案例陈述、小组案例研讨与文本体验活动。模块一基于教师的案例讲授以教师选择典型案例教授为主，旨在向学生提供一个中国古典文本在西方传播历史与现状的大致轮廓。模块二基于学生的案例陈述由学生自主选题，自主探索经典典籍的海外传播案例，综合了上述（本文第四部分）文献调研、英汉文本分析、小组合作研究、课堂展示等学习活动。模块三小组案例研讨基于前两个模块内容，结合相关案例所隐含的社会、历史、政治、文化、哲学因素，探索广义上中国文化在世界文化发展进程中的辐射与贡献。模块四文本体验活动旨在鼓励学生通过诗歌朗诵、戏剧表演、诗词大会等丰富多彩的形式，对中国古典文化产

课程视频

生感同身受的共鸣，对中国古典文本在西方世界的接受与传播产生形象直观的理解。

六、教学效果分析

本课程的教学效果包含笔者直观感受的教学效果与基于访谈数据的教学效果。通过观察学生课上的参与状况与课下的投入程度，任课教师发现本课程的课堂气氛活跃（图9），多数学生的眼神充满对未知的好奇，脸上洋溢着获得知识的满足感；与此同时，大多数同学都能积极参与到课堂的四大模块活动中。上学期期末，笔者就本课程的教学效果和学生的学习效果在课上对学生进行了半结构式访谈。访谈结果显示，91.4%以上的学生对本课程的总体效果持肯定态度。大部分学生反映通过本课程的学习，他们了解了许多以前从未接触过的古典文本，还了解到这些文本在西方世界的传播历程和传播现状。他们还反映从未意识到我国的古典文化能对世界文明进程产生如此范围广泛、程度深远的影响，从未觉得像现在这样对自己的文化产生如此的自信与自豪（图10）。有些同学反映自己在搜索文献、合作研究、互动学习方面有了较大提高，并表示有兴趣继续深入探索相关课题；少数学生认为由于自身英语水平，尤其是听力、词汇水平的限制，无法完全听懂教师的英文授课内容，无法与小组成员积极顺畅地互动，因而产生了焦虑情绪。这些意见也为任课教师进一步改进教学设计提供了素材和思路。

图9　课堂气氛

No Service
22:01
小朋友
亲爱的秦老师您好:我回想起老师选我做班长的时候，想起一句歌词“只是在人群中多看了你一眼”，你便选中了年幼无知的我。很荣幸能与您共度十六周的时光，在此过程中不仅有机会为同学服务，还锻炼了能力与责任心。您在我眼里是一个充满激情的可爱的老师，就像一个内功深厚的师姐在武，而我就是在旁边瞪着大眼睛欣赏的小师弟，心里面暗暗知道自己还有很多东西要学要补，我想您学生时代也大概有过类似的感受吧！您给我的感觉，用一句话总结“把中国当做'自己'的去学习和内化”，这里包括深入认知我们呼吸的“氧气”。
如果要回答我在这节课里收获最大的东西，不是知道了多少诗句和典故，也不是搞了多少活动，而是“开阔了眼界，拓宽了认知”，尤其还能认识您这么一个可爱漂亮的老师，我们
No Service
22:02
小朋友
气”。
如果要回答我在这节课里收获最大的东西，不是知道了多少诗句和典故，也不是搞了多少活动，而是“开阔了眼界，拓宽了认知”，尤其还能认识您这么一个可爱漂亮的老师，我们毛概老师和我们说，关键在人！(我认为她说的是一种人文关怀)。
爱因斯坦说“专业可以把他塑造成一个工具，但是永远不能使他成为一个和谐的人”，这节课的对我的意义正是在这里，除了学好专业课之外，我需要努力的突破目前的局限和认知限制，去建构一个和谐的自我，也是在培养“人文素养”，让自己变得像您一样丰富多彩，富有内涵，具备与他人深入沟通的能力。
所以很幸运能选到您的课，并成为您的学生，祝您新的一年里身体健康，学术更上一层楼！
是老师讲的好，老师的课很有趣，我会多跟学弟学妹推荐的
感谢秦老师
老师，我最近竟然每天都会读苏东坡感觉他真是帅爆了
收货颇丰啊
感受经典文本的魅力，这些文本蕴含着古典文化最核心最经典的部分

图 10　学生留言

动态平衡下的国际战略环境

盛佳伟　王小宁　郭　南

课程名称　军事理论
课程性质　必修课
专　　业　所有专业
授课对象　本科一年级学生
课程简介：

"军事理论"是《中华人民共和国国防法》《中华人民共和国兵役法》《中华人民共和国国防教育法》所规定的普通高等学校的必修课。在我校，"军事理论"是一门面向全校大一本科生开设的公共必修课，属于素质教育通识课程。

本课程以习近平强军思想和习近平总书记关于教育的重要论述为遵循，全面贯彻党的教育方针、新时代军事战略方针和总体国家安全观，围绕立德树人根本任务和强军目标根本要求，着眼培育和践行社会主义核心价值观，以提升学生国防意识和军事素养为重点，为实施军民融合发展战略和建设国防后备力量服务。

通过本课程教学，让学生了解掌握军事基础知识和基本军事技能，增强国防观念、国家安全意识和忧患危机意识，弘扬爱国主义精神、传承红色基因。强化集体主义观念，加强组织纪律性，促进大学生综合素质的提高，为国家培养高素质人才打下坚实基础。同时，在传授国防知识、增强学生国防观念和国家安全意识的同时，有针对性地把思想品德和组织纪律性等方面的教育融会到教学中。

教师简介：盛佳伟，北京科技大学教授，军事教研室教师。长期从事高校学生思想教育工作，多年来参与"军事理论""形势与政策""新生成长对话课"等课程教学工作。主持或参与校内外研究课题10余项，作为主编或副主编出版教材多部。

王小宁，北京科技大学副教授，军事教研室教师，北京市教委高校军事课教学指导委员会委员。2016年以来从事"军事理论"教学工作。主持或参与校内外研究课题6项，作为主编或副主编出版教材3部。

郭南，北京科技大学副教授，军事教研室教师。2012年起从事"军事理论""军事技能训练"教学工作，参与"新时代大学生国家安全教育概述"授课。荣获教育部全国军事课教学展示个人二等奖。主持或参与校内外研究课题多项，作为副主编出版教材3部。

课程蕴含的思政元素分析

“军事理论”课程共分为五章，从中国国防、国家安全、军事思想、现代战争、信息化装备等方面系统阐述了“民无兵不安，国无防不立”，一个国家、一个民族，最重要的两件事情是生存与发展问题，建立巩固的国防是我国现代化建设的战略任务，是维护国家主权、安全和发展利益，实现中华民族伟大复兴的重要保障；通过古、今、中、外的国防定义、要素、装备、思想等国防诸要素、要点的讲授，阐述思想进步、技术变革、军事革命对国家安全的影响。采用动图、视频、提问、互动等多种教学手段丰富课堂学习内容，增添知识乐趣。既要旗帜鲜明弘扬社会主义核心价值观，又要润物无声，潜移默化传播“四个自信”；既要向学生传授国防基础知识，又要借助课堂学习辨析时事热点问题，引导从高中到大学的准大学生们理性思考，引导他们爱国、爱校、爱专业。具体分析如下：

（1）国防的含义和基本类型、国家与国防的关系等，深刻理解国防与国家、综合国力与国防实力的关系。树立正确的国防观，激发学生的爱国热情，增强国防意识。

（2）中国国家安全的含义、中国周边概况及国家安全面临的相关问题。正确把握和认识总体国家安全观的内涵，使学生认识到国家安全就像空气一样，既离不开它，又是无处不在的，也会通过自身努力改变它，从而提升学生保密防间意识。

（3）中国国家安全的含义、中国周边概况及国家安全面临的相关问题。从中印、东海、南海等问题讲解，使学生深刻认识当前我国面临的安全形势。使学生深刻意识到我国仍然面临多元复杂的安全威胁，传统安全问题和非传统安全问题交织，外部挑战和阻力增多，增强学生忧患意识。

（4）中国武装力量的构成、中国人民解放军的编成、使命和装备等，了解中华民族国防建设和武装力量建设历史，深刻认识党对军队绝对领导的必然性和决定性。驳斥西方反华势力所谓“军队国家化”“军队无党派化”的谬论，从中国武装力量发展史看，只有中国共产党领导下的军队才能全心全意为人民服务。

（5）中国武装力量的构成，中国人民解放军的编成、使命和装备等，了解新中国成立后我国武装力量建设情况。引导学生正确认识军费增长问题，认清“中国威胁论”的险恶用心，增强学生自信心和自豪感。

（6）国际战略形势、现状与发展趋势，让学生认识到世界正处在新旧格局转换、新旧秩序更迭、新旧体系交替的关键期，国际关系复杂程度前所未有，人类面临共同挑战，中国作为负责任大国，在国际社会所发挥的作用和扮演的角色。通过对国际战略态势的分析，以及国际事件中深层次因素分析，使学生理解国家提出的构建人类命运共同体的意义。

（7）国防动员概述、内容及组织实施等。以2003年抗击非典疫情和2020年抗击新冠肺炎疫情为案例，分析国防动员与大学生的关系，以及国防动员与国家安全的关系。使学生认清国防动员中政治动员的重要性，高度重视法律战、心理战、舆论战在现代“复合战争”模式下作用，引导学生正确对待网络舆情事件。

（8）中国古代军事思想的主要内容、特点以及代表性著作等。通过以孙子兵法为代表的经典著作学习，弘扬中国优秀传统文化。活学活用《孙子兵法》，让传统理论瑰宝，助力学生成长。

（9）毛泽东军事思想的形成和发展、主要内容、历史地位等。理解毛泽东思想是马列主义基本原理与中国革命战争和国防建设具体实际相结合的产物，使学生进一步理解“运用辩证唯物主义和历史唯物主义的原理，以揭示矛盾运动的各种规律”。

（10）邓小平新时期军队建设思想、江泽民国防和军队建设思想、胡锦涛国防和军队建设思想，认识和理解马克思主义的“每一个理论都有其产生和形成的时代背景和历史条件”，使学生系统地了解改革开放以来党的军事指导思想，以及其产生的时代背景，引导学生正确看待一些历史事件。

（11）习近平强军思想。实现中华民族伟大复兴的中国梦过程中，人民军队所进行与之相适应的理论探索和实践创新，让学生认识到世界大势的新动向，要求国防和军队建设必须因势而变。中国发展新坐标，要求国防和军队建设必须保驾护航。

（12）机械化战争。军事革命离不开科学技术进步。正确认识我国军队建设现状，理性看待存在的差距。从第二次世界大战的作战特征层面，弘扬伟大抗战精神。了解我国机械化建设历史，避免大学生被网络信息误导，造成盲目乐观。

（13）新军事革命。认清新军事革命是当代世界综合国力竞争在军事领域的突出表现和集中反映，引导学生认识到应对世界新军事革命挑战，务必从中国国情、军情出发，既要补上机械化建设的部分，又要赶上信息化战争建设步伐，走有中国特色的军事变革。

（14）电子对抗概述、主要作用、主要方式及发展趋势。引导学生用最基础的课堂知识理解复杂电子对抗知识，树立学生“点滴学习就是保卫祖国”“爱我国防，从每个知识点开始”的理念，引导学生看问题抓住事物主要矛盾。

（15）信息化战争的概念、形成过程、基本特征等。信息化战争离不开人才，特别是具有创新思维的人才。各主要国家都在瞄准青年群体，使学生认识到战争制胜机理虽然在不断变化，但人仍然是决定因素，从而提升学生报效祖国的使命感和努力。

(16) 信息化作战装备。精确制导武器概述、制导方式、发展过程及对作战的影响，以复合材料、超级钢为例，介绍我校科研成果在国防信息化建设中发挥的作用，激发学生学习知识的积极性，为国防科研奠定人才基础。

教案设计

一、教学目标

本次教案选取的是“军事理论”课的第二章“国家安全”第3节“国际战略环境”。

(一) 知识目标

(1) 国际战略环境的定义；
(2) 国际战略环境要素；
(3) 国际战略环境中国际战略格局定义；
(4) 国际战略格局的影响因素：力量、关系、规则；
(5) 国际战略格局的历史演变；
(6) 国际战略环境中国际战略发展形势。

(二) 能力目标

(1) 掌握描述国际战略环境的方法；
(2) 掌握简单分析国际战略格局的方法；
(3) 掌握用总体国家安全观的视角审视我国国家安全环境的思维方式。

(三) 价值目标

(1) 国际战略环境，是一定时期内世界各主要国家和政治集团在战略上相互联系、相互作用、相互斗争所形成的世界全局性的大环境。国与国之间相互影响，既有斗争，又有合作，不是非黑即白的关系。

(2) 国际战略环境不是一成不变的，它是一个动态平衡的过程。

(3) 力量、关系和秩序构成了国际战略格局的基本要求。在国际战略格局中，三要素相互联系，相互作用。只有在国家综合国力达到一定水平，才能在国际社会关系中有话语权，才能影响国与国之间的关系，进而参与国际准则、国际秩序的制定与维护。

(4) 中国能够快速稳定发展，原因不是其他大国、强国的施舍，而是中国几代人不懈努力。

（5）中国的国际地位形成，进一步验证了“鞋子合不合适，只有脚知道”，证明了坚定不移高举社会主义大旗的严肃性和正确性。

（6）从国际战略格局演变，我们可以看到国际规则、准则是建立在资本主义的基础上，不能代表世界广大国家的利益，因此中国要参与国际规则的制定，积极参与国际事务，让世界听到中国声音，看到中国行动，给世界其他国家更多不一样选择，从而更好地维护世界和平。

二、教学内容分析

（一）教学内容

（1）以英国首相帕麦斯顿的“国与国之间没有永远的敌人，没有永远的朋友，只有永远的利益”和反映时事的漫画，把学生带入到国际环境中，引出本章节内容，为引出国际战略环境的定义做铺垫。通过用漫画反映时事或国家关系，提高学生的学习兴趣。

（2）通过引入高中物理“动态平衡”概念，让学生对国际战略环境的定义有深入的理解。通过高中物理“万有引力”、打扑克牌，让学生理解国际战略环境中国际战略格局的力量、关系和秩序的概念。

（3）通过抗美援朝出国作战、两弹一星、中国重返联合国的过程为例，通过新中国成长中重要历史事件，让学生用国际战略格局三要素分析法，分析、体会和理解在中国共产党领导下，全国人民用中国精神、中国智慧、中国实力，使中华民族重新屹立于世界强国之中。

（4）通过国际战略格局的形成与演变的学习，让学生了解在近代民族国家产生并在世界范围内形成相应的国际关系体系之后国际战略格局逐步形成，而真正具有世界意义的国际战略格局是在资本主义发展的基础上形成和发展起来的。19世纪后，逐渐形成了以欧洲为中心的世界格局。

（5）通过国际战略格局的现状和趋势学习，让学生了解由于两极格局的终结，造成国际社会各种力量重新组合，世界处于格局交替的动荡期。美国一超独大，中国、俄罗斯、欧盟、日本形成次力量中心，一些重要国际组织与区域力量和地区性大国也将发挥作用。国际格局朝着多极化发展。

（6）通过国际战略形势的学习，初步了解深刻影响国际战略环境的因素。

（二）教学重点

（1）了解国际战略环境的组成和影响要素；

（2）从国际战略格局的演变，理解当前国际形势对国际战略格局的影响，正确理解为什么要坚定“四个自信”；

（3）掌握最新中国周边安全动态和国际战略形势，增强国家安全观念。

（三）教学难点

（1）对当代国际战略环境最新理念的认识和把握。

（2）由于教学大纲的改变，带来从注重国防现状和装备特点发展到注重国防战略、军事思想和军事斗争形态变化，内容要求鲜活、生动，用语要求准确、严谨。

（3）培养学生主动运用学习到的军事理论知识，正确看待国际军事形势和国家周边安全态势，从而增强国防观念。

（4）在“枪声”都没有听到、“硝烟味”都没闻到的教学环境下增加课程的“军味”。

三、教学对象分析

本节课的教学对象主要是大一全体本科新生。学生刚刚进入大学，在12年基础教育基础上学习本节课知识。因此，在注重专业性的前提下，需要用通俗且准确的语言、基于古今中外案例的课程设计、丰富且结合时事的课程内容实现预期的教学效果。

大一学生由于高中学习方式和知识结构的固有特点，对课堂教育内容理解，往往“似曾相识，知其然不知其所以然”，或受到网络文学、短视频的影响，人云亦云，偏离了历史轨迹。因此，在教学中，需对知识点进行延展性讲授，理清知识脉络，明晰历史事件的本源。

大一学生容易把该课程当做高中阶段的历史、地理、生物这些“副科”来学习，认为不太重要但是必须学习，因此需要通过生动而简练的语言，形象而短小的案例，深入而完整地分析，抓住学生关注点，吸引学生注意力，提高课堂效率。

大一学生正处从高中向大学的过渡期和建立独立思考、健全人格的关键期，通过国防建设、国际战略态势的讲解，让当代大学生有一种时不我待的紧迫感和天生我才必有用的自信，在课堂上引领他们树立爱党、爱国、爱人民、爱校、爱岗（学习）的正确观念。

四、教学手段与方法

（一）案例分析教学法

以抗美援朝出国作战、抗美援越、两弹一星、中国重返联合国的案例为基础，详细分析构成国际战略格局的三要素对国家或政治集团在国际战略环境中的影响作用。通过从威斯特伐利亚体系到雅尔塔体系的国际战略格局不断演变，将几种国际战略格局进行比较，让学生理解和掌握影响国际战略环境变化的趋势有哪些，以使学生可以用学习的方法理性分析当下时局。

（二）多模态教学法

灵活运用PPT、影音资料、图片、访谈资料等多种教学形式，实现课堂的多模态教学。PPT展示的图片、影音资料等既让学生对知识点有更直观的感受，又增强了课堂的趣味性。

（三）启发引导教学法

课堂上与学生的互动过程中，启发引导学生积极参与讨论，表达自己的观点，聚焦问题，用帮助学生解答问题的方式，引导学生向主题靠拢，以免偏离主题。

五、教学过程（见表1）

表1　教学过程

教学目的	教学内容	表达方式
1. 引入主题 吸引学生兴趣，让学生快速进入主题	通过名人名言、历史事件、漫画，使学生从感性上认识什么是国际战略环境	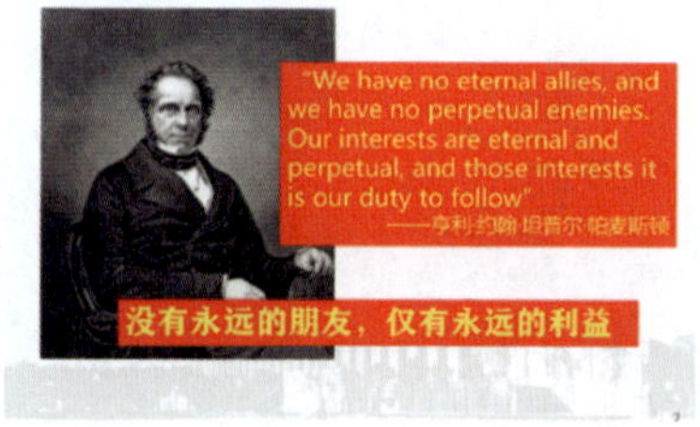  教学环节设计：PPT展示 时间：5分钟
2. 提出学习目标 明确学习任务和目标	提出本节课的具体学习目标： 知识目标 能力目标 价值目标	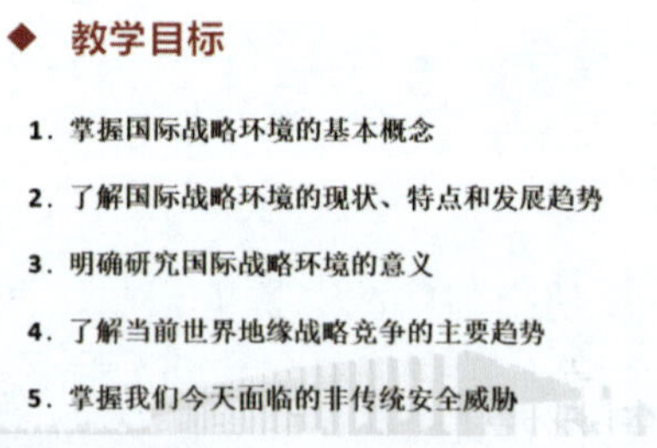 教学环节设计：PPT展示 时间：2分钟

续表 1

<table>
<tr><th>教学目的</th><th>教学内容</th><th>表达方式</th></tr>
<tr><td>3. 介绍国际战略环境含义
掌握国际战略环境的基本概念，引出国际战略格局</td><td>国际战略环境的定义和构成</td><td>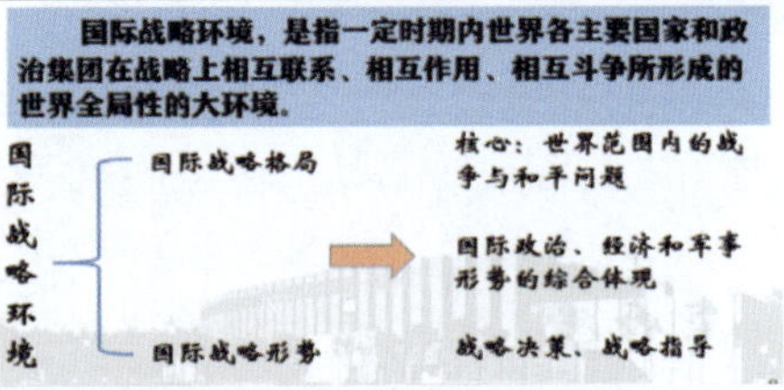

教学环节设计：教师讲解要求清晰、准确
时间：5 分钟</td></tr>
<tr><td>4. 介绍国际战略格局与要素
掌握构成战略格局的要素，用三要素分析新中国在国际社会的成长史</td><td>国际战略格局定义和三要素；
新中国从抗美援朝到重返联合国的历史；
国际战略格局的类型</td><td>

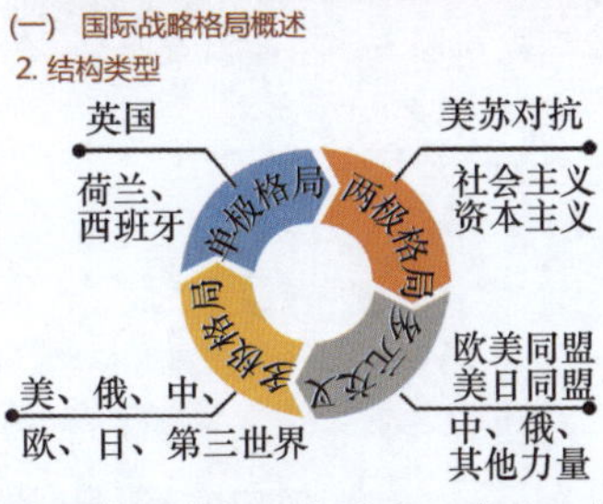

教学环节设计：教师讲解要求清晰、准确，使用案例要准确，讲述要生动，潜移默化中让学生找到内在联系
时间：30 分钟</td></tr>
</table>

续表 1

<table>
<tr><th>教学目的</th><th>教学内容</th><th>表达方式</th></tr>
<tr>
<td>5. 介绍国际战略格局的演变
在近代民族国家产生并在世界范围内形成相应的国际关系体系之后，国际战略格局逐步形成，而真正具有世界意义的国际战略格局是在资本主义发展的基础上形成和发展起来的</td>
<td>威斯特伐利亚体系、维也纳体系、凡尔赛-华盛顿体系、雅尔塔体系、一超多强格局</td>
<td>

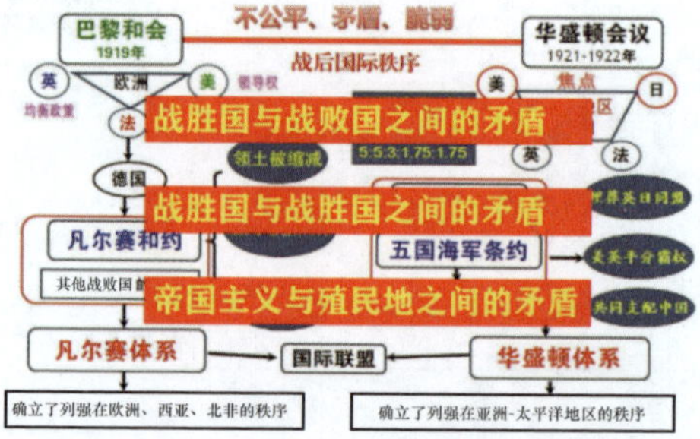

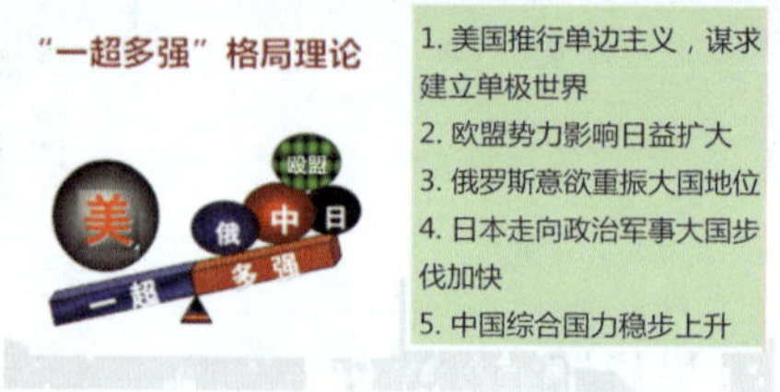

教学环节设计：教师讲解要求清晰、准确。注意体系与体系之间的比较和联系，引出体系产生的原因
时间：20 分钟
</td>
</tr>
<tr>
<td>6. 介绍国际战略格局的发展趋势
一超多强格局中几个国家的发展优势、不足以及对国际环境的影响</td>
<td>中国、美国、俄罗斯、日本、欧盟和国际政治集团的战略和现状</td>
<td>

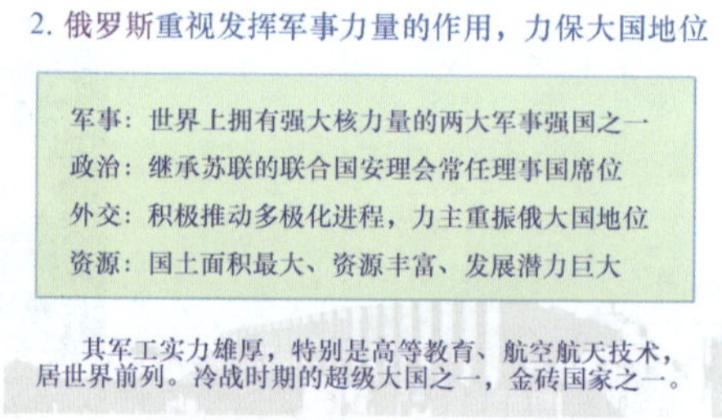

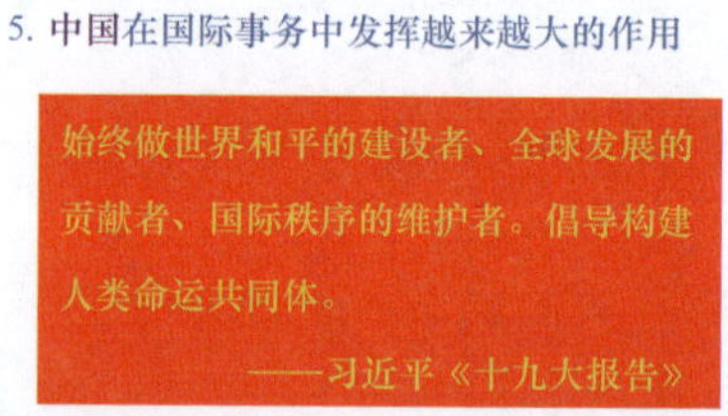

教学环节设计：教师讲解要求清晰、准确。数据和案例要准确，引用来自官方数据和报道
时间：20 分钟
</td>
</tr>
</table>

续表 1

教学目的	教学内容	表达方式
7. 拓展思考 正确认识现阶段我国所处的国际战略态势	介绍国际战略发展形势	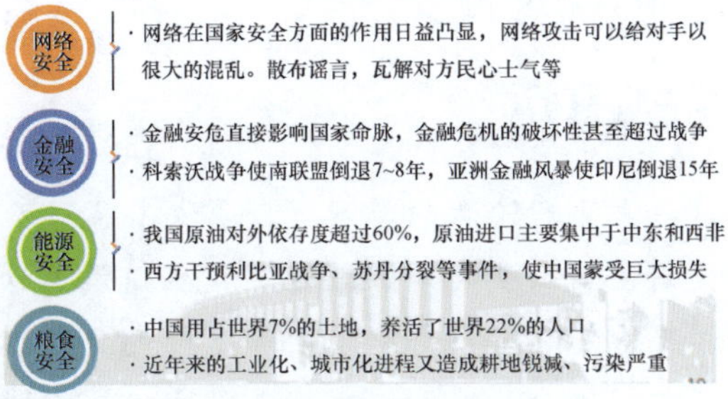 教学环节设计：教师讲解要求清晰、准确 时间：6 分钟
8. 总结 正确认识现阶段我国所处的国际战略态势；理性看待时事问题；关注国家安全问题，为下一章节学习做准备		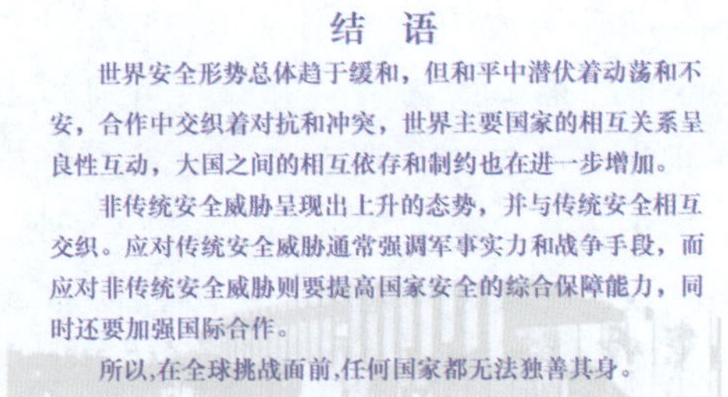 教学环节设计：引导学生做出总结 时间：2 分钟

六、教学效果分析

（1）学生认识到中国发展对世界进步与和平的影响持续扩大。

（2）学生理解影响国际战略环境的主要因素是大国之间的博弈，大国之间博弈既有内在战略，又有外在战略，随着疫情常态化和全球化加剧，大国之间博弈日益加剧。

（3）授课中紧密围绕立德树人根本任务，在严格遵循《军事课大纲》要求的基础上，积极进行创新与探索，很好地发挥了实践育人功能，尤其在引导学生厚植家国情怀，将自己的成才梦与强国梦、强军梦相结合方面，发挥了重要的作用。

（4）紧扣教学大纲要求，紧紧把握习近平主席的强军思想、国家总体安全观和教书育人的宗旨，规范备课，规范课堂教学，突出大纲要求的教学目的。开拓思路，把军事基础理论教育、国防教育和国家总体安全观教育统一起来，在完成“军事理论”教学的过程中也贯彻了大学生的思想政治教育。

（5）讲究教学方式方法，追求课堂教学效果。课堂语言规范严谨，循序渐进，既能够展开，又能够收回来，很好地帮助学生把握教学重点和难点。同时不失活泼，引导学生思考、开拓学生视野和思路，取得很好的课堂效果。

学生课后感受：

通过军事理论课的学习，我不仅了解到了更多有关军事装备层面的知识，老师更用生动幽默的语言讲述了我从前没有听闻过的军事历史，这让我对我国的军事力量和军事史有了更加充分的了解，使我深刻体会到了军事理论的智慧。

——2019 级学生代表

本学期我修读了军事理论课，感觉十分有益。老师们每周准时的陪伴，细致的讲解，贴心的提醒，都让我对周四上午充满期待。而最重要的是，通过军事理论这门课程，我了解了与军事科学有关的知识，增强了自己的国防观念，强化了自己的爱国热情。我学习到，从航天技术到信息化战争，国防的形势正在发生极大的变化，国防科技和军事力量都在国家强盛的同时日新月异；世界军事形势、国际战略环境让巨变涌动的国际格局更加尖峰迭起。从这门课中，我认识到国防与国家安危、民族存亡的重要关系。“天下兴亡，匹夫有责”，作为当代大学生，我们要树立国防意识，携手国家，一起勇敢前行。

——2019 级学生代表

几位老师分别就军事理论的不同方面内容进行授课，老师们讲述生动，课堂很活跃。给我印象最为深刻的是国家关系的一节课。老师就历史、地理、风俗习惯对中国的邻国进行了较为细致的介绍，不是枯燥的讲解，而是紧跟时代步伐，既有具体的故事，又有丰富的图片，帮助我打开了视野，让我对国家关系有了更为深入的了解。

——2018 级学生代表

国无防不立，民无兵不安。通过军事理论课上老师的深入讲解，使我切切实实感受到国防建设对我国实现民族复兴的重大意义。课堂上老师对我国周边局势的独特见解，使我对依法服兵役有了更加深刻的理解，也意识到关注国家安全大事是我们每一个青年学生的责任。

——2018 级学生代表

我一直喜欢国际政治学，也喜欢关心国家大事，特别喜欢军事类节目，比如防务新观察、深度国际，也经常听一些有关军队的报告讲座，感受颇多。这个课程让我更加深入地理解了当今的中国，和我平时的关注点也相辅相成。我明白了和平来之不易，世界上依然存在战争，有些国家对我国虎视眈眈，我国形势依然严峻，唯有国家强大，人民富强，才能获长久的发展。我相信祖国一定会越来越好！

——2017 级学生代表

军事理论课是提高当代大学生整体素质、增强民族凝聚力、促进国防教育及国家安全意识的重要途径。学校军理老师的授课生动、风趣，引导学生对国防建设、对民族历史及民族未来深入思考，树立正确的世界观和价值观。

——2016 级学生代表